东亚文明

EAST ASIAN
CIVILIZATION

第3辑

南京师范大学文物与博物馆学系
主 编

社会科学文献出版社
SOCIAL SCIENCES ACADEMIC PRESS (CHINA)

目　　录
CONTENTS

【先秦考古】

【历史时期文物考古】

【区域历史文化】

【域外遗珍】

【科技考古】

【考古学史】

【博物馆与文化遗产保护】

【田野考古报道】

先秦考古

中国史前英雄历险"单一神话"考古二例*

何　努

（中国社会科学院考古研究所）

[摘要] 约瑟夫·坎贝尔提出"单一神话"理论即跨大陆、跨种族、跨文化的创世神话与英雄历险神话的共性规律。中国史前时期也同样存在"单一神话"即英雄历险神话。通过考古资料，我们可以分析甚至"复盘"出某些考古学文化"单一神话"的大致框架。通过河南濮阳西水坡遗址蚌塑图像和良渚文化玉琮神人兽面神徽两例，可管窥中国史前时期英雄历险"单一神话"之一斑。从另一个角度说，"单一神话"考古研究，或许是"神话考古"的一个全新领域。

[关键词] 中国史前；英雄历险；单一神话；神话考古

一　英雄历险"单一神话"理论

美国著名比较神话学家约瑟夫·坎贝尔通过对世界各地重要神话尤其是创世神话的比较研究，利用心理学原理，发现了跨大陆、跨种族、跨文化的神话共性规律，他称之为"单一神话"，出版了经典著作《千面英雄》，成为玄幻类型文学、影视、游戏创作的理论圭臬。其实，坎贝尔的"单一神话"理论，在史前考古中回溯没有文献记载的创世观念和英雄历险神话时，也大有用武之地。

坎贝尔定义所谓英雄，就是能够战胜个人的和当地的历史局限的男人或女人。① 坎贝尔"单一神话"的核心，是神话英雄历险之旅，其标准套路是成长仪式准则的放大，即启程—启蒙—归来。具体说，英雄从日常的世界，勇敢地进入超自然的神奇区域，在那里遇到了神奇的力量，获得了决定性的胜利；英雄带着这种力量从神秘的冒险之旅中归来，赐

---

* 本文为"中华文明探源研究·中原和海岱地区文明进程研究"课题、中国社会科学院"哲学社会科学创新工程"重大项目"中华思想通史·原始社会编"课题资助成果。

① 〔美〕约瑟夫·坎贝尔：《千面英雄》，黄珏苹译，浙江人民出版社，2016，第14页。

福给他的人民。

启程阶段可分为五节：（1）历险的召唤；（2）拒绝召唤；（3）超自然的援助；（4）跨越第一个阈限；（5）“鲸鱼之腹”，即进入黑暗王国的通道。

启蒙阶段又可分为六节：（1）考验之路；（2）遇到女神，即婴儿重生获得幸福；（3）妖妇的诱惑；（4）与天父重新和好；（5）奉若神明；（6）最终的恩赐。

归来阶段也可分为六节：（1）拒绝回归；（2）借助魔法逃脱；（3）来自外界的解救；（4）跨越归来的阈限；（5）两个世界的主宰；（6）生活的自由。[①]

坎贝尔指出，当宇宙在创世第一阶段被神创造出来之后，第二阶段推动宇宙创世循环的不再是神，而是或多或少具有人类特点的英雄，宇宙通过英雄实现了命运，创世神话开始让位于英雄历险传说。[②] 而英雄的出生地或他将在那里完成成人功绩的遥远的放逐地，就是世界的中心即宇宙的中心底层，在许多古老文明的观念中，这个宇宙中心的底层是大地之下的深渊或海洋。“在广阔、静止不动的深渊之上，在天空的九重体和七层地面之下，就是宇宙的中心。那是世间最安静的地方，那里夏天永驻，布谷鸟鸣叫不息，白色少年也因此恢复了意识。”西伯利亚雅库特人的英雄神话就从这里开始了。[③]

“单一神话”不仅存在于世界各地各民族史前时期和“传说时代”，中国史前时期也同样存在“单一神话”即英雄历险神话。通过考古资料，我们可以分析甚至“复盘”出某些考古学文化的“单一神话”大致框架。本文试举河南濮阳西水坡遗址蚌塑图像和良渚文化玉琮神人兽面神徽两例，来管窥中国史前时期英雄历险“单一神话”之一斑。

二　西水坡遗址蚌塑英雄历险“单一神话”象征含义分析

（一）西水坡遗址蚌塑遗迹的基本情况

河南濮阳西水坡是一处仰韶文化晚期，具体为后岗一期文化类型（距今6000年前后）的遗址。该遗址清理出自北向南“1”字形排开的三组蚌砌龙虎等动物图案遗迹，其中编号为B1的蚌塑因为同四具人骨架形成有机的背景关系且有墓坑，而被视为形制特殊的墓葬，编号为M45。

墓坑平面为“人头形”。墓室的结构为竖穴土圹，南北长4.1、东西宽3.1米，残深0.5米。墓底平坦，周壁修筑规整。墓室的东、西、北三面各有一个龛。东、西两边的龛平面呈弧形，北边的龛为长方形（图一）。[④]

---

① 〔美〕约瑟夫·坎贝尔：《千面英雄》，黄珏苹译，第23～29页。
② 〔美〕约瑟夫·坎贝尔：《千面英雄》，黄珏苹译，第283页。
③ 〔美〕约瑟夫·坎贝尔：《千面英雄》，黄珏苹译，第300页。
④ 河南省文物考古研究所、濮阳市文物保护管理所：《濮阳西水坡》，中州古籍出版社、文物出版社，2012，第112页。

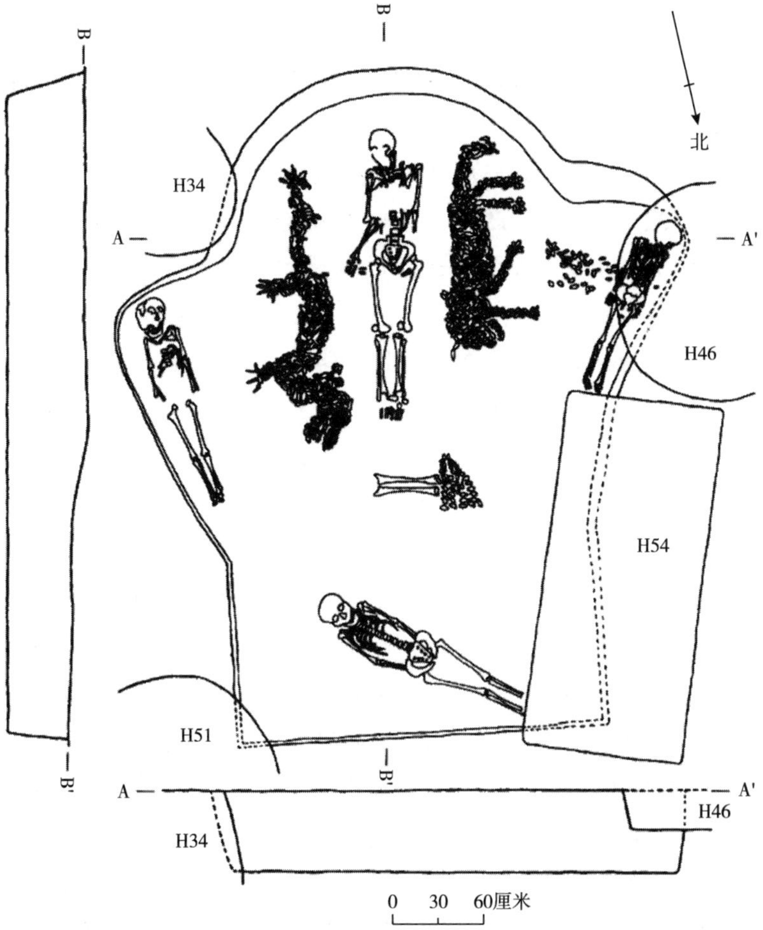

图一 西水坡 M45 平、剖面图

资料来源：河南省文物考古研究所、濮阳市文物保护管理所：《濮阳西水坡》，中州古籍出版社、文物出版社，2012，第 113 页。

墓内埋葬 4 人。墓主为一老年男性，经鉴定为 56 岁左右，身高 1.79 米，仰身直肢葬，头南足北，埋于墓室的正中。另外 3 人为少年，分别埋于墓室东、西、北三面龛内。东部龛内的人骨，头向南，骨架保存得不好。北面龛内的人骨，头朝东南，骨架腐朽，性别无法鉴定。西面龛内的人骨，身长 1.15 米，头向西南，仰身直肢葬，两手压于骨盆下，为 10 岁左右的小孩。

在墓室中部墓主人骨架的左右两侧，用蚌壳精心摆塑一龙一虎图案。蚌壳龙图案摆于人骨架的右侧，头朝北，背朝西，身长 1.78、高 0.67 米。龙形近鳄鱼，昂首，曲颈，弓身，长尾，前爪扒，后爪蹬，状似腾飞。

虎图案位于人骨架的左侧，头朝北，背朝东，身长 1.39、高 0.63 米。虎头微低，圜目圆睁，张口露齿，虎尾下垂，四肢交递，如行走状。

在虎图案的西部和北部，还分别有两处蚌壳。虎图案西面的蚌壳，比较乱，不规则，没有一定的形状，里面还杂有一些石片，发掘者推测可能是摆塑龙虎图案后剩余下来的材料。

在墓主人的脚端即北侧0.35米处，用蚌壳与两根平行摆放的人的胫骨拼出一个斗形。斗魁口朝北，斗柄朝东。

B2蚌壳摆塑于M45南面20米处的一个浅地穴中。图案有龙、虎、鸟、鹿和蜘蛛等。图案南北长2.43、东西宽2.15米。蜘蛛和鹿之间，还有一件制作精致的石斧。

B3蚌塑位于B2龙虎图案南面25米的一条灰沟中。灰沟的走向为东北—西南，灰沟的底部铺垫有10厘米厚的灰土，然后在灰土上摆塑蚌图。图案残长约14米。图案有人骑龙和奔虎等。发掘者推想，如果将大灰沟看成夜空中的银河，则众多蚌壳像是银河中的无数繁星，星河里有人骑龙升天和奔虎的图景。

西水坡B1～B3这三组蚌塑图像，仅有B1即M45的天地观念内涵比较清晰，所以引起学者的高度关注。① 其中，冯时先生对西水坡M45的解读比较全面。他认为，M45平面形状，南部边缘为拱形，北部边缘为方形，符合“盖天说”天圆地方的宇宙模式，具体说是选取了盖图中的春秋分日道、冬至日道和阳光的照射界线，同时附加上方形的大地，构成一幅完整的盖天说宇宙图形，象征着寒暑季节变化特点、昼夜长短的交替更迭、春秋分日标准天象以及太阳的周日与周年运动情况等认知观念。M45四具人骨摆放位置与头向都具有强烈的象征意义。墓主占据墓室中央，头南脚北，也即占据着墓主灵魂升天的通道。墓主东侧“耳龛”里的殉人头向东南，象征春秋分日出点“旸谷”；墓主西侧“耳龛”里的殉人头向西南，象征春秋分日入点“昧谷”，这两位殉人都是孩子，分别象征春分神和秋分神“二子”。墓主脚端北部方龛里的殉人，占据北方“幽都”之所在，头向大约北偏东130°，象征着冬至日出方向。显然，这个孩子象征着冬至神。他还解释了墓主东侧的蚌塑龙象征东宫苍龙宿，西侧的蚌塑虎象征西宫白虎宿，北部的蚌塑斗象征北斗，是公元前4400年至前3900年间仰韶文化人们认识的星图。②

我们认为，西水坡M45墓圹的外形反映出，当时黄河流域中下游地区（具体说后岗一期文化类型分布区）的人们，认为天空是一个拱形的盖子，大地是一个大平面，可能局部有坎堑和起伏，并没有具体是方是圆的固定形态。我们推测，西水坡M45特殊形状的墓圹，其实就是完整龟壳横剖面的形态，是龟形上、中、下三界宇宙观模型，而不仅是一个简单的“盖天说”宇宙模型，因为龟形三界宇宙观模型包括天、地、水三界——背甲为上界，腹甲为下界，连接背甲和腹甲的甲桥部分象征中界。

再结合M45墓主左右的蚌塑龙与虎以及脚端的斗，我们知道当时的人们已经初步认识到天盖上，北部中天北斗为天盖运转的大轴心，北斗七星围绕北极做周年旋转，斗柄

① 冯时：《河南濮阳西水坡45号墓的天文学研究》，《文物》1990年第3期；伊世同：《北斗祭——对濮阳西水坡45号墓蚌塑天文图的再思考》，《中华第一龙》，中州古籍出版社，2000，第166～177页。

② 冯时：《中国天文考古学》，社会科学文献出版社，2001，第278～301页。

指向东、南、西、北分别标志春、夏、秋、冬四季变化。天盖上还有另外两组重要的星宿——东宫苍龙、西宫白虎。冯时先生已有详论，此处不再赘述。

非常值得注意的是，M45 蚌塑白虎与西龛“昧谷”之子骨架之间，还有一人为摆放的蚌塑夹杂石片的条带，不甚规则，发掘者推测可能是摆塑龙虎图案后余下来的剩料。同时发掘者推测 B3 蚌塑置于沟底，大沟可以视为银河，与 B3 蚌塑星空相得益彰。受此启发，我们认为 M45 白虎西侧的蚌、石摆塑的条带，也应象征银河的片段，随机散布的蚌壳和石片象征着银河里的繁星，并无什么规律，也无规则的形状，若隐若现。据此，我们认为当时的人们已经有了天盖上银河的认知构图。

（二）西水坡三组蚌塑的英雄历险神话分析

西水坡 B2 和 B3 两处蚌塑，母题有星河、龙、虎、鹿、人，甚至蜘蛛，不反映具体的天地观宇宙模型，有学者认为 B3 蚌塑里人骑龙象征巫师骑蹻上天入地与神沟通作法，有一定道理。[①] 当然，如果根据 B2 和 B3 蚌塑与 M45 的 B1 蚌塑材质和艺术表现手法的同质性及其分布相对集中的现象，将 B1（M45）~ B3 视为一个图示表现的整体，我们认为西水坡遗址这一整套图示，比较完整地表达了后岗一期文化的宇宙模型以及在这个宇宙模型里发生的创世神话——宇宙起源的神话或英雄历险神话[②]。其中 M45 主要表现宇宙模式图示——最早的盖天说，B2 和 B3 蚌塑则表现宇宙创世神话或英雄历险神话。

冯时先生也曾主张将西水坡 B1（M45）~ B3 三组蚌塑图像整合为一体来看待，B3 ~ B1 自南向北沿子午线排布（图二）。B3 象征墓主生前的人间，M45 即 B1 象征天宫，B2 为墓主通天的工具蹻。[③]

冯时先生的解读非常具有启发意义，但是我们认为，B3 人骑龙是墓主生前世俗生活中不可能出现的现象，如果换用英雄历险神话角度来整体解读 B3 ~ B1（M45），或许更加妥帖。西水坡蚌塑所反映的英雄历险神话传说早已失传，我们无法直接从中国古代文献中寻找线索，因而必须依赖世界创世神话和英雄历险神话的“单一神话”基本原理，来粗线条地分析西水坡蚌塑图示相关神话的大致内容。

根据坎贝尔的观点，我们现在来具体分析西水坡的三组蚌塑，首先从 B3 蚌塑入手。

1. B3 蚌塑的象征意义

B3 发现于 B2 蚌塑龙虎图案的南面 25 米处的一条灰沟里。该灰沟东北—西南走向，长约 16、宽 7 ~ 8 米。灰沟的底部铺垫有 10 厘米厚的灰土，然后在灰土上摆塑蚌图。

---

① 张光直：《濮阳三蹻与中国古代美术上的人兽母题》，《文物》1988 年 11 期；冯时：《中国天文考古学》，第 299 ~ 301 页。

② 〔美〕约瑟夫·坎贝尔：《千面英雄》，黄珏苹译，第 23 ~ 222 页。

③ 冯时：《中国天文考古学》，第 300、301 页。

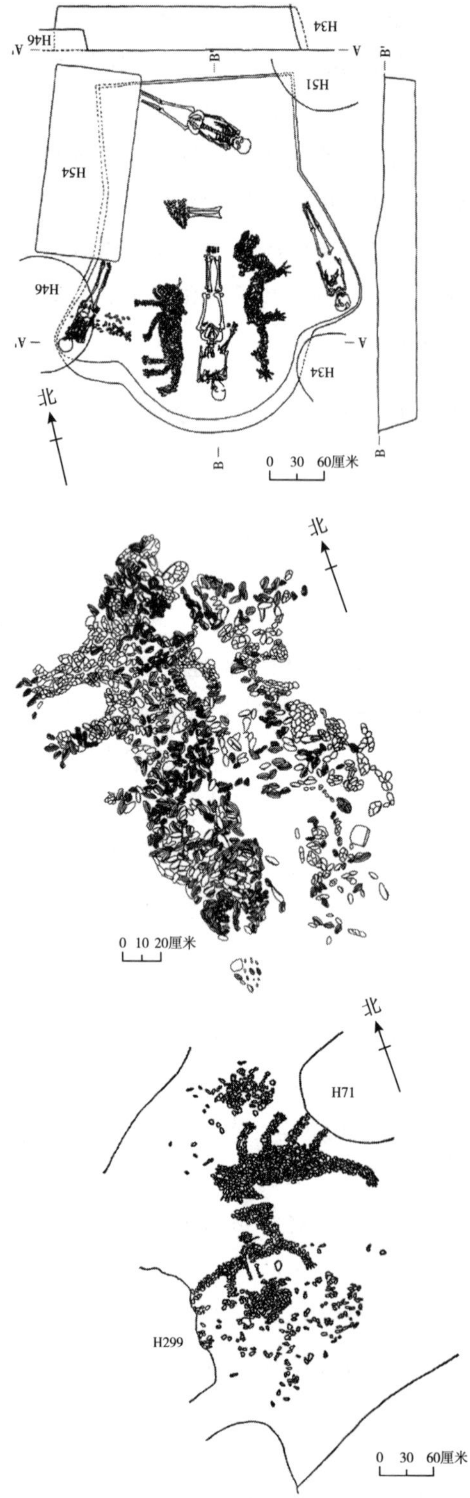

图二 西水坡 M45 与两组蚌壳龙虎图整体观

上为 B1、中为 B2、下为 B3

资料来源：《濮阳西水坡》，第 113、116、118 页。

图案残长约 14 米。图案有人骑龙和奔虎等。人骑龙摆塑于灰沟中部偏南，龙头朝东，背朝北，昂首，长颈，舒身，高足，背上骑有一人，也是用蚌壳摆成，两腿跨在龙的背上，一手在前，一手在后，面部微侧，好像在回首观望。

虎摆塑于龙的北面，头朝西，背朝南，仰首翘尾，四腿微曲，鬃毛高竖，呈奔跑和腾飞状。

另外，在龙的南面、虎的北面、龙虎的东面，还各有一堆蚌壳，龙南面的蚌壳面积较大，高低不平，成堆状。虎北面和龙虎东面的两堆蚌壳较小，形状为圆形。在龙的南面还有用蚌壳摆的一个圆圈。在人骑龙图案周围，有大片的蚌壳，被人骑龙西邻的 H299 和虎足下的 H71 打破，辨不出形象。

发掘者推测这条灰沟可能象征银河。[①] 但是，从 B3 的平面图上看，零散蚌壳摆放主要集中在龙和虎周围，并非平铺整个灰沟底部，更不像 M45 白虎西侧的蚌壳石片铺就的“银河”呈明显的条带状，因此将灰沟解读为背景银河，有些牵强。

如果将骑龙的人解读为历险的英雄，就比较好解读灰沟背景了。灰沟原本呈沟状，可能曾经存过水或排过水，从原本的使用功能的角度，可以借用为象征宇宙创立之前的“原始海洋”。

沟底所铺 10 厘米厚的灰土，或象征原始海洋的海水或象征原始海洋的晦暗。古埃及最著名的赫利奥波利斯宇宙创世神话里，努恩是原始海洋。努恩的儿子叫阿图姆，意思是“完整合一”，阿图姆从原始海洋中诞生出来之后，第一个行动就是创造了立足之地“创世之岛”。[②] 古苏美尔人的创世观念中，最初天空与大地的结合体，是从原始海洋中产生出的宇宙山。[③] 中美洲玛雅宇宙观中，将垂直空间分为上、中、下三界。上界指天空，下界被称为“西巴尔巴”（Xibalba），是一个孕育着生殖力量的潮湿之地，流淌着两条河流。[④] 原始海洋是宇宙创世之前的混沌世界和本源，是宇宙创世之初位于大地之下的宇宙中心本源，英雄在这里诞生，并从这里启程探险。准此，灰沟为西水坡英雄历险神话图示，提供了宇宙中心原始海洋的大背景布。坎贝尔如此描述：“神话之旅的第一个阶段，即我们所说的‘历险的召唤’标志着命运对英雄发出了召唤，将他精神的重心从英雄所处的暗淡无力的社会转向了未知的区域。表现这个充满珍宝与危险的决定性区域的方式各不相同，可能是一片遥远的土地，一片森林，一个地下的、水下的或空中的王国，一个神秘的岛屿，高耸的山顶或深沉的梦境，但那始终是这样一个奇异的地方，有着各种形态流动的存在、无法想象的折磨与痛苦、超人类的行为和终极的喜悦。”[⑤]

龙的南面、虎的北面、龙虎的东面，还各有一堆蚌壳，龙南面的蚌壳堆面积较大，高

---

① 河南省文物考古研究所、濮阳市文物保护管理所：《濮阳西水坡》，第 117 页。

② 〔英〕罗莎莉·戴维：《古代埃及社会生活》，李晓东译，商务印书馆，2016，第 146 ~ 151 页。

③ 〔美〕约瑟夫·坎贝尔：《千面英雄》，黄珏苹译，第 252 页。

④ 〔美〕林恩·V. 福斯特：《古代玛雅社会生活》，王春霞等译，商务印书馆，2016，第 155 ~ 158 页。

⑤ 〔美〕约瑟夫·坎贝尔：《千面英雄》，黄珏苹译，第 48 页。

低不平，成堆状。虎北面和龙虎东面的两堆蚌壳较小，形状为圆形。这三圆堆贝壳，最大的是龙脚下的贝壳堆，更加明显呈堆状，很可能象征着原始海洋中诞生的“创世之岛”或“宇宙山”，它们象征着大地，同时也表现英雄历险启程阶段的那神秘的岛屿或高耸的山顶。

人骑龙图案周围，有大片的蚌壳，被人骑龙西邻的 H299 和虎足下的 H71 打破，辨不出形象。或许原本这些散布的蚌壳，就是象征各种无序的、无常的、流动的存在，也可能是各种珍宝。

在龙的脚下“创世之岛”或“宇宙山”的南面，还有用蚌壳摆的一个圆圈。在“单一神话”程式化套路中，英雄在受到命运召唤的开始，反应是消极的，甚至是拒绝的。历险神话里的主人公少年英雄，被禁锢在令人厌烦的事物、辛苦的劳作或“文化”中，像被禁锢于童年的“围墙”里，失去了重要的积极行为的力量，成为需要被拯救的受害者。[①]直到一位帮助者出现，将英雄解围，使英雄响应召唤。B3 龙南部的蚌壳圆圈，很可能表现少年英雄拒绝召唤之时所被困的“围墙”。然而，这个圆圈“苑囿”的画面当中是空的，西南部的轮廓线还很可能是残断的，表示被突破了，大约象征少年英雄已经从“苑囿”中被解救出来，响应召唤，开启历险之旅。

接下来，在命运化身的指引与帮助下，英雄开始了他的冒险，直到在力量增强的区域入口遇到了“阈限守护者”[②]。阈限的守护者，是墨守成规的既得利益者，他们是英雄的敌人，如恶龙、暴君，英雄要杀死或降服他们。英雄的主要功绩就是把这些恶龙、暴君清理干净，并在清理斗争中脱颖而出。[③] B3 人骑龙，表现的正是少年英雄成功降服了恶龙，并使龙成为他历险的坐骑跷，同时他也获得了超自然的帮助，标志着西水坡的英雄历险正在跨越第一个阈限。然而，英雄马上又迎来了第二个挑战——另一座宇宙山上的阈限守护者——虎。B3 人骑龙与虎奔走的方向显示出一种回环运动的趋势[④]，将西水坡英雄驭龙同第二阈限守护者虎周旋战斗的神话场景定格。

总之，西水坡 B3 蚌塑，表现英雄历险神话程式化环节中的启程阶段之历险召唤、拒绝召唤、超自然的援助、跨越第一个阈限四个环节。

2. B2 蚌塑的象征意义

“单一神话”程式化里，英雄在通过神秘的阈限之后，便进入了重生之地。在世界许多地方的神话中，鲸鱼的肚子象征子宫，便是英雄历险启程阶段中的重生之地。在这一环节里，普遍的主体强调通过阈限是自我毁灭的一种形式，阈限的守护者怪兽很可能包括龙、狮子、挥剑的屠魔者、愤怒的矮人、有翼的公牛。英雄的肉身可能被杀死、肢解，并被抛弃在大地或海洋里。他好像在时间的领域中死去了，重新回到世界的子宫、世界的中

① 〔美〕约瑟夫·坎贝尔：《千面英雄》，黄珏苹译，第 49、50 页。

② 〔美〕约瑟夫·坎贝尔：《千面英雄》，黄珏苹译，第 65 页。

③ 〔美〕约瑟夫·坎贝尔：《千面英雄》，黄珏苹译，第 302、303 页。

④ 冯时：《中国天文考古学》，第 301 页。

心。当英雄来回穿越世界的边界，从龙的身体中进进出出，他与自我的连接包括肉身便已经被摧毁了，保留下来的是他救赎的力量和不生不灭之物。英雄对自己的身体做出了具有象征意义的行为，为了世界的更新，他们像古埃及神话中的奥西里斯一样，将自己的肉体分散抛弃。①

西水坡 B2 摆塑于 M45 南面 20 米处，发现于一个浅地穴中。这个特地选择的浅地穴，就应该是子宫的象征。

蚌塑图案由龙、虎、鸟、鹿和蜘蛛等组成。图案南北长 2.43 米，东西宽 2.15 米。龙头朝南，背朝东；虎头朝北，背朝东，龙虎蝉联为一体，龙口前（南）0.15 米处有一蚌壳摆的椭圆形的图案；鹿卧于虎的背上，鹿臀上有一鸟形图案，头北尾南。蜘蛛摆塑于龙头的东面，头朝南，身子朝北。另外在蜘蛛和鹿之间，还有一件制作精致的石斧。②

特别需要强调的是，西水坡 B3 蚌塑有人，M45 有埋葬的人骨架，唯独 B2 蚌塑里没有了人的形象。以往学者多从动物蹻的角度解读 B2 蚌塑里的各种动物，虽说没错，但是没有人作为主体，解释并不顺畅。如果按照“单一神话”理论，西水坡 B2 蚌塑表现的是西水坡英雄通过神秘阈限后的第二大阶段，英雄的肉身被龙虎合体的怪物吞噬了，肉身被肢解后，留下英雄救赎的力量和不生不灭之物，从龙嘴里吐了出来，表现为龙嘴前椭圆蚌塑小堆。英雄的救赎力量和不生不灭之物，回到世界的中心、象征性的子宫里。而蜘蛛进入子宫，前来帮助拯救英雄的救赎力量和不生不灭之物。

蜘蛛在世界各地的神话中，往往是女性的代表。美洲西南部印第安人神话中的蜘蛛女就意味着生活在地下的老祖母似的小老太太。英雄在历险的过程中，必须得到女性神力的帮助。在神话学的图像语言中，女性代表所能知道的事情的全部。英雄在历险过程遇到的女神，永远不能比英雄更伟大，她诱惑、引导、命令英雄突破自我羁绊。如果英雄能配合女神的启蒙，那么两个人——求知者与晓谕者都能摆脱各种局限。在不完善的人眼中，女性的晓谕者被贬低为劣等低下的；在无知邪恶的人眼中，她被符咒镇在平庸与丑陋中；但在理解者的眼中，她会得到救赎。如果英雄能够以女性晓谕者所需的仁慈与镇定的态度接纳她，不过分激动与混乱，英雄将成为她所创造世界的国王，也就是神的化身。③ 蜘蛛长相是丑陋的，部分蜘蛛甚至是有毒的。西水坡 B2 蚌塑中英雄的救赎力量和不生不灭之物从龙嘴吐出之后，与蜘蛛女相遇，互相救赎。蜘蛛女启迪英雄，晓谕英雄的能力与未来，并且协助英雄乘上鹿蹻与鸟（一般是鹰）蹻，继续历险之旅。

B2 中鹿与鸟的形象确非偶然，西伯利亚萨满为了历险，穿上代表鸟或驯鹿的巫术服装，这暗示萨满自己的本性和他灵魂的外形，他的鼓就是他的动物蹻——鹰、驯鹿或马④。

B2 蚌塑蜘蛛和鹿之间，发现了一件制作精致的石斧。如果这件石斧被解读为肢解英

① 〔美〕约瑟夫·坎贝尔：《千面英雄》，黄珏苹译，第 75、79 页。

② 河南省文物考古研究所、濮阳市文物保护管理所：《濮阳西水坡》，第 112～117 页。

③ 〔美〕约瑟夫·坎贝尔：《千面英雄》，黄珏苹译，第 58～99 页。

④ 〔美〕约瑟夫·坎贝尔：《千面英雄》，黄珏苹译，第 84 页。

雄身体的工具，应当放置在龙虎的边上，而且西水坡的英雄很可能是被龙虎合体的怪物吞噬的，因此这件石斧似乎不宜理解为肢解英雄身体的工具，而有可能表现蜘蛛女赠送给英雄再上征程的护身武器或法器。当然，也有学者将石斧解读为权力的象征物。① 不过，最具领袖权力与地位的 M45 墓主，其身边却并无随葬品，更无斧钺。所以 B2 蚌塑里摆放的石斧，更可能象征蜘蛛女赠予英雄的护身法器。

要之，西水坡 B2 蚌塑，集中表现英雄历险神话程式化环节中启程阶段之“鲸鱼之腹”，即进入黑暗王国的通道；启蒙阶段之考验之路、遇到女神即婴儿重生获得幸福、妖妇的诱惑等几个环节。

3. M45 在“单一神话”中的象征意义

在“单一神话”程式化环节中，英雄在女神的引导与帮助下，获得重生，离开子宫，来到天国，与天父争夺宇宙的控制权。英雄与天父会面的主题，是超越恐惧并敞开他的灵魂，英雄超越了具有独特盲点的生活，暂时得到提升，能够一窥宇宙之源，他看到了天父的脸，理解了一切，于是英雄与天父和解了。英雄获得最后的重生，满足所有理解的永生不灭的幻象。英雄懂得了，最高的启蒙不是顾及自己，而是献身更大的群体。于是英雄被奉若神明，并得到最终的恩赐，得到长生不老的秘密。在这里，圣父和圣子作为无名者的人格面具被消灭，英雄获得了一种不可知的神秘宇宙力量：构成原子并控制星球按照轨道运行的力量。②

M45 首先是一座土坑墓葬，墓葬在史前时期和上古时期，均被认为是死者灵魂转世重生的场所，因而这里是西水坡英雄最后重生到达永生之所。前文已述，M45 墓圹的外形轮廓象征着“盖天说”的龟形宇宙模型，英雄进入其中，懂得了最高的启蒙不是顾及自己，而是献身更大群体的道理，于是化身为东、北、西三龛里的少年，将自己的化身分别献祭给了春秋分的日出、春秋分的日落和冬至日出，推动太阳按照二分二至周年运动，造福整个社会。最终英雄的本尊与天父和解，天父隐退出 M45 的宇宙空间，英雄占据了控制宇宙的“天神”中心位置，掌握了神秘的宇宙力量：东驭东宫苍龙宿，西控西宫白虎宿，足蹬北斗，头顶天盖，操控太阳按照二分二至周年运动。足见，M45 中央的英雄本尊，在苍龙、北斗、白虎的拱卫下，俨然褪去了人格的面具，而被奉为永居天极的神明。

基于此，西水坡 M45 整个场景则表现了后岗一期文化英雄历险“单一神话”程式化环节中启蒙阶段与天父重新和好、奉若神明、最终的恩赐三个环节。

西水坡遗址发现的蚌塑，表现了英雄历险“单一神话”的启程和启蒙两大阶段，没有表现归来阶段。就目前的发掘资料，尚难以判定表现归来阶段的蚌塑是已被后期破坏还是西水坡人们当时就没有塑造，用启程和启蒙两大阶段的蚌塑概括表现“单一神话”启程—启蒙—归来的英雄历险全过程。而下面将要分析的良渚文化玉琮神徽所表现的英雄历险“单一

---

① 冯时：《中国天文考古学》，第 301 页。

② 〔美〕约瑟夫·坎贝尔：《千面英雄》，黄珏苹译，第 108、186 页。

神话”，则表现了启程—启蒙—归来三大阶段的完整过程。

三　良渚文化玉琮神徽所反映的英雄历险“单一神话”

（一）良渚文化玉琮的宇宙观模型及其创世神话分析概述

玉琮在良渚文化的精神文化领域占据举足轻重的地位。良渚文化玉琮主要出自墓葬，直接作为墓主地位与身份的标志性象征物。① 由于其特殊的造型且无一例外装饰或繁或简的神人兽面神徽，玉琮被学者们认为具有良渚文化占统治地位的宗教含义或宇宙观意义。② 刘斌先生将良渚玉琮分为三式：Ⅰ式横截面为圆形、无四角的圆筒形琮，神徽兽面处凸起；Ⅱ式横截面为弧线方形（内圆），出现弧线形四角，四角夹角大于90°，神徽兽面刻于对角两侧；Ⅲ式横截面为正方形，四角夹角等于90°，神徽依然施刻在对角两侧（图三）。Ⅰ至Ⅲ式玉琮早晚形制发展变化逻辑轨迹清晰，很难说是受外界影响所致。③

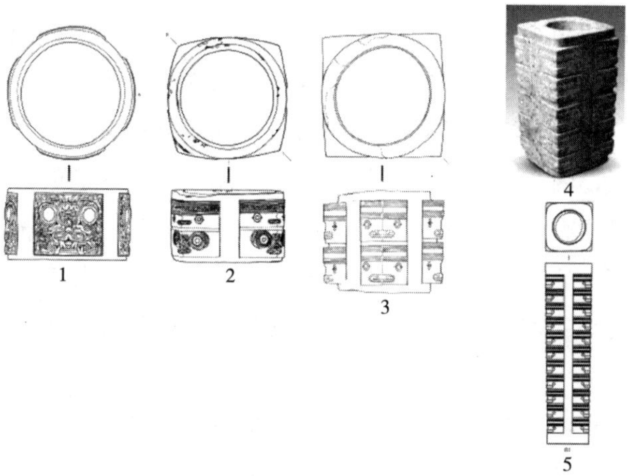

图三　良渚文化玉琮形制

1. Ⅰ式琮瑶山 M9∶4　2. Ⅱ式琮瑶山 M2∶22　3. Ⅲ式矮体琮瑶山 M2∶23
4. Ⅲ式高体琮反山 M21∶4　5. Ⅲ式高体琮邱承墩 M5∶10

笔者曾经撰文分析过良渚文化玉琮反映出来的宇宙模型，认为Ⅰ式玉琮表现上天、中地、下水三界宇宙观模式；Ⅱ式琮的四角出现的大于90°的四隅为宇宙山；Ⅲ式玉琮四角等于90°的四隅变为宇宙支柱，不变的是上、中、下三界宇宙观。④ 良渚文化玉琮上的神人

---

① 刘斌：《法器与王权：良渚文化玉器》，浙江大学出版社，2019，第152~177页。

② 方向明：《良渚文化琮——神权中的天地宇宙观》，“浙江考古”微信公众号，2018年9月23日。

③ 刘斌：《法器与王权：良渚文化玉器》，第159~163页。

④ 何努：《良渚文化玉琮所蕴含的宇宙观与创世观念——国家社会象征图形符号系统考古研究之二》，《南方文物》2021年第4期。

兽面与玉琮宇宙观模型相配合，讲述了良渚文化“伏羲—女娲四子创世说”。这一古老的创世传说，仅在长沙子弹库战国楚墓出土的帛书《创世章》当中，保留了部分片段。[①] 不仅如此，我们还认为，良渚文化玉琮上的神人兽面，还讲述了良渚文化英雄历险“单一神话”。

（二）良渚文化英雄历险“单一神话”分析

良渚Ⅱ式琮四隅宇宙山结构的出现，表明良渚玉琮的功能也有了较大的变化。正如坎贝尔分析的那样，从创世神话向英雄传说的转变分为两个阶段，第一个阶段是从非创造出来的造物主的直接产物到神话时代易变但永恒的人物；第二阶段是从被创造出来的造物主到人类历史的领域，在第二阶段，推动宇宙创世循环的不再是神，而是或多或少具有人类特点的英雄，宇宙通过他们实现了命运，此时创世神话开始让位于传说。[②]

具体到良渚玉琮，如果说Ⅰ式琮更多地表现良渚英雄的创世神话，那么Ⅱ式琮则加入了英雄历险之旅的神话，甚至可能以英雄历险神话为主。创世神话不仅要向世人解释宇宙是如何产生的、为何是这样的，而且更要宣扬良渚都城开创者的丰功伟绩。但是统治良渚的王不可能只有一代“开国之王”，那么良渚都城开创者的后继之王们，如何传承神圣和世俗的权力（世俗的权力也要得到神圣权力的认可）？他们只能通过良渚创世英雄转生的神话，即在宇宙循环框架内，英雄完成历险成长，成为天界神王之后，再下凡转世归来，成为现世的神人王，用这样不断循环往复的英雄历险之旅神话，赋予自己神圣的统治权。在良渚文化的神话里，因为Ⅰ式玉琮与Ⅱ式玉琮的神人兽面神徽的一致性（图三），创世英雄和历险英雄很可能有内在的联系。鉴于良渚玉琮创世神话基本属于楚帛书《创世章》所载的“伏羲—女娲及其四子”神话体系，我们有理由推测，良渚玉琮上表现的英雄历险之旅的传说，很可能是“四子”历险成长经历的故事，这需要将良渚文化神徽与琮体综合起来重新认识。

刘斌先生认为，良渚玉琮一律施刻半人半兽的神徽，神徽构成良渚玉琮的核心因素，是良渚玉琮的灵魂，琮体本身只是承载神徽的躯壳，所以研究良渚玉琮，必须将玉琮的型式与神徽结合在一起，综合考虑。刘斌先生将良渚玉琮上的神徽分为三种：第一种是以反山 M12:98 琮王为代表的神徽，羽冠、兽面、四肢俱全的完整神人兽面，仅见于反山 M12 两件玉琮，其中 M12:87 为琮芯制作的Ⅰ式柱形琮，琮王为典型的Ⅱ式琮；第二种以瑶山 M9:4 为代表，仅极致表现兽面面部图案，主要见于Ⅰ式琮和Ⅱ式琮；第三种以反山 M20:121 为代表，仅以圆圈眼、横线口鼻简化表现兽面，主要饰于Ⅲ式琮。他不主张将良渚玉琮神徽中人、兽分离审视的看法，而认为其就是半人半兽的神。[③]

李新伟先生认为良渚“神人兽面”神徽当中，神鸟驮的獠牙动物为天极神兽的形象，

---

① 何驽：《楚帛书创世章与良渚玉琮蕴含的创世神话比较研究》，《江汉考古》2021年第6期。

② 〔美〕约瑟夫·坎贝尔：《千面英雄》，黄珏苹译，第83页。

③ 刘斌：《法器与王权：良渚文化玉器》，第154～164页。

神人是巫师在萨满仪式中与神鸟沟通结合，成为“人面神鸟”，获得并发挥驮负天极神兽、维护天体正常运转的能力。[①] 李新伟先生关于良渚神徽天极神兽的解读，似乎与玉琮的宇宙模型更贴近。不过，我们觉得，相比之下，冯时先生将良渚神徽解读为“北斗神君”太一与帝俊[②]，可能表达得更直白。

牟永抗先生充分注意到反山 M12∶87 玉柱形琮及其神徽有螺旋上升的运动趋势。[③] 在我们看来，这件玉柱形琮上排列有序的神徽多达四列十二幅，不论是螺旋上升还是螺旋下降，都在表现神徽的动态场景，似乎在讲述某个神话故事，而不仅是一个天极神兽或太一帝俊的重复的静态图示。

顺着这一新思路，我们认为，琮体本身反映的是良渚文化宇宙模型，神徽则反映的是良渚文化自己的创世神话和英雄历险神话，这些神话都离不开宇宙模型。半人半兽的神人形态，往往是创世神话和历险之旅神话中的主角。我们已经讨论过良渚玉琮表现的创世神话，大约属于楚帛书《创世章》“伏羲—女娲及其四子”创世神话体系。而良渚文化的英雄历险之旅神话可资利用的中国古代文献材料甚少，有必要利用坎贝尔的“单一神话”神话学理论[④]，对良渚玉琮神徽进行重新分析，才能回溯分析良渚文化的英雄历险神话。

毋庸置疑，良渚玉琮是宗教艺术品，神徽的分布从艺术的角度看属于装饰艺术的范畴，因此必须符合某些视觉装饰艺术表现的规范，如部分学者分析认为，良渚玉器包括玉琮神徽装饰图案，采取的就是对称、均衡构图模式。[⑤] 良渚玉琮这样的艺术构图规范，必定限制了良渚玉琮将良渚文化英雄历险“单一神话”完整的、史诗般的各个程式化情节全部都表现出来。但是创作者很有可能尽其所能，利用各种艺术设计手法，将完整的创世英雄历险神话浓缩到玉琮宇宙观模型与神徽图案的细节当中，画龙点睛般地表现英雄历险神话的启程、启蒙、归来三大阶段，以象征完整的英雄历险神话史诗。当然，其中各阶段之内，具体的历险程式化情节顺序不一定完全按照坎贝尔提出的程式化顺序展开。

1. **英雄历险的启程与启蒙**

按照坎贝尔英雄历险的“单一神话”理论，英雄的启程从宇宙中心出发，去实现它的命运，他成年后的功绩，为世界注入了创造的力量。英雄的出生地或他将在那里完成成人功绩的遥远的放逐地就是世界的中心。[⑥] 据说世界围绕这个点旋转，这个点的下面是支撑着大地的宇宙之蛇即龙头，它象征着深渊之水，是创造生命的神圣能量。生命之树即宇宙本身便是从这个点生长出来的，金色的太阳鸟栖息在生命之树的最高点，一眼永不枯竭的泉水在树根部汩汩

① 李新伟：《良渚文化“神人兽面”图像的内涵及演变》，《文物》2021 年第 6 期。

② 冯时：《中国天文考古学》，第 122 ~ 129 页。

③ 牟永抗：《光的旋转——良渚玉器工与艺的展续研究》，载邓聪、曹锦炎主编《良渚玉工：良渚玉器工艺源流论集》，中国考古艺术中心、香港中文大学，2015，第 100 页。

④ 〔美〕约瑟夫·坎贝尔：《千面英雄》，黄珏苹译，第 14 页。

⑤ 梁丽君：《纹饰的秘密》，杭州出版社，2013，第 138 ~ 141 页。

⑥ 〔美〕约瑟夫·坎贝尔：《千面英雄》，黄珏苹译，第 300 ~ 302 页。

喷涌。它还可以呈现为宇宙山的形象，山上有众神之城，就像山顶上由光构成的莲花。[①]

良渚文化的创世英雄刻画在玉琮上，恰符合从宇宙中心出发的原理。良渚Ⅰ式琮上，创世英雄的宇宙历险之旅，理应从象征“下界”的玉琮底圆面出发，向上界上升，在上升的过程中会历经各种艰难险阻，救赎世界，到达象征“上界”的玉琮上圆面，获得救赎的功绩，得到最终的恩赐，即超自然的奥秘与能力，再下降回归到中界人间。一旦英雄在人间去世，英雄消解，回归到下界原始海洋，由此完成“英雄的首要任务是有意识地体验宇宙演化循环的前导阶段，穿过宇宙形成的各个时期回到最初”。[②] 牟永抗先生以反山M12∶87为例，分析出驾驭神兽的神人，沿着S形螺旋上升的动态艺术效果，实际解释出这件柱形琮上，良渚创世英雄历险上升的路径是曲折的、螺旋上升的[③]，符合坎贝尔英雄历险之旅启程和启蒙阶段经历各种挫折、曲折奋力前行的套路。良渚Ⅱ式琮则将英雄历险的上升路径，改为四隅的宇宙山，更加明确四子英雄沿四隅宇宙山历险上进。足见，良渚玉琮的本体宇宙模型，是良渚创世英雄历险实现的路径，因此玉琮的形体与神徽有着很高的契合度。[④]

对于良渚创世英雄的身份、神格与历险的核心内容，我们可以通过玉琮神徽的细节特征，来进行深入的回溯性探讨。

作为良渚玉琮唯一的装饰纹样，兽面像和神人兽面神徽备受学者关注，他们做出不少重要的探索，学术界形成了一定的共识，那就是完整版的神人兽面神徽是神人与兽面的复合图像。作为复合图像，组合的元件兽面与神人是可以拆分和组装的，在某些场合也可以单独使用，以局部象征全部。但还有一部分学者进一步认为，神人兽面神徽的组合，有一个发展的过程。陆建芳先生认为，良渚玉琮神徽从单面兽神→双面人神・兽神→单面人神的发展轨迹，表明以兽面死神为代表的万灵崇拜发展为祖先崇拜。[⑤] 牟永抗先生则有明显的不同认识，他认为通常所谓的单独兽面中大部分兽面人形化了，故称之为“人面”，只不过是图像中的兽面母题眼、鼻、嘴过分凸起突出，视觉效果上压抑了兽面母题双眼之间、鼻梁上方微凸额部的“人面及羽冠”，人面眼小无睑，无嘴无牙，故易被忽视，标本有瑶山M9∶4玉琮（图三：1）、M11∶64柱形器、M10∶15玉琮，他认为这些良渚文化某种人形化的偶像已经进入原始崇拜体系之中，后来逐步发展完善出人性化太阳神崇拜并占据首要地位。[⑥] 方向明先生的分析则更加深刻细致与到位，他将牟永抗先生所谓的人面纹归为“戴

① 〔美〕约瑟夫・坎贝尔：《千面英雄》，黄珏苹译，第32～33页。

② 〔美〕约瑟夫・坎贝尔：《千面英雄》，黄珏苹译，第288页。

③ 牟永抗：《光的旋转——良渚玉器工与艺的展续研究》，载邓聪、曹锦炎主编《良渚玉工：良渚玉器工艺源流论集》，第100页。

④ 方向明：《神人兽面的真像》，杭州出版社，2013，第156页。

⑤ 陆建芳：《良渚文化玉琮的初步分期》，载钱宪和主编《海峡两岸古玉学会议论文专辑》(Ⅰ)，台湾大学理学院地质科学系，2001，第357～365页。

⑥ 牟永抗：《光的旋转——良渚玉器工与艺的展续研究》，载邓聪、曹锦炎主编《良渚玉工：良渚玉器工艺源流论集》，第94～97页。

羽冠的兽面像”，而另一类是数量很多的“戴介字形冠凸尖的兽面像”，二者表达的内容是一致的，瑶山 M10∶15 镯式琮（即Ⅰ式琮）兽面羽冠的顶部有两道弦纹，也与介字形冠有关。故而他认为，兽面像本身可以单独使用，可以没有神人形象，但是丝毫不会影响到兽面像内涵的饱满，完整的神人兽面像是兽面像的补充[①]，言下之意，兽面像中蕴含着神人的艺术元素。

综合牟永抗和方向明先生的观点，结合坎贝尔英雄历险“单一神话”理论，我们认为，良渚玉琮神徽一开始设计时，便是人面与兽面结合，只不过兽面表现突出，人面表现弱化。方向明先生区分出戴羽冠和戴介字形冠兽面的现象以及兽面头顶双弦纹代表介字形冠的解读，极为重要。我们认为羽冠和介字形冠虽然都是神人戴的，却系良渚创世英雄历险经历中不同阶段所戴的不同形式、不同含义的冠，二者不能混淆。王仁湘先生研究认为，纵梁冠即介字形冠为“人主之冠”[②]，我们可以据此推论，良渚玉琮神徽中的介字形冠，是英雄历险过程中启程与启蒙阶段中所戴之冠。良渚玉琮神徽带凸尖的介字形冠是纵梁冠在二维平面上的表现。兽面头顶双弦纹，在良渚Ⅱ式琮四隅宇宙山上，三维立体平面表现纵梁冠即介字形冠，如良渚Ⅱ式琮瑶山 M7∶50 和反山 M12∶97 玉琮（图四），带眼睑的人面便戴着双弦纹的介字形冠（纵梁冠）。

图四　Ⅱ式琮反山 M12∶97

非常有意思的是，反山 M12∶97 琮，四隅宇宙山装饰上、下两组简化神人兽面神徽。底层是戴双弦纹介字形冠的人面，上层是戴双弦纹介字形冠人面叠摞单独兽面的神人兽面组合。我们根据坎贝尔英雄历险神话程式化理论，认为 M12∶97 底层人面像，表现英雄经历了“召唤”和“拒绝召唤”两节后，开始接受召唤，沿着宇宙山，向上界上升进发，走上“考验之路”。该玉琮四隅宇宙山上层神人兽面组合图像，尽管没有表现人的上肢和兽的下肢，但是我们知道这类图像是反山 M12∶98 琮王神人兽面图像完整版的简化，也就是说，同样表现的是英雄蹲踞式驾驭着神兽，这个神兽可以作为英雄向上界进发的动物蹻。[③] 坎贝尔的英雄历险环节中，动物蹻可以归为“超自然的援助”，具体说是超自然帮助者的暗中帮助，获得建议、护身符和秘密手段，并可能第一次发现到处存在着仁慈的力量，它始终支持他完成超人类的进程。例如西伯利亚萨满为了历险，穿上鸟或驯鹿外形的法衣，他的萨满鼓就是他的动物蹻——鹰、驯鹿或马，据信萨满可以乘着它们飞翔或奔跑，或许还有许许多多看不见的精灵在帮助他。[④]

① 方向明：《神人兽面的真像》，第 32 ~ 39 页。
② 王仁湘：《中国新石器时期的纵梁冠——由凌家滩遗址出土玉人说起》，《中原文物》2007 年第 3 期。
③ 张光直：《濮阳三蹻与中国古代美术上的人兽母题》，《文物》1988 年第 11 期。
④ 〔美〕约瑟夫・坎贝尔：《千面英雄》，黄珏苹译，第 83 ~ 84 页。

良渚英雄历险中所获得的跷是什么动物？多数学者认为良渚玉琮兽面纹与龙首纹有着内在的联系，或者说龙首纹发展为兽面纹，二者原则上的差异在于龙首纹均无獠牙却有角或耳，而兽面纹均有獠牙却无角或耳，甚至良渚Ⅰ式镯式玉琮就是从良渚龙首玉环演变来的。追寻龙首纹的源头，龙有可能是猪、水牛、鹿等动物变形组合而成一种猪龙神兽。[1]

良渚遗址动物考古阶段性成果表明，美人地、卞家山、钟家巷古河道等处遗址出土有大量的家猪，少量野猪，少量的水牛、水鹿、梅花鹿等的遗骸。[2] 水牛、水鹿、梅花鹿都可以在水边湖沼地区生活，因此良渚玉器龙首纹的神格确实与水有关。

至于猪的形象，冯时先生曾经指出："上古天数观以一主坎位水，属豕，配北方，而北斗作为极星，实为天神太一（天一）所居，也即水和豕之所在，故古人以猪象征北斗。"[3] 冯时先生认为，红山文化玉猪龙象征着北斗斗魁。河姆渡文化河姆渡遗址 T243④：235 长椭圆形黑陶钵前后两侧，各刻画一头野猪，身腹正中央有一颗大星"◎"，象征当年的极星——天枢。崧泽遗址崧泽文化 M52:2 猪首陶斗魁模型，顶部弧圜象征天穹。他还认为，良渚玉琮上的神人兽面神徽就是猪首图像，"倒梯形"的人面，就是"在猪首之上或天盖璇玑之下雕绘出一个斗魁形象"，所以是北斗星君的原始图像，简直就是天神太一神徽。[4] 非常有趣的是，普安桥 M8 年代为良渚文化早期偏早的 M8:28 圆雕玉龙首端饰被视为良渚"龙首纹"玉器的杰作之一，重圆大眼带角或耳，凸出平吻，已有学者注意到这件良渚文化龙首玉器与红山文化玉猪龙颇为类似（图五）。[5]

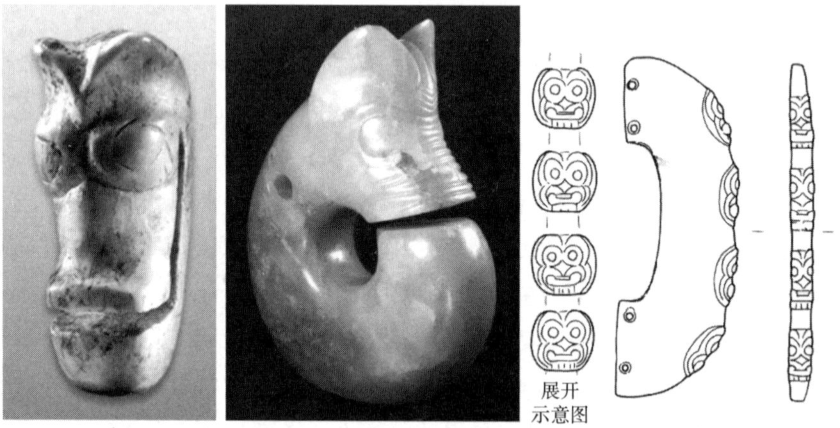

1 2 3

图五 良渚文化龙首纹玉器与红山文化玉猪龙对比

1. 普安桥 M8:28 玉龙首形饰 2. 牛河梁第二地点一号冢 M4 出土玉猪龙 3. 瑶山 M11:94 龙首纹玉璜

---

① 蒋卫东：《玉器的故事》，杭州出版社，2013，第 161～172 页。

② 宋姝：《良渚文化遗址出土动物遗存的阶段性研究总结》，载浙江省文物考古研究所编《良渚古城综合研究报告》，文物出版社，2019，第 426～440 页。

③ 冯时：《中国天文考古学》，第 107 页。

④ 冯时：《中国天文考古学》，第 106～129 页。

⑤ 邓聪、曹锦炎主编《良渚玉工：良渚玉器工艺源流论集》，第 24～25 页。

综合诸位学者的合理认识，我们认为，良渚文化兽面神徽的前身龙首纹，很可能是在红山文化玉猪龙造型的启发下，以本地信仰的斗魁水兽猪首为主要元素，结合水牛和鹿的元素组合而成的神性动物“猪龙”。

良渚文化龙首纹没有獠牙，一对大大的眼睛使整个画面有些憨态可掬，全无狰狞之相（图五：1），所以龙首纹在良渚文化中很可能被视为“瑞兽”，象征永恒的北斗天极和能够给人带来福祉的水兽“猪龙”形象，如后世中原的凤凰、麒麟一样，被装饰在手镯上，图个吉利。

良渚瑞兽龙首纹怎么就变成了玉琮上英雄的坐骑跷了呢？因为英雄历险之旅，必须经历各种考验，必须一次又一次地通过艰难的障碍，他所面临的障碍是那些拥有巨大能量和权力的敌人如恶龙和暴君。英雄的基本行为就是在清除障碍，被他杀死的恶龙正是代表现状（困境）的怪兽。[①] 良渚文化的龙首纹是“瑞兽”，显然不是恶神。据刘建国先生等的分析，良渚城外围四组人工坝群超大水利工程，能够承载的降水量是百年一遇级别的，在防洪方面主要是解决诸如台风登陆时所带来的特大暴雨对良渚都城的威胁。[②] 足见，良渚文化当时面临的最大威胁应该是洪水和飓风（今称台风）。基于此，良渚文化创世英雄历险中所面临的最大挑战理应就是良渚文化所面临的现实威胁——飓风及其带来的大洪水，就应该是一副恶龙怪兽的样子。龙首纹虽然与水有关，却是亲水亲民的“瑞兽”，不能作为恶龙的形象。既然是“洪水猛兽”，面相一定要凶恶一些。所幸方向明先生从比较完整的良渚兽面图像里，解析出整体展开法展示的虎头和前爪[③]（图六），使我们明白了，良渚英雄在历险中杀死或降服的恶龙，其形象是从亲水瑞兽龙首纹加上猛兽老虎衍生出来的，只有给龙首增添老虎的獠牙和利爪，才能成为恶龙。换句话说，龙首纹是给人带来福祉的水兽“猪龙”，兽面纹则是给人带来灾难的洪水之兽“虎龙”。

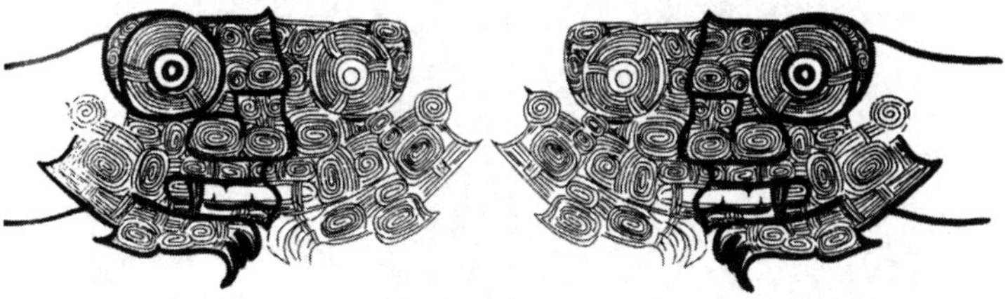

图六　良渚兽面神徽虎头展开图

资料来源：《神人兽面的真像》图一：17。

良渚文化兽面纹不论单独版还是完整版（有下肢者），都全身“满雕”微雕旋涡状螺旋地纹（图六），明白无误地表明该恶龙就是洪水之神，是龙虎合成的怪物。当然，由于飓风带来特大洪水造成特大灾害，这样旋涡状的螺旋地纹，也同时可以作为旋风即飓风

① 〔美〕约瑟夫·坎贝尔：《千面英雄》，黄珏苹译，第 83 ~ 302 页。

② 刘建国、王辉：《空间分析技术支持的良渚古城外围水利工程研究》，《江汉考古》2018 年第 4 期。

③ 方向明：《神人兽面的真像》，第 40 ~ 41 页。

（台风）的艺术表现。因此，良渚人可以将洪水之神与台风之神合二为一，它们都是恶虎龙。头戴介字形冠的良渚四子英雄，面对飓风洪水恶龙的挑战，战胜并降服了恶龙，使其成为他继续上升前行的跷，变恶为善，也是获得“超自然帮助”的形式之一。而龙首纹全然不见微雕旋涡状螺旋地纹。

特别值得注意的是，良渚文化兽面的大眼圈是两重圈，外圈还是旋涡状螺旋地纹，内圈则是“旋转的束线纹”①。这使人联想起良渚外围堤坝人工坝体关键部位使用的芦荻茅草包长圆筒形泥包加固方式，其被称为“草裹泥工艺”（图七），类似今天加固崩岸堤坝的装土草包袋。② 草裹泥工艺是良渚人战胜洪水最有效的技术手段，那么良渚玉琮兽面大眼圈的“束线圈”，实际上就是对堵水工艺“草裹泥”的摹刻，象征着飓风洪水恶龙被良渚英雄驯服。事实上，良渚人通过草裹泥工艺修筑堤坝，确实有效地战胜了百年一遇的洪水，并实现了调水、交通和灌溉一体化的变害为利；通过该工艺加固莫角山，宫殿区免于洪水的

1

2

图七 良渚文化水利工程“草裹泥工艺”

1. 古尚顶西南坡清理出的良渚文化早期单个“草裹泥” 2. 草裹泥制作实验

资料来源：浙江省文物考古研究所：《良渚古城综合研究报告》，文物出版社，2019，第174页。

① 方向明：《神人兽面的真像》，第74页。

② 王宁远：《良渚古城外围的水利工程》，载浙江省文物考古研究所编《良渚古城综合研究报告》，第279～283页。

浸泡蚕食，在很大程度上做到了驯服洪水。从这一点看，良渚玉琮神徽上英雄历险的神话，倒更像坎贝尔所谓的，“如果真实历史人物的功绩证明他是一个英雄，那么传说的编写者会为他编写出适当的深渊中的冒险经历”①。这就像《史记·高祖本纪》如此严肃的正史，也不能免俗，不仅说高祖刘邦实乃蛟龙之种，还正经八百地记了一段刘邦醉斩白帝之子大蛇的历险神话，借白帝之子神母老妪之口，称刘邦为赤帝之子。② 司马迁的这段记述，看似荒诞不经，实际上没能逃脱坎贝尔“单一神话”的套路，这便不难理解太史公的“难处”了。楚帛书《创世章》中，将平水土、治理洪水的功劳归功于夏禹和商契这样的具体历史人物，显然有悖于楚帛书《创世章》伏羲—女娲创世神话的整体逻辑。按照楚帛书《创世章》的神话逻辑，治水平水土的功绩首创者应该是创造“创世之岛”的伏羲，后继者当为伏羲的四子，他们在历险之旅的过程中，不断战胜飓风洪水“恶龙”的挑战。也就是说，楚帛书《创世章》将创世英雄神话与英雄历险神话糅合在了一起。如果以良渚玉琮将两种神话体现在同一载体上而观之，那么这种糅合的起因，便很容易理解了。

在前期对良渚神人兽面神徽的探索中，还有学者提出兽面的一双大眼，实际是巫师的“巨乳”，意味着生殖崇拜。③ 如今学术界几乎无人再提这一观点了。但是，这样的解读放在坎贝尔“单一神话”的框架里，就有许多合理性——乳房是女性的象征。在英雄历险之旅的“启蒙阶段”，会有“遇到女神”环节。在神话学的图像语言中，女性代表所能知道事情的全部。在英雄获得启示的过程中，女神的形式也会经历一系列的变化，她诱惑、引导、命令英雄突破自我。尽管女神所能预示的总比英雄所能理解的多，但是女神永远不能比英雄更伟大，她所起到的作用是与英雄相互配合，启迪英雄摆脱各种局限。④ 西伯利亚雅库特人的英雄神话中，创世英雄白色少年在启程探索世界前，对着生命之树祈求祝福，生命之树化为中年女人的上半身，披头散发，目光诚恳，裸露巨乳，让少年从她的巨乳中吸取乳汁，使少年力量倍增，并许诺少年免受水、火、铁及其他任何事物的伤害。⑤ 良渚玉琮神徽兽面巨大的双眼可转化为巨乳，也可以隐喻英雄历险“遇到女神”的情节，或许英雄也从女神的巨乳里获得力量，并得到福佑。

此外，在英雄历险“启蒙”阶段，妖妇诱惑的考验环节也必不可少。幻影中令人无法抗拒的下体，触手可及的丰满的乳房，对于任何苦修的人都是严峻的考验。⑥ 反山 M12∶98 琮王上完整的神人兽面神徽中，神人的双手确实表现为抚摸双乳的姿态。那么兽面上的这双巨乳，同样隐喻着英雄历险之旅中的“妖妇诱惑”情节。

良渚玉琮兽面从被英雄征服的飓风洪水恶龙，如何转变为女性，中间还有个“情人英

---

① 〔美〕约瑟夫·坎贝尔：《千面英雄》，黄珏苹译，第 288 页。

② （汉）司马迁：《史记·高祖本纪》，中华书局，1959，第 341～347 页。

③ 萧兵：《良渚玉器“神人兽面纹”新解》，《东南文化》1992 年第 3、4 期。

④ 〔美〕约瑟夫·坎贝尔：《千面英雄》，黄珏苹译，第 99 页。

⑤ 〔美〕约瑟夫·坎贝尔：《千面英雄》，黄珏苹译，第 300～301 页。

⑥ 〔美〕约瑟夫·坎贝尔：《千面英雄》，黄珏苹译，第 107 页。

雄”的桥段。坎贝尔认为：“从敌人手中夺来的盟主权；征服邪恶的怪物而赢得的自由；从紧抓不放的暴君那里释放出来的生命能量都被象征为女性。她是无数英勇屠龙行为后获得的少女，是从猜忌的父亲那里被诱拐跑的新娘，是从罪恶情人手中被解救出来的童贞女。她是英雄本身的‘另一部分’，因为‘他们不可分割’。”[①] 如果这样解读的话，良渚玉琮兽面，不仅是被良渚英雄战胜并驯服的恶龙跷，同时也作为“战利品”转变为“情人英雄”少女。于是兽面的大眼转为巨乳，也能隐喻“情人英雄”少女。

1　　　　2

图八　反山 M12∶98 琮王

1. 全形　2. 对角神徽展开图

资料来源：《良渚玉工：良渚玉器工艺源流论集》彩版十八、十九。

反山 M12∶98 琮王四隅宇宙山兽面像的两侧，各雕有一只卵形鸟（图八）。鸟的形态是虎龙兽面的卵形单眼，外加一个鹈鹕的巨喙和巨大的皮肤喉囊，也是满雕旋涡状螺旋地纹，众多学者公认这些鸟与兽面有着内在的联系[②]，有学者认为象征天[③]。既然卵形鸟徽与兽面巨眼有着相同的要素，鹈鹕也属于水禽（图九），生活在河湖沼泽地带，那么兽面两侧的卵形鹈鹕，也可能与兽面洪水恶龙性质一样，是良渚英雄历险中遇到的一个障碍，是制造麻烦的恶鸟，可以解读为英雄历险“跨越第一个阈限”的情节。“在命运化身的指引与帮助下，英雄开始了他的冒险，直到在力量增强的区域入口遇到了‘阈限守护者’。这些守护者限定四个方向以及上下的边界，这代表英雄目前的环境或生活范围的界限。”英雄一旦跨越了阈限，便进入重生之地，英雄的肉身会经历一个消亡与重生的过程。[④] 良渚卵形鹈鹕鸟确实分布在玉琮的四隅宇宙山上，与兽面是分离的，虽伴在兽面左右，界定着每座宇宙山两山脚，却作背离兽面之态，似乎是被兽面跷冲撞后，落败飞奔而逃。良渚玉器上的卵形鹈鹕均出现在兽面神徽的左右两侧，除了瑶山 M2∶1 玉冠状器上卵形鹈鹕表现双带蹼大脚奔走状外[⑤]（图十），其余的卵形鹈鹕都不表现双脚[⑥]。从艺术视觉艺术心理

① 〔美〕约瑟夫·坎贝尔：《千面英雄》，黄珏苹译，第 307 页。

② 方向明：《神人兽面的真像》，第 129、130 页。

③ 梁丽君：《纹饰的秘密》，第 142、143 页。

④ 〔美〕约瑟夫·坎贝尔：《千面英雄》，黄珏苹译，第 65 ~ 80 页。

⑤ 浙江省文物考古研究所：《瑶山》，文物出版社，2003，第 33 ~ 35 页。

⑥ 方向明：《神人兽面的真像》，第 129 ~ 130 页。

学的角说，这种不表现鸟的双脚的技法称为"频闪效应"，就像飞快旋转的车轮和纺车，看不到辐条，只能看到辐条不可辨别的隐约闪现而已，从而产生轮子飞转的运动错觉；而如若辐条历历在目，则会破坏运动的错觉，导致车轮或纺车是看似静止不动的。[①] 据此，我们认为良渚玉琮上无脚的卵形鹈鹕，表现的是它们在飞奔，而缺失的鸟腿，需要观者自己利用"视觉预期与外推"[②] 去补齐。

图九　斑嘴鹈鹕

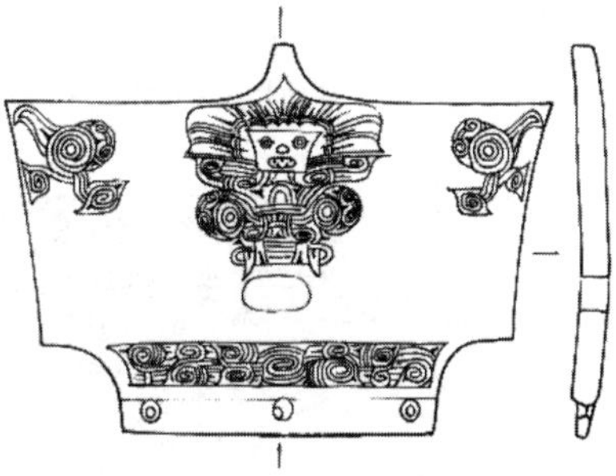

图十　瑶山 M2∶1 玉冠状器

资料来源：浙江省文物考古研究所：《瑶山》，第 35 页。

良渚玉琮上的卵形鹈鹕，除了是阈限守护者之外，其特别的卵形，另大有文章。坎贝尔认为，宇宙之蛋的壳是世界的框架，内在的繁殖能力代表了大自然无尽的生命力。神话中宇宙之蛋经常爆裂开来，从里面出来一个令人敬畏的人形，这是生殖力量拟人的化身。[③] 良渚玉琮上的卵形鹈鹕，虽然不是拟人形，但可被视为"宇宙生命力之鸟"，具有无尽的生命力，它们作为阈限的守护者，虽然没能终结英雄的历险之旅，却通过较量，将无尽的生命力传导给英雄，使他在跨越了阈限，进入重生之地后，能够死而复生。良渚玉琮神徽上，突破了阈限守护者鹈鹕恶鸟的英雄，虽仍位于兽面跷之上，但是仅剩一对小圆眼和双弦纹介字形冠（图十一），表现"英雄肉身的消亡与重生"。

---

① 〔英〕E. H. 贡布里希：《艺术与错觉——图画再现的心理学》，林夕等译，湖南科学技术出版社，2000，第 165 页。

② 〔英〕E. H. 贡布里希：《秩序感——装饰艺术的心理学研究》，范景中等译，湖南科学技术出版社，2000，第 120～122 页。

③ 〔美〕约瑟夫·坎贝尔：《千面英雄》，黄珏苹译，第 247 页。

良渚玉琮英雄历险经历启程与启蒙阶段，在Ⅰ式琮体表面即中界与Ⅱ式琮四隅宇宙山表现完成后，英雄历险之旅被视为进入上界即玉琮“上射面”，意味着进入天界，相当于西水坡遗址“单一神话”蚌塑中的M45。在这里，按照坎贝尔“单一神话”的理论，良渚的英雄会“与天父争夺宇宙的控制权，成功后，与天父重新和好”，英雄超越了具有独特盲点的生活，得到提升，能够一窥宇宙之源，他看到了天父的脸，理解了这一切，于是与天父和解了。[①] 良渚玉琮的“上射面”中央的射孔，就是宇宙轴的顶端，这里就是宇宙的中心，从宇宙轴射孔，英雄可以管窥宇宙之源。

接下来，英雄在上界被奉若神明，并获得最终的恩赐，比如长生不老的秘诀、超人的心智与能力。[②] 遗憾的是，良渚玉琮神徽，没有表现“与天父重新和解”“奉若神明”“最终的恩赐”程式化的神话情节。但是我们可以通过英雄归来的神徽，来回溯上述情节在良渚英雄历险神话中的存在。

2. **英雄历险的归来**

当英雄通过人类或动物化身的帮助完成历险时，他需要带着能够改变命运的战利品回归。完整的循环是“单一神话”的标准模式，它需要英雄带着智慧的神秘符号或金羊毛或睡着的公主返回人类的国度。在那里，他所得到的恩惠能够复兴社群、国家、地球或大千世界。一方面，英雄的回归得到男神或女神的祝福，并被指定带着复兴社会的长生不老药返回尘世，英雄会得到超自然保护者的全力支持。而另一方面，如果众神或魔鬼不愿意英雄带着战利品回归，便会出来阻止，利用巫术制造障碍。英雄则利用魔法实现逃脱，继续回归之旅，这便上演神话里滑稽可笑的却惊心动魄的追逐戏码。[③]

图十一 反山M12:98琮王对角及正面神徽展开图

前文我们指出，良渚玉琮神徽中，神人的介字形冠和羽冠一定要区分，不能混淆。戴介字形冠的英雄，都是在启程与启蒙阶段的形象。那么，戴羽冠的神人形象，就应该是被

---

① 〔美〕约瑟夫·坎贝尔：《千面英雄》，黄珏苹译，第108~128页。

② 〔美〕约瑟夫·坎贝尔：《千面英雄》，黄珏苹译，第130~169页。

③ 〔美〕约瑟夫·坎贝尔：《千面英雄》，黄珏苹译，第171~174页。

尊为神明之后、身份晋升后的新形象。反山 M12∶98 琮王上完整版的神人画面主体是尤为惹人注目的羽冠，夸张大到近神人张开双臂的肘部（图十一）。这个羽冠被刻画成“宀”（宝盖头），据此有专家认为超大羽冠象征“天”，羽冠上表现羽毛的放射线象征“太阳的光芒”，言下之意，良渚戴羽冠的神人神格为“天神”或“太阳神”。[①] 其说可从。结合我们前文分析，良渚英雄在上界被“奉若神明”，就是被奉为“太阳神”或“天神”。当然，“天神”是自然神，往往不能以人的形象为偶像，那么具有天神一样地位、能力和职能的人神，在中国被称为“帝”，即生活在上界、天极的人祖至上神。[②] 因此刘斌先生认为良渚神人兽面神徽相当于商周时期的“帝”或“上帝”[③]，无疑是正确的理解。这一阶段的良渚英雄已不仅仅是位历险成功的英雄，而是被尊为与天神平齐的至上人神，标志就是他那巨大的羽冠。

冯时先生从另一角度分析认为，良渚玉琮戴大羽冠的神人兽面，是象征北斗斗魁的猪首兽面与斗魁形（即倒梯形）脸的神人组合而成的“北斗星君”。北斗在当时被作为指示天极的极星及决定四季变化的重要指示星，因此，良渚文化的“北斗星君”就是当时天神至尊“太一”神，而北斗则为“天神太一”的长居之地。[④] 此说可从。我们认为，良渚玉琮上的英雄历险神话里，当英雄登上上界，最终抵达宇宙的永恒——天极斗魁，很可能与天父“伏羲”争夺“天神太一”的神位，终获成功，并与天父“伏羲”和解，进而被尊为“北斗星君”即“天神太一”。如此有专家认为超大羽冠象征“天”，羽冠上表现羽毛的放射线象征“太阳的光芒”，便十分正确。

良渚文化四子英雄历险抵达天界后，与天父争夺“太一”神位的传说，还有可能讹变为“共工与颛顼争为帝”的传说。《淮南子·天文训》：“昔者共工与颛顼争为帝，怒而触不周之山，天柱折，地维绝。天倾西北，故日月星辰移焉；地不满东南，故水潦尘埃归焉。”楚帛书《创世章》则说，帝俊创造日月之时，九州不平，大地和山陵向一侧倾斜，伏羲之四子来到天盖守护支撑天盖的五根天柱，使其精气不致散亡而朽损，推动天盖绕北极转动，还用四纲绳将天盖固定在地之四维上。楚帛书《创世章》里提到了共工创制历法却有失误，没有提到颛顼。不过中国古代认为颛顼制定历法，《史记·五帝本纪》说颛顼“历日月而迎送之”，《正义》曰：“言作历弦、望、晦、朔，日月未至而迎之，过而送之。”楚帛书《创世章》说共工制定历法出错，导致阴历与阳历失调，晦朔失序，四子通过置闰、恭敬迎送日月，补救了共工步算历法的失误。[⑤] 显然，楚帛书《创世章》里的四子有颛顼的影子。因此，我们将这两则神话对读，不难发现这两则貌似不相干的传说，却有着故事逻辑的连贯性：共工与颛顼争为帝，怒触不周山，把天柱撞折了，伏羲之四子将

---

① 方向明：《神人兽面的真像》，第 91～97 页。

② 何驽：《怎探古人何所思——精神文化考古理论与实践探索》，科学出版社，2015，第 414～420 页。

③ 刘斌：《法器与王权：良渚文化玉器》，第 152～177 页。

④ 冯时：《中国天文考古学》，第 122～127 页。

⑤ 冯时：《中国天文考古学》，第 28～31 页。

天柱重新修复，支撑天地，将地之四维重新修复，以四纲绳锚定天盖。如果我们按照良渚文化四子英雄历险神话自身的逻辑去复盘缺失的情节，故事情节很可能是良渚四子抵达天界北极后，与天父伏羲争北斗星君即“太一”神位，结果造成了不周山倒、天柱折、地维绝，四子通过修复天柱和地维的英雄壮举，重新建立了天界的秩序，才在这场与天父争夺天界至上神位的斗争中最后获胜，并与天父重新和解。天父妥协，四子被尊为北斗星君即太一天神。这些是我们根据“单一神话”原理，利用良渚玉琮完整版神人兽面神徽，参考楚帛书《创世章》以及“共工与颛顼争为帝”的传说，补齐的良渚四子在天界北极历险之旅的一系列程式化故事情节。

被奉为至上人神太一的四子，头戴北斗星君标志性的巨大羽冠，换上一幅倒梯形斗魁面庞，从玉琮四隅宇宙山之间的山谷通道即竖直槽，下降回到中界人间。在这个回归的过程中，良渚至上人神太一四子，还得借助魔法逃脱，仍需要来自外界的解救，表现为他仍驾驭着自己的恶龙跷，往下飞降。英雄的跷兽面，隐喻着他借助魔法逃脱，并接受来自外界的解救。特别值得注意的是，从宇宙山谷通道下降的至上人神两侧，即宇宙山山脚的那对卵形鹓鹕鸟，原本是良渚四子英雄历险启程、启蒙上升阶段被冲散的阈限守护者。在至上人神太一下降回归的阶段，呈现出头对头奔向至上人神太一及其跷的样态，似乎要阻止他们下降，这实际上恰在暗喻至上人神太一“跨越归来的阈限”的情节。更值得注意的是，反山 M12:98 琮王和 M12:87 玉柱形琮上太一神从天而降的神徽中，神人的上肢与兽面的下肢尽管精雕细刻，但是使用的技法都是极浅线微雕，使得两部分图案显得极为隐约，若隐若现，似有似无。从艺术视觉艺术心理学的角度来说，这种极浅微雕表现法，同样类似“频闪效应”，即一个物体飞速而过时，其轨迹横穿视野的拖尾后像，比如飞快旋转的车轮和纺车，看不到辐条，只能看到辐条不可辨别地隐约闪现而已。[①] 良渚反山 M12:98 琮王和 M12:87 玉柱形琮上，下降的至上人神完整神徽中，神人的双肘关节与兽面的下肢两关节处，都表现了尖尾，神人双臂和兽面双腿装饰的所谓“章状突起”[②]，也都表现了尖尾。足见，良渚玉工力图运用“频闪效应”即拖尾后像技法，表现戴大羽冠的至上人神驾驭龙跷，风驰电掣般逃离阻挠者或回归阈限守护者卵形鹓鹕的追赶——画面中，那对卵形鹓鹕正急速朝他赶来（图十一）。

最终，良渚英雄四子作为至上人神太一成功归来，回到玉琮的下界——宇宙的原初即玉琮下射面中央的射孔，完成了一轮完整的宇宙历险循环。跨越归来阈限之后的情节，良渚玉琮神徽就不再表现了。

需要说明的是，戴羽冠的神人兽面神徽是完整羽冠神人兽面的简约版，意义是相同的，表现的是归来的至上人神太一，如Ⅰ式琮瑶山 M9:4。而Ⅰ式琮瑶山 M10:15 羽冠兽面顶部是双弦纹介字形冠（图十二：1），这幅图像在良渚人眼中是两幅：前一幅是忽略羽

① 〔英〕E. H. 贡布里希：《艺术与错觉——图画再现的心理学》，林夕等译，第 165 页。

② 邓聪、曹锦炎主编《良渚玉工》，第 43 页。

冠的兽面像，双弦纹介字形冠象征人面（图十二：2），表现英雄历险启程与启蒙阶段；后一幅是忽略双弦纹介字形冠兽面，羽冠象征人面，表现英雄至上人神太一下降归来（图十二：3），是瑶山 M9∶4 羽冠神人兽面神徽的另一种艺术表现方式。另外，反山 M12∶87 柱形琮上，凸尖介字形冠神人兽面与大羽冠神人兽面水平向、垂直向间隔布列。牟永抗先生认为表现的是 S 形螺旋上升视角。我们进一步认为，凸尖介字形冠神人兽面表现的是四子英雄历险启程和启蒙的上升阶段，S 形螺旋上升；大羽冠神人兽面神徽表现的则是英雄至上人神太一驾临归来阶段，呈 S 形螺旋下降。试想，将反山 M12∶87 玉柱形琮穿一根绳，捏在拇指与食指之间左右来回捻转，就会看到上面的四子英雄螺旋上升与神人太一螺旋下降的情景。

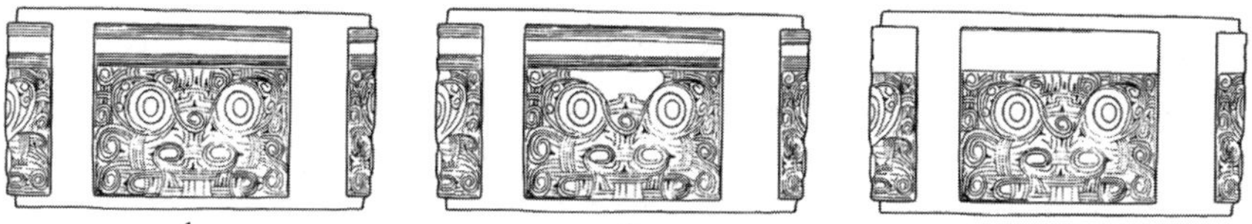

图十二　Ⅰ式琮瑶山 M10∶15 图解

1. 瑶山 M10∶15 正视　2. 瑶山 M10∶15 神徽介字形冠兽面图解　3. 瑶山 M10∶15 神徽羽冠兽面图解

资料来源：《瑶山》，第 134 页。

（三）良渚文化晚期玉琮“单一神话”式微的思考

学界都注意到，良渚文化晚期，Ⅲ式琮正方体占主导地位后，神人兽面神徽极度简化为人眼和弦纹介字形冠的符号化图案，且节数增多，体型增高（图三：4、5），原神人兽面神徽所蕴含的宗教内涵，逐渐转移到琮体上去了。[①] 这意味着良渚文化“单一神话”在晚期出现了式微的现象。这一现象在良渚中期后段初露端倪。例如蒋卫东先生划分的良渚Ⅳ式玉琮反山 M23∶126 和 M23∶163、汇观山 M4∶1 和 M4∶2，都是矮体单节四隅 90°直角，神徽简化[②]，人面占据主导地位，将原来突出的兽面挤出了玉琮。这暗示，良渚文化晚期，英雄历险之旅的神话故事内容上有了一些变化，更加突出英雄的地位，淡化了跷和阈限守护神卵形鹈鹕鸟的作用，或许更加突出强调创世神话中四子用天柱定立天地，后又维护天柱，使天盖正常运转等情节。这或许从侧面反映出在良渚晚期的政治统治与宗教信仰中，神王和人王世俗权力的地位与作用在上升，超自然力量的地位与作用在下降。

良渚文化晚期，太湖以东、以北地区的权贵墓葬中，随葬Ⅲ式多节高体玉琮[③]，似乎暗示更加突出英雄在历险之旅中，战胜了更多的挑战与障碍，能够到达的宇宙更高深，更加彰显英雄的潜能之大。目前，良渚遗址没有发现良渚晚期的大贵族墓葬（王墓），原本

① 刘斌：《神巫的世界：良渚文化综论》，浙江摄影出版社，2007，第 118、119 页。
② 蒋卫东：《玉器的故事》，第 121、122 页。
③ 蒋卫东：《玉器的故事》，第 123 页。

是否存在多节高体Ⅲ式琮，尚不得而知。

结　语

通过濮阳西水坡遗址后岗一期文化蚌塑图像遗迹和良渚文化玉琮神人兽面神徽的“单一神话”分析，推而论之，中国史前时期诸多考古学文化中不仅存在着自己的创世神话，而且还存在着与创世神话相关联的英雄历险“单一神话”。这些神话都依附于本文化的宇宙观模型来讲述。由于这些“单一神话”都是口口相传的，历史过于久远，在传世文献中很难留下踪迹。弥足珍贵的是，战国楚帛书《创世章》保留了较多的源自良渚文化的“伏羲—女娲四子创世神话”内容，增加了良渚文化英雄历险“单一神话”存在的可信度。

以往，学界未曾从英雄历险“单一神话”的角度考量相关的考古资料。西水坡遗址蚌塑和良渚文化玉琮所反映的“单一神话”例证，提醒考古学家，还可以从“单一神话”的角度去分析一些考古资料，从而发掘出更多史前文化的英雄历险“单一神话”。从另一个角度说，“单一神话”考古研究，或许是“神话考古”的一个全新领域。这些被考古发掘出来的英雄历险“单一神话”，很可能是传世文献中根本不见的，却是史前时期各考古学文化人们头脑中曾经世代传承的“神话”。它们虽然不是历史的素地，却系当时人们精神文化的一部分，理当成为精神文化考古研究不应丢掉的一部分。

编辑：徐峰

中国早期青铜礼器中的饕餮纹母题*

〔美〕艾兰（Sarah Allan）

（美国达特茅斯学院）

陶亦清　夏也婷　李炎蕾　译　徐　峰　校

（南京师范大学文博系）

［摘要］ 本文主要围绕对饕餮纹的认识、出现背景、名称由来、纹饰解读、时代发展以及精神暗示几个方面介绍中国早期青铜礼器中的饕餮纹母题。饕餮纹的历史演变中充满着“萨满教式的超越”，它是多种形象不断变化的合成物，以双目作为典型特征指代“先知们（seers）”的视野以及死者的灵魂，以虎口指代通往另一个世界的通道。由此，本文也试图为读者们提供饕餮纹与萨满教相结合的一个新视角。①

［关键词］ 饕餮纹；双目纹；萨满教

早在新石器时代，中国的墓葬中就出现了盛放祭品的陶器。到了商代晚期（约前1300～前1050），在以殷墟（今河南安阳）为中心的一个复杂广阔的国家结构中，对祖先的祭祀崇拜已经成为一种历史驱动力。国王们通过不断占卜来确保包括动物和人在内的“牺牲”在种类、数量、颜色和组合上都恰当适宜，同时按照正确的仪式来进行宰杀。他们通常会将占卜的内容刻在精心准备的骨甲（以龟甲为主）上，产生了所谓的甲骨文。由此可知，商王相信他们的祖先对在世之人仍然具有操控性权力，祖先们要求后代提供祭品，否则就会诅咒子孙并降灾于禾稼。祖先祭祀崇拜类活动刺激了青铜铸造业的发展，大量工艺复杂精湛的器具被生产，这些器具主要是用以盛放肉、谷物、酒水以祭祀祖先的容器和仪式性兵器，而非具有实际生产用途的工具。

---

* 本文译自美国达特茅斯学院（Dartmouth College）荣休教授艾兰（Sarah Allan）撰写的“The Taotie Motif on Early Chinese Ritual Bronzes”一文，原文载于谢柏柯（Jerome Silbergeld）和汪悦进（Eugene Y. Wang）主编的 *The Zoomorphic Imagination in Chinese Art and Culture*，University of Hawai'i Press，2016。感谢艾兰老师授权我们翻译该文，因篇幅所限和体例安排，我们删去了原文中的参考文献，并对配图说明有所简化，特此说明。本项翻译工作得到国家社科基金重大项目“长江下游社会复杂化及中原化进程研究”（20&ZD247）的资助，谨致谢忱。

① 译者注：英文原文并无摘要，根据《东亚文明》的发表体例，我们提炼了摘要，如有不准确之处，与原作无关。

一 认识饕餮

晚商青铜器代表了上古中国最高的技术与审美成就。在商代，一旦技术条件许可，

图一 青铜觚

早商，出土于河南郑州铭功路，高 17.8 厘米

商人们所铸刻的就不单单是那些最基本的装饰图案了，青铜器表面一致出现了带有双目的动物形纹饰，传统上称之为“饕餮”。众所周知，饕餮纹易辨识、难定义。其最初出现于青铜器表面时（商代早期，约前 1600 ~ 前 1300），便以象征面部的双目为典型特征，它被铸刻在装饰带内，主体与其他纹饰混杂不分。同时，饕餮纹可能以细纹浮雕或是带状粗纹呈现。到了晚商阶段，饕餮纹被细致呈现在一个以变异的动物图样为特征的审美背景中。该图样是多种动物形象（包括人类在内）不断变化的合成物，焦点是或圆目，或附眼角的一双眼睛（图一、图二、图三、图四）。

图二 青铜斝

早商，出土于河南中牟黄店，高 25 厘米

图三 青铜爵

早商，出土于河南郑州铭功路，高 17.6 厘米

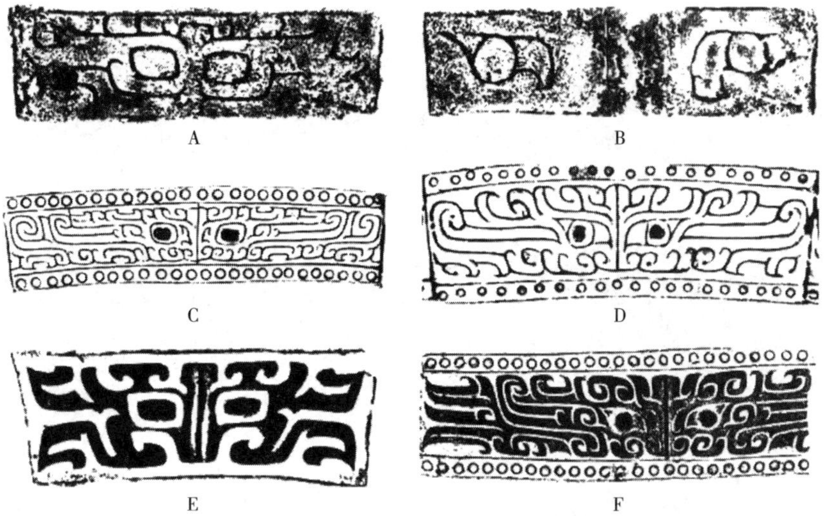

图四　早商青铜器饕餮纹拓片

晚商时期，角或耳往往出现在饕餮纹的双目上方。角的造型独特、种类繁多，可能对应着具体的动物，如牛（图六：B）、羊（图六：C）、鹿（图六：E，雄鹿的角柄；图六：G，变形为龙的风格化鹿角）。图五和图六：C 中的角，尽管不确定属于什么动物，但我认为是羊角。有时虎耳也会代替角出现（图六：A）；人耳有时也会被装饰在饕餮头部两侧（图六：F，图三十一器物背面的饕餮纹）[①]。许多饕餮纹饰有眉毛，或出现于角的位置，或出现于眼与角之间（图六：B，图六：F）。饕餮的嘴一般是张开的，下颚通常被简略描绘或干脆省略，口中往往有长长的獠牙（图六：A，图六：B，图六：G 都有上下颚；图六：C 仅有上颚），这种带有獠牙的兽口与虎有关，笔者将在下文进行论证。除此之外，饕餮面部两侧各有一躯、一足，但因为身躯侧示，所以也可能是双足。

图五　铜方彝
晚商，高 20.9 厘米

① 见 Sarah Allan, *The Shape of the Turtle: Myth, Art and Cosmos in Early China*, Albany: State University of New York Press, 1991, pp. 138－149。将所谓的瓶状角（图六：E）与鹿鹿角联系起来的观点最早由戴维森（J. Leroy Davidson）提出［“The Riddle of the Bottle Horn,” *Artibus Asiae* 22（1999）, pp. 15－22］，并且鹿耳和生长中的鹿角能作为佐证。扭曲的角（像图六里的那些一样）首次被认为是鹿角的观点是 1988 年在安阳举行的会议上，由江伊莉提出的。她最近的研究更为细致，并试图将这些角和已知的动物相匹配，见 Elizabeth Childs－Johnson, “The Metamorphic Image: A Predominant Theme in the Ritual Art of Shang China,” *Bulletin of the Museum of Far Eastern Antiquities* 70（1998）, pp. 20－31。

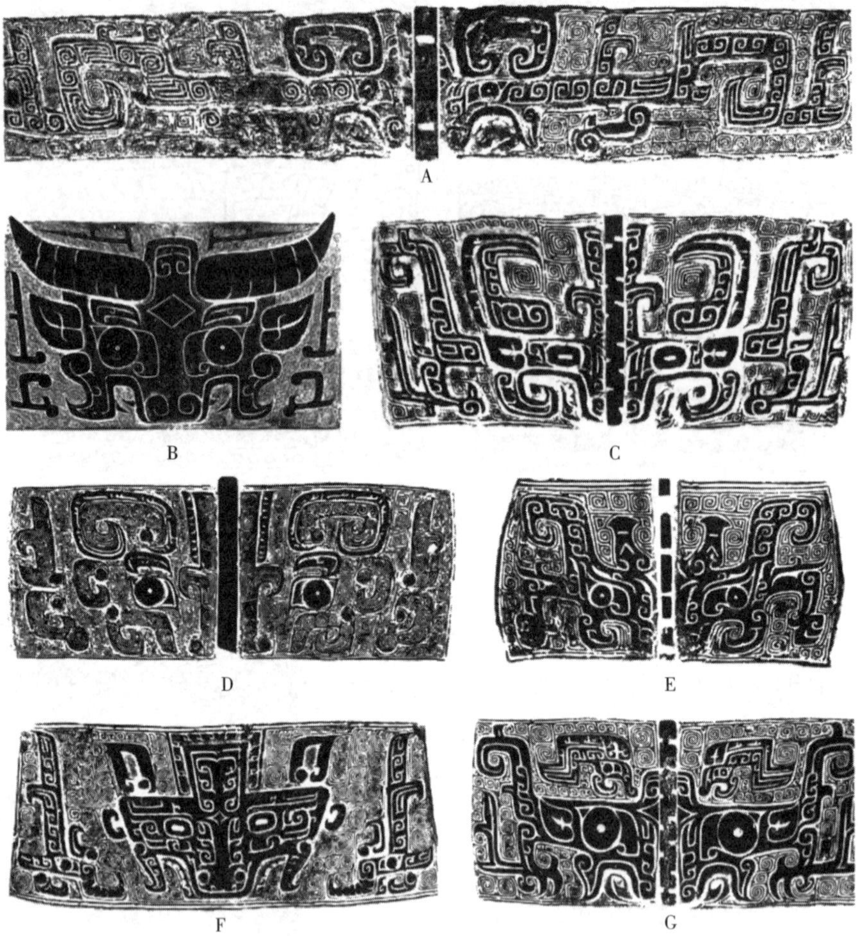

图六 晚商青铜器饕餮纹拓片

这种双身的动物形象通常是剖分（split）的——即身躯可以被分解，由各具特色的个体组成（图六：D），这些可以脱离饕餮存在的个体形象同时也可视为一个独立且完整的生物（图六：F），习惯上被称为“夔龙”。多数情况下，龙形纹饰会被鸟纹替代或具有鸟类的特征，这些龙纹和鸟纹也会出现在其他地方，甚至饕餮纹的角也能变成独立的龙纹（图六：F）。有时候，一件器物的纹样主要表现为一种动物，但是这种动物通常具有其他生物的特征。

江伊莉（Elizabeth Childs - Johnson）曾推测饕餮纹中所有的角都来自野生动物，并尝试将它们与甲骨文中提及的属于狩猎对象的某类野生物种联系起来。尽管我认为根据饕餮纹上形式化的牛角或羊角，很难区分动物是家养还是野生的，但这的确是一个颇有意思的假设。畋猎是晚商时期商王的一项重要活动，也是甲骨卜辞中的常见主题。[①] 据人类学家观察发现：在早期农业社会，狩猎和牺牲这两个概念联系密切。的确，瓦尔特 · 伯克特

① Magnus Fiskesjö, “Rising from Blood - Stained Fields: Royal Hunting and State Formation in Shang China,” *Bulletin of the Museum of Far Eastern Antiquities* 73（2001）, pp. 48 - 192，包括对商代狩猎的考古和文字证据的详细总结。

(Walter Burkert) 就曾提出在古代近东和欧洲的宗教信仰中，祭祀、狩猎和战争三者在象征意义上是可以互换的，并且宴飨活动都是个中必不可少的部分。① 这种关系也反映在那些与战争和狩猎有关的器物上，如仪式性兵器、战盔、马和战车的配件，以及祭祀和宴飨仪式所用的容器上都出现了饕餮纹。

据商代晚期的甲骨卜辞记载，当时用于祭祀祖先的牺牲中常含人牲，大量卜辞中都有畋猎和俘人的描述。这些人主要是以畜牧为生的羌人，他们（被归为人或者羌）与动物一起被列为牺牲，并没有任何特殊的重要地位。如果我们接受瓦尔特·伯克特的观点，认同狩猎和祭祀具有类似的象征意义，那么饕餮纹中的人类形象就可以被归为“野生动物”。被猎杀的人类是否会被食用目前尚无法确认，但青铜甗中出土的人头骨表明，仪式性的“食人”(cannibalism) 可能确有发生（图七）。② 这也可以解释为什么猪和狗——甲骨文中频繁提及的用于祭祀祖先的牺牲——在构成饕餮纹的动物形象中并不明显，至少它们很难在任何可识别的形式中被辨认出来。③

图七　青铜甗

晚商，出自河南安阳殷墟，内含人头骨

二　背景

祭祖仪式中的青铜器上通常会装饰饕餮纹，不过这种纹饰并非礼器或扮演通灵媒介的铜器所专有，与宴飨祖先相关的仪式中所使用的其他器物上也会出现，这类器物包括骨、象牙、青铜和玉制的容器与饮食器具。乐器上也饰有饕餮纹，这可能是因为人们会在祭祀仪式中演奏这些乐器。随葬品方面，漆木质随葬品已腐朽殆尽，但一些石质随葬品上仍可见到饕餮纹（图八）。另外，军事器具上也常出现饕餮纹，如战士的头盔、战车的配件，以及用来肢解牺牲的斧钺（图九）。以上这些说明饕餮纹通常在一种“丧葬”(mortuary) 背景中使用，这种背景与死亡、杀戮和祭祀先祖有关。

---

① Walter Burkert, *Homo Necans: The Anthropology of Ancient Greek Sacrificial Ritual and Myth*, Berkeley: University of California Press, 1983, pp. 47 - 48.

② 其中一件于 1984 年在西北岗出土，另一件于 2000 年在刘家庄出土。见唐际根《殷墟：一个王朝的背影》，科学出版社，2009，第 160 页。

③ 即使是物种类型的鉴别也不能完全明确，比如我认为图六：B 和图六：C 中角的种类就不一样，而江伊莉认为它们都是水牛角。见 Elizabeth Childs - Johnson, “The Metamorphic Image: A Predominant Theme in the Ritual Art of Shang China,” *Bulletin of the Museum of Far Eastern Antiquities* 70 (1988), pp. 107 - 108。

图八 石俎

晚商，出土于河南安阳殷墟西北岗，厚1.21、边长17.6～19.6厘米，图片为局部（从上方看）

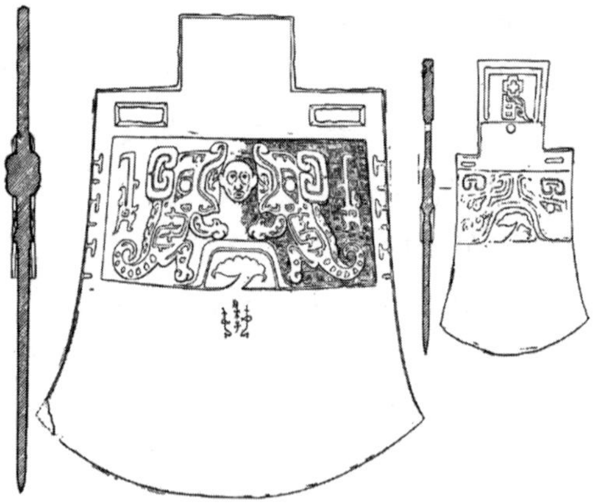

图九 青铜钺

晚商，出土于河南安阳殷墟妇好墓（M5）

相比之下，其他种类的器物则鲜少用饕餮纹装饰，包括诸多玉制品。其中一些玉器似乎是在有别于祭祀祖先的一套仪式中被使用的，比如璧和琮，日后被赋予了天、地的含义，但商代时其意义尚不明确。商代墓葬中也出土了很多相当写实的立体玉器，如小型动物玉雕和玉人。目前我可以肯定这些玉雕没有装饰饕餮，说明它们可能有着别的仪式用途，但也可能是因为饕餮最初就呈现为由线条构成的纹饰，没有立体的形象。另外，也存在装饰饕餮纹的玉制器皿和武器。由此可见，一件器物是否可以用饕餮纹装饰，取决于它的礼仪功能而非材质。

三 饕餮纹的名称

尽管饕餮纹在商代的青铜礼器上普遍存在，但商人如何称呼它仍是一个未解之谜。向祖先和自然之灵供奉祭品的祭祀仪式是甲骨卜辞中的主要话题，但其中没有一个名称可以和无处不在的饕餮纹相对应。① 这个问题起码困扰了学者们四分之三个世纪。用“饕餮”

① 尽管大多数学者都认为饕餮纹与甲骨文中发现的任何神灵都不对应，但也有一些学者试图将其与某位具体的祖先神相联系。最值得注意的是，林巳奈夫将饕餮与商朝地位最高的祖先“夒”相联系。林巳奈夫的论点依托的是一个值得怀疑的识别，即他将甲骨文中代表这位祖先的字形中的头与足元素和饕餮的头、足等同了起来。见 Hayashi Minao, “In Shū jidai no ibutsumotsu ni arawasareta kishin,” *Kōgaku zasshi* 46, no. 2 (September 1960), p. 129, 和“Iwayaru tōtetsumon wa nani o hyō shita mono ka,” Tōhō Gakuhō 56 (March 1984), p. 1－97。这个观点江伊莉也赞同，Elizabeth Childs－Johnson, “The Ghost Head Mask and Metamorphic Shang Imagery,” *Early China* 20 (1995), p. 80, 以及“The Metamorphic Image: A Predominant Theme in the Ritual Art of Shang China,” *Bulletin of the Museum of Far Eastern Antiquities* 70 (1988), pp. 55－56。然而，甲骨文中并没有证据表明这个祖先（或其他任何神灵）与青铜纹饰有关。此外，在那些不崇拜商代祖先的人制作的青铜器上也会出现饕餮纹。饕餮纹的多变性是质疑其与任何具体的祖先或神灵相关的又一原因。

一词来称呼青铜器上的这种纹样，可以追溯到宋代（960～1279），当时的金石学家吕大临认定青铜器上的该纹饰与吕不韦（公元前290～公元前235年）所著《吕氏春秋》中的描述“周鼎著饕餮，有首无身，食人未咽，害及其身”有关。① 然而，据汪涛研究发现，尽管不同的宋代金石学家各以自己在古籍文献中发现的名字来称呼该纹饰，但是无一观点有历史依据。例如罗泌（生于1131年）认为该纹饰表现的是古籍中的另一位人物——蚩尤，罗泌的儿子罗苹对其父的观点做了注解：“蚩尤天符之神，状类不常，三代彝器多著蚩尤之像，为贪虐者之戒，其状率为兽形，傅以肉翅。”② 按照我下面提供的论点来看，宋代金石学家将青铜器上的纹饰看作与吃有关。这颇为有趣，因为在商人信仰中，饮食、转生和濒死都是相互关联的，但是没有任何早期证据表明他们推测的名称就是商人对这种青铜纹饰的称呼。

汪涛曾建议用“双目纹”来替代“饕餮纹”，这一观点有其魅力，因为自从该纹饰初现于青铜器之时，双目便是唯一不变的特征。但是双目纹早就在一些新石器时代文化中出现，比如良渚文化（约前3300～前2100）（图十），即使这类文化的器物上发现的双目纹是商代铜器纹样的先例，它们的历史背景和形式特征也大为不同，所以不应当用同名，否则便会引起混淆。许多中国学者认识到“饕餮”一词并不精准，代以“兽面”称之。但是该纹样不单单只有一张脸，通常它还至少包括了寓示身体的部分。同

图十　玉琮

良渚文化，出土于江苏武进寺墩遗址，高7.2、宽8.3～8.5厘米

① 陈奇猷：《吕氏春秋校释》第十六卷《先识览》之《先识》，学林出版社，1984，第947页。

② Wang Tao, “A Textual Investigation of the Taotie,” in *The Problem of Meaning in Early Chinese Ritual Bronzes*, ed. Roderick Whitfield, London: Percival David Foundation of Chinese Art, School of Oriental and African Studies, 1993, pp. 102－118.

样，我也反对一些西方学者使用“动物面具”（animal mask）来称呼之。[①] 所以我谨慎地选择了传统名称——“饕餮”，虽然明知商人并不使用该词，但至少有近千年来都如此称呼的优点。基于同样的原因，我用“夔”来指代商代青铜器上各式各样一足似龙的动物形象。

四 解释的问题

饕餮纹在丧葬背景中以及在盛放酒食贡品的祭祖礼器上的普遍存在，证明了它在商代宗教信仰中非常重要。其与宗教信仰的关联通过可视化的形象得以加强。我们可能不了解商代青铜器的艺术语言，但饕餮并不会让即使是外行的观众产生其只是装饰的感觉，就算对饕餮纹不熟悉，它的陌生感也会对观众产生冲击。饕餮纹以及其他出现在礼器上的装饰本身就十分奇特，是现实中任意形象的变形展现。“饕餮”一词的本意就包含着恐怖和神圣并存的双重感觉。考虑到饕餮纹所在器物的功能——它们或是向祖先供奉酒和食物的容器，或是盥洗仪式用的水器，或是战争、祭祀或仪式表演中用于杀戮的武器，那么这种感觉就不足为奇了。[②]

所有理解饕餮纹的尝试，都会遇到纹饰多变这一首要问题，尤其是商代晚期的饕餮纹。从审美角度来看，虽然在一个具体的饕餮形象中某一种动物可能居于主导位置，但是由于这种动物和其他动物的混杂，以及它们分裂或分解的形象等缘故，我们对这种动物的辨识几乎总是受到严重影响。青铜器是在作坊中被铸造的，铸造工艺涉及各部件的拼合连接，尽管如此，每件青铜器都是一件独立的作品，很少有精确复制的器物。这说明饕餮纹的差异是有意设计的，也是其审美形式的一个重要方面。这种形式设计打消了任何对饕餮纹单一化解读的可能，加上形象的多变，就使得饕餮纹难以被想象成对任何具体动物（无论它们是真实存在的或是假想的）的描绘，乃至是一组生物的结合。这就正如罗樾所言，“在传统的文学意义上”（in a traditional literary sense）饕餮是没有含义的。[③]

那么问题来了，如果饕餮纹太过多变，以至于不能用任何真实或虚构的动物（或动物组合）来描述它，那么它怎样表现含义？或者说，它真的有含义吗？笔者认为理解该问题的关键就在于罗樾对“传统文学意义”（a traditional literary sense）的警示。为了理解饕餮

---

① Jordan Paper, “The Meaning of the ‘T’ao - T’ieh’,” *History of Religions* 18 (1978), pp. 18 - 41, 以及 Elizabeth Childs - Johnson, “The Ghost Head Mask and Metamorphic Shang Imagery,” *Early China* 20 (1995), pp. 79 - 92, 他们认为实际上面具是饕餮纹的起源，但我不认为这一观点符合饕餮的历史发展，因为更像面具的形式直到很晚才出现。

② 对于早期西方解读方法的综述和评判，见 Sarah Allan, “Chinese Bronzes through Western Eyes,” in *Exploring China’s Past: New Discoveries and Studies in Archaeology and Art*, ed. Roderick Whitfield and Wang Tao, London: Saffron, 1999, pp. 461 - 496；另一些不同的观点见 Robert W. Bagley, *Max Loehr and the Study of Chinese Bronzes: Style and Classification in the History of Art*, Ithaca, N. Y.: Cornell University Press, 2008。

③ Max Loehr, *Ritual Vessels of Bronze Age China*, New York: The Asia Society, 1968, p. 13. 罗樾的观点不是简单的基于饕餮纹的多变性，商代青铜器艺术可以追溯到仰韶文化陶器上的纹样，以及苏珊·朗格（Suzanne Langer）的“形式第一”（form comes first）理论，都影响了他的观点。关于罗樾观点发展的详细回顾，见 Robert W. Bagley, *Max Loehr and the Study of Chinese Bronzes: Style and Classification in the History of Art*, pp. 49 - 97。

纹内含的意义，我们不仅要解释饕餮纹发挥作用的宗教背景，还必须拓展我们的解读技巧来突破欧洲的审美传统。[①] 本文中，我将追溯饕餮纹的发展，从二里头文化（约前1900～前1500）的初现到商代的晚期。我还要讨论的一点是，饕餮纹以简洁的双目形象首次出现在一个非常特殊的背景中——与宗教对话者（religious interlocutors）或灵媒有联系，他们会在礼仪性祭祀中使用酒。这一原初的背景以及使用饕餮纹的祭祀活动，对理解该纹饰在商代的发展至关重要。[②]

五 商代青铜艺术的含义

西方人类学传统由神话、艺术与仪式三个部分组成。这种传统赋予语言特权；神话，可以理解为一种叙事方式，被置于首要位置；仪式则被当作表演，而艺术属于描绘。此外，我们的传统艺术史倾向于将现实主义作为一种内在的美学追求。然而，许多所谓的“原始”（primitive）艺术不仅不关心现实主义，还故意利用各种表现手法来夸饰那些有违现实主义的部分，比如运用多重的视野以及那些不可能的组合，妨碍了人们对这种形象的任何简单释读。实际上，这种艺术并不“原始”，它的形式往往具有悠久的文化历史，美学技艺也可能复杂且精妙。这一类型的艺术在世界各地的文化中如此普遍，以至于对现实主义的突破和避免单一或简单的释读肯定是有意为之的，这也对它的表达手段至关重要。

随着文学的发展（而不只是书写本身），人们开始表露他们的思想。一旦行诸文字，思想观念就有了各自的生命，人们就有可能去批判性地探讨自身，思考他们所处的现实。因此，一种审美表达的模式就可能发展起来，在这种模式中，语言优先，艺术居次，因为语言可以列举口头表达的故事和观念，还可以创造能够被理解的有意义的符号系统。另外，在文学不发达的文化中，艺术往往试图直接表达宗教经验。例如在中国艺术中，我们可以比较商代晚期的青铜艺术与子弹库楚帛书（前4世纪～前3世纪）边缘位置的绘画图像之间的差异。在楚帛书上，可以看到艺术家在极力表现一个口头观念中的三首神形象（图十一）。

---

① 见 Sarah Allan, “Art and Meaning,” in *The Problem of Meaning in Early Chinese Ritual Bronzes*, ed. Roderick Whitfield, London: Percival David Foundation of Chinese Art, School of Oriental and African Studies, 1992, pp. 9–33, 和 Sarah Allan, *The Shape of the Turtle: Myth, Art and Cosmos in Early China*, chap. 6；也见于 Robert Bagley, “Meaning and Explanation,” in *The Problem of Meaning in Early Chinese Ritual Bronzes*, ed. Roderick Whitfield, London: Percival David Foundation of Chinese Art, School of Oriental and African Studies, 1992, pp. 34–55，其中有评论；我的回应在“Epilogue,” pp. 161–176。

② 我最早阐述这个理论是在《龟之谜》中，这个理论是关于在没有发达文字体系的文化中神话和艺术的本质与其相互关系。这里，我进一步推进了这个论点，我认为源于宗教体验的神话艺术有一个神经系统的起源，这就使得它脱离于职业萨满，而关联于普通人的体验。

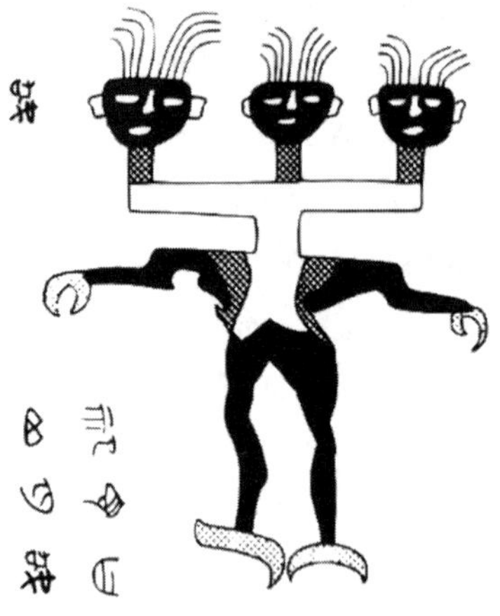

图十一 楚帛书边缘细节

约公元前300年，据传出自湖南长沙子弹库墓中，为丝织品上墨迹

神话最传统的定义是“超自然的故事”，但是超自然这一术语在一些情况下不太准确，因为有时这些神灵并不是与人不同类的神，而是祖先——仍需供给食物的已逝之人。① 因此，我认为把神话定义为“突破自然世界限制的语言公式”更为恰当。同样，所谓的“原始”（primitive）[或者，我更愿意称之为“神话的”（mythic）] 艺术也为了显示它的神圣本质而打破了自然现实。这样做时，它并不试图描绘或再现感知世界，也不是在说明神话。然而不可避免地，它与同一个文化中的神话共享相似的宇宙观和概念框架，同样它也必然指涉了共同的主题、图像以及宗教体验。

在晚商青铜艺术中，饕餮纹有着双目、张开的虎口以及各种暗指动物牺牲的角，但饕餮纹本身并没有指代任何具体动物。事实上，它使用了各种表现技巧，如不定义主体、运用多重视野、不同动物拼合等，来暗示该图像超出了我们的理解。通过这些手段，青铜纹饰创造出了不受这个世界客观现实束缚并且也永远无法得到精确定义的“他者感”（a sense of the other）。商代青铜艺术的图案处于持续的变形之中，它们主要的隐喻是生存状态（states of being）的转变，比如食用与牺牲、亡者所居的有水的地下世界、龙（也是鸟）、蜕皮的蛇、脱角的鹿、破土羽化的蝉等等。

虽然商人的艺术与无文字人群的艺术在形式上有相似之处，但通过卜辞我们可以发现，住在殷墟的商人已经有了非常发达的文字系统。② 用骨和龟甲占卜是一项浩大的工程，据吉德炜（David Keightley）估计，这种占卜活动每十日就需要消耗约六头牛和十三只龟，而且在殷墟时期，灼烧甲骨进行占卜这一项就需要花费约300万工时。③ 为了满足这一需求，其他地区（最远可至缅甸或印度尼西亚）的牛肩胛骨和龟腹甲被送抵殷墟。④ 尽管在商代晚期，周期性的祭祀仪式已经变得越来越规范化，但甲骨卜辞给人最震撼的印象仍是一种恐惧，同时让人觉得需要不断提供合适且合意的祭品来避开迫在眉睫的灾难，这些祭品既有动物也有人，有时数以百计。事实上，占卜的目的不是去预见未来，而是确保当前

① 在许多与“原始艺术”形式相关的非洲和美洲文化中，祖先的功能与“神”一样，这一点或许很重要。

② 在《龟之谜》中，我认为商代的文字书写集中于并可能局限于占卜和仪式。但也有人不接受，如 William G. Boltz, *The Origin and Development of the Chinese Writing System*, New Haven, Conn.: American Oriental Society, 1994; Robert Bagley, “Anyang Writing and the Origins of the Chinese Writing System,” in *The First Writing: Script Invention as History and Process*, ed. Stephen D. Houston, Cambridge: Cambridge University Press, 2004, pp. 190－249, 但文字有限使用的证据已被学者令人信服地列出，见 Adam Daniel Smith, “Writing at Anyang: The Role of the Divination Record in the Emergence of Chinese Literacy”, PhD diss., University of California at Los Angeles, 2008。

③ David N. Keightley, *Sources of Shang History*, Berkeley: University of California Press, 1978, p. 89, p. 169.

④ 李学勤、齐文心、艾兰：《英国所藏甲骨集（下）》第1卷，中华书局，1991，第248页。

的行动不会招致不幸的未来。[1] 如果祭祀不当，祖先不满，他们就会降灾于王及其臣民，这样的灾难包括庄稼歉收、人员染疫、突遇不测，或战争失利。

死去的祖先需要被供奉，为我们理解祭器上纹样的含义提供了情境，即青铜器可以被理解为超越于此世与彼世之间的能动者（agents），是商人借此将牺牲供奉给祖先的媒介。因此，青铜器是由属于另一个世界的神圣语言装饰的，用于杀戮的武器也以象征的或其他方式共享了这种装饰语言。饕餮纹会使人联想到各种各样的动物，以及青铜器和其他仪式性物件所参与的祭祀性崇拜。正如下文中我还将讨论的：眼睛指代了“先知们”（seers）的视野，也代表那些能看见我们但不能被我们看见或理解的力量，张开的虎口代表通往另一个世界的通道，双角和耳朵来自那些充当牺牲的动物，如家牛或野牛、绵羊、山羊、鹿和人，而龙和鸟则暗示着地下的水界和上方的天空。

六　新石器时代艺术母题的神经学基础

在《新石器时代的思维》（*Inside the Neolithic Mind*）一书中，大卫·皮尔斯（David Pearce）和大卫·刘易斯－威廉姆斯（David Lewis－Williams）认为，入眠体验——视野或者幻象，是经由神经系统产生的，这些体验包括从那些半清醒状态看到的生动心理意象，到由酒精、节奏性乐舞、精神药物等手段诱发的另一种意识状态（altered states of consciousness），这种现象普遍见于所有的文化与人群。[2] 因此，世界各地的新石器时代图像艺术都倾向于强调双目。大脑实验证明，这些幻觉体验具有共同的特征：包括看见明亮的几何图案、穿越隧道的通道、漂浮或飞舞的图像，以及人兽之间的互相转化等。这些幻觉奇异且细节生动，因而成为古文化艺术中丰富的意象来源，也正是这种在不同文化艺术中都有的相似体验，解释了为何会在互不相关的新石器时代文化中出现相似的纹样。

由于坠入隧道或漩涡的感受、听到水发出的声响以及飞行的幻觉都是由神经系统引发的，并被另一种意识状态（altered states of consciousness）激活，所以人们普遍相信宇宙是分层的。[3] 在这种层叠宇宙观中，上方是“天界”，与鸟和天体相关联，下方是“水界”（恰好对应商代有水的地下世界）。[4] 皮尔斯和刘易斯－威廉姆斯有一个重要的假设：这种

① Sarah Allan, *The Shape of the Turtle: Myth, Art and Cosmos in Early China*, pp. 112－123.

② 尽管大卫·皮尔斯和大卫·刘易斯－威廉姆斯在《新石器时代的思维》一书中提出的假设侧重于新石器时代社会，而我在此关注的是中国早期青铜时代，但由于我上面提到的原因，它对理解饕餮的发展仍然有效。也就是说，是文学传统的发展，而不是写作本身或社会发展阶段，导致了艺术表达经历了从源于经验到源于具有清晰想法的含义的转变。

③ Pearce and Lewis－Williams, *Inside the Neolithic Mind*, High Holborn: Thames & Hudson, 2009, p. 68，该书中将这种层叠宇宙（tiered cosmos）的信仰描述为“人类大脑中天生存在的”（hard-wired in the human brain），我认为这更有可能是根据神经学上产生陷落和飞行相辅相成的体验而得出的逻辑结论。

④ 见 Sarah Allan, *The Shape of the Turtle: Myth, Art and Cosmos in Early China*, pp. 27－30。

幻觉体验并不单单为灵媒或巫觋所独享，而是在所有社会的人群中相对普遍地存在。他们坚称，这些体验是“人类大脑中天生存在的”。萨满不过是在这种每人都拥有的能力方面特别发达，相比其他人，他们更容易在宇宙的层际之间进行沟通交流，但这种体验其实并非独一无二的。

七 饕餮纹的起源

下文中我们将谈到，目前的考古证据表明，饕餮纹现存最早的形式出现于二里头文化，在这一时期它已经和萨满密切相关，以强调视觉力量的双目为特征。商代早期，双目纹就被用作装饰青铜礼器，那时饕餮纹的身体轮廓还不清晰，但郑州商城出土了一件同时期的陶片，经计算机技术复原后，呈现出一个双身人的纹样，他面带微笑，脸的两侧各有一大张的蛇（或龙）口。在发展的过程中，饕餮纹逐渐演变出大张的虎口，暗示着向另一个世界的过渡。饕餮纹早期的隐晦含糊，也慢慢地被各种长有角的动物拼合而成的形象所代替，这就使得对这种图像的解读变得复杂起来。

李学勤指出，以浙江和江苏①为中心的良渚文化（约前3300～前2000）出土的许多玉器带有双目纹，饕餮纹就源出于此。值得注意的是，这种纹样的双目有两种形式：带眦的人眼和圆形的兽眼（图十）。其复杂程度也不等，最简单的只有一双眼睛，下方是横线，最复杂的则由人与动物元素混合而成（图十二）。双目纹多出现于玉琮之上。② 这种外方内圆的礼器源远流长，在殷墟也有发现（图十三）。然而，良渚玉器上这

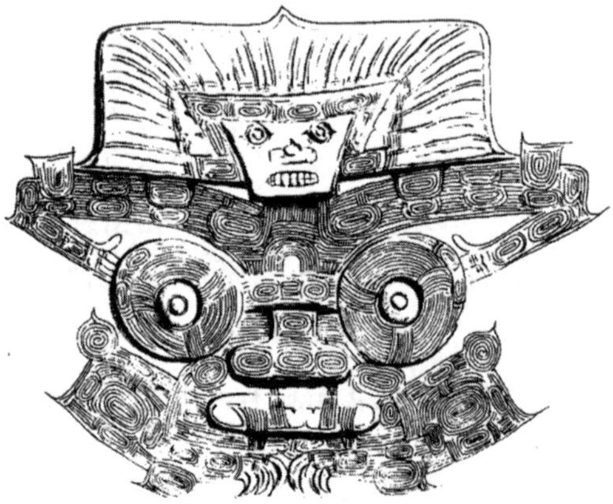

图十二 神人兽面纹
良渚文化，出土于浙江反山 M12

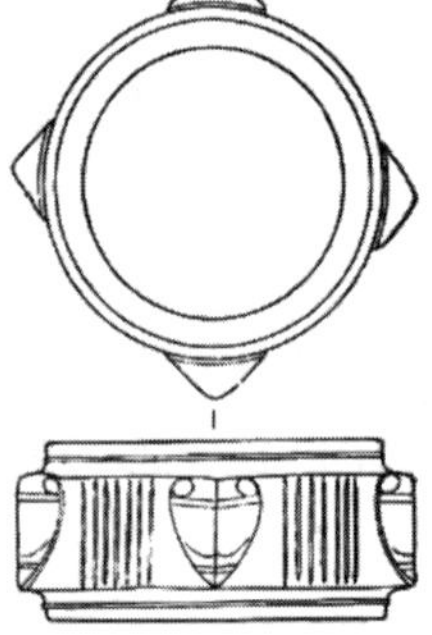

图十三 蝉纹玉琮
晚商，出土于河南安阳殷墟妇好墓（M5：1051）

---

① 译者注：英文原文作 Jiangxi，误，应为江苏。

② Xueqin Li, “Liangzhu Culture and the Shang Dynasty Taotie Motif,” in *The Problem of Meaning in Early Chinese Ritual Bronzes*, ed. Roderick Whitfield, London: Percival David Foundation of Chinese Art, School of Oriental and African Studies, 1992, pp. 56－66.

种复杂纹饰和饕餮纹截然不同，良渚玉器纹饰是一个人——通常是一个头戴羽毛头冠的灵媒或者萨满，混杂着动物形象，但是人在动物上方，似乎是骑在动物身上的。相比之下，晚商时期的饕餮纹中，人脸元素是与饕餮的面部杂糅的，而且在下文将讨论的“虎口衔人”纹中，人脸是位于动物之下的。基于这一点，我们很难想象殷墟发现的饕餮纹起源于良渚。

八 二里头文化

二里头遗址是一处贵族文化（elite culture）的核心遗址，该文化肇始于公元前两千纪的早期，以河南偃师二里头遗址为中心。到商代晚期时，这一贵族文化已经在中国大陆地区建立了一种文化霸权（cultural hegemony）[①]，其形成的关键在于青铜器和“礼”的结合，以及冶金术（主要铸造祭祖礼器）的发展[②]。二里头发现的青铜器已经采用了范铸法，这种技术是稍后中国青铜冶金术的典范，但当时的技术还比较简单，器壁也较薄，所以除了二里头末期的少量青铜器上有原始的几何纹（小圆圈和突起）外，其他铜器毫无装饰。不过，嵌绿松石铜牌饰以及一块漆器残片上却发现了饕餮纹的雏形。

这样的铜牌饰（包括海外的收藏）目前已知至少有十六件。除了二里头遗址的，还有一些见于其他地区，比如四川省三星堆出土的三件（两件出土于真武祭祀坑，一件出土于高骈）[③]。这几件的年代和来源尚不明确，但是它们所用的绿松石石料种类不同，设计风格也更为抽象，这表明，尽管它们和二里头的器物相像，但是它们不是从中原地区传入的，而是在当地制造的。铜牌纹饰表现了双目，似乎也有身体。双目有两种类型：有眦与无眦（图十四和图十五）。这些铜牌饰经科学发掘出土，发现时位于墓主胸前，牌饰两侧各有两个穿孔钮，这表明它们是附着在什么东西上的，比如说衣物。

第二期的墓葬（M3，V 区）中发现有一精致的龙形器，它由两千余片小绿松石片组成，粘接在易腐的衬底材料（可能是布）上。[④] 这一龙形器长约 65 厘米，头部呈梯形，置于一宽 13.6～15.6 厘米、长 11 厘米的托座上，眼睛由白玉制成（图十六）。绿松石龙形器放置于墓主人骨架之上，由肩部至髋骨处。3 组半圆形的青、白玉柱组成鼻梁，鼻梁

---

① Sarah Allan, “Erlitou and the Formation of Chinese Civilizaton: Toward a New Paradigm,” *Journal of Asian Studies* 66, no. 2 (2007), pp. 461－496, pp. 485－486.

② 在 *State Formation in Early China* (London: Duckworth, 2003) 中，刘莉和陈星灿认为，二里头可以被视为一个国家，并以区域聚落形态作为证据，即二里头遗址主宰着由次级中心和村庄组成的一个四级聚落等级体系，而且与所有更早期或同时代的遗址相比，二里头遗址的范围更大。

③ 王青：《镶嵌铜牌饰的初步研究》，《文物》2004 年第 5 期；叶万松、李德方：《偃师二里头遗址兽纹铜牌考识》，《考古与文物》2001 年第 5 期。

④ 中国社会科学院考古研究所：《河南偃师市二里头遗址中心区的考古新发现》，《考古》2005 年第 7 期；许宏：《河南偃师二里头遗址发现大型绿松石龙形器》，《中国文物报》2005 年 1 月 21 日；Erlitou Fieldwork Team, Institute of Archaeology, Chinese Academy of Social Sciences, “A Large Turquoise Dragon－Form Artifact Discovered at the Erlitou Site,” *Chinese Archaeology* 5 (2005), pp. 10－12。

上有一圆形绿松石作为鼻尖。在“龙”的下方发现了一件单独的条形饰，上面镶嵌着绿松石片，也许是同一件器物的另一部分。龙首位于尸体胸部位置表明了它的功能类似于后来的嵌绿松石双目纹铜牌饰。腰部位置发现的铜铃暗示了这位墓主的社会身份与铜牌饰拥有者相似。

图十四 嵌绿松石铜牌饰

二里头文化，出土于河南偃师二里头遗址 VI 区 M11，长 16.5 厘米

图十五 嵌绿松石铜牌饰

二里头文化，出土于河南偃师二里头遗址 V 区 M4，长 14.2 厘米

图十六 绿松石龙形器和铜铃

二里头文化，出土于河南偃师二里头遗址 V 区 M3，龙身长 64.5 厘米

在胸前佩戴有着突出双目的嵌绿松石铜牌饰无疑是为强调佩戴者的视觉力量。虽然后世没有发现这种铜牌饰，但殷墟妇好（前 13 世纪商王武丁的妻子）墓曾出土一件小玉人，

玉人的胸前刻着带有鹿角的饕餮纹，这表明该纹饰可能是玉人服饰的一部分（图十七）。[①]饕餮纹之下是一非写实的蝉纹，蝉拥有不同寻常的生命周期，因而成为转化或蜕变的自然象征，商代和其他许多文化的艺术中都能看见它们的身影。同时，蛇纹也装饰在玉人的四肢上，背部的纹饰和二里头时期绿松石牌饰上的纹饰相像。玉人呈跪坐姿势，双脚赤裸，会让人联想到许多文化中萨满的赤足。头部也未佩戴什么饰品，发式奇特——从头顶中央扎起，编成辫子。

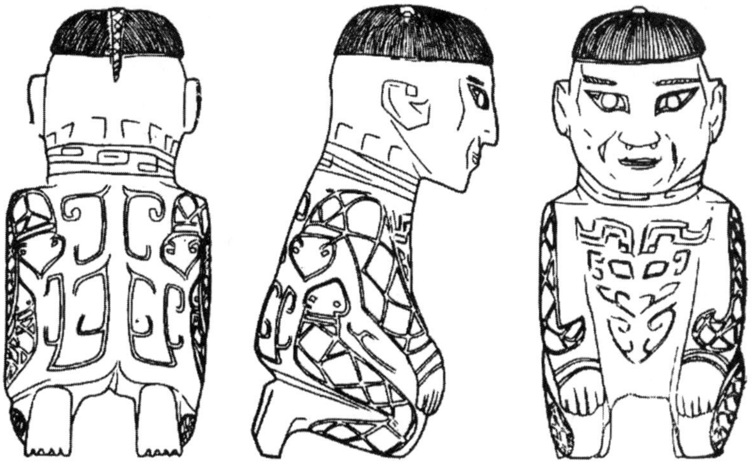

图十七 胸前饰饕餮纹跪坐玉人像

晚商，出土于河南安阳殷墟妇好墓（M5），高 8.5 厘米

对发现绿松石龙形器和嵌绿松石铜牌饰的墓葬进行更详细的研究后，我们认为佩戴铜牌的人是专职的“先知”（seers），他们在仪式表演中使用酒、佩铃或摇铃、击鼓，同时携带特殊的玉制品。酒精——一种会改变神经状态的“药物”，自古以来就与世界各地的萨满教及其他宗教仪式密切相关。音乐和舞蹈同样可以诱导人们产生入迷或幻觉体验。早在公元前七千纪，中国就已经出现了酿酒技术。[②] 在二里头墓葬中发现的成套陶礼器也包括酒器（这里的“酒”指的是用谷物发酵的饮料）。[③] 除了在一座第四期墓葬中发现的一尊鼎（三足食器）外，迄今为止二里头文化发现的青铜器均属酒器。爵是一种三足有流的温酒器，目前最为常见。但与之密切相关的温酒器斝（圆形口沿）和角（有流），以及盉（带盖、有流、中空袋足器）与觚（喇叭形口的细高容器）也都有所发现（早商时期爵、觚和盉见图一、图二、图三，晚商时期鼎和簋见图十八、十九）。

---

① 中国社会科学院考古研究所：《殷墟妇好墓》，文物出版社，1980，第151、153 页、图80.2、彩版24.2、图版130.1（M5:372）。

② 麦戈文（Patrick McGovern）等：《山东日照市两城镇遗址龙山文化酒遗存的化学分析》，《考古》2005 年第 3 期；Patrick McGovern，*Ancient Wine*，Princeton，N.J.：Princeton University Press，1993，pp. 314 - 315。

③ 郑光：《二里头陶器集粹》，中国社会科学出版社，1995。见书中插图：众多二里头墓葬中的成套陶礼器。

图十八 青铜鼎
晚商，高 21.8 厘米

图十九 青铜簋
晚商，高 15.6 厘米

二里头遗址通常被分为四期。发现上述绿松石龙形器的墓葬（M3，V 区）是 2002 年在 3 号宫殿基址内发掘的一组二期墓葬之一。尽管从规模上看，这些墓葬还不能算是王室墓葬，但特殊的位置暗示着它们的不同寻常。这座墓葬长 2.2 米，墓口宽约 1.2 米，深 0.5 米，墓主为男性，年龄 30 ~ 35 岁，头向朝北。墓葬中没有棺痕，但墓底可见朱砂印迹，不过也不排除是漆器残留物的可能。随葬品除了位于墓主胸前的绿松石龙形器外，还包括墓主腰部附近的一件带有玉质铃舌的青铜铃、头部附近的一件鸟首玉饰。铜铃上粘附有纺织品印痕和红色漆（或其他遗物）皮。墓主头顶位置有一组三件斗笠状白陶器，顶部圆孔处各有一穿孔绿松石珠，可能是一种特殊的头饰。墓葬中还有十件陶器和众多漆器，其中漆器包括觚（酒器）、钵形器、带柄容器。可能是因为陶器和漆器保存不佳，发掘报告中并未介绍它们的精确数目和细节。[①]

图二十 青铜铃
二里头文化，出土于河南偃师二里头遗址，总高 7.7 厘米

二里头遗址 V 区的 M4 同样出土了一件绿松石牌饰，也是在墓主的胸部位置。这座墓葬属于第二期（或第三期），墓主似乎也是专职的“宗教对话者”（religious interlocutor）。墓葬长 2.5、宽 1.16 米，墓底铺有一层厚厚的朱砂，最厚处达 8 厘米，棺木外表涂有红漆。随葬品有一陶盉（酒器，有盖，下有三袋足）和各类残损漆器，如觚、

① 中国社会科学院考古研究所：《河南偃师市二里头遗址中心区的考古新发现》，《考古》2005 年第 7 期。

钵等。① 墓葬中还出土了一件残损的漆鼓，这进一步证明了萨满教活动的存在。除了胸前的铜牌外，墓主腰部附近还有一件小铜铃，铃的顶部中间有两个方穿孔（图二十）。② 此外，墓葬中还出土了一件玉柄形饰，这类器物的用途尚不明确，它们一直延续至商代晚期，大多没有装饰。但在1975年五区出土的器物上刻着一精心雕琢的面部图案，说明它有仪式用途（图二十一）。同时，它与前述的V区墓葬M3中的鸟首玉饰的形状大致相仿（长而薄，圆形而非方形），这说明它们可能具有类似的功能。

图二十一　人面纹玉柄形饰

二里头文化，1975年出土于河南偃师二里头遗址，长17.1厘米

其他两座出土镶嵌铜牌饰和青铜器的墓葬均属于第四期。墓葬M57长2、宽1.05米；墓葬M11长2、宽0.95米。与早期的墓葬M4一样，墓主的胸部位置有嵌绿松石铜牌，腰部附近有小铜铃。M57还有一件铜爵，M11有一爵和一斝。M57有两件玉柄形饰，M11则有三件。这两座墓葬中还随葬有其他各种玉器、陶器、贝壳等。M57墓底有厚厚的漆层，M11中也有漆容器的残留物。③ 总而言之，胸前佩戴的双目纹铜牌、酒器、铃鼓、玉柄形饰和特殊的头饰都清晰地表明这四座墓葬的墓主均为专职的“先知”（seers）。

早商时期，饕餮纹的雏形如此迅速地出现在了几乎所有带纹饰的青铜器上，这说明，在被转移到青铜器上之前，它早已在另一种物媒上存在。二里头文化的陶器上通常只装饰简单的几何纹饰，或者光素无纹，所以饕餮纹并非来源于此。至于二里头遗址的漆器，除器表的朱砂痕迹外几乎无存，不过第三期墓葬曾出土一块刻有双目纹的漆器残片，可能是早商时期饕餮纹的前身（图二十二）。④ 因此，商代早期青铜器上的饕餮纹可能源于某种已经存在于漆木器这类易朽器物上的纹饰，当冶金技术发展成熟到可以在器壁上铸造复杂

① 中国社会科学院考古研究所二里头工作队：《1981年河南偃师二里头墓葬发掘简报》，《考古》1984年第1期；叶万松、李德方：《偃师二里头遗址兽纹铜牌考识》，《考古与文物》2001年第5期，文中认为根据陶器形制，该墓应被归为第三期。

② 在一座新石器时代晚期的墓葬（山西襄汾陶寺M3296）中出土了一件更早的铜铃，体积较小但形状相似。见中国社会科学院考古研究所山西工作队、临汾地区文化局：《山西襄汾陶寺遗址首次发掘青铜器》，《考古》1984年第12期；Wangping Shao，“The Interaction Sphere of the Longshan Period,” in *The Formation of Chinese Civilization: An Archeological Perspective*, ed. Sarah Allan, New Haven, Conn.: Yale University Press, 2005, p. 91。

③ 中国社会科学院考古研究所二里头工作队：《1984年秋河南偃师二里头遗址发现的几座墓葬》，《考古》1986年第4期；中国社会科学院考古研究所二里头工作队：《1987年偃师市二里头遗址墓葬发掘简报》，《考古》1992年第4期；叶万松、李德方：《偃师二里头遗址兽纹铜牌考识》，《考古与文物》2001年第5期。

④ 中国社会科学院考古研究所二里头工作队：《1980年秋河南偃师二里头遗址发掘简报》，《考古》1983年第3期。

纹饰时，这种纹饰就自然转移到了青铜器上。①

尽管中国北方的墓葬中很少出土漆器，但与二里头文化同时代的夏家店下层文化的一处遗址——大甸子出土的陶器为这种纹饰提供了一条可能的线索。位于内蒙古的大甸子遗址与二里头相距甚远，但该遗址出土的许多器物清晰地反映出它受到二里头文化的影响，或彼此之间存在文化交流。② 其中最值得注意的是大甸子遗址的陶爵和陶角（三足酒器），其形态与二里头的陶器和青铜器颇为相似。遗址中还出土了保存较为完好的漆器觚。③

大甸子遗址的夏家店下层文化陶器上绘有醒目的红、白、黑三色纹样。胡博（Louisa Fitzgerald - Huber）曾经这样描述："这些陶器上饰有繁复的C字形彩绘勾连纹，而每个主要纹饰单位均是两个单位的镜像。"这与二里头的嵌绿松石铜牌饰的纹饰相仿。④ 大甸子的彩绘纹饰也包括双目纹及与之相关的菱形纹（图二十三）。正如我们将在下文看到的，这种菱形纹也出现在二里头刻纹陶片上一条双身蛇的额头上。保罗·辛格（Paul Singer）收藏的一块嵌绿松石牌饰与二里头的铜牌饰类似，额头上也存在一个菱形纹。⑤ 如果大甸子遗址的彩绘陶与二里头有着共同的纹饰主题，那么二里头的漆木器上可能也存在这种纹饰，只是未能在数千年的时光中幸存。⑥

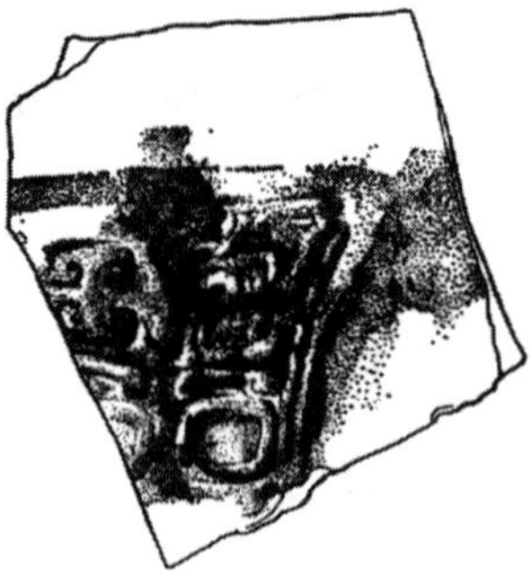

图二十二　饕餮纹漆器残片

二里头文化，出土于河南偃师二里头遗址Ⅲ区 M2

图二十三　陶鬲上的双目纹及菱形纹彩绘

夏家店下层文化，出土于内蒙古赤峰敖汉旗大甸子遗址 M612

① Robert Bagley, "Erligang Bronzes and the Discovery of the Erligang Culture," in *Art and Archaeology of the Erligang Civilization*, ed. Kyle Steinke with Dora C. Y. Ching, Princeton, N. J.: P. Y. and Kinmay W. Tang Center for East Asian Art and the Department of Art and Archeology, Princeton University, 2014, p. 42. 文中指出："我们不再需要从其他材质中寻找丢失的原型，我们已有原型，而且是青铜材质的。"然而，有重要证据表明，公元前2000年左右就已存在漆木器，如果说青铜艺术是孤立发展的，那就有些奇怪了。

② Rowan Flad, "Ritual or Structure? Analysis of Burial Elaboration at Dadianzi, Inner Mongolia," *Journal of East Asian Archaeology* 3, no. 3 - 4 (2001), pp. 23 - 52；李延祥、贾海新、朱延平：《大甸子墓地出土铜器初步研究》，《文物》2003年第7期；Sarah Allan, "Erlitou and the Formation of Chinese Civilization: Toward a New Paradigm," *Journal of Asian Studies* 66, no. 2 (2007), pp. 480 - 483。

③ 中国社会科学院考古研究所：《大甸子：夏家店下层文化遗址与墓地发掘报告》，科学出版社，1996，第350页，图版20.1。

④ Louisa G. Fitzgerald - Huber, "Qijia and Erlitou: The Question of Contacts with Distant Cultures," *Early China* 20 (1995): 22.

⑤ 王青：《镶嵌铜牌饰的初步研究》，《文物》2004年第5期。

⑥ 另见 Xiaoneng Yang, *New Perspectives on China's Past: Chinese Archaeology in the Twentieth Century*, New Haven, Conn.: Yale University Press, 2004, pp. 155 - 158。

虽然二里头的陶器一般都光素无纹，但这里仍然出土了一些带有刻划纹饰的陶片，它们表明，二里头存在与后来饕餮纹有关的颇为复杂的装饰语言。其中一块残片（图二十四）上饰有一条双身蛇，其额头上的纹饰与商代方彝（图五）上饕餮额头的纹饰相仿，都是一个菱形纹。[①] 这种菱形纹经常出现在商代晚期饕餮纹的额头上（图六：A、B、E、G 及图八石雕上的饕餮面部）。许多蛇（包括毒蛇）背部都有菱形纹，有这种纹饰的蛇身常见于商代青铜艺术中，但我没有发现任何一种蛇的额头上有菱形纹。商代艺术中这种菱形纹的持续存在，以及它在饕餮和与饕餮有关的动物（如虎）的额头上的普遍出现，令人称奇，但是我们现在还无法将它与任何具体的动物联系起来。

图二十四　额饰菱形的双身蛇纹陶鬲残片

二里头文化，出土于河南偃师二里头遗址，Ⅲ区 H57

综上所述，二里头墓葬中出土的酒器和其他器物（如腰间的铃铛和玉柄形饰）表明随葬铜牌饰的墓主是专职的“宗教对话者”（religious interlocutors），在仪式表演中他们使用酒，并穿着胸前饰有醒目目纹的服装，这种目纹可以彰显他们的视觉力量。因此，双目纹与青铜器一起出现的最早背景是萨满式的。这就证实了皮尔斯和刘易斯-威廉姆斯的理论，即早期宗教图像中双目的突显与“先知”（seers）以及另一种意识状态有关。它也为这类艺术的形式特征提供了解释，即它唤起了包含变形幻象在内的一种宗教体验。

九　早商时期（二里岗文化）

在属于早商时期的二里岗文化中，饕餮首次作为纹饰出现在青铜器上。二里岗文化的典型遗址在河南郑州，那里带有城垣的聚落被认为是商代早期王朝的都城之一。另一处早商时期有城垣的商城在偃师县，离二里头不远。[②] 中原地区以外还有许多遗址（包括湖北盘龙城、陕西城固和安徽六安等重要遗址），都出土了与中原地区非常相似的青铜器。的确，二里岗早期各地的器物如此相似，以至于中原以外地区的青铜器是何时开始铸造的仍

① 叶万松、李德方：《偃师二里头遗址兽纹铜牌考识》，《考古与文物》2001 年第 5 期。

② 关于这些发现的总结见 Robert Thorp, *China in the Early Bronze Age: Shang Civilization*, Philadelphia: University of Pennsylvania Press, 2006, pp. 62 - 73。重要的考古报告包括：河南省文物考古研究所：《郑州商代铜器窖藏》，科学出版社，1999；河南省文物考古研究所：《郑州商城：1953—1985 年考古发掘报告》，文物出版社，2001；河南省文物考古研究所：《郑州商城新发现的几座商墓》，《文物》2003 年第 4 期；杜金鹏：《偃师商城遗址研究》，科学出版社，2004。

然是一个棘手的问题，尽管有证据表明铜矿是在中原以外的地区被开采和冶炼的。① 至于当前的研究目的，重点不是人们何时或者是否在中原以外的地区铸造青铜器，而是从商代早期开始，无论青铜器出自哪里，饕餮纹都是它们的典型纹饰。

早商时期，随着青铜铸造技术日趋成熟，常规青铜器的种类也随之扩大，能够铸造一套完整的礼器。二里头的酒器类型一直延续到了二里岗文化，并有了更加多样的器物类别，包括盛酒器（尊、罍、卣、壶）、炊器（鬲、甗、簋）和盥洗仪式用的水器（盘、盂）。②

综上所述，当商代早期初始，青铜器始现装饰时，几乎所有的器物上都出现了与上述二里头漆器残片上纹饰相似的饕餮纹。这种纹饰通常被铸于装饰带内，其中眼睛有两种形式，一种为圆目，类似于兽眼，一种带眦，类似于人眼。有时眼睛上方装饰有耳或角，以及不太明显的鼻子，但眼睛总是在那里。面部两侧的勾状线条似乎是在表示两方身躯，类似于后来的饕餮纹，但这时并未将主体纹饰与地纹分离开来，身躯部分也没有明确铸刻。

十　眼睛的意义

当双目形象出现于人的胸前时，它对观者的效果是强调萨满或佩戴者的特殊视觉力量。当双目被装饰在容器上时，这一容器就拥有了视觉的力量或沟通不同层级宇宙的能力，成为供奉者和祖先神之间的交流管道。在这种情况下，宗教对话者和观众不是“在看”，而是“被看”；也就是说，双目不属于萨满，而是被用作唤起那些必须以容器中的祭品来满足的神灵们。

皮尔斯和刘易斯 - 威廉姆斯曾经假设，在许多文化中，入迷后的“视见”（seeing）和死亡被理解成彼此相似，甚至完全相同的。死亡不该被理解成毁灭，而应是向另一个世界的过渡，就像经历了另一种意识状态。因此，那些拥有着特别发达的“视见”力量的人被认为是通过从另一个世界返回而掌控了死亡。也就是说，萨满的旅程类似于死亡，只是他能够返回人间。所以，死者也被理解为“先知”。祭祀则是建立在不同宇宙领域间可以

---

① 这些发现的简明总结，见 Robert Thorp, *China in the Early Bronze Age: Shang Civilization*, pp. 74 – 116。在《中国早期国家的形成》一书中，刘莉和陈星灿提出一核心假设，即青铜铸造业在早商时期是由国家垄断的。他们认为，核心区域之外虽然存在冶炼的证据，但并不铸造青铜器，因为这些地方未发现模范和铸造作坊。但这其实可以归因于出土资料的局限，例如，他们认为在湖北盘龙城发现的青铜器都是在郑州铸造的。然而值得注意的是，在盘龙城发现的器物的含铅量一般比北方遗址的要高，具体见湖北省文物考古研究所《盘龙城》第 1 卷，文物出版社，2001，第 529 ~ 532 页。我还认为若仔细分析盘龙城与郑州青铜器的形制和纹饰，应该会发现一些细微的差别，这表明至少有一些青铜器是盘龙城以郑州为原型模仿铸造的。

② 杨育彬、孙广清：《河南考古探索》，中州古籍出版社，2002，第 319 ~ 324 页；Boqian Li, "Patterns of Development among China's Bronze Cultures," in *New Perspectives on China's Past: Chinese Archaeology in the Twentieth Century*, ed. Yang Xiaoneng, New Haven, Conn.: Yale University Press, 2004, pp. 188 – 199。

转换的概念上，即祭品是从宇宙的一个领域传送至另一领域。[①]

根据这一理论，原始艺术中眼睛的重要性源于神经引发的视野（visions）。然而，被观看或被注视的体验同样具有神经系统的效果，让那些感觉自己正处于被注视状态的人产生不安甚至恐惧的情绪，这就是为什么眼睛纹饰往往有辟邪的功能。[②] 从商代晚期的甲骨文中可以得知，商人认为祖先的灵魂仍然活着，因为他们继续需要食物，并且能够干扰生者的生活。这表明他们仍然“看得见”（see）。在此，我不是说容器上的眼睛纹饰属于任何具体的祖先，而是在更普遍的意义上，饕餮的双目代表着死者的灵魂，他们是隐身的监视者。因为他们的形态不为人所知也无从知晓，所以这些神灵无法以更具体的形象示人。

在描述新石器时代的艺术母题时，皮尔斯和刘易斯 - 威廉姆斯似乎暗示，与入眠体验有关的纹饰是艺术家真实经历的表达。我并不是说商代纹饰是对特定幻象的描绘，这显然不可能。我是想说，商代艺术中的饕餮纹和其他纹饰在更广泛的意义上借鉴了这种幻象——激起人们对祭品被送抵的另一个世界的想象——成为铜器上形象的来源。吉德炜认为，具有复合化、模块化形式的商代艺术，在很大程度上是不带有个人色彩的。[③] 在这一点上，商代艺术与传统社会（包括欧洲的）中的其他宗教艺术相似，都是在作坊中被生产，重复着同样的核心宗教母题，且产生了不同的美学效果。实际上，商代青铜器虽然是由许多工匠分阶段制作的，但我们有理由认为，每件器物都有一个设计者，器物的内容和外观皆由他负责。因此，每件器物都是一件独立的创造物，其审美表现力的强与弱，取决于设计的效果和制作的质量。

十一　早商陶片上“剖分”的人

1975 年，早商时期遗址——河南郑州商城中出土了一件陶器残片，这为萨满教活动的持续性提供了证据，并证明饕餮纹有更为复杂的历史，并不是简单地从同一时期的双目纹演变而来。这件陶片出土于一座大型建筑基址的夯土层中，似乎是一件陶器上装饰带的残片，根据其他陶器遗存可以确定其年代为二里岗下层二期（约前 15 世纪内）。对这件陶片的研究在 2008 年有了新突破，汤威和张巍认识到，陶片右侧残存的人物胸颈表明图像在最初

---

① Pearce and Lewis - Williams, *Inside the Neolithic Mind*, p. 100; J. D. Lewis - Williams, “Quanto?: The Issue of ‘Many Meanings’ in Southern African San Rock Art Research,” *The South African Archaeological Bulletin* 53, no. 168 (1998): 86 - 97, p. 93. 这一假设是基于从人类学角度对南非桑人的类比分析，他们将萨满的入迷与死亡相等同。虽然刘易斯 - 威廉姆斯对桑人的分析受到了质疑，但这并不影响我们这里的论点。

② E. H. Gombrich, *The Sense of Order: A Study in the Psychology of Decorative Art*, Oxford: Phaidon, 1979, 264 ff. 另见 William Watson, *Style in the Arts of China*, Harmondsworth: Penguin, 1974, p. 29，文中指出这种效果源于饕餮。汉代的门上发现有饕餮纹的衍生形象，可能是为了辟邪，但以此来解释用于祭祀的礼器上的纹饰，并不合理。

③ David N. Keightley, “The ‘Science’ of the Ancestors: Divination, Curing, and Bronze - Casting in Late Shang China,” *Asia Major*, Third Series 14, no. 2 (2001): 177 - 181.

应是左右对称的。据此，他们发表了一张镜像复原图（图二十五）。[①] 在图二十六中，我效仿他们的方法，对右侧的原始图像进行了镜像处理，通过计算机生成了左侧图像。

图二十五 人面纹陶片的图案复原

早商，出土于河南郑州商城，图中左侧浅色线条部位为右侧图案的镜像

图二十六 人面纹陶片复原

早商，出土于河南郑州商城，图片左侧为计算机生成的右侧图案镜像

复原后，图案是一张正面展现的人脸，下方的脖颈一分为二，每一部分都连着人身，身躯侧示，胸部朝下。每具身体上方都可见一条侧身的蛇形生物的头和脖颈。该蛇形生物信子分叉，舔舐着人的耳朵，那人却作一副咧口笑颜之状。人的身体姿势并不自然，乍一看，似乎是在爬行。其俯身屈肢，而不以双手支撑，拇指和其他手指皆转向内侧。不过，如果我们旋转该人物的身体，使其双脚着地，就会呈现出在后来的商代玉坠饰中很常见的四肢弯曲的蹲踞姿势（图二十七：A）。因此，这一图案似乎是由一个竖直蹲踞的人物构成，通过水平旋转和镜像处理，以适应装饰带的平面空间。

商代玉坠中这类蹲踞式的人物，通常是半人半鸟状。最为精美的一件小型玉人（图二十七：B）出自江西新干大洋洲一座商代墓葬。玉人具有鸟喙、鸟冠和人的四肢，大腿上饰有羽翼。四肢的弯曲姿势与郑州商城陶片上的人物相同。此外，两者的肩膀上饰有相同的卷曲线条。虽然新干遗址与商朝核心区域相距甚远，但在今豫北晚商时期的都城殷墟出土了若干扁平玉坠，上面刻有相似的半人半鸟形象。例如图二十七：C，出土于公元前 13 世纪晚期妇好墓中的玉坠饰，具有鸟冠和弯曲的人腿，膝盖缩在身前，手肘弯曲，手（或爪）转向内侧，类似于郑州商城陶片图案以及新干玉人。此外，人物还戴着臂环，和新干

① 汤威、张巍：《郑州商城“人兽母题”陶片图案复原及相关问题探讨》，《中国历史文物》2008 年第 1 期。我以前曾讨论过这一陶片和相关器物，详见“He Flies Like a Bird, He Dives Like a Dragon, Who Is That Man in the Animal Mouth? Shamanic Images in Shang and Western Zhou Art,” *Orientations* 41, no. 3 (April 2010), pp. 45 – 51。

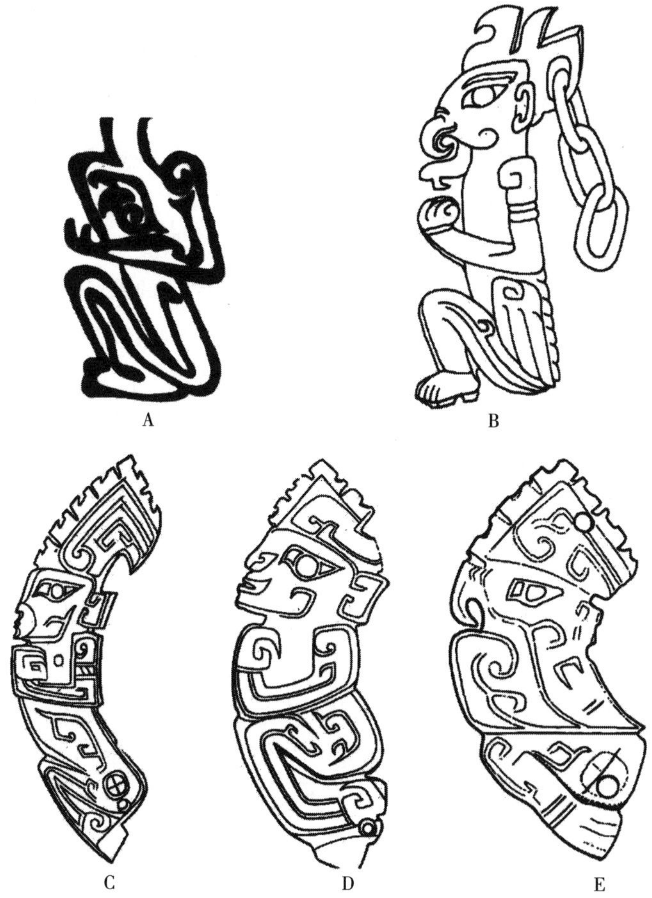

图二十七　四肢蜷曲的鸟人图像

A. 图二十五中陶器残片上的主体图像旋转了 90°。B. 萨满人像，晚商，出土于江西新干大洋洲遗址，总高 11.5 厘米。C、D、E. 妇好墓镶嵌玉坠饰，商代，出土于河南安阳殷墟，M5：576，高 9.2 厘米（图 C）；M5：470，高 11.5 厘米（图 D，水平翻转绘制）；M5：598，高 9.8 厘米（图 E，水平翻转绘制）

玉人的臂环相似，并在大腿（即新干玉人羽翼所在的位置）上刻有一个十字纹饰。①

这种图案的反复出现表明，膝盖蜷缩、肘部弯曲、双手内旋的蹲踞姿势是一种审美惯例，常被用来描绘部分是鸟类或具有鸟类特征的生物。在许多文化中，萨满被认为具有飞行的能力，他们经常在仪式表演中穿着具有鸟元素的服饰，或装扮得和鸟一样。同样地，这一脑袋处于蛇口之间的双身人物应该也是一位萨满或者灵媒。这就解释了为何在被蛇形生物用分叉信子舔舐脑袋时，他（或她）依旧可以面带笑容；该人物不是普通人，而是一位可以在人间与祖先的世界间穿越的人。

郑州商城陶片上剖分的人物形象——一张正面展现的人脸，两侧各拖着一具身躯，被

---

① 更多例证见 Jessica Rawson, *Chinese Jade: From the Neolithic to the Cnng*, London: British Museum, 1995, pp. 218 - 219。江伊莉将这种图像与萨满教变形联系起来，她将蹲踞形态视为胎儿的蜷曲形态，见 Childs - Johnson, "Jade as Confucian Ideal, Immortal Cloak, and Medium for the Metamorphic Fetal Pose," in *Enduring Art of Jade Age China*, Vol. 2, New York: Throckmorton Fine Art, 2002, pp. 15 - 24。

表现在装饰带内，熟悉商代青铜艺术的人一眼就能看出它与动物形饕餮纹有关。然而，青铜器上饕餮的身体并非人身。事实上，与这一陶片同时代的青铜器上的饕餮纹甚至没有清晰铸刻的身体。陶片上的纹饰是精心制作的，且明显是在陶土湿润时刻画的。尽管刻纹陶器在晚商时期已十分普通，在早商时期这类陶器却比较少见。因此，这一纹饰可能是在模仿一种在其他媒材（如刻纹的漆或木器）上更常见的设计。

在一系列开创性的研究中，张光直将商代铜器的艺术置于环太平洋带萨满教这一更大的背景中来思考。[①] 我这里的论证是支持他的基本观点的，即商代青铜艺术母题与萨满教之间存在着某种联系。但是，我认为商朝的统治者不太可能亲自担任萨满。[②] 正如我在上文中提到，饕餮在二里头文化中首次出现的墓葬背景表明，这些墓主是专职的“先知”，但是出土这种器物的墓葬规模还没有大到可以与统治者相匹配。此外，在商代晚期，大量的资源被投入甲骨占卜中（包括释读甲骨被灼烧后出现的兆纹）。商王的职责是组织好甲骨的获取、准备、灼裂、刻辞这一整套复杂的流程，他还经常亲自解读这些裂纹。商王有时可能亲自充当“先知”，或者让“先知们”协助他与神灵沟通，但是他源自神性的和政治的权力肯定还是主要依赖于他利用甲骨进行占卜，以及他定期供奉祖先适宜祭品的能力。[③]

总之，我们可以概括出饕餮纹历史演变中内含的一种“萨满教式的超越”（shamanic transcendence），它与王权本身无关。这与饕餮纹广泛使用的实际情况相一致，不管是从相对小的墓还是大墓中，不管是受商文化影响的偏远地区还是商朝王畿地区，都能发现饕餮纹的器物。

十二 兽口中的人

商代青铜器纹饰格外值得注意的一面是铜器上的形象几乎不具有叙事性。这些纹饰依照相互关系排列，但是其中的元素彼此没有互动，处于一种静态的关系之中。据我所知，除了上文讨论过的郑州商城陶片上的纹饰外，只有装饰“人头处于虎口之中”母题的器物是例外。也许是因为与虎口衔人纹的相似性，第一次发掘报告认为陶片描绘的就是这种纹

---

① K. C. Chang, “Changing Relationships of Man and Animal in Shang and Chou Myths and Art,” in K. C. Chang, *Early Chinese Civilization: Anthropological Perspectives*, Cambridge, Mass.: Harvard - Yenching Institute, 1976, pp. 175 - 196; “The Animal in Shang and Zhou Bronze Art,” *Harvard Journal of Asiatic Studies* 41, no. 2 (1981), pp. 527 - 554; *Art, Myth, and Ritual: The Path to Political Authority in Ancient China*, Cambridge, Mass.: Harvard University Press, 1983, pp. 44 - 55.

② 这一假设由陈梦家首次提出，参见陈梦家《商代的神话与巫术》，《燕京学报》1936年第20期，第486~576页。

③ 质疑商王为萨满的研究包括：Lothar von Falkenhausen, “Reflections on the Political Role of Spirit Mediums in Early China: The *Wu* Officials in the *Zhou Li*,” *Early China* 20 (1995), pp. 278 - 300; David N. Keightley, “Shamanism, Death, and the Ancestors,” *Asiatische Studien* 52, no. 3 (1998), pp. 763 - 783; Gilles Boilleau, “Wu and Shaman,” *Bulletin of the School of Oriental and African Studies* 65, no. 2 (2002), pp. 350 - 378。

饰。虽然这是视觉上的误读——毕竟蛇头明显不是虎头，但这块陶片确实提供了一把钥匙，可以清晰地将虎口衔人纹与饕餮纹联系起来。

虎口衔人纹是四件青铜器上的主要图案，其中两件相似的尊，一件出土于安徽阜南，一件出土于四川广汉三星堆①，还有两件几乎相同的卣，一般认为出自湖南，现在分别收藏于赛努奇博物馆和住友泉屋博古馆②。由于这四件青铜器来自南方，并表现出与南方有关的风格特征，所以许多学者认为虎口衔人纹是南方的，与饕餮纹的发展并无关系。但在另外一方面，我已经指出它们的确是相对于中原地区同类纹饰的一个更为明确的展现。③

这四件器物中，最有助于理解郑州商城陶片含义的是安徽阜南出土的尊（图二十八）。这件器物长颈，造型自然，具有南方青铜器的特征。器身的虎和郑州商城陶片上的人一样身体剖分，或者说是双身的，这种装饰手法也见于双身的饕餮纹中。老虎额头饰有一菱形纹饰，这种纹饰也出现在前文提到的二里头陶片上双身蛇的前额上（图二十四）。人物正面朝向我们，四肢在身侧蜷曲着，部分脑袋位于虎口之中。和郑州商城陶片上的人（图二十五、图二十六）一样，他面带微笑。④ 尊的另一面饰有同样的图案，另外两面饰有更为传统的饕餮纹，圈足上则饰有一古老的、早商风格的饕餮纹。

A

B

图二十八　青铜尊

晚商，出土于安徽阜南月牙河，高 50.5 厘米

① 中国青铜器全集编辑委员会：《中国青铜器全集》第 1 卷，文物出版社，1996，第 116 ~ 117 页；《中国青铜器全集》第 13 卷，87 ~ 88 页；另见 Robert W. Bagley，ed.，*Ancient Sichuan: Treasures from a Lost Civilization*，Seattle and Princeton，N. J.：Seattle Art Museum and Princeton University Press，2001，pp. 140 – 141。

② Vadime Elisseeff，*Bronzes Archaiques Chinois au Musée Cernuschi*，Paris：L'Asiatique，1977，pp. 122 – 131（no. 46）；Robert W. Bagley，*Shang Ritual Bronzes in the Arthur M. Sackler Collections*，Cambridge，Mass.：Harvard University Press，1987，fig. 179.

③ Sarah Allan，*The Shape of the Turtle: Myth，Art and Cosmos in Early China*，p. 149.

④ 三星堆出土的类似器物铸造得较为粗糙，人面未被勾勒出来。

虽然这四件器物都出自南方，但相同纹样的简略形式在安阳也有发现。其中一例是在司母戊鼎的鼎耳上，该鼎出土于武丁的一位妻子的墓中（图二十九；图六：A为该鼎的虎耳饕餮纹）。[①] 另外一例则是在一件钺上，出土于武丁另一位妻子妇好的墓中（图九）。[②] 在这两个例子中，老虎被一分为二，彼此独立，身体侧示，口含人头。铜钺之上，这一带有獠牙的虎口在虎口衔人纹的底部再次出现。这样，钺刃就成为虎口的延伸。另一件钺上的饕餮同样有着大张的虎口，钺刃从虎口延伸出来。既然钺是用来杀戮或肢解牺牲的，那么毫无疑问，延伸到刀刃上大张的虎口，指的是死亡通道以及人间向神灵世界的过渡。

图二十九 司母戊鼎鼎耳拓片
商代，青铜质地

十三 虎与饕餮

到了商代晚期，饕餮纹常规上是张口，上下颚通常都有长牙，如果下颚被省略了，则只从上颚长出。虽然老虎并不是唯一有獠牙的动物，但在甲骨文中，“虎”（以及豹等类似的大型猫科动物）字以有獠牙的大张兽口作为特征，来区别于其他动物。因为青铜器里的祭品必须为死者享用，所以同虎口衔人纹一样，青铜器上饕餮张开的兽口暗示着向另一个世界的过渡。[③]

在甲骨文中，代表动物的文字，一般以侧面形式简单描绘，并通过一两个特征来区分。比如说，“象”字有一个弯曲的长鼻，“马”字有大眼和鬃毛，而“虎”字则有大张的兽口、獠牙（以附在上下颚的短线来表示）和兽爪（图三十）。由于只有老虎才有这种带有獠牙的大张兽口，所以我们可以推测饕餮纹上的这种兽口是属于老虎的。

早商时期，饕餮纹的耳或角最常见的形式是圆T形（图一、图二、图四：D~F）。这种形式的耳朵一直延续下来，比如妇好墓中的钺上就有这种耳朵（图九）。实际上虎字的变体有两种耳朵形式。一种是上面提到的圆T形耳，另一种是在赛努奇博物馆和住友泉屋博古馆收藏的两件虎口衔人纹卣上发现的类似于家猫的尖耳（图三十一）。[④] 根据首次由

---

① 上海博物馆青铜器研究组：《商周青铜器纹饰》，文物出版社，1984，第589页。

② 中国社会科学院考古研究所：《殷墟妇好墓》，文物出版社，1980，第105~106页，图66~67，彩版13.1。

③ 关于虎在世界穿行过程中角色的更完整讨论，见艾兰（Sarah Allan）：《虎纹与南方文化》，载北京大学考古系编《“迎接二十一世纪的中国考古学”国际学术讨论会论文集》，科学出版社，1998，第149~182页。

④ 一些学者将这些变体视为不同的文字，见赵诚《甲骨文简明词典》，中华书局，1988，第202~203页；Shima Kunio, *Inkyo bokuji sōrui*, Tokyo: Kyuko Shoin, 1971, p. 225。但也有学者将它们归为一组，见中国社会科学院考古研究所《甲骨文编》，中华书局，1965，第224~225页（编号0619）；姚孝遂《殷墟甲骨刻辞类纂》，中华书局，1989，第635~636页。在我看来，图像的不同形式意味着不同的贞卜传统，而非不同的动物，所以我认同后者的观点。

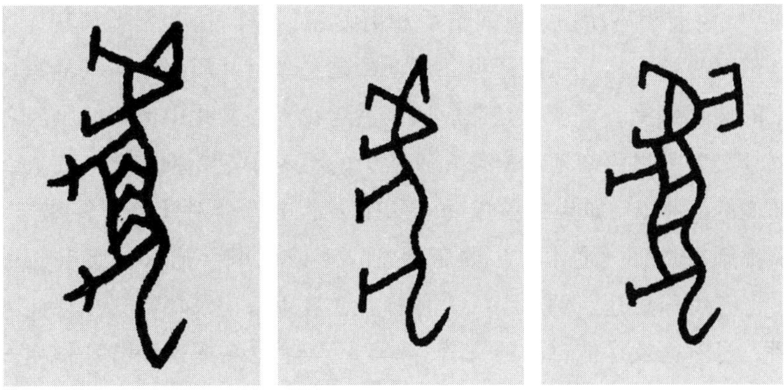

图三十　晚商，甲骨文中“虎”字的变体

图三十一　虎食人卣

晚商，青铜质地，高 35 厘米（整体）；32 厘米（容器）

李学勤等提出的甲骨分期的“新说”，我对甲骨卜辞进行了分析，认为在最早的王室贞人集团——师组的卜辞中，虎字耳朵是圆 T 形。然而，在武丁时期占主导地位的王室贞人宾组的卜辞中，虎字耳朵则是尖的。[①] 这种尖耳也见于周代青铜器铭文和后来公元 2 世纪的《说文解字》中。[②]

在商代的艺术和古文字传统中，有两种表现老虎的独特方式：圆耳和尖耳。毫无疑问，这种表现形式对理解商代历史颇有意义，但目前我们还没有足够的证据来对地方性的或其他关系做出任何明确的结论。然而，我们应该注意到，师组所代表的圆耳的古文字传统，与二里岗文化青铜器上发现的耳朵形式相吻合，而宾组的尖耳则有其他来源，两件南方的青铜器是典型代表。

希腊人将火葬仪式中焚烧尸体的火，描述为火焰“怒气冲冲地张开大口”将人撕碎。[③] 捕食性动物在世界各地的祭祀仪式中都极为重要，大型猫科动物，从南美的美洲豹到中东的狮子，再到中国的老虎，它们在神话和艺术中都扮演着特殊的角色。正如张光直等人所指出的，一头猛兽张开的大口（尤其是那种能够带来死亡的），很容易成为隔开阴

---

① 李学勤、彭裕商：《殷墟甲骨分期研究》，上海古籍出版社，1996，我对贞人集团的分类基于上述研究。师祖卜辞中，虎耳为圆 T 形，见郭沫若《甲骨文合集》（以下简称《合集》），中华书局，1982，编号 17849，20463，20706 ~ 20713，21385 ~ 21392；李学勤、齐文心、艾兰：《英国所藏甲骨集》，编号 1779，1799。T 形发展为楔形或蘑菇形，见《合集》，编号 27339，32552。

② 宾组例见郭沫若《甲骨文合集》，中华书局，1982，编号 10196 ~ 10208。

③ Walter Burkert, *Homo Necans: The Anthropology of Ancient Greek Sacrificial Ritual and Myth*, p. 43.

阳的典型象征。[①] 大型猫科动物是夜间猎手和肉食者，它们捕食人类和其他动物，所以它们张开的兽口很容易被视作死亡的通道，或至少是进入另一层级宇宙的通道。进入隧道或旋涡这种常见的催眠感受，可能也是造成这个主题在不同文化中流行的原因之一。

从商代甲骨文中可以清晰地看出虎在狩猎中的特殊作用。狩猎前，商人们会进行占卜了解捕获到老虎的概率。[②] 如果捕猎成功，那么卜辞中就会对此给予特殊记录。[③] 几乎所有的商代卜辞都刻在骨头（通常是牛的肩胛骨）上或龟甲（通常是腹甲）上，但其他类型的骨头偶尔也有特殊用途。例如，人头骨有时会被用来记录牺牲，如果此人作为牺牲者特别重要的话，显然这就是他自己的头骨。[④] 虎骨有时也发挥这种特殊作用。比方说，一块老虎的肱骨上有一段书写精美的刻辞，记录了成功捕获一头硕大凶猛的老虎与后续的祭祀牺牲，这块骨头也许就是那头老虎的骨头。骨头的另一面刻有花纹并镶嵌装饰，这进一步说明了它的特殊重要性。[⑤]

在后来的中国文献传统中，老虎被认为是最凶猛的野兽。正如我们知道狮子是“丛林之王”一样，根据《说文解字》记载，老虎是“山兽之君”[⑥]。战士们会借用老虎的凶猛。例如，周代青铜器铭文中提到战车有“虎盖”，可能是用虎皮制成的，或是装饰有虎的形象[⑦]，公元前6世纪的一件钟上则提到强大的战士“灵力若虎”[⑧]。青铜器是将祭品供奉给祖先的媒介。虎口则是祭器上饕餮纹的一部分，因此，在普遍意义上，虎口可以被理解为在不同世界间穿越的通道。

正如前文所说，饕餮纹在最初出现时便以双目为特征，缺乏界定。二里头文化的饕餮纹出现在丧葬背景中，显示了它与萨满教的关系；也就是说，墓主胸前佩戴的镶嵌在铜牌饰上的双目纹是后来在青铜器上发现的饕餮纹的前身。墓主随葬有青铜酒器、铃和玉器。铜牌饰上的双目告诉我们，佩戴者是“先知”，具有特殊的视觉力量，他们借助酒来举行仪式。此外，还有证据表明，这种纹饰曾出现在漆器等易朽的器物上。因此，当早商时期冶金技术发展起来时，这种纹饰就被转移到了青铜器上。

早商时期，青铜器上处于一张不太明确的面孔中的双目，不仅表明“先知”可以超越

---

① K. C. Chang, *Art, Myth, and Ritual: The Path to Political Authority in Ancient China*, pp. 73–75，张光直引用了纳森·吴（Nelson Wu）、卡尔·亨茨（Carl Hentze）等人的意见。通过与其他文化中的萨满教进行类比，他认为超自然的存在表现为生活中常见的动物形式，它们以这种形式协助萨满，此外，张光直也将动物的呼吸与风联系起来。皮尔斯和刘易斯－威廉姆斯在《新石器时代的思维》第139～140页也讨论了这种信仰，但我认为没有足够的证据将其与商朝相关联。

② 《合集》，编号10201～10205。

③ 《合集》，编号10196～10198。

④ 饶宗颐：《殷代贞卜人物通考》第1卷，香港大学出版社，1959，第13页。

⑤ Chin－hsiung Hsü, *Oracle Bones from the White and Other Collections*, Toronto: Royal Ontario Museum, 1979, no. 1915; William Charles White, *Bone Culture of Ancient China*, Toronto: University of Toronto Press, 1945, pp. 96–98.

⑥ （清）段玉裁：《说文解字注》，上海古籍出版社，1981，第210页。

⑦ 马承源：《商周青铜器铭文选》第3卷，文物出版社，1988，第118页注释6（编号180）。

⑧ 中国社会科学院考古研究所：《殷周金文集成》，中华书局，1984，编号276、编号285。

生死的界限，而且暗示了一种未知的能够凝视生人却又无从可见的力量，因此，观视者们会产生一种恐惧或不安的心理。主体纹饰和地纹之间的模糊不清和混杂不分，增强了这种不可知感。郑州商城饰有剖分人像两蛇侧伴的陶片，表明在其他媒介（如漆木器）中存在着更复杂的纹饰。到了晚商时期，随着审美元素的丰富和技术水平的进一步提高，对饕餮纹和其他纹饰的单一解读就更难具有说服力。饕餮纹的面部包括动物的角和耳以及人的元素，他们被猎杀并（或）用于祭祀。整体构图中也使用了鸟形与龙形生物的形象，这进一步暗示了一个分层的宇宙，上方是天界，下方是水界。

部分晚商时期的青铜器，特别是来自南方的器物，在对具体动物若干特征的表现上趋向自然主义，我们有时会发现没有杂糅任何其他生物特征的完整动物形象。例如盘（用于盥洗仪式的水器），它的形状有时会让人联想到池塘，甚至可能在其中心处安置一只“宇宙之龟”。但是，兽口衔人纹是商代青铜器艺术中唯一一种两个生物间有动态关系的纹饰。换言之，这是一种含蓄的表达，即人进入兽口。其他商代青铜器上的纹饰也包含人兽混合的形象，但是它们彼此之间的关系都是静态的，都只是器物上更大范围构图中的一个元素。这种构图通常包含两种暗示：鸟对应着上方的天界，龙对应着下方的水界。

在通常与萨满教恍惚状态有关的神经性催眠体验中，动物或人兽之间的互转是一种很常见的幻觉。尽管某种动物可能会在饕餮纹中占据主体地位，但即使它以相对自然的方式呈现，只要与另一种动物形象结合，便会削弱写实感。此外，角和耳暗示着四足动物，与纹饰表现的只有前肢的动物不一致。因此，我们看到的其实是一种无尽变化的形象——动物正在变成另外一种动物或者人。这些动物是商人狩猎的对象或驯养的家畜，它们被用在祭祀仪式上，青铜器就是为这种仪式铸造的。饕餮的眼睛隐含了一种看不见的力量，张开的虎口则暗示了去向另一个世界的通道。

最后，虽然我并未试图去追踪了解饕餮纹在周代的发展，但可以指出的是，在西周早期，酒器已经失去了它的仪式性地位。大约同一时期，饕餮纹在青铜器上的主体地位也被取代。这进一步证实了饕餮纹与某些仪式有特定的联系，在这些仪式中，酒被当作在不同世界之间穿越的一种物媒而使用。

编辑：徐峰

透物见人：从几则案例谈精神文化考古中的“情境”问题*

徐 峰

（南京师范大学文博系）

［摘要］精神文化考古领域中的“透物见人”充满了挑战。透物见人、见文化、见精神，不能指望从沉默的物直接跳跃到人，而是需要中间桥梁。架桥的人便是不同的主观研究者，架桥的木板正是材料证据。证据使用的不合规，就意味着桥搭得有缺陷，那么整座桥便是存在风险的。搭建桥梁的过程应当是在一种规范、合理的情境中进行的，这个过程本身也是在构建情境。规范合理的情境搭建的同时也可以起到规约研究者的作用。情境设置得越多，这种规约的效果就越好，研究者的主观猜测所导致的失误被暴露的几率也就越小，也就使得研究者的解读更加“近真”。情境考古呈现了一种为了更好地理解、再现过去而投入的求真精神和“架桥”的努力。

［关键词］透物见人；精神文化考古；情境

有个成语叫“身临其境”，这个“境”就是指情境，指在特定的时间和空间条件下，各种因素相对的或结合的境况。“情境考古学”就是基于这样的境况来从事考古学的探索研究。情境考古学，英文名称是 contextual archaeology。从 contextual 一词可以看出，情境还可表达一种“上下文关系”，或者关联。比如，我们这一代国人都经历过的英文试题中的完形填空，要求选择最恰当的单词或词组完成文章，考验一种在具体的语境中灵活运用语言知识的能力。情境考古学，就是需要结合探讨对象所在的考古学语境或者关联来做出相应的思考。

在史前考古，特别是史前精神文化领域的研究中，情境是格外重要的。原因在于：考古学是一门根据古代人类遗留下来的稀少的物质遗存以研究古代历史的学科，没有过多的空间可供我们泛论人类的宗教或精神状态。一部分考古学家认为“像宗教和意识形态这样

* 本文系国家社科基金重大项目“长江下游社会复杂化及中原化进程研究”（20&ZD247）阶段性成果。

的认知领域是一种副现象，是与生存经济主要变量无关的从属变量，因此是意义不大和不值得研究的”[①]。这代表了相当一部分考古学家的观点。然而，美国考古学家戴维·惠特利（David Whitley）不这么看，他认为研究古代的文化信仰才是重要的。他说：“将考古工作约束在陶器残片、箭头和食物残渣这些‘史前时代的垃圾’上一定就好吗?”[②] 一些国内考古学家，如俞伟超、李伯谦等先生都提倡要加强精神文化领域的考古。毋庸置疑，缺失了精神文化考古，考古学的版图是不完整的。但是鉴于“宗教制度与精神生活”这类属于精神文化考古的内容处于托弗·霍克斯（Christopher Hawkes）提出的“推理的阶梯”（ladder of inference）的最上层，属于最难推理的部分。[③] 那么，从事精神文化考古，就一定要有一套相对科学的推理路径，要有情境进行引导和约束。否则，面对沉默的遗存，要么无从入手，要么思维任意驰骋，误读、过度解读，甚至凭空猜想。

20 世纪 80 年代，后过程主义考古学的代表人物伊恩·霍德（Ian Hodder）指出，器物是沉默的，沉默的物质遗存是需要读懂的“文本”。没有情境的客体是不可读的。反之，若是知晓了情境，意义的线索便有了可能。例如墓葬中遗骸颈部周围发现的器物被解释为项链。[④] 同时，需要注意的是，情境是高度多样化的。某一件器物的情境可以小到身体局部，大到墓葬，再大到墓葬群、墓地和地区。伦福儒（Colin Renfrew）曾经指出，要重建一个遗址中过去人类的活动，最关键的要点是要了解某项发现的相关背景，不管是人工制品、遗迹、建筑还是有机遗存。某项发现的相关背景包括了周围的基质（matrix）、出处（provenience），还有它与其他发现物的共生关系。伦福儒强调了相关背景的重要性，以区别考古学与器物学。[⑤] 徐坚也曾在诸多个案研究中说明情境的丰富性，提出了物质性、文化性和后过程性三种情境。[⑥] 我认为情境在很多层面存在远近之分，比如在材料的使用上，考古学材料和文献资料以及近世人类学材料就构成了近、中、远三种情境关系，应当有主次之分。再如，在从事历史人物的研究中，人物评价不会一成不变，而是会受时间情境的影响而发生变化，在这层意义上，或许可以说，一切历史都是情境史。

总之，在精神文化考古领域，充分而全面地考虑情境，不仅是具体研究路径的需要，也是科学求真的反映。在这篇小文中，笔者拟借助几则案例，对精神文化考古中的“情境”问题略做思考，谈谈透物见人活动中的得与失。

---

① 〔美〕肯特·弗兰纳利、乔伊斯·马库斯：《认知考古学》，寻婧元译，陈淳校，《南方文物》2011 年第 2 期。

② John Harmon, “‘Avocational’ Relic Hunter Has Blazed Path to Cave Art,” *The Atlanta Journal – Constitution*, February 6, 1997, p. 2 C.

③ 〔英〕提摩西·因索尔（Timothy Insoll）：《仪式与宗教考古学》，载〔英〕科林·伦福儒、保罗·巴恩主编，陈胜前译《考古学：关键概念》，中国人民大学出版社，2012，第 47 页。

④ 〔英〕伊恩·霍德、斯科特·赫特森：《阅读过去：考古学阐释的当代取向》，徐坚译，北京大学出版社，2020，第 5 页。

⑤ 〔英〕科林·伦福儒、保罗·巴恩：《考古学：理论、方法与实践》，陈淳译，上海古籍出版社，2015，第 32 页。

⑥ 徐坚：《时惟礼崇：东周之前青铜兵器的物质文化研究》（修订本），上海古籍出版社，2021，第 24 页。不同理论语境下的“情境”具有多样性，相关讨论参见刘岩《西方考古学的关键概念：context 的含义分析》，《东南文化》2020 年第 1 期。

一 蒙城尉迟寺七足镂孔器的含义释读

2013年，我在《寻根》上发表过一篇短文讨论蒙城尉迟寺遗址出土的七足镂孔器（图一）的文化内涵。[①] 在那篇小文中，我指出，由于七足镂孔器造型奇特、罕见，不见文献记载，该器乏人问津，对之进行讨论的学者屈指可数。直至今日，讨论这件器物的文章依然不超过5篇。这非常符合上文引述的伊恩·霍德所谓没有情境的客体是不可读的这一观点。那么已有的研究有在缺乏情境的情形下进行猜测的吗？答案是肯定的。卫斯认为此器应称“七族列枪”，简称族枪，是一种宗教性法器。那七足代表的是标枪，表现的是尉迟寺人“七族”共同举枪的姿态。[②] 这完全是一种无情境可言的“蹦极跳”式的观点。从材料到观点，研究者可以说是“飞跃”过去的。主持尉迟寺遗址发掘的王吉怀认为它可能是一种与宗教有关的器物。[③] 可是他并没有论证为什么该器与宗教有关。看来，面对信息量有限的现实，按照傅斯年所说的“存而不补”“一点也不越过去说”[④] 是最明智的。在材料不足的情形下，阐释层面的过分进取很可能导致“过犹不及”。然而，是存而不补，还是适度探索，其间的“度”是很难把握的，因为不同的研究者对于材料的认识是不一样的（这里牵涉到主观研究者的知识情境）。就这件七足镂孔器而言，经受不住若干蛛丝马迹的“诱惑”，我便“明知山有虎，偏向虎山行”了。我从几个方面对这件器物的内涵做了考证。

图一 蒙城尉迟寺遗址出土的七足镂孔器

① 徐峰：《七足镂孔器及相关问题考释》，《寻根》2013年第1期。

② 卫斯：《神秘陶器：“七足镂孔”》，《百科知识》2008年第7期。

③ 张莉、蔡凌凯、王吉怀：《安徽尉迟寺遗址发现造型独特的七足镂孔器》，《中国文物报》2003年12月24日。

④ 傅斯年：《历史语言研究所工作之旨趣》，《中央研究院历史语言研究所集刊》第1本第1分册，商务印书馆，1928。

这件七足镂孔器出自蒙城尉迟寺遗址龙山文化房基。[1] 这是该器的出土情境。文化情境则属于大汶口—龙山文化谱系。那么，这种器物究竟是一类孤立的存在，还是有与之发生关联的文化情境呢？

首先，经过观察寻觅，我发现大汶口文化陶器上的刻符对解读七足镂孔器有帮助。大汶口文化中有上部为“日”，下部为“山”的陶刻符号（图二）。其中有一个山符与七足镂孔器可以类比（图二：2、3）。山符的三个柱状形态相当于七足镂孔器的锥足，腹部的圆孔以及底座也是与之相像的。这个陶器刻符是大汶口文化最主流的观念符号。七足镂孔器出土于龙山文化房基。两者同属于大汶口—龙山文化谱系。基于这样的考古学情境，我初步认为七足镂孔器为类似的观念表达，也即山的象征的可能性是很大的。

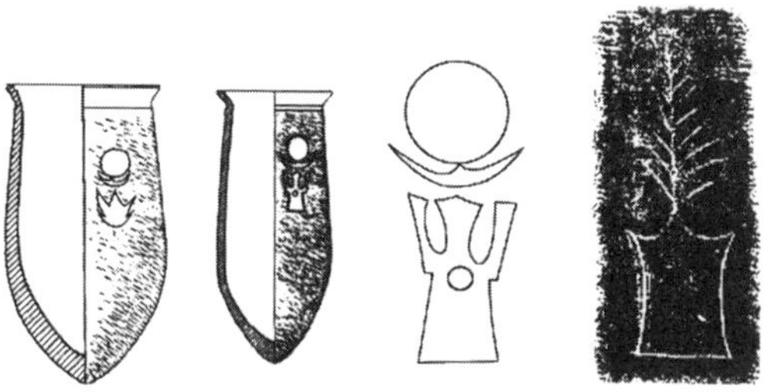

图二　大汶口文化陶器上的刻画符号

其次，我以民族学材料进行了辅证，羌族地区有山神的标志，这种山神是以乱石砌成的石堆上面插着一些大小树枝来呈现的（图三），当地称之为“喇萨”。[2] 这种山神标志与七足镂孔器的造型相似。

图三　羌族的山神标志

---

① 中国社会科学院考古研究所、安徽省蒙城县文化局：《蒙城尉迟寺》第二部，科学出版社，2007，第272～273页。

② 王明珂：《寻羌：羌乡田野杂记》，中华书局，2009，第38～44页。

最后，我注意到金文中的“皇”字与七足镂孔器的外形极其相似（图四）。“皇”字由上而下可分成三个部分：上部是三短竖；中部是圆形，内有一短画或点；下部为“土”字。两者的相似可谓一目了然。关于“皇”字的内涵，考古学者和古文字学家主要有两种看法，即“冠冕说”和“太阳光芒说”。[①] 不管哪一种，其上部位置都体现了竖立或放射性标志。山的意象和皇的内涵实际是存在密切关联的。

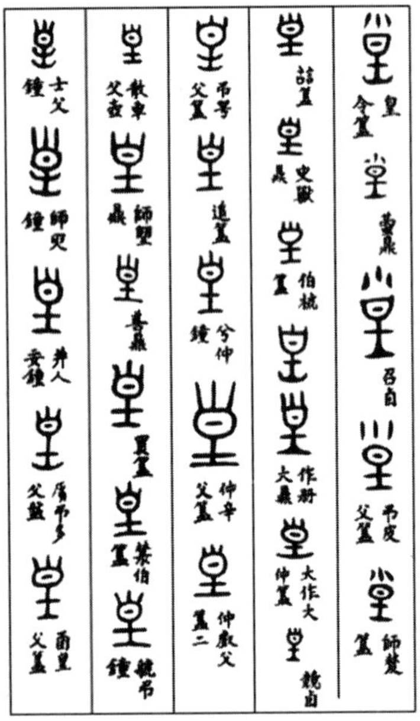

图四 《金文编》中的“皇”字

基于这三方面的论证，我倾向于认为七足镂孔器是山的象征。对于这一观点以及个中论证，我个人感觉，要令人全然信服，恐怕并不顺畅。

近来，我阅读了李零先生的《山纹考》一文[②]，注意到李文中提及的若干考古学证据可以补充笔者的论点。

李先生的文章是将青铜器上常见的环带纹、波纹、波曲纹、波浪纹改订为“山纹”。李文首先介绍了青铜器上的环带纹，并引容庚《商周彝器通考》中对环带纹的七种分类。

启示李零先生改订环带纹为“山纹”的材料是霸伯山簋（图五）。霸伯山簋是山西翼城大河口西周墓地 1017 号墓出土的一件铜器。器盖上有一圈连山形装饰。报告称此器为“霸伯山簋”，霸伯指器主，山簋指器形。霸伯山簋是一件方簋，盖器扣合，作椭方形。盖顶有八个山形纽，大小相错，沿盖缘围成一圈，大纽居四隅，小纽居四正，如文房用品的

① 吴大澂：《说文古籀补》，中华书局，1988，第 1 页；王国维述，刘盼遂记《说文练习笔记》，载《古史新证——王国维最后的讲义》，清华大学出版社，1994，第 326 页；汪荣宝：《释皇》，国立北京大学《国学季刊》第 1 卷 2 号，1923 年 4 月；徐中舒：《土王皇三字之探原》，《中央研究院历史语言研究所集刊》第 4 本第 4 分册，1934；李学勤：《论新出大汶口文化陶器符号》，《文物》1987 年第 12 期；等等。

② 李零：《山纹考——说环带纹、波纹、波曲纹、波浪纹应正名为山纹》，《中国国家博物馆馆刊》2019 年第 1 期。

笔架山。这些山形纽，中间凸起，两侧起棱，如峰峦形。霸伯山簋器盖上的山形是非常明显的，而这些山形纽上均装饰着环带纹，这就等于发现了环带纹的真实意象。黄益飞和谢尧亭早先也曾疑惑霸伯山簋的捉手及器身所饰波带纹是否即山纹。①

图五　霸伯山簋

此外，霸伯山簋有铭文：“隹（唯）十又一月，井叔来盐，蔑霸白（伯）〈厗水〉，史（使）伐用寿（酬）百井二粮、虎皮一。霸白（伯）拜稽首，对扬井叔休，用作宝山簋，其万年子子孙其永宝用。”

李零先生认为“宝山簋”的“宝”是修饰“山簋”。“山簋”指此簋的山形纽，可见旧之所谓环带纹、波纹、波曲纹、波浪纹，其实应改叫山纹、山形纹或连山纹。

那么，这里讨论的山形纹与尉迟寺七足镂孔器又有何关系呢？仔细观察山形纹可知，有一组情境关系值得注意。

图六　霸伯山簋的山形大钮

① 黄益飞、谢尧亭：《霸伯簋铭文考》，《郑州大学学报》（哲学社会科学版）2018 年第 1 期。

图七 扶风庄白 1 号窖藏出土青铜壶

如图六所见，上下两重环带之间有一个图案。霸伯山簋盖顶八个山形纽环带纹下方均有“”图案。在宝鸡扶风庄白 1 号窖藏出土的一件壶上（图七），环带纹下也有这种图案。如果环带纹是山纹，那么这一图案处在环带纹下面这一情境关系就很能说明该图案的性质，进而也就可以说明“皇”以及七足镂孔器的内涵，因为它们在外形上是非常相似的。

七足镂孔器文化内涵的讨论这一案例格外能体现情境在阐释遗存含义时的重要性。知晓了情境，意义的解读就有了线索，靶向性的解读也才有可能。在七足镂孔器内涵的解读中，我使用了文化情境、形态比较和空间关联。当然，就论证链来说，我使用的几项证据也有脆弱之处，羌族民族学材料和金文证据都不是同期的，论证属于“以今例古”。但不容否认的是，“皇”、图案与七足镂孔器的高度相似，尤其是图案所在的情境，增强了这项论证“自圆其说”“言之成理”的效果。

二 玉玦的情境与功能

邓聪对兴隆洼文化遗址出土玉玦功能的研究是情境考古的一则典型案例。距今 8000 年的敖汉旗兴隆洼、兴隆沟玉玦是现今所知中国年代最早的玦饰。

兴隆洼遗址玉玦出土频次最高，玉玦的出土情境主要是在死者的耳旁，但是也有受扰动而出现在墓中其他位置的情况，以及在房址中，在女童的眼眶内。尽管情境不一，使得器物的功能会因情境之变而变。但是，其主要情境是在耳旁（图八），耳与玦构成了空间关联，即“空间情境”。

让人相信玉玦的功能为耳饰并不困难。与此同时，邓聪为了让耳饰更具有信服力，又利用人类学材料进行了辅证。笔者在“古代玉器”这门课上，向每一届学生展示兴隆洼文化的玉玦图片时，很多学生起先都会有疑问，以兴隆洼遗址 M130 中的玦饰为例，直径 4.77、内径 2.1 厘米，两侧径各 1.3 厘米，这等体积的玦如何佩戴？这里面反映的问题是，当代人的知识经验（一种知识经验的情境）认为要将这等体积的玦作为耳饰是很困难的。在这种情形下，尽管有高频率的出土情境，但是材料和观点之间还是缺乏了中间证据。即，如何证明死者生前戴过这种玦？数千年前戴玦的行为在考古资料中是看不见的。邓聪为此例举了加里曼丹 Kayan - Kenyah 妇女穿戴金属玦饰，以及寻访了海南省乐东县的一位黎族老太太，她的耳垂因佩戴的耳饰过重曾三次断裂。因为长时间佩戴耳饰，她的耳

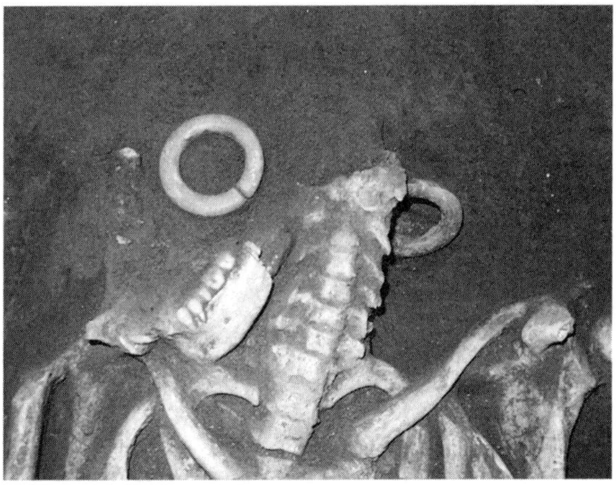

图八 兴隆洼文化玉玦出土背景

垂被拉长到了十多厘米。正德《琼台志》曾引《异物志》对佩戴耳饰有这样的解释：“儋耳之日，镂其皮，上连耳匡，分为数支，状似鸡肠，累耳下垂。”将文献、人类学现象和考古学证据一比较。玦为耳饰的说服力便大幅度增强了。① 其间，人类学现象和文献（尽管是晚期的）的知识经验情境起到了帮助理解的功效。这非常符合美国新考古学的代表人物宾福德试图在静态资料（现在）和理解过去的动态之间建立的一种“中程理论”，考察民族志，进而将其翻译成古代生活的那种东西。“中程理论”为考古记录和人工制品所涉及的物质现象提供解释的概念工具。② 为中层理论提供支撑的有民族学调查、人类学材料、实验考古等。中层理论的内涵相当于一种“移情”或“情境构建”，旨在科学推理考古材料背后的人类行为。与上一则案例的相似之处是，虽然以“今”推古并不完美，但至少比“印象派”式的猜测要积极得多。

三 情境缺乏的图像释读

对于器物或图像的解读尤其应避免情境缺失下产生的望文生训式的猜测。肯特·弗兰纳利等曾说：“支撑材料的体量要足够丰富。当材料匮乏时，认知考古学便与猜测无异，是一种面对幻想之地的蹦极跳（bungee jump）。”③ 陈胜前也曾指出，关联的因素有限时，推理出来的主观性自然就愈强，可靠性也就愈弱。④

1978 年，河南临汝新石器时代遗址中发现了一幅精美的彩陶画，考古工作者据画面内容命名为《鹳鱼石斧图》（图九）。该遗址距今约 6000 年，属仰韶文化晚期。整幅画由左

① 杨虎、刘国祥、邓聪：《玉器起源探索——兴隆洼文化玉器研究及图录》，中国考古艺术研究中心，2007。

② 〔英〕马修·约翰逊：《考古学理论导论》，魏峻译，岳麓书社，2005，第 52 ~ 55 页。

③ 〔美〕肯特·弗兰纳利、乔伊斯·马库斯：《认知考古学》，寻婧元译，陈淳校，《南方文物》2011 年第 2 期。

④ 陈胜前：《考古推理的结构》，《考古》2007 年第 10 期。

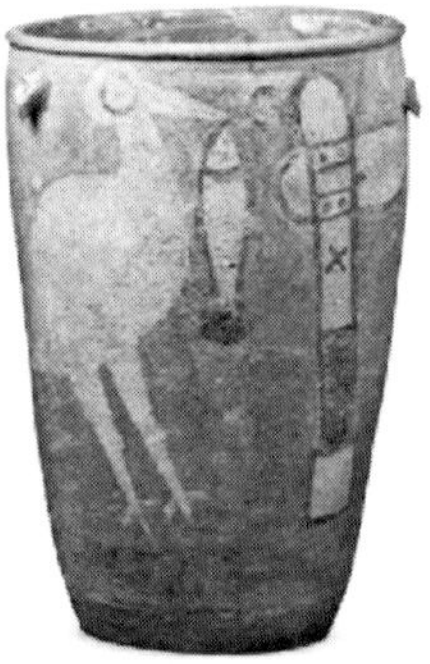

图九 鹳鱼石斧图

右两部分组成：左边画的是一只鹳鸟，长喙，高脚，短尾，眼睛圆睁有神，身体微微向后仰，嘴里叼着一条鱼；右侧是一只立起的石斧。斧身上的孔眼、紧缠的绳子以及 X 状符号被人们用黑色的线条细致地勾勒了出来。自这一器物材料公布后，引来相当多的讨论。有些是从绘画艺术的角度探讨这幅图像的艺术审美。[①]也有很多学者试图对这幅图像的含义进行解读。

严文明曾说："这幅画最发人深思的地方，是把鹳衔鱼和石斧这两类似乎毫不相干的事象画在一起，并且画在专为装殓成人尸骨的陶缸（棺）上。显然这不能看作是一般的艺术作品。"[②]严先生注意到了图画的情境：装殓成人尸骨的陶缸。进而指出这不是一般的艺术作品。这是我完全可以接受的。不过，严先生又进了一步，认为白鹳是死者本人所属氏族的图腾，也是所属部落联盟中许多有相同名号的兄弟氏族的图腾，鲢鱼则是敌对联盟中支配氏族的图腾。这位酋长生前必定是英武善战的，他曾高举那作为权力标志的大石斧，率领白鹳氏族和本联盟的人民，同鲢鱼氏族进行殊死的战斗，取得了决定性的胜利。这里想象的成分就颇大，对图像的解读已经上升到了具体历史的层面，缺乏考古学情境的支撑。好在严先生的这一推测只是在文末的一点联想，也无可厚非。

一方面是缺乏精准的情境来帮助解释这幅图像；另一方面，若是放大视野，则又具备普遍的情境来说明事件性解释的缺陷。例如，无论是在我国还是国外，不论是石器时代还是青铜时代乃至现代，我们都发现了这种以鸟鱼争斗为主题的图案（图十），而且其构图是如此的相似！我们就不得不考虑这个图案后面所要表述的具有普遍意义的人类学含义。[③]在这种情形下，譬如图腾的解释算是差强人意，不会暴露明显的漏洞。郑杰详认为"鹳鱼石斧图"具有图腾的意义。鹳鱼街鱼应是死者民族所崇拜的图腾，而旁侧的石斧则应表示着死者的亡灵携带着自己的工具或武器安全回归于本氏族图腾神的故地。但是，郑又将这个以鹳鸟为图腾的古老氏族和文献中记载的驩兜族挂钩，[④]则又犯了缺失情境过度解释的错误。

还有一些解释，如将衔鱼的鹳与斧柄穿入斧头这两组意象视为交合的隐喻意象，也难免情境不足而属于想象力的发挥。

虽然这幅图像的整体含义很难释读，但个别图像元素的象征性却有道可循。比如石斧，如果我们放宽视野，会在很多图像情境中注意到石斧或钺的存在。例如在良渚文化的

① 例如较早的一篇，张绍文：《原始艺术的瑰宝——记仰韶文化彩陶上的〈鹳鱼石斧图〉》，《中原文物》1981 年第 1 期。

② 严文明：《〈鹳鱼石斧图〉跋》，《文物》1981 年第 12 期。

③ 这一反思，来自与汤惠生先生的私下交流。

④ 郑杰祥：《〈鹳鱼石斧图〉新论》，《中原文物》1982 年第 2 期。

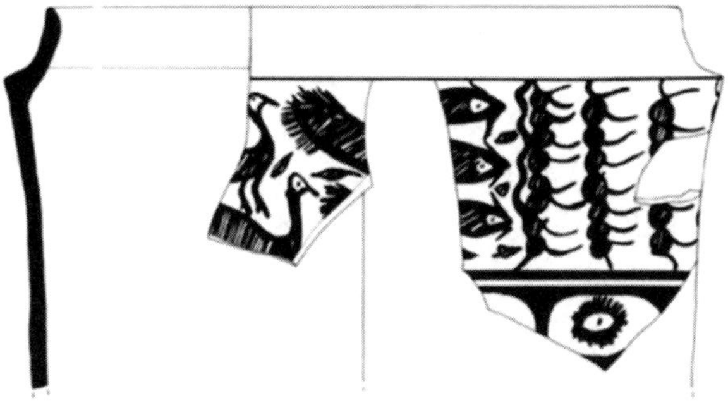

图十　玛哈伽文化晚期（相当于哈拉帕文化早期）
彩陶上的鸟啄鱼图案，公元前 3000 年

黑陶上有好几处刻画中都可见到钺。[①] 钺在不同类型材料中的重现率让钺具有了符号性。这种重复率构成了一种情境——模式化关联，为钺的象征性释读提供了一定的基础。

我要举的另一项颇为典型的情境缺乏的图像释读来自岩画领域的凹穴研究。凹穴（cupule）是一种打制于自然岩面上的，几何形态通常呈半球形、半椭球型、球缺形、椭球缺形或锥形的岩刻画。凹穴的形态简单抽象，是通过减损岩面的过程而形成凹陷，并非任何具象图形，尽管其排列形式有时会出现行列式、环绕式等组合。澳大利亚岩画学家罗伯特·贝德纳里克（Robert Bednarik）系统归纳了国外研究者对凹穴的各类解释，共 11 大类 73 种。[②] 高达 73 种的解释说明了什么？文化是一个错综复杂的符号系统。史前时期的图像和符号往往具有多重指向、隐喻和多义的特点。它们的含义因地点、时间和具体的文化而异。要精准地获知其含义并非易事，情境的有无、情境的层次、研究者的主观能动性和知识经验情境等等，都是影响解释的变量。可以这么说，无论我们多么努力，都无法精确地知道一处遗迹或一幅图像对古人意味着什么。

一位岩画研究者受到贝德纳里克提倡的“岩画科学”旨趣的影响[③]，反对有关凹穴的解释，她批评这些研究是“非科学”的，论断不宜作为确凿无误的科学事实来看待。[④] 的确，以中国的不少凹穴研究而言，众多解释都是缺乏情境的。将大量散布的凹穴和凹穴、沟槽组合图形看作星宿、星座、日、月等天体的做法，显然源自最底层的视觉经验，而非严密论证的结果。还有一些解释，将凹穴的制作归于轩辕黄帝或神农氏，则更是无稽之谈。当然，可以相信古人在山石上凿刻凹穴一定有其目的和含义。只是解释要令人信服，没有证据和情境，则肯定是不行的。

---

① 可参见张炳火主编，良渚博物院编著《良渚文化刻画符号》，上海人民出版社，2015。

② Bednarik R. G.，“On cupule interpretation,” *Rock Art Research: The Journal of the Australian Rock Art Research Association*（*AURA*）25，no. 2（2008），pp. 214 – 221.

③ Bednarik R. G.，*Rock art science: the scientific study of palaeoart*，New Delhi：Aryan Books International，2nd，edn，2007。

④ 金安妮：《中国凹穴岩画初步调查研究》，南京师范大学博士学位论文，2019。

结 语

精神文化考古领域中的“透物见人”充满了挑战。如何透物见人、见文化、见精神。不能指望从沉默的物直接跳跃到人，而是需要中间桥梁，架桥的人便是不同的主观研究者。架桥的木板正是材料证据，证据使用的不合规，就意味着桥搭得有缺陷，那么整座桥便存在风险。搭建桥梁的过程应当是在一种规范、合理的情境中进行的。这个过程本身也是在构建情境。规范合理的情境搭建同时也可以起到规约研究者的作用，情境设置得越多，这种规约的效果就越好，研究者的主观猜测所导致的失误被暴露的概率也就越小，也就使得研究者的解读更加“近真”。

陈寅恪先生在《冯友兰〈中国哲学史〉上册审查报告》中曾经谈到历史研究中“了解之同情”或曰“移情”的重要性，这是一段经典的论述，我们也可以理解成古代研究中情境设置的重要性。陈说：

> 凡著中国古代哲学史者，其对古人之学说，应具了解之同情，方可下笔。盖古人著书立说，皆有所为而发。故其所处之环境，所受之背景，非完全明了，则其学说不易评论，而古代哲学家去今数千年，其时代之真相，极难推知。吾人今日可依据之材料，仅为当时所遗存最小之一部，欲借此残余断片，以窥测其全部结构，必须备艺术家欣赏古代绘画雕刻之眼光及精神，然后古人立说之用意与对象，始可以真了解。所谓真了解者，必神游冥想，与立说之古人，处于同一境界，而对于其持论所以不得不如是之苦心孤诣，表一种之同情，始能批评其学说之是非得失，而无隔阂肤廓之论。①

从中不难看出，陈寅恪先生是鼓励学术想象力的，那种将学术想象力视同洪水猛兽的观点首先是不可取的。在残余断片与全部结构之间，离不开学术想象力——一种重要的沟通力与搭建力。但是如何使用这种学术想象力？还需要研究者将自身的感受与所观察到的事物，也就是自身的“经验”进行较好地联系，在多层面的比较中发现情境、完善情境。

其间，用陈寅恪的话说，要具备“艺术家欣赏古代绘画雕刻之眼光及精神”。同时，这种神游冥想须与立说之古人，处于同一境界。王汎森也曾对此有过讨论，他说：“在空白的地方，把想象发挥到什么程度还算合理，哪些已不合格。这是做思想史的时候常碰到的问题。”

王汎森自己认为，要注意哪里是有建设性的想象，哪里没有；思想史很多时候像一座又一座的山峰，看起来并不相连，但是它们的底座是连在一起的；山峰不连在一起，并不表示山谷不连在一起，我们应确定山谷是连在一起的，还是到某一处它们已经属于不同的

---

① 陈寅恪著，陈美延编《金明馆丛稿二编》，上海古籍出版社，1980，第 247 页。

山脉。[1]

当然，不同研究者的“设身处地”的情境肯定不会完全相同。这与研究者的知识背景、价值观等主观因素密切相关，进而所带来的阐释层面的分歧也不可避免。

即便如此，情境考古依然呈现了一种为了更好地理解、再现过去而投入的求真精神和“架桥”的努力。

编辑：马健涛

① 王汎森：《思想史研究方法经验谈》，载许纪霖、刘擎主编《何谓现代，谁之中国?》（《知识分子论丛》第12辑），上海人民出版社，2014。

从考古资料看良渚文化的北进路线*

陈声波

（南京师范大学文博系）

［摘要］ 作为中华文明满天星斗中的璀璨明星，良渚文化的北进意义深远，不仅促进了环太湖流域与海岱地区的文化融合，也为将来中华文明的形成奠定了坚实的基础。从考古资料来看，良渚先民向北推进，先到海安青墩，再北上阜宁陆庄，然后向西北抵达新沂花厅。除了陆上路线外，还应该有水路，或沿海而上，或溯河而上。这一路留下了大量良渚文化的遗存，考古资料丰富，北进路线清晰可辨。

［关键词］ 良渚文化；北进路线；文化融合

关于中华文明起源的研究，近年来随着大量考古新资料的发现以及中华文明探源工程的深入展开，多元一体的观念已逐渐被大多数学者所接受。苏秉琦先生在区系类型学说的基础上，提出了多元论的条块说和满天星斗说，认为中华文明是多元起源而不是由某一个起源中心然后向周围扩散的。既然是多元，各地文明化进程的内容与方式是不一样的，应具体研究。以中国之大，各个地方文明化的时间有先后。这些文明不是彼此孤立而是紧密联系在一起的，共同组成多元一体的结构，这种结构乃是形成以汉族为主体的多民族统一中国的基础。①

良渚文化无疑是中华文明多元系统中最有代表性的一元，在距今5000年前后成为中华文明满天星斗中最璀璨的一颗明星。2019年良渚古城遗址成功入选世界文化遗产，这是中华文明探源的标志性成果。从此中国五千年的文明史不仅得以确认，而且得到了世界上的高度认可。世界遗产委员会认为，良渚古城遗址展现了一个存在于中国新石器时代晚期的以稻作农业为经济支撑、并存在社会分化和统一信仰体系的早期区域性国家形态，印证了长江流域对中国文明起源的杰出贡献。

---

* 本文据笔者《良渚文化与华夏文明》一书中相关章节修订而成。

① 苏秉琦：《中国文明起源新探》，三联书店，1999。

然而正如世界遗产委员会所言，良渚文化只是一个早期区域性国家形态，从良渚文明到后来形成的中华文明还有一个漫长曲折的融合过程，即从多元走向一统。在这一过程中，良渚文化所在的环太湖地区与海岱地区的文化交融至关重要，尤其是良渚文化的北进，使得东海岸文化的交融达到鼎盛，促成了东海岸文化传统的形成，并对以后中华文明的形成产生了深远的影响。

从多元到一统，经历了曲折漫长的文化融合，其中文化圈的形成是文化融合的必然结果。从更为广阔的视角看，放眼于亚欧大陆，韩建业认为，可将丝绸之路出现前全新世大部分时段的亚欧大陆大致划分为三大文化圈，即以中国黄河和长江“大两河流域”为中心的“早期东方文化圈”，以底格里斯河和幼发拉底河“小两河流域”为中心的“早期西方文化圈”，以及东、西两大文化圈以北以亚欧草原为主体的“早期北方文化圈”。[①] 就“早期东方文化圈”而言，其地理范围，中心在黄河、长江流域，主体是涵盖中国大部地区的“早期中国文化圈”。[②]

环太湖流域与海岱地区，位于长江与黄河的下游，是中国东海岸的核心区域。良渚文化率先进入文明阶段，然而从区域文明到后来的王朝文明，还有很长的路要走。赵辉详细论述了史前中国以中原为中心的历史趋势的形成，他在论述过程中也特别关注环太湖流域与海岱地区的文化融合，早在崧泽文化与大汶口文化时期，这两个地区就同属于鼎文化圈，良渚文化的崛起也正是建立在用鼎文化区内部广泛交流的基础之上。[③]

良渚文化崛起之后，环太湖流域与海岱地区的文化交流更加密切，同时以良渚文化之强大，其在这场大规模文化交流中逐渐占据了主导地位。关于良渚文化与大汶口文化的关系，学术界已有较多的论述。但两者之间究竟如何交流，在涉及更为具体的问题时，这方面的综合研究还不够深入。笔者以为，良渚文化对于海岱地区的影响，主要源于良渚文化的北上。良渚先民先在长江以北的海安青墩一带建立根据地，然后继续北上，在阜宁陆庄一带构筑第二个根据地。由于根基稳固，先将江淮东部地区纳为自己的势力范围，然后渡淮北进，深入海岱腹地，由此产生了激烈的冲突与文化交融，这在花厅遗址中表现得尤为突出。良渚文化的北进有迹可循，即便是以现在的考古资料，也已足够探寻其北进的路线。相信以后随着考古新资料的不断涌现，良渚文化向北传播的问题会更加清晰。

良渚文化对外传播的主要方向是北方。宋建认为，良渚文化北侧的花厅与南方的广东石峡文化虽都受到良渚文化的影响，但影响的层次不一样。“江苏新沂花厅出土良渚文化玉器数量多、种类全，而且伴出了多种良渚文化陶器，不能认为仅是一般的文化因素交流，如看作是一支良渚文化人群的远距离迁徙则较恰当。”而“石峡文化玉器种类虽多，但最具良渚文化特征的还是琮和锥形器。与花厅明显不同的是，石峡文化陶器风格富有当

---

① 韩建业：《全新世亚欧大陆的三大文化圈》，《考古》2021 年第 11 期。

② 韩建业：《早期中国：中国文化圈的形成和发展》，上海古籍出版社，2015。

③ 赵辉：《以中原为中心的历史趋势的形成》，《文物》2000 年第 1 期；赵辉：《中国的史前基础——再论以中原为中心的历史趋势》，《文物》2006 年第 8 期。

地特色，所占比例很高，而良渚风格的陶器很少”[①]。

从考古资料来看，良渚文化的北进有迹可循。在良渚文化的北面，介于太湖文化区与海岱文化区之间的是江淮文化区。江淮地区的史前文化足可自成体系，尤其是在新石器时代的早中期，龙虬庄文化是其杰出的代表。然而到了新石器时代晚期，江淮地区的土著文化因素逐渐衰退，从而成为海岱与太湖两大区域文化交汇的舞台。高蒙河形象地称之为“漩涡地带”[②]。也就是说，当良渚文化强势北进的时候，江淮地区已没有一个较强的土著文化进行阻挡，良渚文化势力的前程一帆风顺，直指海岱地区。

栾丰实在分析良渚文化的北进时，认为其范围自南而北可以划分为四个区域，即江淮北部、苏北、鲁南和鲁北地区。[③] 笔者以为，自江淮北部以至于苏北的花厅遗址，是良渚文化强势北进的结果，尤其是花厅遗址，对于研究良渚文化的北进至关重要。而鲁南和鲁北地区，只是受到良渚文化的影响而已，其重要性不可与前两个区域同日而语。

然而从环太湖地区到江淮北部毕竟还有一段距离，况且还要越过宽阔的长江。相比较而言，越江北上的第一站才是至关重要的，只有在这里站稳脚跟，才能北进江淮。从江南到江北，古来一直不容易，而在良渚文化时期更是如此。要想弄清良渚文化的北进，如何渡江乃至从哪里渡江，必须回到良渚文化所处的时代，了解当时的海岸线。

根据古地理的研究，大汶口文化花厅时期的海岸线，大致自连云港—阜宁—盐城—东台至海安，再折向西，连接扬泰古沙冈。[④] 上述海岸线一直延续到商周时期，其间虽有反复，但变化并不大。也就是说，在良渚文化时期，从扬州往下，便已是江海相连，因此从长江下游北上，已不是渡江，而是渡海。从古海岸线及考古材料来看，良渚文化渡海北上最初的地点就在海安青墩，这里是大本营，在这里站稳了脚跟，才能继续向北深入。

良渚文化时期，从苏北地区的海岸线看，海安恰好是一个转折点，直到龙山文化时期仍是如此，隔海与太湖地区相望。海安青墩遗址位于江淮东部里下河平原东南，这里地势低洼，海拔低，区域内水网密布、河荡相连。实际上早在崧泽文化时期，其势力就已经越江北上抵达海安青墩。江淮东部原始文化从第二期的后段开始出现了太湖地区崧泽文化因素，这在青墩遗址中表现得最为明显。有学者对青墩遗存进行分析后认为，青墩第二期遗存与龙虬庄遗址二期差异较大。陶器中的折腹釜形鼎、罐形鼎、盆形鼎、粗圈足豆、细柄、柄部外撇呈阶梯状豆、觚、圆角近方形钻孔石钺、长条形石锛、玉璧、环、璜等器在崧泽文化遗址中较为常见。[⑤]

江淮东部地区文化进入第三期，青墩遗址中出现了较多良渚文化因素，如陶器中的黑

---

① 宋建：《嵩山地区与太湖地区文明进程的比较研究》，载上海博物馆集刊编辑委员会编《上海博物馆集刊》第6期，上海古籍出版社，1992。

② 高蒙河：《试论长江下游的史前文化区域》，《学术月刊》1990年第10期；高蒙河：《试论“漩涡地带”的考古学文化研究》，《东南文化》1989年第1期。

③ 栾丰实：《良渚文化的北渐》，《中原文物》1996年第3期。

④ 邹厚本主编《江苏考古五十年》，南京出版社，2000，第94页。

⑤ 燕生东：《海安青墩遗存再分析——江淮东部地区考古学文化研究之一》，《东南文化》2004年第4期。

皮陶贯耳壶、敛口钵形豆，石器中的有肩扁平穿孔石斧、有段石锛，以及采集到的琮、璧、瑗、镯、坠等玉器。因此到了这一时期青墩很可能已经成为良渚文化分布区。①

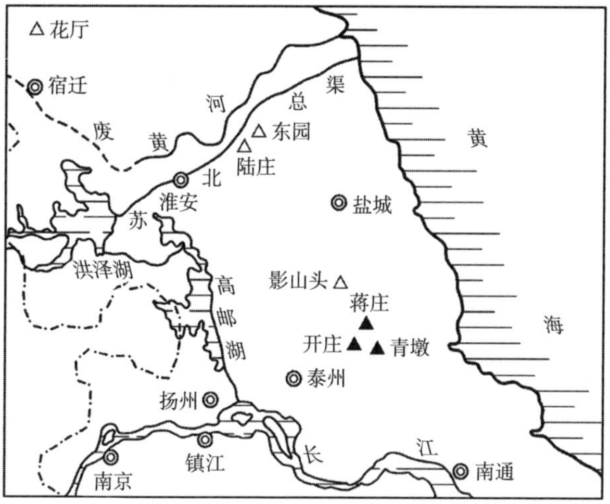

图一　青墩—开庄—蒋庄遗址位置图

资料来源：南京博物院：《江苏兴化、东台市蒋庄遗址良渚文化遗存》，《考古》2016 年第 7 期。

作为良渚文化北上的第一个站点，青墩遗址并非孤立的，实际上以青墩为中心形成了一个遗址群。就现在的考古资料看，至少形成了青墩—开庄—蒋庄这样一个三角形的遗址群（图一）。因此良渚文化在江北的这个站点根基是牢固的，甚至可以视为良渚文化在江北的一个类型。从长江南岸到青墩，最佳的渡江点应在江阴。郝明华认为，崧泽文化北上，就是从江阴渡江，至海安青墩，再继续北上。② 笔者对这一观点深表赞同，不仅在崧泽文化时期，即便到后来的良渚文化时期乃至龙山时代甚至商周时期，从江南的环太湖地区渡江北上，江阴无疑是最佳地点。江阴一带一直是良渚文化的重要中心之一，尤其是到了良渚文化晚期，武进寺墩遗址更是异军突起。此外重要的遗址还有江阴高城墩等，这里北上青墩几乎是直线。考虑到当时长江下游江海相连，并且直到商周时期仍是如此，从江阴渡江北上实际上就是渡过一个宽阔的海湾，直线距离无疑是最佳选择。我们可能大大低估了良渚先民的航海能力，实际上良渚先民北上，除非从宁镇地区渡江，否则都是航海。良渚先民渡江后最初的一系列遗址点，其实都在海边。先是海安，然后是阜宁，而这两个地点，当年可都是面朝大海的。因此良渚先民的北上在一开始的时候可能以海路为主，陆路为辅。沿着海岸线北上，一路安营扎寨，直到在陆庄打下坚实的根基后，再往西北走，深入陆地，抵达苏北的花厅。这种北上模式到春秋战国时期依然为吴越所继承。夫差北上争霸，不惜劳民伤财开凿邗沟，依靠的依然是水路；而勾践更是渡海北上，长期以山东琅

① 燕生东：《海安青墩遗存再分析——江淮东部地区考古学文化研究之一》，《东南文化》2004 年第 4 期。
② 郝明华：《苏皖江北地区的崧泽文化因素》，《东南文化》2001 年第 5 期。

玡为都[①]。这一切也许都是源于良渚文化的传统。

海安作为良渚先民渡江北上的第一站，可以说根基牢固，至少形成了青墩—开庄—蒋庄这样一个三角形的遗址群。开庄遗址位于青墩遗址以西的东台市溱东镇开庄村，面积27000多平方米，1995年进行了抢救性发掘。根据发掘资料推断，开庄遗址可以分早晚两期，其中晚期和良渚文化早中期或者与大汶口文化中晚期相当，两期前后衔接。晚期遗物中除含有一定的大汶口文化因素之外，良渚文化因素占有较大的比重。如B型盘、DⅠ式罐、鬶足和鬶流等均具有较多的良渚文化因素。[②] 开庄遗存的文化因素表明，早在良渚文化的早中期，良渚先民已将这里发展为良渚文化北上的重要据点。

蒋庄遗址在青墩遗址西北，位于江苏省兴化、东台两市交界处。遗址分为东、西两区，西区有良渚文化、汉代及唐宋时期遗存，以良渚文化遗存为主，堆积厚度达到2米，面积近2万平方米。南京博物院先后两次在此进行抢救性考古发掘及具有学术目的的后续主动性发掘。总发掘面积3500平方米，主要集中于西区，目前已清理良渚文化墓葬284座、房址8座、灰坑100余座以及水井、灰沟等，出土玉器、石器、陶器、骨器等遗物近1200件。[③]

蒋庄遗址西区良渚文化墓地为一处公共墓地，有着持续而稳定的使用过程。墓葬间等级分化严重，随葬玉璧、玉琮的较高等级墓葬主要集中于墓地南部，且排列有序。平民墓主要位于墓地中北部。不同等级墓葬间随葬品的差异，体现了社会分层现象。墓葬均为长方形竖穴土坑，葬式多样，一次葬与二次葬并行，二次葬十分普遍。大多数墓葬人骨保存较好，多座墓葬发现有多个头骨，如M66、M158等。此外有多种外力损伤现象，表明良渚文化时期聚落间可能存在战争或暴力冲突。

蒋庄遗址地处长江以北水网密布的里下河地区，是良渚文化北上的重要通道。其远离良渚文化核心区，出土的各类陶鼎鼎足各异，具有鲜明的自身特点，显示出这类遗存可能属于良渚文化的又一地方类型，是北上的良渚文化与本地文化因素融合后的产物。该区域内时代相同、文化面貌相近的遗址还有海安青墩、东台开庄等。该遗址的发掘，对构建江淮东部史前考古学文化谱系、研究良渚文化与本地土著文化以及北方大汶口文化的关系都有重要的意义。[④]

朱晓汀对蒋庄良渚文化墓葬人骨进行了系统研究，研究表明蒋庄良渚文化人群应归属于蒙古大人种范畴。中国东部的仰韶、大汶口、良渚文化分布区，古代居民的体质特征是非常相近的，都属于“古中原类型”，三者在同属于一个古人种类型的前提之下，存在一定的差异。朱晓汀将与良渚文化相关的新石器时代各组与跨入青铜时代的各组进行聚类分析后发现，良渚文化居民与某些青铜时代颅骨组具有非常相近的形态，因而认为良渚文化

---

① 辛德勇：《越王勾践徙都琅邪事析义》，《文史》2010年第1辑。

② 盐城市博物馆、东台市博物馆：《江苏东台市开庄新石器时代遗址》，《考古》2005年第4期。

③ 南京博物院：《江苏兴化、东台市蒋庄遗址良渚文化遗存》，《考古》2016年第7期。

④ 南京博物院：《江苏兴化、东台市蒋庄遗址良渚文化遗存》，《考古》2016年第7期。

在向周边扩散的过程中，人群也存在着向周边扩散迁徙的趋势，良渚文化的北进应该是伴有基因交流的。[①] 由此可知，良渚文化的北进，并非只是文化因素的传播，而是良渚先民北上的结果。

从青墩—开庄—蒋庄这个大本营再向北就是江淮北部地区。这里地势平坦，一马平川，没有山河阻隔，而江淮又处于高蒙河所说的“漩涡地带”，当良渚文化强势北进的时候，江淮地区已没有一个较强的土著文化进行阻挡，这使得良渚文化的北进一帆风顺，下一步直抵阜宁，在阜宁形成了第二个据点，并形成了良渚文化的遗址群。

从海安到阜宁，并非陆路一条线，可能还有水路。栾丰实在论述大汶口文化与崧泽、良渚文化的关系时认为南北两地主要有两条通道：“一条是陆地通道……另一条是水路，又可以分为两条支线。一条如《尚书·禹贡》所言：‘沿于江海，达于淮泗’。……花厅、刘林、大墩子、沙河、野店等具有南方文化因素的遗址，均距离沂河和泗河较近。另一条水上通道是沿着海边直接北上，在日照和胶东半岛一带沿海登陆。”[②] 从海安到阜宁其实没那么复杂，陆路可以一路向北，经盐城至阜宁，道路畅通，没有大的地形阻碍。而海路倒是值得关注，沿海而上，海安与阜宁都在海边，随时可以登陆，不一定非到日照和胶东半岛一带沿海登陆。

江淮北部地区，淮河（即今之废黄河）以南主要是射阳河流域。经调查，在此区域内的阜宁、宝应一带，发现多处良渚文化遗址。据南京博物院对北距废黄河约 4 公里的阜宁陆庄遗址的发掘，在水相和陆相交替堆积层之上，发现确凿的良渚文化的文化层和遗迹。20 世纪 70 年代初，文物部门曾在陆庄征集到一批典型的良渚文化玉琮、玉锥形器、玉饰、石钺等玉石器。1995 年的发掘，出土有“T”字形足鼎、矮颈捏流袋足鬶、高柄豆、贯耳罐、实足盉、圈足盘、厚胎篮纹缸等。据发掘者分析，其与草鞋山二层、广富林墓葬、寺墩上文化层等良渚遗存基本一致。[③] 此外在阜宁周边的涟水三里墩还采集到具有良渚文化风格的玉琮和贯耳壶、豆等陶器。[④]

阜宁地区除陆庄遗址外，还正式发掘了东园遗址。东园遗址出土器物种类较多，同一器类并无明显的差异，应属于时代相近的遗存。M8 所出贯耳壶属于良渚文化典型器，其类型风格应属于良渚文化早期。东园遗址从文化因素看，其中有少量来自大汶口文化的因素，如东园遗址出土的陶鬶、陶杯，但主要因素与太湖地区的良渚文化早期相当一致，既保留了崧泽文化的遗风，如小口壶、釜、曲腹壶等，又出现了新文化独有的贯耳壶、圈足盘、鱼鳍形鼎足等，应属于良渚文化早期。当然东园遗址的良渚早期遗存与典型良渚文化

---

① 朱晓汀：《江苏兴化蒋庄良渚文化墓葬人骨研究》，吉林大学博士学位论文，2018。

② 栾丰实：《大汶口文化与崧泽、良渚文化的关系》，载中国考古学会编《中国考古学会第九次年会论文集》，文物出版社，1993，第 62～81 页。

③ 南京博物院等：《江苏阜宁陆庄遗址》，载徐湖平主编《东方文明之光——良渚文化发现 60 周年纪念文集》，海南国际新闻出版中心，1996，第 130～146 页。

④ 纪仲庆：《宁镇地区新石器时代文化与相邻地区诸文化的关系》，载中国考古学会编《中国考古学会第三次年会论文集》，文物出版社，1984，第 34～43 页。

有一定差异，表现在器物组合及器形方面存在一些差别，如贯耳壶（M8:1）的形制不同于苏南、浙北所出的贯耳壶，其颈长与腹长之比近于 1:1。又如曲腹壶等遗物崧泽文化的遗风较浓，应是良渚文化的本地化所致。①

陆庄遗址与东园遗址在射阳河流域有一定的代表性，再加上周边地区的一系列遗址，又形成了一个良渚文化的遗址群，成为良渚先民北进的第二个据点（图一）。阜宁射阳河流域一带能够成为良渚先民北上后的第二个据点绝非偶然，其原因至少有三。一是从海安到阜宁，陆路一马平川，而射阳河流域亦可提供足以生存的栖息地；二是阜宁面朝大海，从海路北上也非常方便，水陆并进更可以相互关照；三是射阳河流域在淮河以南，倘若北进受阻，大汶口人反击，淮河至少是一个屏障。此处进可攻，退可守，是较为理想的据点。

在阜宁站稳脚跟后，良渚先民的下一步是渡过淮河，继续北上，进入大汶口文化的势力范围。

苏北地区包括江苏省的淮河北岸至苏鲁交界一带，地处泗、沂、沭诸河之下游。此区为大汶口文化的南部分布区。经过发掘的大汶口文化中、晚期遗址不多，主要有新沂花厅②、邳县大墩子③、沭阳万北④等。大墩子上层墓葬和万北第三期文化属大汶口文化中期前段，出土遗物中有较多的良渚文化因素，如大墩子遗址的四系罐、双鼻壶、筒形圈足杯、玉璜和有段石锛等。万北三期仅见 1 座大汶口文化墓葬（M17），共出 11 件陶器，在已发表的 9 件中，有瓦棱纹圈足壶、似双鼻壶（颈中部以上残）和折盘豆等 3 件具有良渚文化早期风格的陶器。4 件石器中有 1 件为良渚型有段石锛。当然苏北地区与良渚文化关系最密切的遗址当首推新沂花厅。

花厅遗址位于江苏省新沂市西南 18 公里，马陵山丘陵南端高地上。整个遗址分为居址和墓地两部分，总面积达 50 余万平方米。1952 年冬，南京博物院对该遗址进行了试掘。以后的 1953 年、1987 年和 1989 年，南京博物院又先后组织了三次较大规模的发掘，累计发掘面积约 3000 平方米。历年来新沂花厅共发掘墓葬 87 座，出土石器、玉器、骨角牙器、陶器等近 2000 件。⑤

花厅墓地分南、北两区，北区墓地是发掘的重点，先后共发现墓葬 62 座，其中大墓 10 座，8 座带人殉。10 座大墓彼此相邻，自成一片，场面开阔，颇为壮观。北区墓地中发现大汶口和良渚“文化两合现象”。其中大汶口文化因素有：葬式以仰身直肢为主，头向大多朝东。墓内盛行猪犬齿和猪下颌随葬，有的墓内还埋猪、狗；有的墓主手握獐牙勾形

---

① 南京博物院、盐城市博物馆、阜宁县文化局：《江苏阜宁县东园新石器时代遗址》，《考古》2004 年第 6 期。

② 南京博物院：《花厅——新石器时代墓地发掘报告》，文物出版社，2003。

③ 南京博物院：《江苏邳县四户镇大墩子遗址探掘报告》，《考古学报》1964 年 2 期；南京博物院：《江苏邳县大墩子遗址第二次发掘》，《考古学集刊》1981 年第 1 期。

④ 南京博物院：《江苏沭阳万北遗址新石器时代遗存发掘简报》，《东南文化》1992 年 1 期。

⑤ 南京博物院：《花厅——新石器时代墓地发掘报告》，第 3 ~ 4 页。

器；随葬陶器中以大汶口文化陶器群为主体，如凿足鼎、深盘大镂孔圈足豆、背壶、长嘴盉、大口缸、红陶鬶、镂孔器座、弦纹罐、无鼻壶、高圈足豆等等。[①] 这些都是大汶口文化的典型因素。

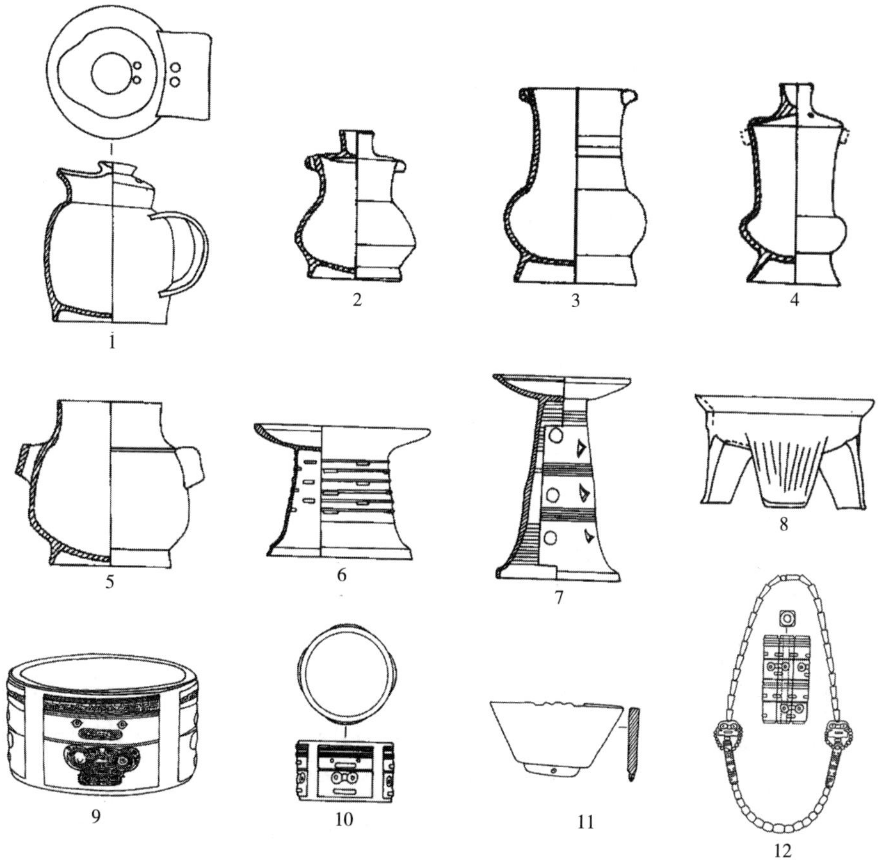

图二　花厅北区墓地出土良渚文化风格陶器与玉器

1. 阔把杯（M18:35）　2. 双鼻壶（M19:12）　3. 双鼻壶（M36:32）　4. 双鼻壶（M18:46）　5. 贯耳壶（M18:38）　6. 豆（M4:33）　7. 豆（M50:49）　8. 鼎（M18:29）　9. 玉琮（M50:9）　10. 玉琮（M18:13）　11. 冠状饰（M42:1）　12. 玉项饰与琮形管（M16:5）

花厅北区墓地良渚文化因素也特别突出，主要表现在随葬陶器与玉器上。陶器中 M18 出土的阔把杯是良渚文化的典型器形，近直口，一侧有流，短颈，窄肩，近直腹，矮圈足，与流口相对的一侧有宽带状把手（图二：1）。这种阔把杯在良渚文化墓葬中出土甚多，如上海福泉山与武进寺墩墓地。贯耳壶与双鼻壶在 M18 中都有出土，发掘报告统称为贯耳壶。实际上耳在口沿外侧的称双鼻壶为宜，两者应分别命名。M18 出土的贯耳壶贯耳在器腹上部，口径较大，器体粗矮，系良渚文化独特的器型（图二：5）。双鼻壶造型一般为长颈鼓腹圈足，口沿外有双鼻，有的带盖。双鼻壶在良渚文化中也颇为常见，且演变序

① 南京博物院：《花厅——新石器时代墓地发掘报告》，第 194～195 页。

列清楚。花厅北区墓地出土不同时期的双鼻壶，演变规律与良渚文化完全相同（图二：2、3、4）。浅盘豆数量较多，平折沿，大斜壁，浅盘圈足，圈足有粗有细，这种器型在良渚文化吴县张陵山、青浦福泉山遗址均有发现（图二：6）。此外花厅少数豆柄上有三角形与圆形镂孔组合成的纹饰，也常见于崧泽文化晚期与良渚文化（图二：7）。瓦足鼎及鼎足表面流行竖线划纹的作风与良渚文化完全相同（图二：8）。

花厅北区墓地出土了良渚文化最具特色的玉琮，玉琮上的神人兽面纹更是良渚文化玉器的突出标志（图二：9、10）。琮形锥状器、冠状饰（图二：11）、玉项饰与琮形管（图二：12）、玉璜等均与太湖地区良渚文化玉器相同。此外，八座大墓带人殉的现象，在良渚文化福泉山、张陵山、赵陵山等多处墓地也有发现，而不见于大汶口文化花厅以外的其他墓地。

花厅墓地中大量良渚文化因素的出现反映了良渚文化的强势北进，然而关于花厅墓地的性质，学界至今还存在争议。一种观点认为花厅墓地属大汶口文化系统，但受到了来自良渚文化的强烈影响。如栾丰实认为花厅墓地的文化面貌比较复杂，但可以确认花厅墓地属于海岱系统的大汶口文化。以丙组器物为代表的文化因素是长江下游两岸良渚文化北渐的结果，其器类与数量之多、文化渗透面之广是前所未见的。①

另一种观点认为，花厅墓地属于来自南方的良渚人墓葬，墓主人是征战途中“异乡战死的英雄”。持此论者以严文明为代表，他认为：“花厅的情况不过是两个文化发生碰撞的又一次证明。这次是良渚文化一支武装力量北上远征，打败原住花厅的大汶口文化居民并实行占领。作战中自己一方阵亡的战士不可能运回老家，只有就地安葬。他们不用大汶口文化居民原有的墓地（南区），而在其北约600米的北区另设墓地。为了缅怀这些在异乡战死的英雄，特地给他们随葬了最能反映本族特色的玉器和陶器等物品，同时也随葬一些原属大汶口文化的战利品，甚至把敌方未能逃走的妇女儿童同猪狗一起殉葬！”②

严文明的观点得到了不少学者的赞同。如陈剩勇认为：“花厅墓地人殉并非是大汶口文化固有的习俗，而应是良渚文化北上的产物，是‘太湖酋邦’在征服海岱地区异族的过程中使用的一种控制异族的野蛮手段。”③ 徐坚也认为：“花厅墓地反映了良渚文化人北上征服大汶口文化居民，以少治多，改变其精神生活而在物质生活顺其旧俗。这批资料不仅对研究中国史前时期文化演进的模式提供了一种思路，在考古学研究方法的探索上无疑也具有标尺价值。”④ 朔知认为：“花厅出土的良渚文化器物基本上都是三期六段左右时的形制，其大墓的墓主应该是良渚文化的显贵阶层。严文明认为将花厅北区墓地视为良渚文化一支远征队伍在此地的遗留，是极为可能的。良渚人及其显贵人物在千里之外的异域出

① 栾丰实：《花厅墓地初论》，《东南文化》1992年第1期。

② 严文明：《碰撞与征服——花厅墓地埋葬情况的思考》，载严文明《史前考古论集》，科学出版社，1998，第262～266页。

③ 陈剩勇：《中国第一王朝的崛起》，湖南出版社，1994，第307页。

④ 徐坚：《花厅墓地浅析》，《东南文化》1997年第3期。

现，很可能是良渚文化逐鹿中原的结果，苏北淮海地区未发现龙山文化早期遗存，却有中晚期遗存，也应与这一事件有关。”①

对于花厅墓地的资料，有的学者称之为“南北文化耦合现象”②，也有学者称之为“文化两合现象”③。笔者以为，对于花厅墓地的资料，无论怎样解释，皆与良渚文化的北进有关，而并非一般意义上的文化交流。良渚先民北上，其主要原因至今仍有争议，避海侵、洪水也罢，逐鹿中原也罢，总之，良渚先民的确是北上了，即便不是举族北迁，至少也是其中的一支，并在花厅遗址留下了浓墨重彩的一笔。中国科技大学结构分析开放实验室等部门利用岩相和 X 射线定量法测试花厅遗址中的大汶口和良渚文化陶器残片，结果显示不同文化特征的陶器产自不同的地区。④ 可见花厅墓地所见的良渚风格陶器，当然还有玉器，当是良渚先民自故土携来，而并非大汶口人的仿制品。

良渚文化的北进，自江淮的阜宁以至于苏北的新沂花厅，路线清晰，遗存丰富。然而自花厅向北，良渚文化的因素则逐渐减弱，再也找不到一个集中的分布地点。尽管栾丰实列举出鲁南、鲁北地区所能见到的良渚文化因素，但毕竟这些因素只是零星的分布，视为受良渚文化的影响可以，但这恐怕已是间接的影响，非花厅遗址可比。因此，笔者以为，良渚先民北进，到达花厅以后，当是遭遇挫折与失败，而无力继续北上。毕竟这里是大汶口、龙山文化势力范围，无论是大汶口文化还是龙山文化，海岱地区的文化序列传承完整，势力强大，几乎没有中断或衰微过，这是史前其他五大考古学文化区无法比拟的。即便进入夏王朝时期，中原已成为中心，唯一能与之抗衡的依然是海岱地区的岳石文化，亦即文献上所说的东夷文化。对于这一长盛不衰的区域文化，良渚文化无法深入其腹地是完全可以想象的，即便是后来强大的夏商王朝也很难做到。直到西周时期海岱地区通过分封与礼乐融入华夏文明，而并非被征服。后来春秋时期吴越强盛时都曾北上逐鹿中原，也都以失败而告终。或许，在吴越之前，良渚先民早已做过同样的尝试，其结果也同样悲壮。

良渚文化的北进虽至花厅之后遭遇挫折，但文化因素的传播却仍在继续，而并非止步不前，只不过其影响力已大打折扣。从地理位置上来看，花厅已远离太湖地区，由此向北是大汶口、龙山文化的核心区，良渚文化想继续北进困难重重，但如果折而向西，便可直接挺进中原。在良渚文化与大汶口文化的鼎盛时期，恰是中原文化相对低潮的一个阶段，四方因素齐汇中原。良渚文化的北上，到了花厅以后，在北上受阻的情况下完全有可能折而向西，乘虚而入，将良渚文化的因素传播到中原地区，并一直向西北传播，不仅抵达晋

① 朔知：《良渚文化的初步分析》，《考古学报》2000 年第 4 期。

② 钱锋：《新沂花厅墓地的发现及其意义》，载中国考古学会编《中国考古学会第八次年会论文集》，文物出版社，1991，第 69 ~ 83 页。

③ 高广仁：《花厅墓地“文化两合现象”的分析》，《东南文化》2000 年第 9 期。

④ 池锦旗、王昌燧：《中国新沂市新石器时期古陶器的产地分析研究》，载徐湖平主编《东方文明之光——良渚文化发现 60 周年纪念文集》，海南国际新闻出版中心，1996，第 120 ~ 125 页。

南的陶寺，还进一步影响到大西北的石峁与齐家文化。

综上所述，良渚文化向外传播的主力是在北方。良渚先民向北推进，先至海安青墩，再北上阜宁，然后向西北抵达新沂花厅。除了陆上路线外，还应该有水路，或沿海而上，或溯河而上。这一路留下了大量良渚文化的遗存，考古资料丰富，北上路线清晰可辨。

良渚文化的北进意义深远，尤其是对于后来中华文明的形成影响巨大。良渚文化的北进，将文明的火种带到海岱地区，带到中原地区，并最终融入以中原为中心的华夏文明。这种文化间的直接碰撞，远比间接的和平的文化传播来得深入彻底。其后中原地区华夏文明中之所以有那么多良渚文化的因素，当与良渚文化的北进密切相关。

编辑：徐峰

历史时期文物考古研究

丝路背景下的茧形壶源流蠡探

李银德

（徐州博物馆）

［摘要］茧形壶是战国秦汉时期常见而又造型别致的容器，在我国西周中晚期出现后，一直沿用至辽代，前后使用近2000年，有着完整的发展谱系；其材质有陶、铜和费昂斯等。公元前1000年，塞浦路斯即出现带把茧形陶器，日本、韩国和埃及也有这种茧形壶。从茧形壶器形比较、出现年代的先后，以及洛阳唐代墓道壁画所反映的茧形壶作为丝绸之路上常见的储水器等方面综合分析，我国的茧形壶可能源自塞浦路斯。日本和朝鲜半岛的茧形壶可能源于我国，埃及的茧形壶也源自塞浦路斯。

［关键词］茧形壶；丝绸之路；战国秦汉；塞浦路斯

茧形壶是战国秦汉墓葬和遗址中常见的器物之一，在考古报告中还被称为卵形壶、鸭蛋壶、蚕茧壶、茧形瓮等。其造型特点为小口广腹、腹部呈蚕茧形，具有容积大、不易倾覆、承受力强等特点，是盛水、酒等液体的理想容器。材质以陶为主，也有少量铜、费昂斯等。

别具一格的茧形壶向为研究者所关注，既往的研究中名实的讨论是重点之一。孙机认为："汉代将茧形壶、蒜头壶、横罥形壶、扁壶等盛酒之器统称为榼。"[①] 李零指出："此类器物，其实就是古书称为'椑''榼'或'椑榼'的器物。汉代的'椑''榼'有方圆之异，圆体分卵形和圆筒形两种。……（茧形壶）其实只是其中的卵形壶。"[②]

茧形壶研究的另一重点是文化属性和流行地域问题。王学理等认为："茧形壶是独具秦文化风格的一种储酒器，出现于战国初期，流行于战国中期之后到秦统一，均系陶质，一般出土于中型秦墓中。"[③] 杨哲峰在肯定其为"秦式器物"的同时，指出"种种迹象表

① 孙机：《汉代物质文化资料图说》，文物出版社，1991，第319～321页。

② 李零：《入山与出塞》，文物出版社，2004，第348页。

③ 王学理、尚志儒、呼林贵等著，陕西省考古研究所秦汉研究室编《秦物质文化史》，三秦出版社，1994，第243页。

明，茧形壶的最早发源地很可能就在关中地区”。梁云指出：“茧形壶非周人传统器物，对周文化而言可能也是外来文化因素，其最初的来源还不清楚。……战国中期它在关中秦墓中突然出现并广为流行，也应当是吸收三晋文化的结果。”① 李零在《三件有趣的茧形壶》一文中指出它流行于战国时期的秦国、后来的秦代和汉代，是秦文化的典型器物。段清波指出茧形壶在地域上多出现在秦文化的中心区域和秦文化的扩张区域，年代上出现于战国中期，西汉中期之后便销声匿迹。②

学者们还对茧形壶的起源进行了谨慎的讨论。李零认为它有更早的来源和更晚的延续，甚至在华夏地区以外也有发现，但未进一步阐述。段清波指出在遥远的地中海沿岸地区，存在一种与秦文化中几乎一致的茧形壶，并进行了初步讨论，不过未能关注其他国家的茧形壶资料。

上述研究极大地推动了对茧形壶的学术探索，国内考古发掘资料的增加，国外相关信息的不断丰富，为茧形壶的来源和延续等问题的进一步探讨提供了可能。1998 年，笔者在法国卢浮宫第一次见到类似茧形壶的器物便产生了浓厚的兴趣，由此不断关注考古发掘的新成果，搜集相关资料，与同好讨论请益，尝试从更广阔的时空审视和思考茧形壶问题。这里谈一些不成熟的想法，以供方家批评。

一 我国茧形壶滥觞、鼎盛和延续

茧形壶的类型、分期和分布，杨哲峰论述颇详，他将茧形壶的发展分为五段，其中第一段不早于战国中期，第五段为汉武帝至汉宣帝时期。根据新发现的资料，这里将我国茧形壶的发展大致分为滥觞、鼎盛和延续三个时期。

（一）滥觞期（一期）

一期为西周中晚期至战国早期，是茧形壶的产生阶段，即茧形壶发展的滥觞期。目前较早的茧形壶都发掘出土于陕西，其次是山西。这一时期茧形壶的出土地点和数量总体仍然较少，但器形都很大，小口圜底。

1983 年陕西扶风县齐家村西周中晚期 7 号窖藏，出土的 1 件茧形壶（82F 齐家 J7：5）高 55.5、口径 14.7、体长 59.5、体高 47、腹深 54、颈高 4.6 厘米。通体饰交叉粗绳纹，以口颈为中心、不等距离地向两侧划有弦纹 11 圈。弦纹之间，最大距离为 11、最小 6 厘米（图一：1）。③ 1974 年陕西武功回龙村发现的驹父盨盖窖藏中也出土 2 件粗绳纹茧形

---

① 梁云：《战国时代的东西差别——考古学的视野》，文物出版社，2008，第 37 页。

② 段清波：《从秦始皇陵考古看中西文化交流（二）》，《西北大学学报》（哲学社会科学版）2015 年第 2 期。

③ 周原扶风文管所：《扶风齐家村七、八号西周铜器窖藏清理简报》，《考古与文物》1985 年第 1 期。

壶[①]，质地、造型和纹饰都与齐家七号窖藏出土的茧形壶相似，年代也基本相同。

1990年咸阳市文物考古研究所在渭城区渭阳镇任家咀发掘了242座秦墓，墓地时间跨度长，六期互相衔接，中间无缺环。其中第一期的年代为春秋中期，第三期为战国早期，第六期最晚到秦代。任家咀一期的M56和三期的M128都出土1件茧形壶，均为泥质灰陶，圜底；颈部变化是由阴线旋纹演变为凸棱纹。M56∶8侈口细颈，短横腹，腹饰十道交错绳纹，中间用抹光带隔开（图一：2）；M128∶2侈口短颈，圆鼓腹，腹饰十道短横绳纹，中间用抹光带隔开（图一：3）[②]。

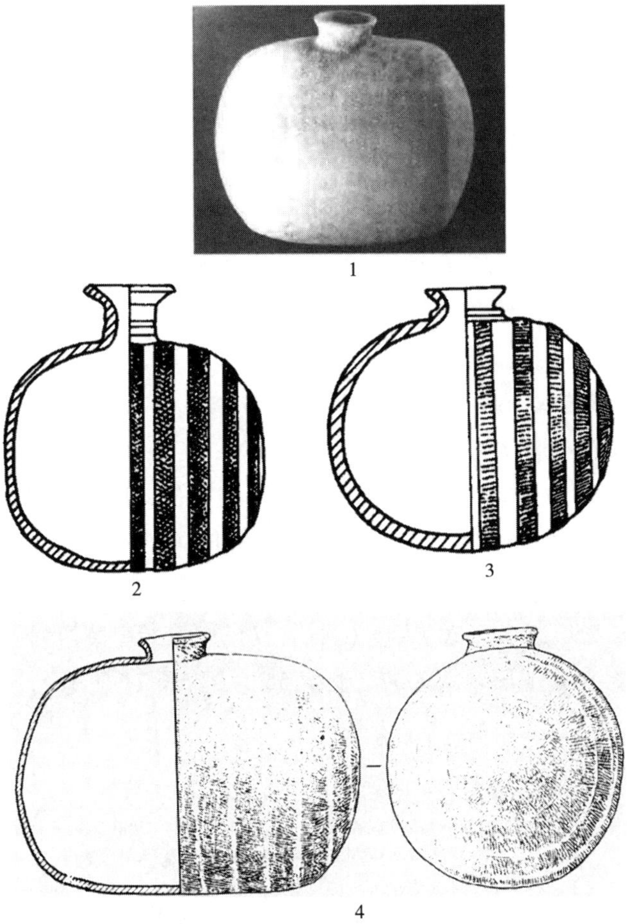

图一　西周至战国早期茧形壶

1. 扶风齐家村J7西周茧形壶　2. 咸阳任家咀春秋中期茧形壶（M56∶8）　3. 咸阳任家咀战国早期茧形壶（M128∶2）　4. 侯马遗址春秋晚—战国早期茧形壶

山西侯马铸铜遗址中，1964年发掘的XXⅡ号遗址，泥质黄褐陶茧形瓮在遗址的中期偶见，晚期稍多。Ⅰ式茧形壶（XXⅡT637H118∶1）残，口部规整，绳纹细密；Ⅱ式茧形

① 周原扶风文管所：《扶风齐家村七、八号西周铜器窖藏清理简报》，《考古与文物》1985年第1期。
② 咸阳市文物考古研究所：《任家咀秦墓》，科学出版社，2005，第272、284页。

壶（XXⅡT679H398∶3）小口颈矮直，口部粗糙。腹部呈茧形，圜底。饰粗中绳纹，浅乱横向交错，被旋纹切割成多段。口径 10.3、腹长 60、腹径 42、高 44 厘米（图一：4）。遗址中期为春秋晚期（约公元前 530～公元前 450 年）至战国早期，晚期为战国早期（约公元前 450～公元前 380 年）。①

（二）鼎盛期（二期）

二期为战国中期至西汉。战国中期茧形壶开始在关中秦墓中广为流行，秦代和西汉是其发展的鼎盛时期，亦即茧形壶发展的中期。中期茧形壶在器形、数量和质地等方面都得到空前的发展，具体有如下特点。

1. 圜底茧形壶减少

二期圜底茧形壶仍然流行，甚至西传至新疆的伊犁，不过数量已逐步减少。二期新出现铜圜底茧形壶。

（1）陶圜底茧形壶

铜川枣庙墓地有圜底（图二：1）和圈足Ⅱ式茧形壶②，凤翔高庄 M39③、凤翔西村（图二：2）④、耀县 M11⑤、临潼上焦村⑥以及河南三门峡⑦等都出土了圜底茧形壶。咸阳塔儿坡战国墓出土的茧形壶（图二：3、4）⑧ 多有戳印铭文，西安南郊山门口战国墓⑨、西安尤家庄秦墓⑩、半坡战国墓（图二：5）等也都出土了圜底茧形壶。⑪

这一时期大型圜底茧形壶仍然流行。20 世纪 50 年代末 60 年代初，陕西考古所渭水队在咸阳以东长陵火车站一带调查试掘出土战国茧形壶 8 件，陶质有细砂和粗砂灰陶之别，3 件Ⅰ式的形制较小；Ⅱ式小口大身，口下有一道凸出的细轮纹，口径 10～13、腹径 52～65、高 48～54 厘米（图二：6），器颈下也有戳印陶文。⑫ 长安神禾塬战国秦陵从葬坑 K7 出土了大量茧形壶，长高均达 60～70 厘米（图二：7）。⑬ 秦始皇陵西侧“丽山飤官”建筑遗址 T7 窖穴中出土 2 件圜底茧形壶，高 57、腹宽 56.5、腹长 71 厘米⑭，是目前发现的

---

① 山西省考古研究所：《侯马铸铜遗址》，文物出版社，1993，第 387～388 页。
② 陕西省考古研究所：《陕西铜川枣庙秦墓发掘简报》，《考古与文物》1986 年第 2 期。
③ 雍城考古队吴镇烽、尚志儒：《陕西凤翔高庄秦墓地发掘简报》，《考古与文物》1981 年第 1 期。
④ 雍城考古队李自智、尚志儒：《陕西凤翔西村战国秦墓发掘简报》，《考古与文物》1986 年第 1 期。
⑤ 马建熙：《陕西耀县战国、西汉墓葬清理简报》，《考古》1959 年第 3 期。
⑥ 秦俑考古队：《临潼上焦村秦墓清理简报》，《考古与文物》1980 年第 2 期。
⑦ 三门峡市文物工作队：《三门峡市司法局、刚玉砂厂秦人墓发掘简报》，《华夏考古》1993 年第 4 期。
⑧ 咸阳市文物考古研究所编著《塔儿坡秦墓》，三秦出版社，1998。按咸阳市文物考古研究所《咸阳塔儿坡战国秦瓮棺葬墓发掘简报》，《文博》1998 年第 3 期认为年代上限为战国中期，此据报告中的分段和年代。
⑨ 王久刚：《西安南郊山门口战国秦墓清理简报》，《考古与文物》1994 年第 1 期。
⑩ 陕西省考古研究院：《西安尤家庄秦墓》，陕西科学技术出版社，2008，第 219～220 页。
⑪ 金学山：《西安半坡的战国墓葬》，《考古学报》1957 年第 3 期。
⑫ 陕西省社会科学院考古研究所渭水队：《秦都咸阳故城遗址的调查和试掘》，《考古》1962 年第 6 期。
⑬ 陕西省考古研究院：《陕西长安神禾塬战国秦陵园遗址田野考古新收获》，《考古与文物》2008 年第 5 期。
⑭ 秦始皇陵考古队：《秦始皇陵西侧“丽山飤官”建筑遗址清理简报》，《文博》1987 年第 6 期。

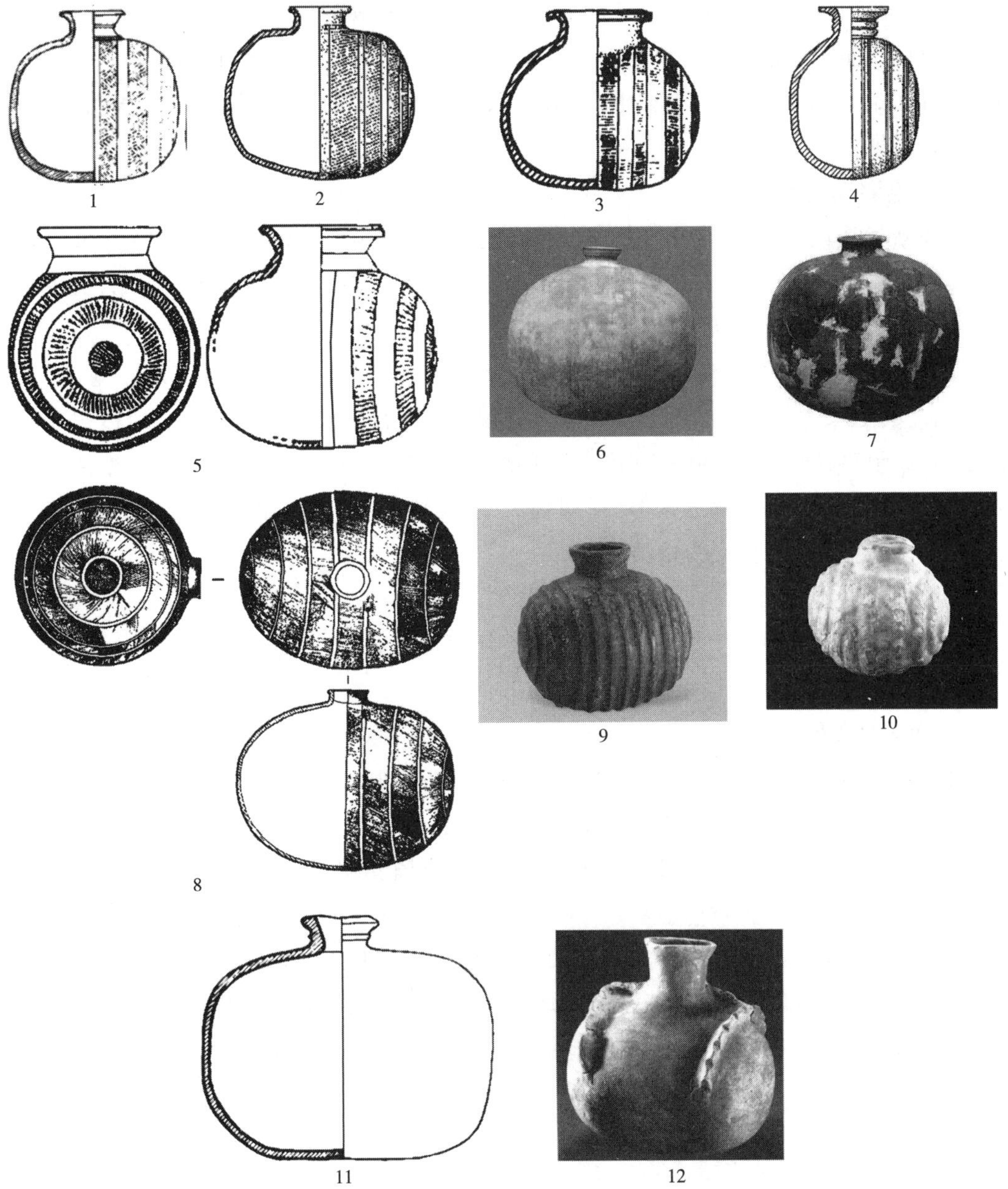

1 2 3 4 5 6 7 8 9 10 11 12

图二 战国中期至西汉圜底茧形壶

1. 铜川枣庙战国墓出土（M17∶1）；2. 凤翔西村战国墓出土（M43∶5）；3. 塔儿坡战国墓出土（28203∶17）；4. 塔儿坡战国墓出土（18124∶14）；5. 半坡战国墓出土（M19∶1）；6. 长陵火车站战国墓出土（采自《入山与出塞》彩版25）；7. 神禾塬战国秦陵出土“私官”茧形壶；8. 秦始皇陵丽山飤官遗址T7出土；9. 临潼新丰战国墓出土（M17∶8）；10. 香港关氏收藏的费昂斯茧形壶；11. 宣帝杜陵出土（K1∶165）；12. 昭苏夏特M38出土

茧形壶中最大的一件（图二：8）。

杜陵陪葬坑主室南厢出土茧形壶（K1∶165）1件①，小口尖唇，茧腹圜底，素面（图

① 中国社会科学院考古研究所：《汉杜陵陵园遗址》，科学出版社，1993，第84~86页；图三八：5。

二：11），是帝陵中陪葬最晚，也是出土圜底茧形壶中最晚的一件。

个别圜底茧形壶还出现附加装饰，如1969年新疆伊犁昭苏夏特M38出土1件茧形壶，肩饰附加泥条（图二：12），通体敷红色陶衣，被认为是乌孙文化的早期陶器①，年代相当于西汉早期。

（2）铜圜底茧形壶

临潼新丰战国墓M17出土1件铜茧形壶。侈口束颈，圆腹圜底。腹饰纵向凹弦纹（图二：9）。通高4.5、口径1.44、腹径4.2、高4.05、盖径1.56～0.56厘米，盖正中有圆穿孔，是典型的模型明器。②

此外，香港关善明收藏1件战国费昂斯圜底茧形壶（图二：10），长3.2、宽2.7、高3.0厘米。棕色费昂斯胎质，部分纹饰因风化脱落。顶部开口，中空。外壁通体作平行凸环纹，彼此距离轻微分隔，起伏有致，凸出的环纹上以玻璃彩料饰蓝色小点。整体纹饰及造型略欠规整。该器以“陶芯成形法”制成，经检测，成分中含较高的氧化铅和氧化钡，是铅钡费昂斯，毫无疑问应为中国制造。③

2. 圈足茧形壶流行

二期出现圈足茧形壶，并逐步成为主流，还出现了壶盖。

（1）圈足茧形壶

A. 陶圈足茧形壶

茧形壶最早的圈足出现于战国中期。如铜川枣庙墓地的Ⅱ式茧形壶（M6∶2），圆口平沿外折，束颈，底部有泥条盘成的矮圈足（图三：1）。④ 四川成都羊子山M172（图三：2）⑤、侯马东周M12（图三：3）⑥、长安神禾塬战国秦陵从葬坑K7也出土了圈足茧形壶⑦。

甘肃天水放马滩战国晚期秦人墓的圈足茧形壶（M11∶3）敞口直唇，长颈圈足（图三：4）。⑧ 陕西凤翔高庄、湖北云梦睡虎地也出土了圈足茧形壶，年代都是战国晚期至秦代。湖北荆州高台秦汉墓⑨、秦始皇陵园岳家庄汉墓M2⑩、云梦西汉早期M47茧形壶的圈

① 新疆维吾尔自治区文物事业管理局：《新疆文物古迹大观》，新疆美术摄影出版社，1999，第377页。

② 陕西省考古研究院：《临潼新丰——战国秦汉墓葬考古发掘报告》，科学出版社，2016，上册第51页，下册图版七三：5。

③ 关善明：《中国古代玻璃》，香港中文大学文物馆，2001，第132～133页。

④ 陕西省考古研究所：《陕西铜川枣庙秦墓发掘简报》，《考古与文物》1986年第2期。

⑤ 四川省文物管理委员会：《成都羊子山第172号墓发掘报告》，《考古学报》1956年第4期。

⑥ 山西省考古研究所侯马工作站：《侯马几处东周陶器墓》，《文物季刊》1996年第3期。

⑦ 陕西省考古研究院：《陕西长安神禾塬战国秦陵园遗址田野考古新收获》，《考古与文物》2008年第5期。

⑧ 甘肃省文物考古研究所、天水市北道区文化馆：《甘肃天水放马滩战国秦汉墓群的发掘》，《文物》1989年第2期。

⑨ 湖北省荆州博物馆编《荆州高台秦汉墓》，科学出版社，2000，第88、90页。

⑩ 王学理：《秦始皇陵园汉墓清理简报》，《文物》2004年第5期。

足都矮而略外撇[①]；甘泉西汉早期 M6 盘口宽沿下撇，束颈高圈足外撇（图三：5）[②]。咸阳杨家湾汉墓 M4 墓主为周勃或周亚夫，其陪葬坑 K2 出土 5 件大型茧形壶，腹径达 70 厘米。[③] 河南三门峡 M21（图三：6）、山东临沂银雀山 M4 等都出土了圈足茧形壶[④]，年代都不晚于西汉早期。

B. 铜圈足茧形壶

2006 年甘肃张家川回族自治县马家塬战国墓 M3 出土 1 件铜茧形壶（图三：7），敞口束颈，颈部 29 枚贝纹连为一周，颈肩部饰铺首。通体饰瓦棱纹，每隔一瓦棱内饰蟠螭纹。绳纹圈足，器底部铸有铭文“鞅”字。口径 9.3、腹径 28.4、底径 15.4、高 25.6 厘米。[⑤]

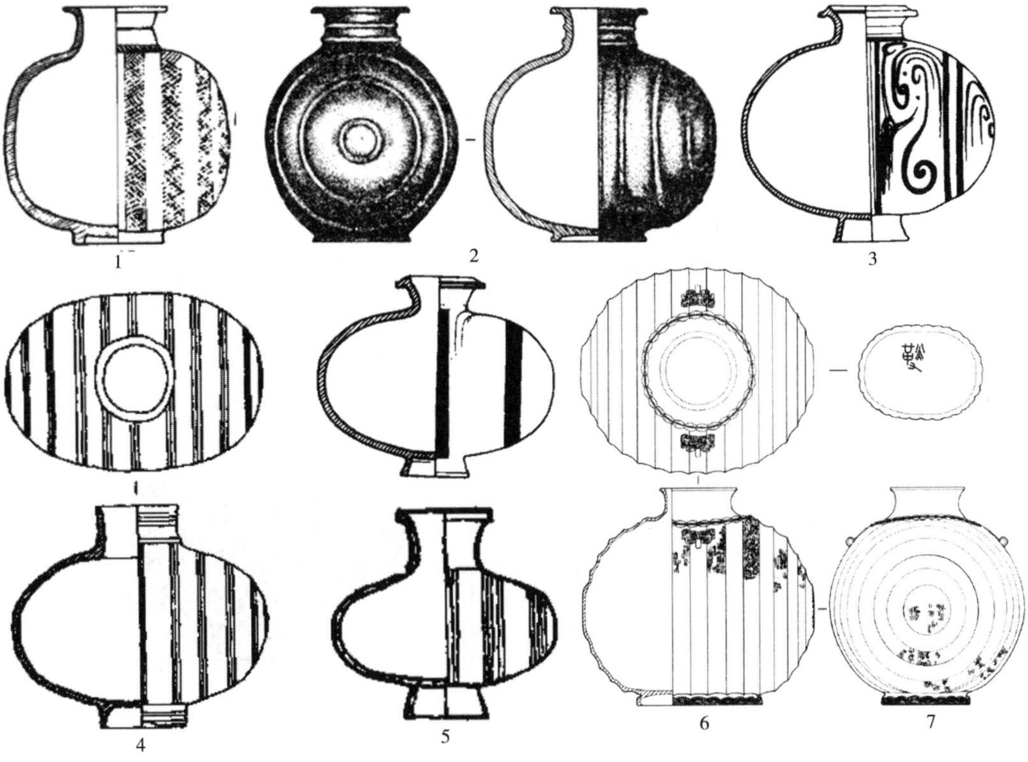

图三　圈足茧形壶

1. 铜川枣庙出土（M6：2）　2. 成都羊子山出土（M174：49）3. 侯马出土（M1：1）　4. 天水放马滩出土（M11：3）　5. 甘泉出土（M6：4）　6. 三门峡出土（M21：6）7. 天水张家川出土（M3：8）

（2）圈足带盖茧形壶

战国晚期圈足茧形壶出现壶盖，并一直流行至新莽时期。

---

① 湖北省博物馆：《1978 年云梦秦汉墓发掘报告》，《考古学报》1986 年第 4 期。
② 陕西省考古研究所等：《西延铁路甘泉段汉唐墓清理简报》，《考古与文物》1995 年第 3 期。
③ 杨家湾汉墓发掘小组：《咸阳杨家湾汉墓发掘简报》，《文物》1977 年第 10 期。
④ 山东省博物馆、临沂文物组：《临沂银雀山四座西汉墓葬》，《考古》1975 年第 6 期。
⑤ 甘肃省文物考古研究所、张家川回族自治县博物馆：《2006 年度甘肃张家川回族自治县马家塬战国墓地发掘简报》，《文物》2008 年第 9 期。

A. 陶圈足带盖茧形壶

湖北随州汉墓出土茧形壶的壶盖表面微鼓（图四：1）。① 徐州奎山汉墓②、后楼山 M5（图四：2）③ 出土西汉早期圈足带盖茧形壶，徐州碧螺山 M5（图四：3）④、贾汪官庄汉墓（图四：4）⑤ 出土西汉中期偏晚带盖高圈足茧形壶。汉阳陵 K13B 区西段大型陶仓东侧 7 米范围“南部放置茧形壶 12 件，分两排东西向摆放。茧形壶和陶缶器内残存有禽类动物骸骨”（图四：5）。⑥ 河南济源桐花沟汉墓、三门峡市三里桥汉墓出土的圈足带盖茧形壶（M22∶2），盖有子口，盖面略弧鼓，盖小于或大于壶口。⑦ 山东海曲汉墓群中出土的茧形壶，因详细资料未发表，形制不明。⑧

B. 铜圈足带盖茧形壶

铜圈足带盖茧形壶数量不多，均为明器。

1993 年连云港东海县尹湾汉墓群 M1 出土 1 件铜圈足带盖茧形壶，盖残，壶身残高 5.5、口径 2.1、圈足长 3.2～1.2 厘米。根据墓内出土西汉五铢和货泉钱币，其时代应为新莽时期或东汉初。⑨

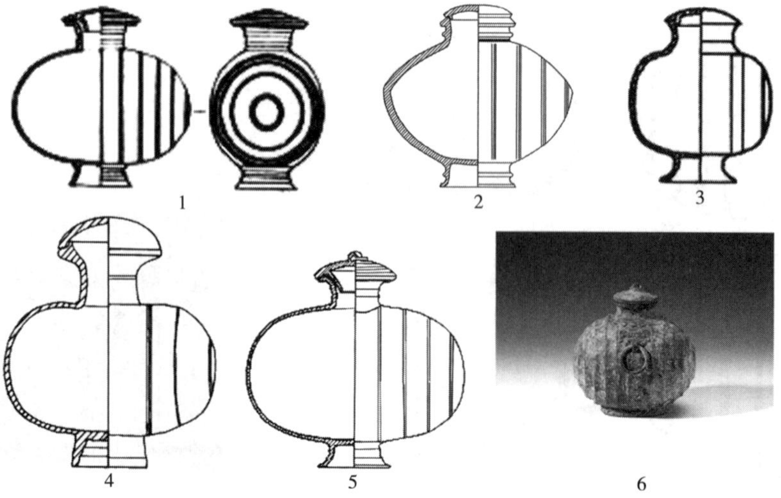

图四 圈足带盖茧形壶

1. 随州城北汉墓出土 2. 后楼山汉墓出土（M5∶8） 3. 碧螺山汉墓出土（M5∶44） 4. 贾汪官庄汉墓 M11 出土 5. 汉阳陵 K13 出土（B∶55） 6. 纳尔逊·阿特金斯艺术博物馆藏铜茧形壶

① 随州市博物馆：《湖北随州市城北西汉墓》，《文物》1989 年第 8 期。

② 徐州博物馆：《江苏徐州奎山西汉墓》，《考古》1974 年第 2 期。

③ 徐州博物馆等：《江苏徐州铜山区后楼山西汉墓 M5 发掘简报》，《东南文化》2022 年第 2 期。

④ 徐州博物馆：《徐州碧螺山五号西汉墓》，《文物》2005 年第 2 期。

⑤ 徐州博物馆：《徐州贾汪官庄汉墓群发掘报告》，《东南文化》2008 年第 6 期。

⑥ 陕西省考古研究所：《汉阳陵帝陵东侧 11－21 号外藏坑发掘简报》，《考古与文物》2008 年第 3 期。

⑦ 三门峡市文物工作队：《三门峡市三里桥秦人墓发掘简报》，《华夏考古》1993 年第 4 期。

⑧ 何亮德、郑同修、崔圣宽：《日照海曲汉代墓地考古的主要收获》，《文物世界》2003 年 5 期。

⑨ 连云港市博物馆、中国社会科学院简帛研究中心等：《尹湾汉墓简牍》，中华书局，1997，第 157 页。

美国纳尔逊·阿特金斯艺术博物馆收藏一件带盖铜茧形壶（图四：6），盖面微微隆起，盖中部圆台上有鼻钮。通高 7.27、腹长 6.27、宽 5.7 厘米。[①] 造型总体上与马家塬“鞅”铭茧形壶相同，颈部有一圈穿贝纹，腹上近肩部有铺首御环，但是器身凹棱中没有蟠螭纹，矮圈足外饰绳纹。

3. 矩足茧形壶

矩足茧形壶，仅山东银雀山一号汉墓出土的 1 件（YM1∶13），圜腹下有 4 个“L”组成矩形矮足（图五：1）。器身横长 46、直径 24.5、高 32.5 厘米。[②]

（三）延续期（三期）

三期的年代是唐代至辽代，为茧形壶的延续阶段，也是茧形壶发展的晚期。这一时期的茧形壶如草蛇灰线，若隐若现。

东汉以后直至隋代茧形壶渺无踪迹，唐代虽然没有出土茧形壶实物，但唐墓壁画尚有茧形壶出现。2005 年河南洛阳洛南新区发掘的葬于神龙二年（706）的安国相王孺人唐氏墓墓道西壁有胡人牵驼图。画面正中为一匹高大雄健的载物骆驼，前面牵着缰绳的胡人高鼻深目、络腮胡须，头戴高尖番帽，身穿翻领束腰短袍、小袖细衫，脚穿长筒靴正迈步前行。驼背上除卷起的一匹匹丝绸外，还醒目地悬挂着一个茧形壶（图六），风尘仆仆地行走在丝路上。[③] 这件茧形壶圈足外撇，高颈壶口有盖，与西汉早中期茧形壶的造型相同，使我们相信当时茧形壶仍有使用，或作画者稔熟茧形壶是胡人行走丝绸之路的常用储水器，才信手绘于墓道壁画中。正如唐墓出土的三彩骆驼背上常常携带长颈瓶、胡瓶和扁壶等，同样表明了外来物品的传入。

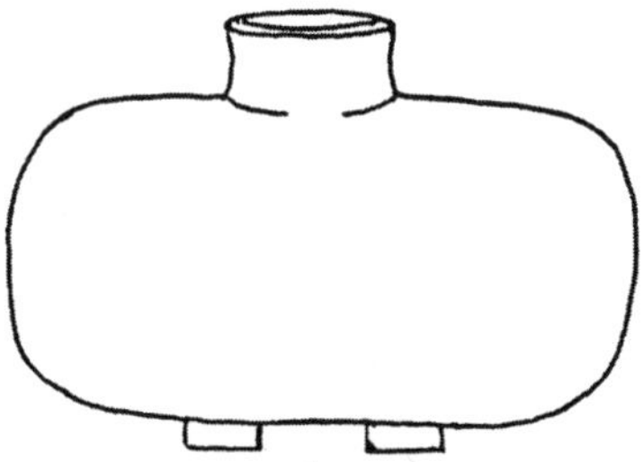

1

2

图五　汉代矩足和辽代茧形壶

1. 临沂银雀山出土矩足茧形壶（YM1∶13）　2. 大同出土辽代长颈高圈足茧形壶（M17∶3）

---

① 资料蒙纳尔逊·阿特金斯艺术博物馆东方部主任马麟先生提供，特此感谢。

② 郭文铎、杜学民、徐淑彬：《银雀山、金雀山西汉墓葬》，解放军出版社，2004，第 140 页。

③ 洛阳市第二文物工作队：《唐安国相王孺人壁画墓发掘报告》，河南美术出版社，2008，第 55 页。

2007年山西大同市和平社安置工程建设中发掘一批辽墓，其中M17出土1件茧形壶（原报告作“蚕茧形器”）。泥质灰陶，盘口方唇，高颈，高圈足外撇，壶身饰二组2周凹弦纹（图五：2）。口径5.2、腹长14.3、底径6、高17.2厘米。[①] 发掘者根据墓地地点、墓葬形制与随葬品组合，推断墓葬年代为辽金共存时期，即1115～1125年。

图六　洛阳唐墓壁画中的茧形壶

二　我国茧形壶的谱系和特点

我国的茧形壶都是考古发掘品，年代明确，数量众多，器形演变清晰，谱系完整，特点鲜明。

（一）我国茧形壶的谱系

出土考古资料表明，我国最早的茧形壶出现于西周中晚时期的关中扶风、武功一带，春秋中期出现于咸阳，春秋晚期至战国中期已扩散至山西侯马。战国中晚期开始向西至甘肃的天水、崇信；陕西除咸阳外，向周围扩散至铜川、凤翔、甘泉、临潼；向南至成都和湖北的云梦、荆州、随州；向东扩散至三门峡、侯马等地。西汉时期继续东扩至江苏徐州、连云港，山东临沂、日照等地；向西甚至扩散至遥远的新疆伊犁。唐代壁画显示茧形壶仍然是这一时期丝绸之路上使用的器物，抑或遥远的文化记忆。辽代仍然制作和使用茧形壶。

虽然我们还不确定出土的西周中晚期茧形壶就是年代最早的，但从谱系上说这种小口短颈横向长圆腹、腹饰纵向绳纹带的圜底茧形壶符合类型学的初始特征；稍后演变到大口短圆腹、腹饰绳或席纹、间以纵向带状抹痕或弦带纹的圜底茧形壶。

战国中期开始，茧形壶出现圈足，圈足矮且以泥条盘筑而成，并逐步成为秦汉以降茧形

① 大同市考古研究所：《大同和平社辽金墓群发掘简报》，《文物世界》2018年第5期。

壶的主流。此后，虽然茧形壶圜底与圈足并行，但前者逐渐减少，直至西汉中期消失。汉代的茧形壶除杜陵出土的 1 件外都有圈足，并从矮圈足向高圈足发展，而且圈足呈越来越高的趋势。为保持稳定性，高圈足还发展为外撇的喇叭形圈足。如汉初三门峡火电厂 M21 出土的茧形壶圈足外撇[①]，汉阳陵高圈足上部稍内凹，下部外撇，形类喇叭[②]。茧形壶颈部的变化，也是从短颈向高颈发展。大同辽代茧形壶的高颈和喇叭高圈足的尺寸几乎相等。

战国晚期铜茧形壶开始有盖，西汉时期陶茧形壶带盖的现象较为常见，盖有大于、等于和小于壶口径的三种情况。

（二）我国茧形壶的性质与功用

茧形壶的性质有实用器和明器两种，其中战国及以前和秦代为实用器，汉代彩绘茧形壶为明器。一期的茧形壶都是实用器，器形较大，主要功用应为储水。二期即战国中晚期至汉代的部分茧形壶仍然体量巨大，在帝陵的陪葬坑或相关遗址中出现，可能用于盛酒等，如秦始皇陵“丽山飤官”遗址内窖藏出土特大茧形壶，其功能与墓葬出土的小茧形壶不同，可能是实用的大型储酒（水）器。汉阳陵从葬坑茧形壶和缶内还残存有禽类动物骸骨，说明茧形壶可能不仅仅用于储存液体。同时，茧形壶器形的演变朝着变小的方向发展，可能是为了适应军旅生活的需要，类似今天的行军水壶。腹部纵向弦纹、绳纹带间部分有磨拉痕迹，推测当时用绳索环绕颈部后再两两向下兜往腹部，打结后可以背挂。[③]

从二期开始出现明器茧形壶，一般与随葬的仿铜陶礼器配伍，形成较为固定的器类和数量的组合关系。如徐州西汉早期与陶鼎、盒、壶、钫相组合，而与战国时期的实用器组合，如任家咀 M128 的盆、鬲、茧形壶组合不同。明器茧形壶有两个显著特点，其一是部分器形非常小，几乎不具备实用功能，如临潼、东海尹湾出土的铜茧形壶和传世的费昂斯茧形壶等；其二是彩绘，全器都以白、红、绿、紫等粉彩绘制纹饰，表现出汉代明器的重要特征。

毫无疑问，茧形壶因秦人的使用而得到推广和扩张，从战国开始成为王陵和帝陵的随葬品，如神禾塬的秦陵陪葬坑、秦始皇陵“丽山飤官”遗址、汉阳陵和宣帝杜陵从葬坑，以及杨家湾 M4 列侯等级的墓葬都出土了茧形壶，表明茧形壶在关中的地位一直很高。不过颇为令人费解的是，关东高等级墓葬中却未见使用。即使在茧形壶较为流行的徐州地区，迄今楚王墓中无一件出土，宛朐侯刘埶墓也不使用茧形壶随葬，只有刘氏宗室以下身份的墓葬使用茧形壶随葬。

（三）我国茧形壶的工艺、制度与装饰特点

茧形壶器身浑圆一体，我们观察秦汉时期出土的残破茧形壶，可以发现，其实际是由

---

① 三门峡市文物工作队：《河南三门峡市火电厂西汉墓》，《考古》1996 年第 6 期。

② 陕西省考古所：《汉阳陵》，重庆出版社，2001，第 80 页。

③ 梁云：《战国时代的东西差别——考古学的视野》，文物出版社，2008，第 44 页。

茧形壶身、两端头、口颈、圈足以及盖儿部分组成的。工艺上茧形壶身是主体，工序上应先轮制壶身，成形阴干后湿粘其他几个部分，壶盖单独制作。

战国中期茧形壶的生产制度开始形成，茧形壶上出现文字或符号标识。咸阳塔儿坡出土的三个茧形壶都出现“咸西”字样（图七：1、2、3）都出现在茧形壶上，可能说明某个工匠或相同里名的工匠，以生产某一种陶器为主，并兼及其他陶器。即“西里”的工匠只生产茧形壶，“郿里”以瓮为主，“郚里”以罐为主，等等。这表明某里的工匠或某个工匠的生产有细致分工，以便于监督和管理。产品上戳印自己作坊的标记，是“物勒工名”制度的体现，同时也可以扩大产品影响。咸阳黄家沟战国墓 M50：7 圈足底部有戳印文①（图七：4），咸阳东长陵火车站茧形壶颈下也有戳印陶文。长安神禾塬战国秦陵从葬坑 K7 出土了大量茧形壶，多数刻有宫殿、官署、纪年、地名、工匠等文字。

甘肃崇信县锦屏镇刘家沟村战国墓出土茧形壶，长颈折沿，圈足内有阳文“卤”字戳记（图七：5），口沿刻有“⋈⋈”纹饰和刻画阴文“二斗”（图七：6）。“卤”字铭文或表明其为卤县之市所属制陶作坊的产品，“二斗”为其容量。② 天水马家塬铜茧形壶底部有铸铭“鞅”字（图七：7），其义尚不能确解。秦陵飤官遗址茧形壶残片上有刻画“丽山口反”陶文（图七：8），湖北高台汉墓西汉初茧形壶（M6：2）壶腹有“上官”刻铭（图七：9），等等，都是茧形壶生产、管理和使用制度的反映。

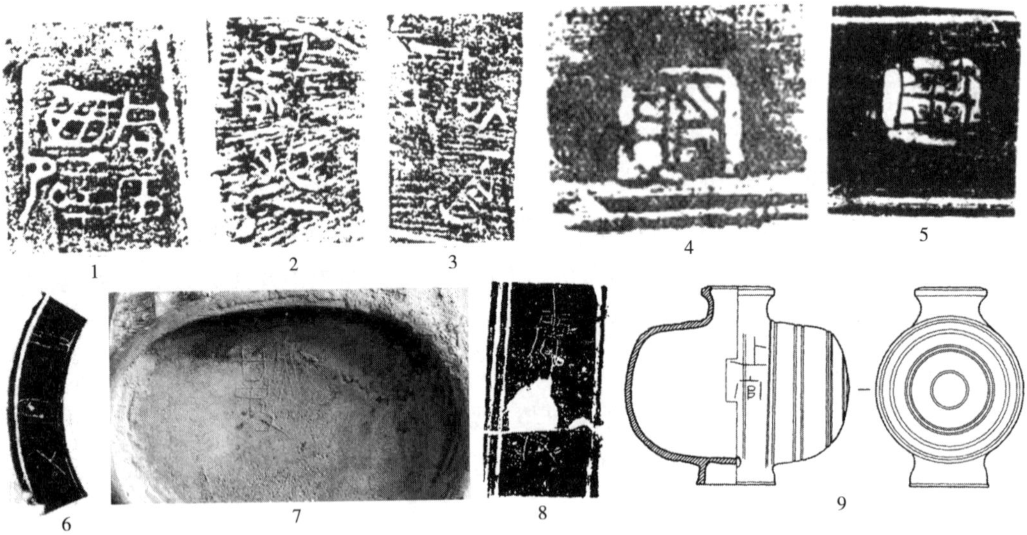

图七　茧形壶的戳印刻画文字

1. 塔儿坡 M24135 肩部“咸西臣辟”　2. 塔儿坡 M28203：1 腹侧“咸西口亘”　3. 塔儿坡 M47177：4 腹侧“咸西更”　4. 咸阳黄家沟 M50：7 底部戳印文　5. 崇信刘家沟村圈足内“卤”　6. 崇信刘家沟村口沿“二斗”　7. 天水马家塬 M2：3 圈足内“鞅”字铸文　8. 秦陵飤官遗址 T3 残片“丽山口反”　9. 荆州高台 M6：2 腹部“上官”

① 秦都咸阳考古队：《咸阳市黄家沟战国墓发掘简报》，《考古与文物》1982 年第 6 期。

② 陶荣：《甘肃崇信出土的秦戳记陶器》，《文物》1991 年第 5 期。

陶茧形壶的装饰也有其自身发展演变轨迹。颈、圈足由阴线纹发展到凸棱，如咸阳任家咀颈部由阴线弦纹演变为凸棱纹，湖北随州茧形的颈饰凸弦纹，足饰凹弦纹等。腹部装饰的发展规律为：细绳纹——→细绳（席）纹宽带纹（抹痕）——→弦（带）纹涂朱——→弦纹彩绘或髹漆——→素面弦纹。[①] 汉阳陵茧形壶和陶缶内壁涂红色朱砂，表面饰有彩绘[②]；杨家湾 M4 茧形壶通体彩绘，围绕两端圆球面，运用蟠纹特征，组成两组相对应的纹饰缠绕弯曲（图八：1）[③]；甘泉西汉早期 M6 通体以橘红、粉白彩绘弦纹、宽纹带和流云纹[④]；济源西汉中期茧形壶（M63：1）盖饰三组红、绿彩卷云纹，腹有四组绿、紫色卷云纹，间隔以纵向的红彩带（图八：2）[⑤]。徐州奎山汉墓出土的圈足带盖茧形壶，腹部饰竖弦纹，黑地绘红白色条状带，内绘云气或鸟纹；颈部凸棱下、圈足下部都饰白色宽带纹。[⑥] 徐州白云山汉墓、临沂银雀山 M4 出土的陶茧形壶通体以髹漆装饰。这些装饰都是卷云纹和几何纹，几乎不见动物或人物图像。美国芝加哥艺术博物馆藏西汉茧形壶，彩绘云气纹保存得非常完整（图八：3、4）。

1　　2　　3　　4

图八　茧形壶的彩绘

1. 杨家湾出土茧形壶彩绘摹本　2. 济源市桐花沟出土彩绘茧形壶（M63：1）　3、4. 美国芝加哥艺术博物馆藏彩绘茧形壶

① 杨哲峰：《茧形壶的类型、分布与分期试探》，《文物》2000 年第 8 期。

② 陕西省考古研究所：《汉阳陵帝陵东侧 11－21 号外藏坑发掘简报》，《考古与文物》2008 年第 3 期。

③ 杨家湾汉墓发掘小组：《咸阳杨家湾汉墓发掘简报》，《文物》1977 年第 10 期。

④ 陕西省考古研究所等：《西延铁路甘泉段汉唐墓清理简报》，《考古与文物》1995 年第 3 期。

⑤ 河南省文物考古研究所：《河南省济源市桐花沟汉墓发掘简报》，《文物》1999 年第 12 期。

⑥ 徐州博物馆：《江苏徐州奎山西汉墓》，《考古》1974 年第 2 期。

三 域外发现的茧形壶

茧形壶或茧形器在东西方都大量存在。域外目前主要发现于塞浦路斯、埃及、日本和朝鲜半岛。

（一）西方的茧形壶

与丝绸之路东传的一些器物受美索不达米亚影响不同，茧形壶可能来源于塞浦路斯。在塞浦路斯制作的一种有线描同心圆纹桶状罐，造型同于茧形壶，只是在颈腹间有把，是中东这类形制器物的起源，年代约公元前1000～公元前900年（图九：1）、公元前750～公元前600年（图九：2、3），前者可能来自库伦古剧场（KOURION），它是塞浦路斯最著名、最有特色的遗址之一。这种器物大约用于装酒、水或者橄榄油。欧洲的一些博物馆如英国大英博物馆、法国的卢浮宫都收藏有较多这种茧形壶。日本平山郁夫收藏的丝绸之路文物中，也有一件公元前8世纪左右塞浦路斯岛的单耳几何纹陶茧形壶，高32厘米（图九：4）①。

这种壶的特点是器身呈茧形，圜底是其主流，侈口平沿，颈肩间有把。由于颈部需接把的上端，矮颈无法接把，所以这种壶都是高颈。口沿和颈间凸棱装饰竖线纹、水波纹和带纹，把的两侧装饰带纹、中间饰平行线纹等。器身装饰以竖向分割为主，一般分为正中主体纹饰区、两侧和两端纹饰区。中区以两侧竖纹带隔出竖向空间，中间的纹饰有以下几种情况：一是饰1/2或1/4的同心圆纹或上下排列多个同心圆纹、菱形纹、平行线纹、三角纹和花卉等；二是饰行走觅食的鹳；三是人物等，如制作于公元前7世纪塞浦路斯的绘有环形纹饰的双色壶，图案为一位男子戴一顶圆锥形帽，带领束腰宽松外衣，左手抓着一只鸟，右手拿着象征权力的权杖；四是饰四叶纹间太阳纹等。两端基本都饰同心圆纹。这种茧形壶装饰的繁简往往与使用方向有关，即有把的一侧中部只在把下有纹饰，两侧的纹饰往往会省略一些；无把的一侧纹饰饱满、繁褥。

（二）东方的茧形壶

日本和朝鲜半岛都有茧形壶，尽管其在本国另有名称。

1. 日本的茧形壶

公元500年前后日本出现的茧形壶是一种粗陶器，是丧葬仪式用器，称作须惠器。大英博物馆收藏的1件，器物的特点是茧身造型，口较大、矮束颈、圜底，器身饰横绳纹

① 王春法主编《平民情怀——平山郁夫藏丝路文物》，安徽美术出版社，2019，第27页。

（图九：5）。须惠器最初用于墓葬，也有可能先在葬礼上饮食使用，然后随墓主入葬。器物是在专门的转轮上制作的，并在 1000 摄氏度以上的高温环境下烧制。日本沏冢原古坟、山町古坟、上石津古坟、小锅古坟等都曾出有这类器物。

2. 朝鲜半岛

朝鲜半岛有一种釉陶茧形壶，也是一种粗陶器，上面常有刻画纹和戳印纹装饰。据《朝鲜王朝实录》记载，明人称其为粉青花器。大英博物馆陈列的 1 件，器身呈茧形，侈口矮颈，但两端略收作平面。器身装饰较浅的竖凹弦纹，两侧作横向短平行纹（图九：6）。端面类似于玉璧，中区饰双同心圆纹和放射波纹，外区为多道弦纹。15 ~ 16 世纪的朝鲜王朝常常使用这种点缀釉下铁褐斑纹的茧形酒器。

3. 埃及

20 世纪早期埃及的达克拉绿洲仍在使用一种古物壶，被称为“拉长”的器物，可以看出是茧形壶的变体，而且其变化只是器身稍小和两端较尖，辨认并不困难，堪称茧形壶的活化石（图九：7）。据记载，它可以用来运输水、酒、蜂蜜，或作为牛奶罐。今天，埃及哈里杰绿洲的妇女依然用这种壶制作黄油。

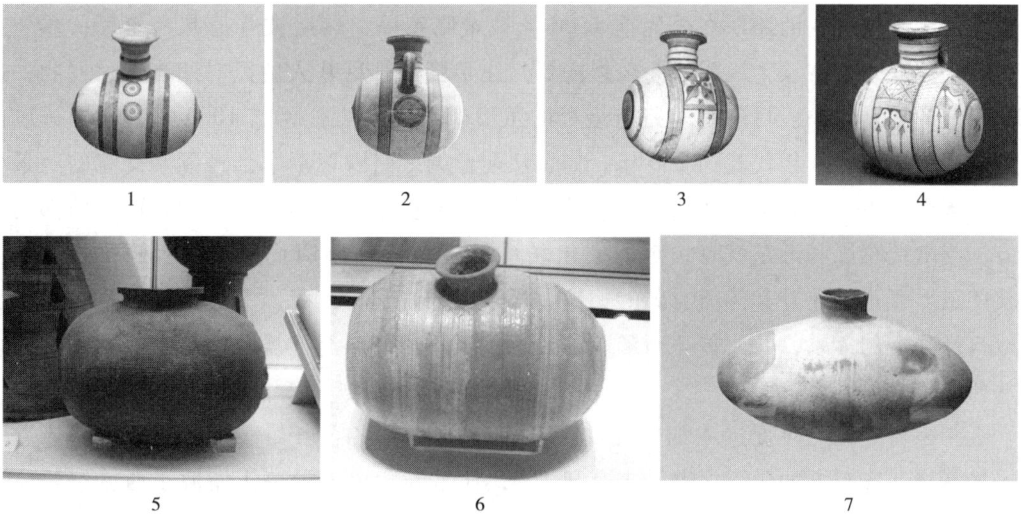

图九　域外的茧形壶

1 ~ 4. 塞浦路斯茧式壶，约公元前 1000 ~ 公元前 600 年　5. 日本的茧形壶，约公元 500 年　6. 朝鲜半岛的茧形壶，约 15 ~ 16 世纪　7. 埃及的茧形壶，20 世纪初

结　语

我国茧形壶的发展体系明晰，自西周中晚期出现，连续使用至王莽时期。在间隔几百年后，唐代或在使用，辽代仍在使用，前后存续 2000 年左右的时间。这改变了过去认为

茧形壶出现于战国中期，消失于西汉中期的认识。茧形壶从最初的圜底向圈足、矩足发展，从矮圈足向高圈足，再向喇叭口高圈足发展，谱系清楚，在我国陶器谱系和陶器发展史上堪称范例。

段清波、任雪莉都曾指出塞浦路斯发现过茧形壶，实际上同类器物在日本、朝鲜半岛和埃及都有存在。过去西方学者认为，日本这种新的制陶（茧形壶）技术是从朝鲜半岛引进的，现在看来可能并非事实。汉代茧形壶使用最晚的时间是新莽时期或东汉初，连云港东海尹湾是茧形壶使用的最东部，地理位置濒临东海。从地理区位和年代学上，我们更有理由认为茧形壶由此东传日本。确实，大陆与朝鲜半岛之间的交通，有自辽东半岛陆上更安全、莱州半岛海上航程更捷径的优势①，而且半岛北部乐浪郡的汉墓迄今也未发现茧形壶。鉴于未发现朝鲜半岛此前存在茧形壶的事实，日本的茧形壶从半岛传入便无从说起。而当15～16世纪茧形壶在朝鲜半岛出现时，中国和日本都已不再流行茧形壶。在年代上，辽代的茧形壶虽然与朝鲜半岛的茧形壶更接近，但造型上朝鲜半岛的茧形壶与日本的更相似，所以我们认为朝鲜半岛的茧形壶应当是由日本传入的。至于两者在时空上的距离，或许只能从文化基因传承、文化传播的多样性和复杂性方面来理解。

塞浦路斯的茧形壶未上釉，但有彩绘，这种精致的装饰反映了文化的混合以及拥有者的较高社会地位。塞浦路斯在公元前1500年被希腊殖民，然后被腓尼基人殖民，在公元前709年被亚述人占领，说明这些茧形陶器是在希腊、腓尼基人殖民时期当地的器物，是塞浦路斯的原创作品。目前塞浦路斯最早的茧形壶年代约为公元前1000年，我国扶风西周中晚期茧形壶比其年代晚约200年。如果从前丝绸之路欧亚草原已经频繁交流的背景分析，我国西周茧形壶完全有从西方传入的可能。王辉认为“在西周早中期，西周西部的一些方国与欧亚草原和近东就有一定的文化联系”②。也许洛阳唐代王儒人壁画中，驼背上悬挂的茧形壶正是揭开其传播方式的钥匙。不过正如青铜传入我国一样，茧形壶在我国也形成自己独立的体系，并西传至新疆昭苏，东传至日、韩。至于埃及的茧形壶，无疑应该是从西方传入的。

近年来对丝绸之路促进中西文化交流与融合的研究兴盛未艾，舶来品是研究热点之一。如葛嶷、齐东方的丝绸之路舶来品研究③，任雪莉、史雯的蒜头瓶源于西方裂瓣纹研究④，我们揭示的中国境内商末周初至汉代的深腹杯也源于西方⑤，等等。茧形壶独特的造型，与我国商周时期的容器颇不相类。我们对其来源于西方的可能性进行初步的探讨，

① 李水城、艾婉乔：《先秦时期莱州湾与朝鲜半岛文化交流的新线索》，《中国文物报》2016年7月15日，第6版。

② 王辉：《甘肃发现的两周时期的“胡人”形象》，《考古与文物》2013年第6期。

③ 葛嶷、齐东方主编《异宝西来——考古发现的丝绸之路舶来品研究》，上海古籍出版社，2017。

④ 任雪莉、史雯：《从蒜头壶看中西文化的交流》，《湖南省博物馆馆刊》第15辑，岳麓书社，2019，第323～328页。

⑤ 李银德：《丝路背景下深腹杯的渊源与传播》，载甘肃省文物考古研究所、中国考古学会秦汉考古专业委员会、甘州区黑水国遗址保护管理所、复旦大学文物与博物馆学系编著《丝绸之路与秦汉文明——丝绸之路与秦汉文明国际学术研讨会论文集》，文物出版社，2020，第88～108页。

正如学者所指出的那样，“关于茧形壶的最早起源问题，仍有待于进一步探索”[1]；茧形壶的传播路线也需要进一步勾勒。这些都有待于来者。

附记：在本文收集资料的过程中，笔者得到英国剑桥大学费兹威廉博物馆东方部主任林政升博士、南京博物院左骏研究员的鼎力帮助，特此鸣谢！

编辑：王志高

① 杨哲峰：《茧形壶的类型、分布与分期试探》，《文物》2000 年第 8 期。

“名”与“实”间的博弈

——再论“晋制”

焉鹏飞

（沧州市文物保护研究中心）

［**摘要**］若以丧葬角度审视“晋制”，不可忽视相关礼仪。本文试图用多维度“礼”的视角通过横向比较和纵向梳理来考察“晋制”中丧葬礼仪的变迁路径，认为以礼学治家的司马氏家族展其所长，用“礼”作框架逐步建构起一套名实相依的丧葬体系，却因时空界限而无法定制；以损“名”立葬起步的“晋制”虽屡遭非议却活力不减，经历了东晋迫于世情压力而平衡丧葬的情、礼内涵；北魏基于时局变动而重视丧葬礼仪的象征性表达后，“晋制”展现了自身的适应力，或扬名避实，或虚名补实，即便无名实之别，亦可找到礼与葬之间的平衡点，在魏晋南北朝错综复杂的文化格局中占得一席之地。

［**关键词**］晋制；名实；礼

自俞伟超从墓形制度方面提出“晋制”概念以来，学界试图将其内涵加以深化并向外延伸，既有以单室墓的基本特征为基础丰富其物质表象的，也有从丧葬入手分析的，还有主张将生死观纳入研究范围的观点。① 但迄今就如何完整而确切定义“晋制”尚存在分歧，而异议存在的关键在于难以把握“晋制”的核心要素。已有学者认识到“晋制”的产生与新礼制定有关，触及了丧葬的本质因素。② 若要论及相关问题，需跳出本议题的窠臼，把握“时空”界限，在多学科领域框架内以更加广阔的视角来看待晋制。③

俞先生探讨“晋制”时认为其作为墓葬制度，与先前具有广泛影响力的“汉制”为不同的发展阶段，可以说“晋制”具有鲜明的时代性。那么它是如何产生的呢？有学者提出“魏制”

---

① 俞伟超：《汉代诸侯王与列侯墓葬的形制分析——兼论“周制”“汉制”与“晋制”的三阶段性》，载中国考古学会编《中国考古学会第一次年会论文集》，文物出版社，1980，第332～337页；刘斌：《洛阳地区西晋墓葬研究：兼谈晋制及其影响》，《考古》2012年第4期；齐东方：《中国古代丧葬中的晋制》，《考古学报》2015年第3期；李梅田：《从考古志到考古学——兼谈历史考古研究方法论》，《故宫博物院院刊》2017年第5期。

② 吴桂兵：《晋代墓葬制度与两晋变迁》，《东南文化》2009年第3期。

③ 郭晓涛：《2015年魏晋南北朝墓葬考古发现与研究评述》，《西部考古》第12辑，科学出版社，2016，第247～258页。

的概念，认为其介于“汉制”与“晋制”间，是“汉制”向“晋制”转变的过渡阶段[①]，试图以此为线索来找寻“晋制”的源头。“魏制”与东汉中期以来盛行的“前堂后寝”的墓室结构已有很大不同，一是横列前堂趋于近方墓室，二是狭长后室趋于简短，三是前堂侧室用于葬人的现象开始流行。应该说“魏制”较“汉制”来说已有明显改进，前堂横列空间被压缩，所能容纳的祭奠人数大打折扣。后室纵深程度缩减，私密性增强。而“晋制”较“魏制”最显著的不同在于前堂、后寝趋于合一，学界多认为这与魏晋时期流行的俭葬有关，不过所谓“薄葬”不仅是地下墓室规模受到限制，地上丧葬仪式的简化也是重要的衡量指标。地下墓室本质上是为安放死者尸体，作为死者阴宅以安亡灵所用。因此，无论是两室还是单室墓，都是藏尸之所，为亡者提供物质和精神生活所需。由两室变一室之动因既可能是宣帝终制“不设明器”的简约化配套操作，也可能是遵王祥遗令“勿作前堂”的直接反映，抑或是原在墓室内进行的祭奠仪式移至墓外所致[②]；这些因素是否主导了以“单室化”为标签的“晋制”的形成呢？而“晋制”的核心要素是否与之相关呢？这需结合历史背景来具体分析。

一　魏晋禅代前奏之物证？

目前学界所提及的“晋制”是以洛阳、长安为中心形成的丧葬制度。[③] 魏晋时期诸如河西、四川、胶东地区也出现过规格相对较高的单室墓，但在葬式、葬物配置上与中原“晋制”区别明显。河西魏晋墓武威南滩 M2、青海高寨 M1 虽均是四壁略弧凸的方形单室墓，但墓室中有多具棺椁，为单室合葬；同时期蜀汉墓葬诸如五道渠墓、巴县墓、凉山建兴五年墓均为单室矩形，前两者葬品中有釜等铜器出现；胶东魏晋墓葬多为墓壁弧凸的近方形单室墓，随葬品中有白陶器；而处于东吴统治下的长江以南地区却仍是以前后两室墓为主，标榜自身仍是“汉制”的追随者。可见魏晋之际中原葬制之变化所影响的范围极为有限，“晋制”雏形并未普及全国。

晋宣帝“于首阳山为土藏”“不设明器”之遗命突破了曹魏葬制基本框架，应是“晋制”萌生的起点。司马懿病逝后“丧葬威仪依汉霍光故事”，并被朝廷“追赠相国、郡公”[④]，其弟司马孚“辞郡公”之礼，可见宣帝是依曹魏相国身份以应有的规格下葬的。即便如此，他仍留有不合时令的顾命终制，说明宣帝在丧葬礼制上有意收敛。之后景帝、文帝“谨奉成命”，葬制变革得以延续下去。景帝亡后，文帝辞魏廷所赠“相国九命之

① 张鸿亮：《洛阳地区汉晋墓研究》，郑州大学博士学位论文，2017，第 211 页。

② 耿朔：《从双室到单室：魏晋墓葬形制转变过程中的一个关键问题》，载王煜主编《文物、文献与文化——历史考古青年论集》第 1 辑，上海古籍出版社，2017，第 28 ~ 43 页。

③ 俞伟超：《中国魏晋墓制并非日本古坟之源》，载俞伟超《古史的考古学探索》，文物出版社，2002，第 366 ~ 368 页。

④ （唐）房玄龄等：《晋书》卷一《宣帝纪》，中华书局，1974，第 20 页。

礼”，而“请依何等就加”，景帝丧葬规格甚至不如其父，说明宣帝父子在葬事上持保守态度。或许正是这样的观念促使“魏制”开始松动，即丧葬规制与生前身份地位不相匹配。可以肯定的是宣帝、景帝均以曹魏葬制为基础建构陵寝，而陵园及陵前建筑很可能皆受限制。不过，文献中有“高原陵火”的记载，映射出宣帝陵前存在某种不违魏制的建筑物。景帝竣平陵可能亦然，“景帝崩，丧事制度又依宣帝故事”。司马懿父子对葬事的“高风亮节”必然会影响他们的追随者，墓室营建规格趋向简约可能是一个表现。

从考古发现看墓室规格简化有两个趋向：一是前室规模大幅度减缩，如偃师杏园 M6（图一），其年代可能与正始八年墓相当；二是前后两室间分隔设施消失进而相连，如西安高新区三国 M13（图二），其后室铺地砖与前室接续，纪年为景元元年。这两座墓所处的年代正是司马氏父子居于权力顶峰时期，正始八年后二年的嘉平元年，司马懿诛杀曹爽，“天子以帝为丞相”“加九锡之礼，朝会不拜”①；景元元年文帝“立常道乡公璜为帝”，“天子进帝为相国，封晋公”②。都城洛阳周边出现葬制的变动可以解释为受宣帝终制之影响，而长安地区亦受波及则不免令人生疑。从文献中可以看出长安与宣帝政治声望的提升密不可分，时“诸葛亮寇天水”，“天子曰‘西方有事，非君莫可付者’，乃使帝西屯长安，都督雍、凉二州诸军事”，宣帝据长安多次击破蜀军，至“亮病卒”；后“关东饥，帝运长安粟五百万斛输于京师”③，足见宣帝在长安颇有声望。加之文帝也曾“奉天子西征，次于长安”，长安作为伐蜀根据地，司马氏父子必然会对其地其民施以教化，以致司马昭可以自信言道“灭蜀之后，中国将士，人自思归”④，而西安高新区三国 M13 墓主人恰为武官，任假司马之职，因而长安出现葬制之微妙变化完全有据可依。且该墓前室出土一套陶盘、勺、耳杯、奁器组合和多类模型明器，颇具曹魏时代风格。另从西安高新区三国 M14 的形制看，其与正始八年墓类同，只不过前后室间的过道消失，且存在数量较多的明器，表明其是在遵“魏制”为正统的前提下做出的局部调整。西安高新区这两座三国墓均是土洞墓，与宣帝葬制步调基本一致，但也存在明显差异，正如文献所言：“况以未成之晋基，逼有余之魏祚”，可反映当时葬制调整之谨慎。

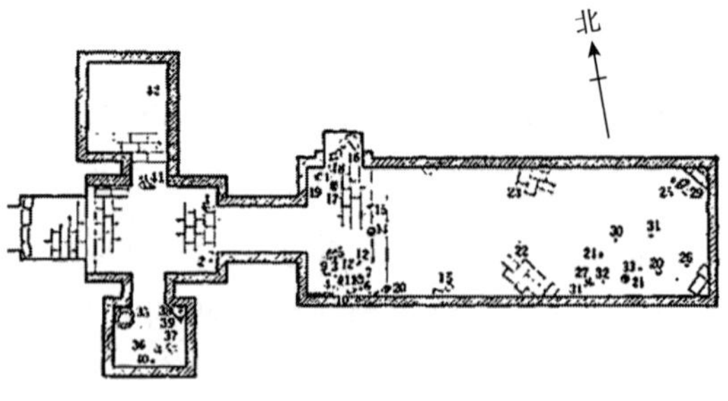

图一　偃师杏园 M6

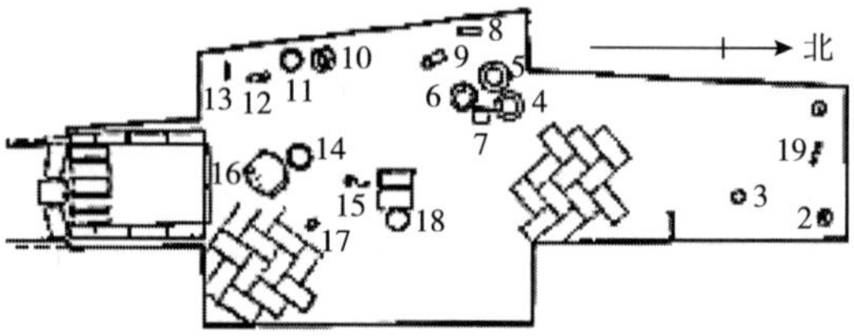

图二　西安高新区 M13

① （唐）房玄龄等：《晋书》卷一《宣帝纪》，中华书局，1974，第 18～19 页。

② （唐）房玄龄等：《晋书》卷二《文帝纪》，中华书局，1974，第 37 页。

③ （唐）房玄龄等：《晋书》卷一《宣帝纪》，中华书局，1974，第 6、9 页。

④ （唐）房玄龄等：《晋书》卷三《景帝文帝纪》，中华书局，1974，第 43 页。

文帝时的局势、境况与宣帝、景帝时已有很大不同，平蜀后天子"进（文）帝爵为王"，文帝又遣使"喻孙皓以平蜀之事，以示威怀"①，继而魏帝命其"建天子旌旗"，司马氏父子之权威已达巅峰。也就在此时，司马氏正式开启了礼制建设，"及晋国建，文帝又命荀顗因魏代前事，撰为新礼，参考古今，更其节文"②，既然新礼以汉魏禅代之礼为依据，那么它的制定有为魏晋禅代作理论铺垫的可能。其中葬礼较"魏制"应无太大变化，毕竟有宣帝终制为蓝本，文帝奉制"无所加焉"。从崇阳陵陪葬墓枕头山 M4（图三）看，其为凿土洞而建的单室墓，不过其形制依旧可辨析出前后部之区分，此状况与西安三国墓相似，不过枕头山 M4 墓室前部面积远不如后部，这与后者有异。偃师首阳山西晋帝陵陪葬墓年代不早于文帝时，从其形制上看几乎不见墓室分隔界限，可以说是真正意义上规格较高的单室墓，或许直到这时宣帝父子主导的葬制变革才尘埃落定。

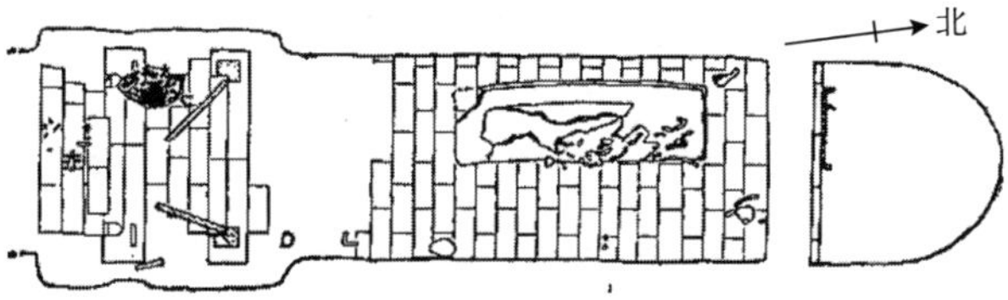

图三 崇阳陵陪葬墓枕头山 M4

因此所谓"晋制"的产生根植于宣帝父子对丧葬事宜的保守态度，也可以说是对时局合理操控的配套措施，宣帝、景帝之葬事均"名"不符"实"，仍恪守魏制框架进而略微调整。文帝亡时地位显然高于其父兄，崇阳陵墓葬规格依魏制恐也与其身份不相匹配。学界多认为其墓室为单室"便房"。值得注意的是崇阳陵前有建筑物"标"，据载："永康元年六月癸卯，震崇阳陵标西南五百步，标破为七十片。"③ 陵前立标既不违"不坟不树"之祖训，也标新立异于魏制，只不过很难确定这出自文帝本意。

综上分析，宣帝至文帝时高级墓葬的地下墓室仍以两室为主流，只不过前后墓室的界限渐趋消失，而前室规模也在不经意间缩水。贵族单室墓的出现至少要到文帝时期。以"土藏"标榜的宣帝终制本就意在使墓室营建简约化，在其推动下，洛阳周边两室墓逐渐演化为单室墓，这种缓慢而无明确目标的变化恰可与魏晋禅代前夕的时局不定相对应。

二 动态性还是常态化？

俞先生认为"晋制"所波及的范围十分有限，其新墓形并未影响至河西、辽东等地。④

① （唐）房玄龄等：《晋书》卷二《文帝纪》，中华书局，1974，第 44 页。

② （唐）房玄龄等：《晋书》卷十九《礼志上》，中华书局，1974，第 581 页。

③ （唐）房玄龄等：《晋书》卷二十九《五行志下》，中华书局，1974，第 877 页。

④ 俞伟超：《中国魏晋墓制并非日本古坟之源》，载俞伟超《古史的考古学探索》，文物出版社，2002，第 366 ~ 368 页。

“晋制”并非单纯的葬制改革，而是在特定政治动机的导向下循序渐进而成的。实质上它是依托旧制做出的“累进”变革，既有意为之而又不刻意强化。无论是墓葬形制还是丧葬礼仪均并不具备广泛代表性，因而也无向外传播的动力。无论是宣帝，还是后来的景帝、文帝，生前事曹魏死后亦不可能越魏制而兴新规。武帝代魏即位后在丧葬礼仪上“亦遵汉魏之典”，却也行“礼终三年”之事，“尽情致礼”。可以说他在丧葬事宜上主张“葬之以礼”，这与其先辈宣帝、景帝不合时礼的葬事安排大相径庭。不过，武帝也并非一味恪守葬礼明文条款，如咸宁二年诏令“云王公大臣薨，三朝发哀，逾月举乐，其一朝发哀，三日不举乐”①，此令被认为“虽不会经典，然随时立宜”。“长乐长公主薨、扶风王骏薨，武帝并举哀三日而已”②，说明当时葬礼条文实施具有相当的灵活性。武帝的审时度势在墓葬营建规制上也有体现，主要有以下几方面。

首先，在有关墓葬地表部分的规制上，咸宁四年诏令“石兽碑表，兴长虚伪，伤财害人，莫大于此，一禁断之，其犯者虽会赦令，皆当毁坏”③，由此可知先前武帝有敕令可在墓前立石兽碑表④，这就意味着茔域的存在。与宣帝、文帝的谨慎不同，武帝对葬制的变革大胆而又不乏针砭时弊之风。咸宁诏令颁布前去世的王祥、石苞等名臣皆主张缩减墓葬规模，既不设明器又不“起坟种树”，一如宣帝终制。或许武帝认为此举不合礼仪，咸宁元年“大赦”，继而二年诏令，以葬礼合乎葬事，正因如此，汉魏旧制在某种程度上得以复归。不过，武帝显然低估了旧制的影响力，花费巨资营建墓葬之风再起，这再次表明宣帝父子主张的丧葬微调措施并未深入人心，而此类行为也触犯了武帝葬制改革的底线。他并不容忍汉制之厚葬礼俗，所出现的旧制表象不过是在新制整体框架下做出的合乎身份等级礼仪的调整而已。正如荀颉言“不别尊卑而遂其（礼）失也”，武帝也有诏曰“明贵贱”。之后平吴重臣王濬因“勋高位重”，死后“葬柏谷山，大营茔域，葬垣周四十五里，面别开一门，松柏茂盛”，羊祜“遗令不得以南城侯印入柩”，死后获“赐去城十里外近陵葬地一顷”⑤，均是符合武帝所倡礼仪之葬事安排，而不应视作旧制复辟。

其次，在地下葬规安排上，洛阳太康八年墓前后发现一处可能与其同茔同宗之墓。此类家族合葬的现象也见于峻阳陵陵区。经勘探，峻阳陵陪葬墓多为武帝内宠，说明武帝倡导家族合葬。受其影响，羊祜亡前“求葬于先人墓次”，但未能如愿，只得陪葬峻阳陵。这里君臣之礼胜过宗族之礼，正如司马孚“奏曰：‘今复制服，义无所依，若君服而臣不服，亦未之敢安也。’”⑥ 臣下应无条件服从君之礼。这也易产生分歧，如王祥“将死，烈欲还葬旧土，芬欲留葬京邑”，王祥最终葬于京师。

① （唐）房玄龄等：《晋书》卷二十《礼志中》，中华书局，1974，第 630 页。
② （唐）房玄龄等：《晋书》卷二十《礼志中》，中华书局，1974，第 630 页。
③ （梁）沈约：《宋书》卷十五《礼志二》，中华书局，1974，第 407 页。
④ 杨晓春：《南朝陵墓神道石刻渊源研究》，《考古》2006 年第 8 期。
⑤ （唐）房玄龄等：《晋书》卷四十二《王濬传》，中华书局，1974，第 1216 页；《晋书》卷三十四《羊祜传》，中华书局，1974，第 1021 页。
⑥ （唐）房玄龄等：《晋书》卷二十《礼志中》，中华书局，1974，第 615 页。

武帝甚至将尊卑礼仪注入族葬体系中，其诏曰"嫡庶之别，所以辨上下"，又"当断之以礼，先至为嫡，后至为庶"，文明王皇后薨，武帝令开崇阳陵行合葬之礼。在他看来，王皇后为嫡应行此礼，似乎完全不顾及"后终者不得合葬"之旧令。然此虽行合葬却有"祔葬"之名。① 武帝死后即位的惠帝有诏曰"犹欲长奉先皇之制"，武帝丧葬改革的成果得以延续。元康三年裴祗墓（图四）前室有侧室用于葬人，其墓志文："太夫人柩止西筒，府君柩止北筒西面，夫人柩止北筒东面，女惠庄柩止北筒东入。"② 从墓室规模看，侧室靠东壁所开土洞显然小于侧室，符合嫡庶之尊卑，而后室与前侧室规模相当，不过后室葬裴祗之母，体现以先辈为尊，也合武帝"躬蹈大孝"之倡导。此安排与前朝模式有所不同，曹休墓印章在后室发现，其尸柩在该室的可能性很大。由于魏文帝也有合葬禁令，前北侧室与一南侧室用于葬人，前者虽规模甚大，却非墓室主体，只能称得上祔葬。可见武帝时地下葬规也是尊卑有序、孝行当先。

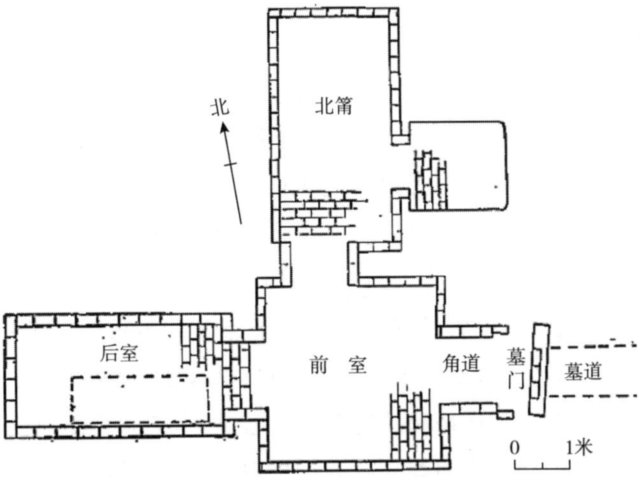

图四　裴祗墓

另外，在地下墓室形制上，魏晋大墓多有内收阶梯状长墓道，被认为是墓主等级身份的体现。不过，此并非"晋制"独创，而是承魏之制。贵族女性士孙松亡于惠帝永宁年间，其墓志云："杉棺五寸、敛以时服，土椁陶器，无臧金玉，既将反之于俭质，盖亦述其素志也。"③ 士孙松主张俭葬以明其志，而其墓室为前后两室（图五），规格甚高，足可配其尚书郎命妇身份。看来当时高级墓葬制度中形制规模与葬品规格并非一一对应，似存在此消彼长的现象。这样既遵从死者遗愿又不违背等级礼制。无独有偶，华芳墓为矩形单室墓，其墓志文曰"金银珠玉，非徙存所不尚，乃戒莫以送，殡葬之制，事从简约"，而墓室规格（5.6 米×2.7 米）相对较高，可应墓志"不衍旧典而有加，礼也"之言。④ 以墓室规

① 《晋书·礼志中》载"文明王皇后崩，将合葬"，而《武帝纪》中却载"祔葬文明皇后王氏于崇阳陵"。
② 黄明兰：《西晋裴祗和北魏元暐两墓拾零》，《文物》1982 年第 1 期。
③ 蒋若是等：《洛阳晋墓的发掘》，《考古学报》1957 年第 1 期。
④ 邵茗生：《晋王浚妻华芳墓志铭释文》，《文物》1966 年第 2 期。

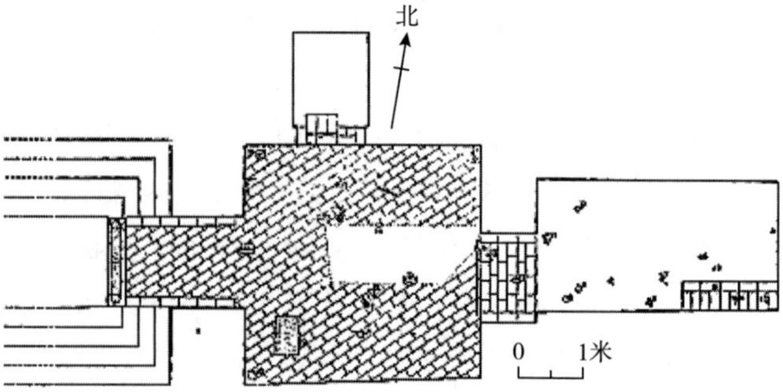

图五 士孙松墓

模补葬物规格之礼阙。而如苏华芝墓这样的平民墓不仅葬品稀少，墓室也只是规格较低的单室墓（2.2 米×1.3 米）。徐美人墓年代为元康九年，墓志云她祖居“海滨之寓”[①]，是城阳东武人，也就是胶东海域，经考古发现当地魏晋时期墓葬以弧壁墓形为主，多三壁弧凸（除墓道所在壁外），徐美人墓恰也是除连墓道壁外另外三壁略起弧形。且这时期中原地区鲜有此墓形出现，由此可推该墓墓室营建留有徐美人故土之风。此类情况可能也合乎时礼。王祥针对二子对葬地的不同意见说道：“不忘故乡，仁也；不恋本土，达也。惟仁与达吾二子有焉。”[②] 与王祥一样无法归葬故土的徐美人以弧壁设计墓形也应是“仁达”美德之体现。不过徐美人墓室规模（约 10 平方米）远胜于那些她故土的同形墓葬，这与她“美人”的身份相配。

湖南安乡刘弘墓反映出另一种情况。刘弘薨于惠帝光熙元年，其墓形为四壁微外弧，无独有偶，长沙永宁二年墓、常德元康四年墓形制也是如此。令人关注的是该墓葬物中有多达 37 件瓷器，无论是墓形，还是葬品均有地方色彩。[③] 刘弘生前地位显赫，曾“以勋德兼茂，封宣城公”，后获封镇南大将军，其墓中发现有此两封号印章。“弘卒于襄阳，士女嗟痛，若丧所亲也”[④]，足见刘弘勋德广布于襄阳，甚得民心。他虽“少家洛阳”，其葬制却少见中原文化因素，以当地高规格葬礼下葬对他来说也不失为一种礼遇。

总之，在晋武帝所建构的葬制系统中，礼成为连接各子系统的接点，围绕于墓葬规制可以有多种选择。单室墓既可彰显功在社稷的勋贵王祥之素志，也可昭示恩及皇室的美人徐义之乡愁，亦可指代德行南土的刘弘之勤政。而前后两室墓既可规范家族成员后事处理的尊卑秩序，又可弥补逝者因葬事从简遗愿而留下的失礼纰漏，于情理之中追求合礼是“晋制”的核心要题。实用主义在“晋制”中被发挥得淋漓尽致，又岂是用单室墓规模化和出现仪仗俑群葬品所能概括得了？

① 蒋若是等：《洛阳晋墓的发掘》，《考古学报》1957 年第 1 期。

② （唐）房玄龄等：《晋书》卷三十三《王祥传》，中华书局，1974，第 990 页。

③ 李梅田认为湖南地区弧壁墓本源在山东地区，由三吴地区传入，总的看这种墓形有非中原性的地域色彩。参李梅田《魏晋南北朝墓葬中的弧壁砖室现象研究》，《中国国家博物馆馆刊》2012 年第 7 期。

④ （唐）房玄龄等：《晋书》卷六十六《刘弘传》，中华书局，1974，第 1767 页。

时值丧乱，东晋朝廷围绕葬礼是否应照搬前朝这一话题展开了讨论。“建武元年，以温峤为散骑侍郎，峤以母亡值寇，不临殡葬，欲营改葬，固让不拜。”对此，元帝下诏曰“古人之制三年，非情之所尽，盖存亡有断，不以死伤生耳……随王事之缓急也”，“其令三司八座、门下三省、外内群臣，详共通议如峤比”，并“亲裁其中”，经众议后认为：“若骨肉歼于寇害，死亡漫于中原，而继以遗贼未灭，亡者无收殡之实，存者又阙于奔丧之礼，而人子之情，哀痛无断，辄依未葬之义，久而不除，若遂其情，则人居无限之丧，非有礼无时不得之义也”，进而“不得复遂其私情，不服王命，以亏法宪”。[①] 从朝议结论看，东晋并未否定三年丧礼之旧制，然寇害中原，丧礼遥遥无期不得要义，应奉王事遵王命为先，不徇私情，最终“峤不得已，乃拜”。这说明以元帝为首的东晋政权对待丧葬礼仪亦“随时立宜”，面对“中原丧乱，室家离析”局面，只得便宜行礼。“时朝廷议二亲陷没寇难，应制服不”，“贺循曰：‘二亲生离，吉凶未分，服丧则凶事未据，从吉则疑于不存，心忧居素，允当人情。’元帝令以循议为然。”[②] 鉴于时局元帝时丧礼的实施并非生硬刻板，而是基于“情”合理变通。这时期一些贵族墓葬如王兴之墓相对简陋，有学者认为此反映墓主有复归北土之遗愿。[③] 如此一来，当时很难顾及葬礼规格，只得有所取舍。

当然也有例外，象山 7 号墓被认为是同为琅琊王氏的王廙之墓，墓室规模甚大，为两侧壁外弧的近方形墓，随葬品甚为丰富且精美，与其贵族身份相称。因而王廙墓被认为是安于现状的代表。这也可能是情势所需，继承大统的元帝经历了从“临朝，悬而不乐”的状态，到诏告“朕应天符，创基江表”的转变，并立怀德县安置近千户琅琊国人，以“统丹杨郡”。元帝创基决心的确立使得丧葬制度有进一步发挥的空间，以地下亡灵居所昭示“光启中兴”之局面亦在情理之中。可能是元帝建平陵的南京大学北园墓形制与象山 M7 相似。[④] 其墓室面积（4.4 米×4 米）稍大于后者（3.9 米×3.22 米），较西晋一般贵族墓如徐美人墓要大。史载：“元、明崇俭，且百度草创，山陵奉终，省约备矣。”[⑤] 如此规模既合时合情，也不失为高级贵族葬礼。且该墓有同室、侧室合葬之规，合葬者可能是元帝虞后和明帝母荀妃，亦可与西晋武帝所倡帝后合葬、嫡庶尊卑有别之礼相符。总的来看，东晋初由于丧乱不断，恪守晋制葬礼已不切实际，葬事再次出现“名”不符“实”之象，元帝等部分宗室贵族试图“弼宁晋室”，光复晋礼，也不过是一厢情愿而已。

是安于江左还是光复中原，这样的纠结一直萦绕于东晋贵族心头，在葬事上也有犹疑不定之举。值“石季龙死，中国大乱，时朝野咸谓太平复旧”[⑥]，再桓温有“移都洛阳”之请却遭穆帝“不许”，或许此时保江左以求安定之风已在朝野中占据主流。正如高崧

---

① （唐）房玄龄等：《晋书》卷二十《礼志中》，中华书局，1974，第 640～642 页。

② （唐）房玄龄等：《晋书》卷二十《礼志中》，中华书局，1974，第 642 页。

③ 安然：《魂返故土还是寄托异乡——从墓葬和墓志看东晋的流徙士族》，《东南文化》2002 年第 9 期。

④ 王志高：《南京大学北园东晋大墓的时代及墓主身份的讨论——兼论东晋时期的合葬墓》，《东南文化》2003 年第 9 期。

⑤ （唐）房玄龄等：《晋书》卷二十《礼志中》，中华书局，1974，第 633 页。

⑥ （唐）房玄龄等：《晋书》卷七十七《蔡谟传》，中华书局，1974，第 2039 页。

"为简文书草曰：'寇难宜平，时会宜接……安社稷，保家国……先存宁国，而后图其外，使王基克隆。'"[①] 恰在此时东晋高级墓葬经历了一次形制上的整体变化，趋向简约的"凸"字或长方形券顶单室墓开始流行。[②] 疑为穆帝永平陵的南京北郊东晋墓便是如此建构，表明晋室已有弃旧礼之兆头。前成帝诏："凶门柏历，大为烦费，停之。"引发葬礼俗之议。又诏："重壤之下，岂宜崇饰无用，陵中唯清扫而已。"[③] 力主陵墓规划从简。后有顾命"以时事多艰，弘高世之风，树德博重，以隆社稷"[④]，此时或以地下葬事显高风亮节，葬似重德而轻礼；且"王室多故，穆哀早世，皇胤夙迁，神器无主"，简文帝有诏曰："海西失德，殆倾皇祚，赖祖宗灵祇之德……以弼其阙……不有惩戒，则德礼焉施。"[⑤] 此时晋室倡以德立国，主施"德礼"。富贵山大墓亦是长方形券顶单室墓，其营建规模大于南京北郊晋墓，应为穆帝之后的一座帝陵。[⑥] 推测其为隆平陵的可能性最大，孝武帝"既威权已出，雅有人主之量"，却也持"终事唯从俭速"观念[⑦]，其陵墓建制仍沿袭东晋后期贵族丧葬之风，"晋制"恐已覆水难收，孝武帝崩，"晋祚自此倾矣"。

综上，自西晋以来葬制便在名实之间波动，武帝倡名符于实，以"晋制"达古礼，明正统之位。然世事难料，举室南迁的东晋皇族虽有匡扶晋祚之志，却难以重正"晋制"之名，在时局梦魇笼罩下，贵族们趋向摆脱晋礼束缚，以德为礼，弃表于里，注重葬之内涵。王丹虎墓墓室如此简陋破败，其棺椁中却布满精美器物，此现象便是明证，名实之间已毫无关联。志在常态化的"晋制"却走向一条动态性强的发展路径，虽有难以逾越之客观因素存在，却不得不称道司马氏家族在时空变幻条件下对礼的把控力。

三 "晋制"回头了吗？——体制习俗视角下的分析

中原丧乱晋室南迁使"晋制"得以在江左延续，此时幽州贵族墓葬也仍延续晋礼。王浚妻华芳墓被认为符合"晋制"墓形。不过都督幽州诸军事的王浚却有不臣之心，他"布告天下，称受中诏承制"，"谋将僭号"[⑧]，且"结好夷狄"。并州刺史刘琨虽"忠于晋室，素有重望"，被认为是其墓葬的石景山八角村晋墓却出现了鲜卑风格的石龛壁画。[⑨]

---

① （唐）房玄龄等：《晋书》卷七十一《高崧传》，中华书局，1974，第 1895 页。
② 耿朔：《最后归宿还是暂时居所？——南京地区东晋中期墓葬观察》，《南方文物》2010 年第 4 期。
③ （唐）房玄龄等：《晋书》卷二十《礼志中》，中华书局，1974，第 633 页。
④ （唐）房玄龄等：《晋书》卷八《哀帝纪》，中华书局，1974，第 206 页。
⑤ （唐）房玄龄等：《晋书》卷九《简文帝纪》，中华书局，1974，第 221 ~ 222 页。
⑥ 蒋赞初：《南京东晋帝陵考》，《东南文化》1992 年第 3、4 期合刊。
⑦ （唐）房玄龄等：《晋书》卷九《孝武帝纪》，中华书局，1974，第 241 页；《晋书》卷二十《礼志中》，中华书局，1974，第 633 页。
⑧ （唐）房玄龄等：《晋书》卷三十九《王沈传》，中华书局，1974，第 1148 ~ 1149 页。
⑨ 倪润安：《北京石景山八角村魏晋墓的年代及墓主问题》，《故宫博物院院刊》2012 年第 3 期。

另先前接受愍帝“代王”封号的拓跋鲜卑也因司马叡“僭立江表，（平文帝）拒不纳之”①，北方晋制根基已有动摇。再关陇河西与东晋联络甚少，后秦主姚兴曾问叛晋流人：“晋自南迁，承平已久，今政化风俗何如?”② 说明他并不关注晋礼之走向。辽东慕容燕对晋使言：“汝还白汝天子，我承人乏，为中国所推，已为帝矣。”③ 其毫无纳晋制之可能。胶东域民信仰、四川诸蛮寇暴，“晋制”皆难入。中原虽有冉魏等政权承晋正统，冉闵“清定九流，准才授任，儒学后门多蒙显进，于是翕然，方之为魏晋之初”④，然因国祚甚短，晋礼难以恢复。因而除江左外，“晋制”在中土遭遇全面危机。

北魏平城时代形成以弧方形单室墓为主，俑群种类多元化，且有石葬具出现的葬制类型，颇具“晋制”遗风。这时贵族墓葬所用弧壁墓形以四壁弧凸不带抹角的正方形为主，非出自中原，也有学者认为其源自三燕。⑤ 由沙岭壁画墓形制可清晰辨别出由口大底小的梯形向弧方形的细微转变。而关陇河西地区两座年代稍早于魏晋的墓葬山西朔县3M191、青海高寨M1就已是弧方墓形。此是基于内部“体制”调整做出的改变，还是主动吸收外来文化因素，尚不可定论。贵族们试图在这有限的地下空间优化随葬品组合以实现葬之意义。如宋绍祖墓墓室以石椁葬具和供桌为中心，四周布满各类俑群，借以框定墓主之“位”，为其神灵服务。作为体制文化的丧葬离不开其“习俗”表达。特里格认为主要体制习俗及整个文化亚系统，都可从某一文化转移到另一文化中，要使接纳外来体制习俗成为可能，受体文化的政治、经济发展需要达到一个临界点。⑥ 也就是说，包括丧葬在内的体制习俗的迁移需要特定的社会历史条件。太武帝的军事征服应是一个节点，形成“混一戎华”之势，自此辽东、陇西丧葬文化皆为其所用，壁画、俑群在贵族墓葬中成为定制，形成了极具象征性的“平城型厚葬”模式。⑦ 孝文帝迁都洛阳则是另一个重要节点。

迁洛之后孝文帝希望在丧葬礼仪上“稽参古式，宪章旧典，四海移风，要荒革俗”，在与群臣合议中，孝文帝表达了自己的意见，“以丧礼事重，情在必行”，“今奉终之事，一以仰尊遗册”，“改父之道者，盖谓慢孝忘礼，肆情违度，今梓宫之简，玄房之约，明器帷帐，一无所陈”，并“亲拜山陵，写泄哀慕”。⑧ 孝文帝认为行葬事要合礼重情，正如他所说：“二汉之盛，魏晋之兴，岂由简约丧礼，遗忘仁孝哉。”基于仁孝之情的葬礼是孝文希望践行的，此志更“逾于魏晋”。与晋武帝一样，孝文帝亦主张“三年之丧”，认为

---

① （北齐）魏收：《魏书》卷九十六《司马睿列传》，中华书局，1974，第2093页。
② （唐）房玄龄等：《晋书》卷一百十七《姚兴载记上》，中华书局，1974，第2980页。
③ （唐）房玄龄等：《晋书》卷一百十《慕容俊载记》，中华书局，1974，第2834页。
④ （唐）房玄龄等：《晋书》卷一百七《石季龙载记下》，中华书局，1974，第2794页。
⑤ 李梅田：《魏晋南北朝墓葬中的弧壁砖室现象研究》，《中国国家博物馆馆刊》2012年第7期。
⑥ 这是特里格先生针对基督教教会体制在英格兰、努比亚等地区的传播所得出的结论，参〔加〕布鲁斯·特里格《时间与传统》，陈淳译，中国人民大学出版社，2011。
⑦ 林圣智：《魏晋至北魏平城时期墓葬文化的变迁：图像的观点》，《美术史研究集刊》2016年总第41期。
⑧ （北齐）魏收：《魏书》卷一百八之三《礼志三》，中华书局，1974，第2784～2785页。

“不遂哀慕之心，使情礼俱损，丧纪圮坏者，深可痛恨”①。两者不同之处在于晋武帝可依墓葬营建规格行等级之礼，而孝文帝受文明太后终制所限无法将此礼应用于地下墓室营建中，只得寄哀慕之心，行情礼之便，仅太和十六年九月孝文帝就四次哭拜永固陵，“终日不绝声”“哀至则哭”，致情致礼未有如此，更胜前代。就国祚承运问题，孝文帝虽接受“承晋以水德”，其理由不过是“越近承远，情所未安”，很难说孝文帝有继承晋礼之愿。从长陵陵园勘探情况看，其圆丘状封土、垣墙、陵寝建筑、石像生等建制组合应是效仿东汉。②孝文帝确也“遣使者以太牢祭汉光武及明、章三帝陵”，“又诏‘汉、魏、晋诸帝陵，各禁方百步不得樵苏践蹋’”③，显然他倾向继承“汉制”。

可以说孝文帝葬制变革一方面承文明太后终制，另一方面则是纳中原汉礼，前者开启了拓跋鲜卑帝室山陵之礼，“唯高祖太和十四年文明太后崩，将营山陵”④，孝文是将汉礼移植于鲜卑葬制，还是在先制基础上吸纳汉礼呢？长陵地下陵墓结构目前无从知晓，从宣武帝景陵陵寝看，弧方形墓室、石棺床均是拓跋丧葬文化因素。而以陶瓷器为主的葬品、陵前立武士石雕像等则是凭依汉制因素所设，且宣武帝有诏“事高汉祖壮丽之仪”。说明其已尊汉礼至上，并非简单吸收。可能直到此时，汉礼才得以立足于帝陵陵寝制度。要将“汉制”这一文化亚系统局部移植于北魏葬制，一来在先帝“鸿功茂绩、规模长远”的基础上“庙社乃建，宫极斯崇”。二来在“京邑初基、耕桑暂缺”的情况下“秉耒援筐、躬劝亿兆”。⑤如果说迁洛初期国力尚不及之时，孝文帝只能强令“诏迁洛之民，死葬河南，不得还北”的话，至宣武帝时，新都洛阳政治、经济状况已有根本变化，此时发生葬制变迁条件具备。但此类基于世情发生的文化基因转变并不具有强制力。如葬于熙平元年的元睿，为昭成帝子彭城王之后，弧方形墓室中有类别众多的陶俑，其鲜卑丧葬色彩浓厚，显然是承先祖旧制（图六）。再针对尼高太后葬礼，“有司奏：‘今尼太后既存委俗尊，凭居道法，凶事简速，不依配极之典……但昔经奉接，义成君臣，终始情礼，理无废绝”，孝明帝“诏可”⑥，于情礼之中行葬事的原则虽被承继，却可依道法之俗简化之。

综上，“晋制”在平城时代受到冷遇，于洛阳建都后情况也未有太大改观。坚持地下葬室营建务从简约的孝文帝发现东汉初期帝陵建制不仅符合这一准则，而且上陵礼可以满足他哀情甚重的葬礼表达。与“晋制”类似的是北魏洛阳时代的丧葬亦“礼沿情制，义循事立”。不过前者墓葬营建理念实践性不强，后者虽地下墓室规格略显寒酸，然象征主义色彩凸显。地上陵墓建制也是如此，在象征之“意义”建构下最终实现葬礼的升华。可以说北魏葬制是以“实”情符“名”之象体。

---

① （北齐）魏收：《魏书》卷一百八之三《礼志三》，中华书局，1974，第2781、2786页。
② 韩国河：《东汉北魏陵寝制度特征和地位的探讨》，《文物》2011年第1期。
③ （北齐）魏收：《魏书》卷七下《高祖纪》，中华书局，1974，第179页。
④ （北齐）魏收：《魏书》卷一百八之三《礼志三》，中华书局，1974，第2777页。
⑤ （北齐）魏收：《魏书》卷八《世宗纪》，中华书局，1974，第195页。
⑥ （北齐）魏收：《魏书》卷一百八之四《礼志四》，中华书局，1974，第2807~2808页。

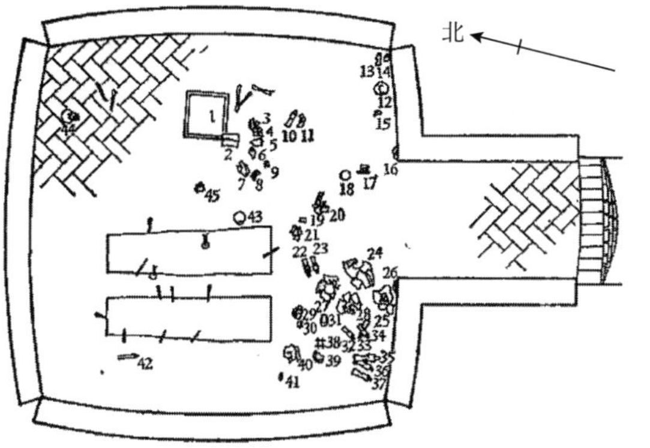

图六　元睿墓

自孝明帝始，北魏“社稷鸿基，殆将沦坠”，一时间宗室子女“为杂户滥门所拘辱”，且诏“凡有能输粟……不限多少，粟毕授官”①，此时礼法已完全失据，权臣元怿因受“诬”被害。其子元邵墓形制已非弧方形而是不规则方形，这罕见于元氏贵族墓中，应是有悖葬礼行之。而这时出现诸如王温墓这样的方形墓室，则可看作“晋制”复归的物证。② 而此类鉴于权宜的回归不免有些牵强，虽“自孝昌之末，天下淆然，外侮内乱”，然孝庄帝“潜思变化”，终“猾逆既翦，权强擅命”。③ 再前废帝诏“百杂之户，贷赐民名，官任仍旧”④，可见虽时局动荡，北魏政治、经济情势未有实质转变，作为文化亚系统的丧葬亦不太可能产生移植性变动。被认为是节闵帝陵的衡山路墓从形制、葬品上看与北魏帝陵无大差异，只是略显素简。所谓“晋制”复归不过是在北魏葬制整体框架下发生的局部变化而已。

四　魂灵地上有知？——一个有关葬俗的假设

与汉墓精心塑造的地下魂灵世界有异，晋墓不施壁画，甚至不设明器，送葬设奠完成后墓门封闭，墓主可能彻底与世隔绝。既如此难道晋墓仅是“藏尸之所”？较汉墓而言，晋墓在墓室营建布局上灵活性强，常见墓道偏向墓室一侧的情况。中原单室晋墓棺木摆放位置一般与墓道轴线垂直或相交，而其他地域则出现棺木位置与墓道轴线平行的晋墓。⑤

---

① （北齐）魏收：《魏书》卷九《肃宗纪》，中华书局，1974，第245、246页。

② 倪润安：《光宅中原——拓跋至北魏的墓葬文化与社会演进》，上海古籍出版社，2017，第245页。

③ （北齐）魏收：《魏书》卷十《孝庄纪》，中华书局，1974，第268页。

④ （北齐）魏收：《魏书》卷十一《前废帝广陵王纪》，中华书局，1974，第274页。

⑤ 藤井康隆认为中原华北墓葬木棺基本置在与墓室主轴正交或相交的方向，而木棺与墓室主轴平行则是江南制度，参藤井康隆《东晋南朝墓の墓室形式に関する问题》，《早期中国史研究》2012年第4卷第1期。笔者通过对晋墓的整体观察，认为棺木与墓室轴线的关系不如其与墓道轴线的关系更具代表性。

以湖南的两座晋墓为例，刘弘墓棺木横置于墓室中间与墓道方向垂直，金盆岭墓棺木与墓道方向平行。前者葬物集中于棺床前，与墓主尸骨区分明显，或是礼仪的表达。后者随葬多俑，布于棺木周围，这些俑或被视为助墓主完成“太阴炼形”过程的众仙官①，或被视为“亳相俑”②，似是宗教仪式之体现。

金盆岭墓是否依“斗魁”规划，以偏于一侧的墓道为斗柄？西安元康四年墓墓顶北壁和甬道上部墙壁处绘有北斗图并隶题“元康四年地下之北斗”字样，说明西晋墓中确有此规制。墓道与棺木各居墓室一侧平行相对，徐美人墓便是如此（图七），但很难确定其依“卧斗”而葬。不过这样的设置给安放尸骨的棺木提供了一个更加私密的空间，或许是为藏“形”而特意设计的。而西晋墓中的鞍马果真是驮载墓主魂灵升天之坐骑，以合“魂气归于天，形魄归于地”之礼？魏晋以来皇室鉴于生者亡后“神灵迁化”，而依周礼立寝庙“以承享祀”，大兴庙祭之风，以“祇奉神明”③。崇阳陵内有“便房神座”，陵前立标以示“魂主待殡”。再怀帝时将武悼皇后“改葬峻阳陵侧，别祠弘训宫，不列于庙”④，说明宗庙也有“祭于寝”之用。武帝“改创宗庙”后“迁神主于新庙”供祭之。看来西晋皇室成员相信他们死后魂灵可“迁化”于宗庙而得到供奉，从而形成“陵内神座”—“陵前魂标”—“庙中神主”三位一体的魂灵信仰，地下墓室为“重神藏形”⑤之所，即

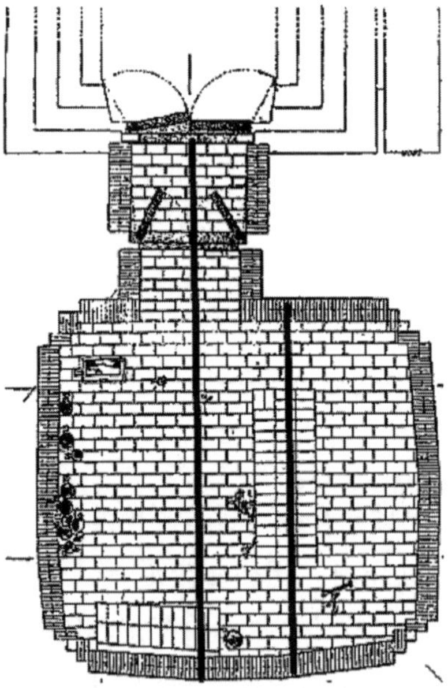

图七 徐美人墓平面图

① 姜生：《长沙金盆岭晋墓与太阴炼形：以及墓葬器物群的分布逻辑》，《宗教学研究》2011 年第 1 期。

② 吴桂兵：《长沙永宁二年墓与长江中游的早期佛教传播》，《民族艺术》2006 年第 1 期。

③ （唐）房玄龄等：《晋书》卷十九《礼志上》，中华书局，1974，第 602 页。

④ （唐）房玄龄等：《晋书》卷十九《礼志上》，中华书局，1974，第 603 页。

⑤ 林圣智认为魏晋生死观凸显“重神弃形”，参林圣智《魏晋至北魏平城时期墓葬文化的变迁：图像的观点》，《美术史研究集刊》2016 年总第 41 期。笔者认为这更符合北魏时期的生死观。

便墓室永久封闭，亡者魂灵似仍在人间天堂。

东晋元帝在承继宗庙之礼时曾遇到难题，鉴于“西京神主，堙灭虏庭”，“时百度草创，旧礼未备，毁主权居别室”之状况，便在“江左建庙”，“元帝既即尊位，上继武帝”，“然于怀、愍皇帝皆北面称臣”便“于情礼不安”。最终“如汉光武上继元帝故事”而“更定制”，“及元帝崩”，其“神位犹在愍帝之下”[①]，宗庙秩序又恢复如旧。另东晋皇室贵族墓葬甬道几乎位于中轴线上（图八），很多墓室棺木安放与祭品摆放空间有明显界线，藏“形”之所似仍被强调。再帝陵前也立有凶门柏历，“礼称为主道，此其义也”，“后人出之门外以表丧”，其用途与标类似，魂灵信仰一如西晋。

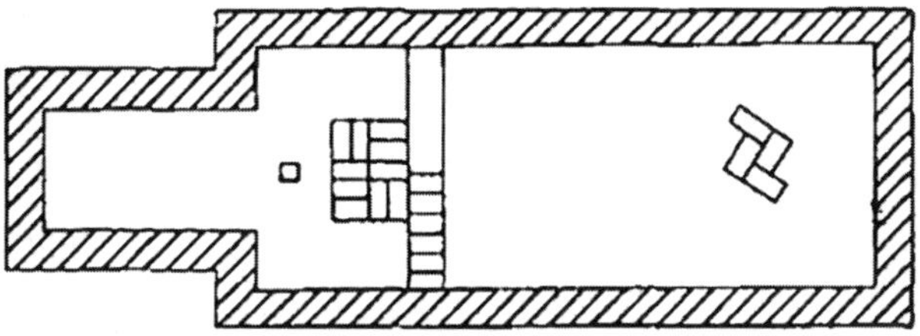

图八　司家山谢氏 M4

墓道与墓室轴线偏离的现象在北魏时也不多见，即便棺木与轴线平行，除为栖尸之所外很难说有藏形之用。平城时期的贵族墓葬巧用象征手法构建起庞大的送葬队伍为墓主魂灵服务，其中就包括佛教文化元素所能起到的超度作用。太武帝时贵族文化信仰体系被注入新元素，世祖“亲至道坛，受符箓，备法驾，旗帜尽青，以从道家之色也；自后诸帝，每即位皆如之”[②]，道家葬俗是否为北魏贵族接纳呢？宋绍祖墓房型石椁就被认为可能受寇谦之天师道思想影响而产生，寇氏道教丧葬模式在文献中有载，时寇氏“复遇设会之日，更布二席于上师坐前，弟子问起故，谦之曰：‘仙官来。’是夜卒”；又“口中气状若烟云，上出窗中，至半天乃销；尸体引长，弟子量之，八尺三寸；三日已后，稍缩，至敛量之，长六寸；于是诸弟子以为尸解变化而去，不死也”[③]。有两点需提及，一是寇谦之死前专门为仙官布施一席；二是由于魂魄出入使他的尸体发生长短变化，此是当时道家所理解的尸解术。尼太后死后，“有司奏：‘案旧事，皇太后崩仪，自复魄敛葬。’”[④] 说明复魄敛葬方式早已被皇室成员使用，这恰与寇氏尸体长度趋稳后再敛之状况相似。以此再看宋绍祖墓石椁顶部的石枕和尸骨是否为复原这一过程而有意为之？元遵墓（图九）正对墓道的两匹鞍马是否与仙官有关？

---

① （唐）房玄龄等：《晋书》卷十九《礼志上》，中华书局，1974，第 604 页。
② （北齐）魏收：《魏书》卷一百一十四《释老志》，中华书局，1974，第 3053 页。
③ （北齐）魏收：《魏书》卷一百一十四《释老志》，中华书局，1974，第 3053～3054 页。
④ （北齐）魏收：《魏书》卷一百八之四《礼志四》，中华书局，1974，第 2808 页。

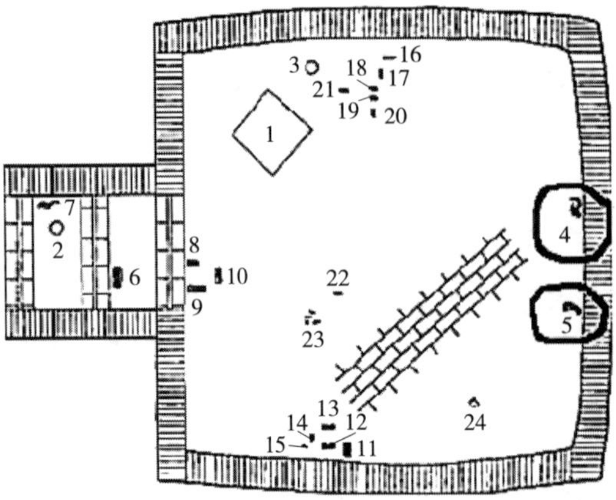

图九 元遵墓

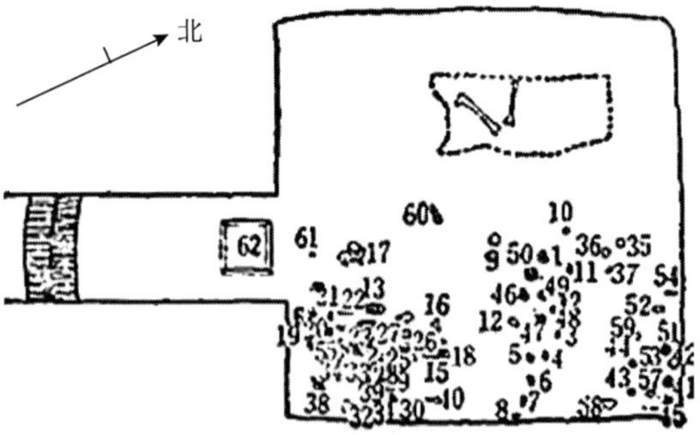

图十 染华墓

前述孝文帝“展事孝敬”以行丧葬，北魏葬事继而产生“铭旌纪柩，设重凭神，祭必有尸，神必有庙”之变化，鉴于皇室贵族葬敛前魂灵摄出，尸首仅是魄体，墓室用于藏尸而不必藏“形”，可以说是“重神弃形”。墓中设奠本为尸魂，然魂已脱尸。北魏后期贵族墓中出现祭器等葬物与尸棺各居墓室一侧之状况（如染华墓）可能与之相关（图十）。再北魏前期帝室宗庙“皆非当时据立神位之事”，“平文既迁，庙唯有六，始今七庙，一则无主”[①]，到太和十五年孝文帝才“改营太庙、奉迁神主”，并“迁文明皇后冯氏神主于太和庙”。至此历代先主神灵得以栖息于宗庙中，魂灵才真正算是地上有知了。

总之，两晋及北魏贵族亡后都相信魂魄分离，只不过方式不同，前者为迁化，后者为尸解，这也影响到葬礼规制。晋墓中所祭神灵尚有实际意义，而北魏墓中的墓主灵魂象征意义更浓。两晋时宗庙与皇室陵墓间尚有千丝万缕的关系，而北魏时期这种关系趋向松弛。孝文帝将文明太后神主迁至太和庙后，他也就不必再到永固陵哭拜了。后元怿虽“循晋公之庙故事”重构宗庙体系，不过是正尊卑“礼意”而已，与丧葬无关。

小 结

“晋制”从本质上说是追求葬礼与葬者身份的相称，也就是希望“名”与“实”间达到平衡，却往往因葬者主观意愿及礼仪变动而无法实现。在这种情况下晋武帝和北魏孝文帝力求革新，让“晋制”这一丧葬文化得以传承，尽管北魏试图迁汉制于魏礼，但在此过程中却无法绕开晋礼影响，只得便宜从事。类同于其他丧葬制度，“晋制”所带来的最深远影响仍是应对死亡和来生的设计理念，宗教生死观就在这时期开始在中国丧葬史上绽放光芒。

编辑：刘可维

---

① （北齐）魏收：《魏书》卷一百八之一《礼志一》，中华书局，1974，第 2748 页。

南京城墙博物馆藏《明永乐十二年授牌起明威将军诰命》浅识

马　麟　金连玉

（南京城墙博物馆）

［摘要］诰敕是古代帝王授、封、赠臣属的文书凭证，朱元璋立国后订立了完备的诰敕制度，以此作为巩固帝国统治的重要手段之一。南京城墙博物馆收藏的《明永乐十二年授牌起明威将军诰命》，是明王朝在哈儿分少数民族地区推行羁縻卫所制度，稳定东北边疆的重要实物见证。哈儿分卫设立于明永乐十二年（1414），属海西女真，位于今阿纽伊河与黑龙江汇合处，归附明廷后其首领牌起内迁至辽海卫与三万卫，成为明廷带俸达官，逐渐汉化。此外，结合相关文献及实物，可以认为永乐时期明廷对洪武诰命的织造样式进行了更改，重新制作了遗失的“制诰之宝”用于诰敕的颁授，并改“钦文之玺”为“广运之宝”作为诰敕的骑缝印，永乐改定的诰敕样式一直沿用至清朝结束；永乐时期诰敕的缮书者是中书舍人和善书的阁臣，此件诰命的书体和杨荣所书一致，是明初台阁体书法的代表。

［关键词］诰命；哈尔分卫；制诰之宝；广运之宝；台阁体书法

2020年12月，南京城墙博物馆征集到一件《明永乐十二年授牌起明威将军诰命》（图一）。这件文物是研究明代初年边疆史、民族政策、诰敕制度、台阁体书法和明代丝织工艺的重要实物，下面就此件文物涉及的有关问题作初步探讨。

一　文物现状

此件诰命为五色彩锦，织造方法是用五色彩纬与单色经线交织成相连的五段，纬线显色，另有一组和经线同色的纬线，与经线交织显花，组织结构为斜纹。整幅诰命主体纹饰为如意卷云纹，纵向三朵与两朵间隔排列，完整色段纵向12列云纹。全卷长285厘米，纵 30 厘米。首段为蓝色，有残缺，只见六列云纹。卷首“奉天诰命”、升降龙纹及首字“奉”缺失，为收藏者后补。末段存八列云纹，卷尾下角盖有收藏印（吴卓奎珍藏印）。

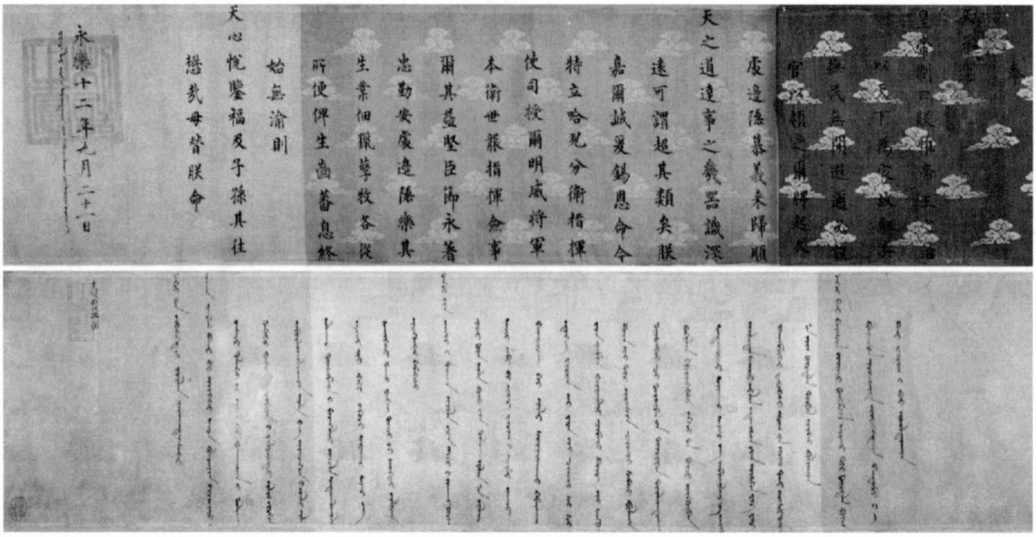

图一 明永乐十二年授牌起明威将军诰命（南京城墙博物馆藏）

诰命前为汉文，后为蒙古文。汉文二十行，每行八字，其中有“天”“皇”的四行抬格。内容为：

> （奉）/天承运，/皇帝制曰：朕惟帝王之治，/以天下为家，故驭兵/抚民，无间遐迩，必设/官以领之。尔牌起，久/处边陲，慕义来归，顺/天之道，达事之几，器识深/远，可谓超其类矣。朕/嘉尔诚，爰锡恩命，今/特立哈儿分卫指挥/使司，设尔明威将军，/本卫世袭指挥佥事。/尔其益坚臣节，永著/忠勤，安处边陲，乐其/生业，佃猎孳牧，各从/所便，俾生齿蕃息，终/始无渝。则/天心悦鉴，福及子孙，其往/懋哉，毋替朕命。

汉文后钤朱红色阳文宝玺，印为正方形，边长 12.5 厘米，印文为“制诰之宝”，印下汉蒙文墨书年款“永乐十二年九月二十一日”。蒙古文为二十五行。汉蒙文断句处均标有红圈句读。卷末文后上部钤朱红色骑缝阳文宝玺，边长 6.8 厘米，印文只可见“之宝”二字。印文骑缝处有左半小楷墨书编号“列字伍佰捌号”。

二 明代哈儿分卫的设立、位置及族属

据《明太宗实录》载，永乐十二年（1414）九月，“乙酉女直野人头目阿路秃等百十五人来朝，设塔速尔河、五屯河、玄城、和卜罗、老哈河、兀列、兀剌忽、哈儿分八卫。

命阿路秃等为指挥、千百户，赐诰印、冠带、袭衣及钞币有差。”[①] 本次南京城墙博物馆征集的永乐诰命，即为永乐十二年明廷设立哈儿分等八卫的诰命实物，是明王朝在哈儿分少数民族地区推行羁縻卫所制度，稳定东北边疆的历史见证。

洪武、永乐时期，为了稳定边疆，明王朝积极在西北、东北等少数民族地区设立羁縻卫所，并“官其长，为都督、都指挥、指挥、千百户、镇抚等官，赐以敕书印记，设都司卫所”[②]。明王朝通过设立羁縻卫所，并以归附的当地少数民族酋领出任卫所首领，官职世袭，兼管军民事务，对东北、西北地区稳定起着举足轻重的作用。这种羁縻卫所制度，也成为明王朝创设的一种地方管理模式，实现了对西北和东北边疆地区及民族的有效统治。[③]

（一）哈儿分历史渊源及地理位置

哈儿分又称哈里宾、合里宾，金代属胡里改路管辖，胡里改辖境“西至上京六百三十里，北至边界哈里宾忒千户一千五百里”[④]，哈儿分即为胡里改路的北部边界。哈里宾忒千户即哈里宾忒猛安，金王朝实行猛安谋克制度，三百户即为一谋克，十谋克即为一猛安，表明这一时期哈儿分居民已在三千户以上。元代哈儿分被称为合里宾，也称哈州，隶属辽阳行省，是元代经营黑龙江下游的重要据点。至元三十年“辛巳，置辽阳路庆云至合里宾二十八驿，驿给牛三十头、车七辆”[⑤]，哈儿分站成为元代重要站赤之一[⑥]。哈儿分作为元廷经营东北的重要交通枢纽，顺帝至正十五年（1355）又在此立“吾者野人乞列迷等处诸军万户府”[⑦]，以加强对哈儿分等地的统治。

自洪武朝始，明王朝便在黑龙江女真地区设置羁縻卫所，授予敕书，并任命本地头目管理各自属众，逐步确立女真等少数民族对明朝的朝贡体系。永乐二年，明廷在黑龙江下游设立奴儿干卫后，陆续在黑龙江下游及出海口附近、黑龙江中下游及松花江河流附近，以及在乌苏里江、绥芬河等流域，设立了50余个卫所。[⑧] 永乐七年明廷在元征东元帅府建立奴儿干都司，九年春特遣内官亦失哈等护送都指挥同知康旺、都指挥佥事王肇舟前往奴儿干都司就任，开设奴儿干都司。[⑨] 永乐十二年，随着哈儿分及塔速尔、玄城等地归附明王朝，隶属奴儿干都司管辖，明廷进一步实现了对黑龙江下游地区的有效管辖。清《满文老档》中保存有

---

① 《明太宗实录》卷一五五，中央研究院历史语言研究所校勘，上海书店，1982，第1788～1789页。本文以下实录均从此版本。

② 《明史》卷九十《兵志二》，中华书局，1974，第2222页。

③ 彭建英：《明代羁縻卫所制述论》，《中国边疆史地研究》2004年第3期。

④ 《金史》卷二十四《地理志上》：“胡里改路，国初置万户，海陵例罢万户，乃改置节度使。承安三年置节度副使。西至上京六百三十里，北至边界合里宾忒千户一千五百里。”中华书局，1975，第552页。

⑤ 《元史》卷十七《世祖本纪》，中华书局，1976，第370页。

⑥ 郭毅生：《元代辽阳行省驿道考略（下）——兼考明代“海西东水陆城站”》，《北方论丛》1980年第4期。

⑦ 《元史》卷四十四《顺帝本纪》，第926页。

⑧ 王钟翰：《明代女真人的分布》，载其著《清史新考》，辽宁大学出版社，1990，第1～43页。

⑨ 杨旸主编《明代东北疆域研究》，吉林人民出版社，2008，第68页。

明隆庆三年（1569）哈儿分卫相关材料①，这时距明廷设立哈儿分卫已逾 160 年，表明自永乐年间推行羁縻卫所政策，明王朝对黑龙江下游地区实现了长达百年以上的统治。

永乐十二年明廷设立哈儿分等八个卫所，但文献多未提其具体所在地。王钟翰先生认为哈儿分卫位于今宏克利西边的哈勒芬②，即哈尔滨依兰县宏克利镇以东地区。和田清《明初之满族经略》考订哈儿分卫位于敦敦河口附近哈儿分地方，即今黑龙江右岸阿纽伊河附近原哈儿分③，属今之俄罗斯哈巴罗夫斯克，亦称伯力的附近区域。此后，《中国历史地图集·元明时期》所绘永乐元年至宣德八年奴儿干都司地图④，以及《明代奴儿干都司及其卫所研究》⑤ 等著作均沿袭和田清文之看法。

按《明太宗实录》载，永乐十六年九月“辛亥，奴儿干等处，哈儿分等卫，女直野人必里答哈等来归，命必里答哈为指挥同知、斡路阔等为指挥佥事、哈升哈等为正千户、阿尔帖木等为付千户、余为千户所镇抚”⑥。表明哈儿分卫与奴儿干距离相近，位于同一交通线上，可以一道进贡。又按和田清、郭毅生等研究，哈儿分站位于海西东水陆城站线上，是奴儿干都司进贡的必经之路，也是海西女真入京朝贡必经之路。⑦ 海西东水陆城站是明朝经营东北的一条主要交通线，也是松花江、黑龙江下游等地的海西女真、野人女真各卫头目进京朝贡的道路，是辽、金、元以来的古道路⑧，即辽代通往五国城，金代通往五国城与吉列迷，元代通往奴儿干、东征元帅府的路线。其具体线路，自农安迤东，沿松花江直抵黑龙江下游奴儿干都司城，是明政府在奴儿干都司境内开设的四条驿站中最主要的一条，也是沟通黑龙江与内地联系最重要的通道。⑨ 按《明史》载奴儿干位置，约在今俄罗斯阿穆尔河右岸、阿纽伊河口北岸。因此，哈儿分卫应位于今阿纽伊河（即端端河、暖暖河）与黑龙江汇合处，其北为明扎真卫，南为亦儿古里卫、喜申卫。喜申卫为今俄罗斯境内的哈巴罗夫斯克，即伯力。

（二）牌起其人及哈儿分族属问题

永乐十二年明政府设立哈儿分卫，并授牌起为明威将军，世袭指挥佥事。牌起很有可能是哈儿分头目，被授予明威将军、指挥佥事，符合明王朝在东北地区设立卫所，并以各民族酋长担任卫所官职管理本民族人民的羁縻政策。另外，据明《三万卫选簿》载，辽东都司三万卫三十号指挥佥事赵文举的先人“羊哥，原系海西哈儿分卫女直，永乐十二年蒙

---

① 满文老档研究会译注《满文老档·太祖朝》，中华书局，1990，第 1211 页。

② 王钟翰：《明代女真人的分布》，载其著《清史新考》，辽宁大学出版社，1990，第 17 页。

③ 〔日〕和田清：《明初的满洲经略》，载《满鲜地理历史研究报告》第 15 册，1937，第 91、104 页。

④ 谭其骧主编《中国历史地图集·元明时期》，中国地图出版社，1982，第 82～83 页。

⑤ 杨旸、袁闾琨、傅朗云：《明代奴儿干都司及其卫所研究》，中州书画社，1982。

⑥ 《明太宗实录》卷二〇四，第 2103 页。

⑦ 〔日〕和田清：《关于海西东水陆城站》，载《东亚史研究（满洲篇）》，东洋文库，1955，第 487～499 页；郭毅生：《元代辽阳行省驿道考略（下）——兼考明代“海西东水陆城站”》，《北方论丛》1980 年第 4 期。

⑧ 《明太宗实录》卷二〇四，第 2103 页。

⑨ 郭毅生：《元代辽阳行省驿道考略（下）——兼考明代“海西东水陆城站”》，《北方论丛》1980 年第 4 期。

招谕，起取赴京，除授本卫指挥佥事”[①]。联系征集的永乐十二年诰命及《明太宗实录》等相关记载，永乐十二年哈儿分卫设立，明廷授牌起明威将军、世袭指挥佥事，牌起与《三万卫选簿》中记载的赵文举先人羊哥经历一致，推测应为同一人。

《选簿》作为明代武官世袭档案，是审核卫所武官大选、世袭资格的重要凭证，记载了其入卫始祖的姓名、旧名、籍贯、族属、入卫时间、从军来历，以及历辈世袭者、世袭时间等，保存了详细的明代武官选簿信息。其覆盖范围较广，如穆宗隆庆朝《选簿》入册武官就包括“指挥使、指挥同知、指挥佥事、正千户、副千户、实授百户、试百户、署试百户事、冠带总小旗”等。同时，鉴于“《选簿》内容皆来自明廷兵部武选司编辑的武官内黄、外黄、旧选簿、堂稿、功次簿、零选簿、编军簿等档案记载，均为一般政书所难见到，更为具体的第一手资料”[②]，具有较高的史料价值，业已得到国内外学者的高度重视。[③] 因此，作为明代官修的重要武官档案，《三万卫选簿》中保存的赵文举选簿信息，成为探讨牌起及其后裔世袭指挥佥事、哈儿分卫族属等问题的重要参考。

首先，牌起（即羊哥）及哈儿分卫的族属问题。《三万卫选簿》中记载，“羊哥，原系海西哈儿分卫女直，永乐十二年蒙招谕，起取赴京，除授本卫指挥佥事”[④]。表明牌起及哈儿分卫均属海西女真。如前所述，哈儿分卫位于今俄罗斯境内阿纽伊河口，是黑龙江下游地区重要的交通枢纽，明代隶属奴儿干都司管辖。明嘉靖中叶前，女真主要分为海西、建州两大部分，其中黑龙江下游奴儿干都司所辖卫所均属海西女真。[⑤] 嘉靖二十年以后，明廷按朝贡情况将女真区分为建州、海西、野人女真三类，野人女真主要分布在黑龙江中下游北部部分卫所及外兴安岭一代边远地区。明初，明廷一般将女真人视为“野人”，凡女真人，名前多冠以“女直野人”或“野人女直”等字样，“野人”也被视为女真人蔑称之一，与明嘉靖以后的女真三大分类之一的野人女真不同。[⑥] 因此，《明太宗实录》中虽载，“乙酉女直野人头目阿路秃等百十五人来朝，设塔速尔河、五屯河、玄城、和卜罗、老哈河、兀列、兀剌忽、哈儿分八卫”，但“女直野人”应属于明初对于女真之蔑称，而非嘉靖二十年后作为女真一支的野人女真。永乐十二年设立的哈儿分卫属明初海西女真，牌起作为哈儿分头目，其族属也为海西女真。

---

① 《三万卫选簿》“指挥佥事赵文举”项下，中国第一历史档案馆、辽宁省档案馆编《中国明朝档案总汇》第55册，广西师范大学出版社，2002，第200页。

② 奇文瑛：《论〈三万卫选簿〉中的军籍女真》，《学习与探索》2007年第5期。

③ 目前国内外多位学者利用《三万卫选簿》中的第一手档案资料，探讨了三万卫设立背景、结构组成，以及在奴儿干地区的经营作用。如20世纪70年代，日本学者川越泰博利用《三万卫选簿》的统计资料，认为三万卫由女真、蒙古、汉族官兵组成的结构性特点；鞠德源利用《三万卫选簿》讨论了三万卫在经营奴儿干地区的作用；李鸿彬结合《三万卫选簿》对三万卫初设背景与职能，探讨了三万卫结构的重要特征。奇文瑛利用《三万卫选簿》对辽东女真，以及女真达官、归附人等问题进行探讨。

④ 《三万卫选簿》“指挥佥事赵文举”项下。中国第一历史档案馆、辽宁省档案馆编《中国明朝档案总汇》第55册，广西师范大学出版社，2002，第200页。

⑤ 赵令志：《明代野人女真称谓刍议》，《民族研究》2019年第4期。

⑥ 赵令志：《明代野人女真称谓刍议》，《民族研究》2019年第4期。

其次，牌起及其后人世袭情况。据《三万卫选簿》记载，牌起（即羊哥）“永乐十二年蒙招谕，起取赴京，除授本卫指挥佥事，告愿自在州住坐辽海卫带俸。正统十年，归并安乐州住坐三万卫带俸。成化十八年病故。父莽（?）汉，系嫡长男，替职，今年老。（赵）刚系嫡长男，保送前卫，仍替受伊父原职指挥佥事”[①]。据此可知，牌起率领族人在永乐十二年归附明廷，明廷授其明威将军、世袭哈儿分卫指挥佥事，后内迁至自在州辽海卫。正统十年（1445）迁往安乐州三万卫，成化十八年（1482）病故于三万卫。随后，牌起嫡长男莽汉、长孙赵刚先后世袭哈儿分卫指挥佥事。不过，《三万卫选簿》记载牌起迁往自在州辽海卫和安乐州三万卫时，均强调其“带俸”状态。为何《三万卫选簿》中重点标明“带俸”这一记载？为何牌起授哈儿分卫指挥佥事后迁其家族往辽海卫与三万卫居住？“带俸”是否与牌起迁往辽海卫和三万卫有关？

明初为安抚少数民族地区，积极在东北、西北等地设立羁縻卫所，授其首领指挥、千百户、镇抚等官，因俗而治，稳固政权，这成为明初一项重要的少数民族政策。但明廷一般只给这些首领官职，不给予俸禄。不过，对于其中部分自愿内迁者，朝廷“皆量授以官……岁给俸如其官”[②]，即依据武官品第支付其俸禄，并允许子孙世袭。这种针对归附人施行的“优养”政策，即寄籍卫所，授职食俸而不任事，子孙后世也继续享受优渥的待遇，在稳定东北边疆中起到举足轻重的作用。[③] 永乐时期，东北各羁縻卫所的建立使得中原与域外的交往更加紧密，同时借由朝贡等活动，女真卫所大小首领常往来于辽东与京师之间，出现自愿内迁的现象，由此针对女真安置的措施应运而生。[④] 特别是永乐六年五月，明廷专为安置内迁女真移民设立自在、安乐二州。[⑤] 自在、安乐二州虽隶属辽东都司管辖，无论管理体制、基层组织均与一般州制不同。如二州建成时，成祖就规定内迁人“俾部落自相统属，各安生聚”[⑥]，即以少数民族各民族集中居住、安置形式为主，利用内迁民族原有社会组织关系，以“夷俗抚住”，实现因俗而治。[⑦] 此外，内迁至自在、安乐二州的女真移民，待遇优渥。他们既无须向国家纳赋服役，又均享有俸禄，带官职内迁的“有官者”与无官职内迁的普通州民，仅有全俸和半俸的区别。[⑧] 如牌起等已任命为羁縻卫所官员，后又带官衔内迁的，由明政府“岁支全俸”[⑨]，即依照官品支付俸禄，并且其官衔、俸禄均为子孙世代承袭。

---

① 《三万卫选簿》“指挥佥事赵文举”项下。中国第一历史档案馆、辽宁省档案馆编《中国明朝档案总汇》第55册，广西师范大学出版社，2002，第200页。

② 马文升：《抚安东夷记》，载潘喆、孙方明、李鸿彬编《清入关前史料选辑》第一辑，中国人民大学出版社，1984，第2页。

③ 奇文瑛：《论明初卫所制度下归附人的安置与任用》，《民族研究》2012年第6期。

④ 奇文瑛：《论明朝内迁女真安置政策——以“安乐、自在州”为例》，《中央民族大学学报》2002年第2期。

⑤ 《明太宗实录》卷七十九“永乐六年五月甲寅”条，第1062页。

⑥ 《明太宗实录》卷七十八“永乐六年四月乙酉”条，第1053页。

⑦ 奇文瑛：《论明朝内迁女真安置政策——以“安乐、自在州”为例》，《中央民族大学学报》2002年第2期。

⑧ 奇文瑛：《论明朝内迁女真安置政策——以“安乐、自在州”为例》，《中央民族大学学报》2002年第2期。

⑨ 如《辽记》嘉靖十五年（1536）条，载有广宁卫抚住达官朗山的一段话，他自称“先世”海西女真，永乐间纳款归附，安插自在、安乐州，以夷俗抚住。有官者岁支全俸，无官者升闲良头目，月支米二石、布四匹、棉花一斤八两。

明初由于贯彻“恩养”女真原则，内迁女真多授官领俸，并选择于安乐州、自在州住坐，三万卫、辽海卫带俸，无赋税之劳。三万、辽海两卫的带俸达官，均以羁縻卫所官员身份居住于安乐、自在州，仅《三万卫选簿》中记录的“安乐州住坐三万卫带俸达官”就有90名之多。[①] 这些带俸达官的归附、授官、内迁、世袭等经历也与牌起十分类似，如《三万卫选簿》所载指挥使康永清，“高祖康阿剌孙，原系海西女直头目，永乐九年赴京进贡，授万山卫指挥通知，告愿自在州住坐辽海卫带俸。十八年，归并安乐州住坐三万卫带俸”[②]。这些与羊哥身份类似的海西女真头目，多授各羁縻卫所指挥佥事、千百户官职，并在永乐朝以后继续内迁，成为安乐州、自在州的带俸达官，终身受朝廷优养。但他们与三万卫只是“带俸”关系，并无实质职权，即《明会典》所载“凡带俸官，俱不许管军管事”[③]，其后代承袭的也仅为其羁縻卫所武职，而非三万卫官职。

安乐、自在州自永乐六年设立，延续至明亡，所辖多为内迁的女真人，在抚辑招徕边外女真方面发挥了重要作用。仅永乐六年至宣德十年的27年间，边外女真内迁至安乐、自在二州的就有87起，涉及106卫次，这对巩固辽东边外的羁縻统治，稳定东北局势发挥着重要作用。[④] 明廷凭借自在、安乐等州的设立，加强了对内迁女真的管理，不仅有效落实了针对女真的“优养政策”，而且发挥了女真人对边外羁縻卫所的积极影响。

综上所述，牌起（即羊哥）原为居住在哈儿分地区的海西女真，永乐十二年率族人归附明廷，明政府授予其明威将军，世袭指挥佥事，并设立羁縻卫所——哈儿分卫，加强对此地的有效统治。哈儿分卫设立后，牌起便携家内迁至自在州辽海卫，享受朝廷给予的优渥待遇，并于正统十年迁往安乐州三万卫，继续受朝廷优养，成为生活在此的“带俸达官”。自牌起始，其后裔世袭哈儿分卫指挥佥事一职，享受明廷供养，至赵文举已为第五代。如无意外，其子赵添爵，即羊哥六世孙，仍会承袭哈儿分卫指挥佥事一职，直至明亡。明初施行的这种针对内迁少数民族首领授予官职，并按照官品高低给予对应的俸禄，是明初“恩养”少数民族归附者的重要措施，体现出明廷以招抚为主的民族政策。同时，在内迁的过程中，女真等少数民族也逐渐与汉民族进行融合，开启了逐步汉化的过程。如牌起一家从第三代赵刚始，其家族便冠以汉族赵姓，从侧面反映出内迁女真逐渐汉化的基本特点。由此可见，明初以羁縻卫所为核心，辅以内迁带俸的“优养”少数民族政策，对招抚外夷、稳定边疆起着重要作用。

---

① 奇文瑛：《明代“安乐州住坐三万卫带俸达官”考》，载田澍、王玉祥、杜常顺主编《第十一届明史国际学术讨论会论文集》，天津古籍出版社，2007，第531～542页。

② 《三万卫选簿》“指挥使康永清”项下，载中国第一历史档案馆、辽宁省档案馆编《中国明朝档案总汇》第55册，广西师范大学出版社，2002，第136页。

③ 《明会典》卷一一九《兵部二》，中华书局，1989，第617页。

④ 奇文瑛：《论明代内迁女真安置政策——以“安乐、自在州”为例》，《中央民族大学学报》2002年第2期。

三　洪武至永乐时期诰敕制度、样式及宝玺的变更

诰敕是古代帝王授、封、赠臣属的文书凭证，其制度始于唐代的告身。[①] 朱元璋建立大明王朝后，作为“开天定制”的圣祖[②]，重新议定了这一制度。洪武三年（1370）二月，朱元璋命中书、礼部立局造神帛诰敕。省部议定诰织文曰“大明官诰”，敕织文曰“大明敕命”，文武百官一品至五品诰命用五色丝织造，六品至九品敕用纯白绫织造，诰敕上织某年月日造及局官姓名。上奏后明太祖命：“诰敕文臣字用玉箸篆，武臣用柳叶篆，诰织文曰‘奉天诰命’，敕织文曰‘奉天敕命’，俱用升降龙文左右盘绕。”[③] 洪武六年九月，朱元璋又诏定文武官诰命制度，对礼部尚书牛谅、侍讲学士宋濂等曰：“前代仕于朝者必有封赠移恩之典，既封赠则必给以诰命，所以上荣其祖考，下及其子孙也，卿等宜稽古详定其式。”[④] 牛谅等议后上奏：“参考唐宋诰命，皆由三省官列衔书名，复用吏部告身等印章，本朝诰敕既用御宝则省臣不敢署见。造诰敕花样签轴制度俱有等第，不须改作。又宋绍兴年间工部言：官诰院所用绫纸易以伪冒，乞下文思院别织一体花样专充官诰。今议于诰尾添织某字第几号以为关防，及取工部神帛制敕局以造完诰命，书写用宝颁于文武官。从之。其制公侯一品至五品诰命，六品至九品敕命，公侯及一品诰轴用玉，伯子男及二品用犀，五品以下用角。”[⑤]

以上是关于洪武时期诰敕制度的记载，这些记载和目前遗存的洪武诰敕实物相吻合。据笔者的搜集整理，洪武时期授武官的诰敕遗存有十二件，分别是：青海省档案馆收藏的洪武二年（1369）八月授魏华忠显校尉管军千户诰命一道，洪武二十五年（1392）五月初五日授魏庇儿副千户、授徐勇百户的敕命各一道，洪武二十七年（1394）六月二十八日授赵德忠显校尉诰命一道（未见内容描述和图片）[⑥]；西藏自治区档案馆收藏的洪武六年二月授怀远将军俄力思军民元帅府元帅诰命一道（有内容描述和图片）[⑦]；青海同仁县瓜什则寺保存有洪武六年（1373）八月授阿卜束河州卫世袭千夫长诰命一道（有内容描述）[⑧]；中国国家博物馆藏洪武二十四年（1391）十月初七日授胡迈昭信校尉世袭百户诰

① （唐）杜佑《通典》卷十五：“先简仆射，乃上门下省，给事中读之，黄门侍郎省之，侍中审之，不审者皆得驳下，既审然后上闻，主者受旨而奉行焉。各给以符而印其上，谓之‘告身’，其文曰‘尚书吏部告身之印’。自出身之人至于公卿皆给之，武官则受于兵部。”中华书局，1988，第 360 页。

② （明）傅宗皋：《序》，载（明）潘焕宿编《南京尚宝司志》，《金陵全书》乙编·史料类第 33 册，南京出版社，2016，第 3 页。

③ 《明太祖实录》卷四十九，第 962 页。

④ 《明太祖实录》卷八十五，第 1508 页。

⑤ 《明太祖实录》卷八十五，第 1508、1509 页。

⑥ 赵海林：《青海省档案馆藏明清档案概述》，《历史档案》1994 年第 2 期。

⑦ 邓锐龄、陈庆英等：《元以来西藏地方与中央政府关系研究》，中国藏学出版社，2005，第 205 页。

⑧ 《中国少数民族社会历史调查资料丛刊》修订编辑委员会青海省编辑组编《青海省藏族蒙古族社会历史调查》，青海人民出版社，1985，第 5 页。

命一道（图二），洪武二十五年（1392）四月初十日诰命一道（有内容描述和清晰图片）①；甘肃省定西县马姓农民收藏有祖传的洪武二十五年（1392）五月十一日授马整昭信校尉、本卫所世袭百户诰命一道（有内容描述）②；徐州圣旨博物馆收藏有洪武二十五年（1392）二月十五日授蒋贵武德将军世袭正千户诰命一道（有内容描述和清晰图片）③；龙陵县档案馆收藏有洪武二十六年（1393）二月十二日授镇安杨氏世袭诰命一道（有内容描述和图片）④；内蒙古乌兰察布盟文物工作站1980年5月征集到洪武二十八年（1396）十二月初五日授马林昭信校尉、本卫所世袭百户诰命一道（有内容描述和图片）⑤。

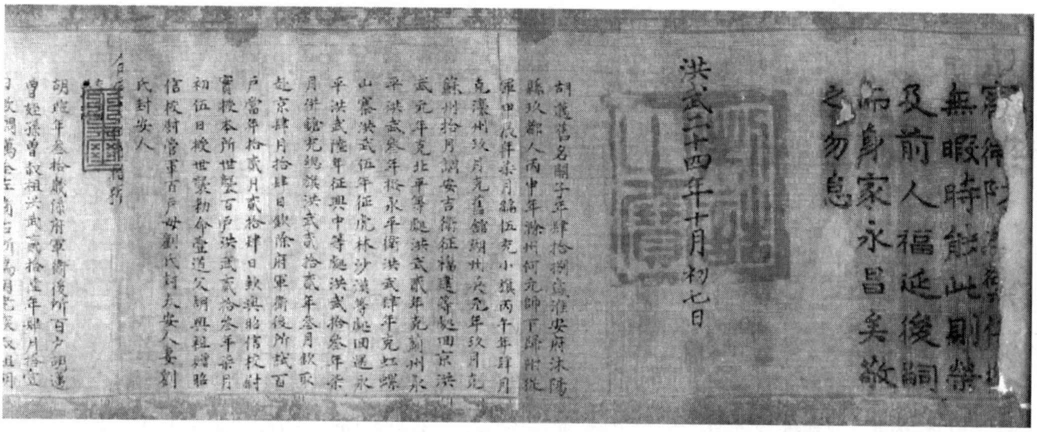

图二　洪武二十四年十月初七日授胡迈昭信校尉世袭百户诰命（中国国家博物馆藏）

以上实物除青海省档案馆收藏的四道诰敕未见描述和图片外，其余均可大致了解实物面貌。其中青海同仁县瓜什则寺和西藏自治区档案馆收藏的诰命是洪武六年（1373）颁授，其他六道诰命则是在洪武二十四年及以后颁授，这六道诰命均有统一的样式，具体细节如下。

诰命宽31厘米左右，完整件长度473.3厘米，织造方法和南京城墙博物馆收藏的永乐十二年诰命一致，即用五色彩纬织成黄、白、黑、蓝、红五段，四周有边栏，宽3.5厘米左右。边栏中间织有间隔的云龙纹（龙纹右向），纬线显花，斜纹组织。首段前端织玉箸篆“奉天诰命”四字，左右有升降龙纹。中间用黑色丝线织同一内容的楷体训词，内容为：

奉/天承运。/皇帝制曰：昔者圣王/之治天下也，必资/威武以安黔黎，未/尝专修文而不演/武。朕特仿古制，设/武职以卫治功。受/斯任者，必忠以立/身，仁以抚众，智以/察微，防奸御侮，机/无暇时。能此，则荣/及前人，福延后嗣，/而身家

① 中国国家博物馆编《中国国家博物馆馆藏文物研究丛书·明清档案卷（明代）》，上海古籍出版社，2006，第2~7页。

② 何钰：《明洪武二十五年马整诰封考略》，《历史档案》1995年第4期。

③ 北京民俗博物馆、徐州圣旨博物馆编《阅旨——徐州圣旨博物馆精品文物展》，北京工艺美术出版社，2017，第14~17页。

④ 李冬梅、杨永明：《龙陵县馆征集到明洪武诰命圣旨》，《云南档案》2017年第2期。

⑤ 杜承武：《明洪武二十八年“奉天诰命”和马林夫妇雕像》，《文博》1988年第5期。

永昌矣。敬/之勿怠。

卷尾墨书“年 月 日”，字上钤篆体“制诰之宝”阳文宝玺，宝玺边长约12.5厘米。首段后为墨书授封内容，文末上部钤九叠篆阳文骑缝宝玺（只可见左“之玺”二字），边长约5厘米。骑缝处有墨书编号，内容为某“字”某某“号”，编号旁盖楷书阳文墨印，内容为“查考相同、并无涂改”两行八字。如果有后人世袭或加封，则在其后书写内容，文后钤骑缝宝玺，墨书编号，盖查考墨印。

将洪武二十四年及以后颁授的诰命实物和南京城墙博物馆收藏的永乐诰命相比较，发现诰命样式在永乐时期有了变化。

洪武诰命在首段用黑色丝线织楷体训词（从内容看，文臣诰命的训词应该有所不同）。永乐诰命首段没有织成训词。这种首段织固定内容训词的样式，目前只见洪武时期的诰命有，永乐直至明末都不见。①

洪武诰命在首段训词后书写日期，加盖“制诰之宝”，其后再书写授封内容、钤骑缝宝玺、墨书编号、盖查考墨印。永乐诰命则是在首段直接书写授封内容，其后钤“制诰之宝”，在授封内容后钤骑缝宝玺、墨书编号，未见查考墨印。授封内容后墨书编号应该是采用了洪武六年九月议定的为了防止伪冒，“于诰尾添织某字第几号以为关防”②。《明实录》中记载是“添织”，实物是骑缝书写。骑缝书写可以勘合底簿，在贴黄和更袭时便于校验。从目前的实物遗存来看，洪武诰敕在初期应该是按照“上织某年月日造及局官姓名”和“添织某字第几号以为关防”来织造的。③

洪武诰命整幅有云龙纹边栏装饰，永乐诰命不见此格式④。洪武诰命除边栏外不见其他纹饰，永乐诰命主体则有纵列的如意云纹。

除了织造样式之外，洪武诰命和永乐诰命所用宝玺也有变更。洪武诰命所钤“制诰之宝”与永乐诰命的“制诰之宝”，看似印文一致，细看则有所不同（图三、图四）。洪武诰命的“之”中间竖划上部和边框有间距，而永乐诰命的“之”中间竖划上部和边框较近，几乎相连；洪武诰命“宝”字的下两点和边框有间距，永乐诰命“宝”字下两点接近边框。这两颗宝玺不是同一物，推测靖难中建文帝阖宫自焚，原宝玺在大火中损毁，成祖入京后重制宝玺，永乐诰命所用即为成祖重制的宝玺。据《明太宗实录》卷九的记载，靖难之后建文宝玺至少损毁了四颗。（建文）四年六月辛未“制皇帝亲亲宝”⑤；丁丑“新作奉先殿，盖旧殿为建文所焚，至是改作于奉天殿之西，制皇帝奉天之宝、制诰之宝、敕

① 清代诰命有见首段织训词样式，一般是只用于级别高的封赠，其内容和明代洪武诰命训词不同。

② 《明太祖实录》卷八十五，第1508、1509页。

③ 西南民族大学收藏有一件永乐六年授思曩日领占省吉为弘教禅师的敕命，这件敕命是用洪武织造的敕命来颁授的，其卷首织有三行篆书，内容为：“总字壹千伍百肆拾肆号、洪武四年九月二十二日造、制敕局大使袁文。”李立新：《〈永乐敕书〉和〈正德诰书〉考释》，《西藏研究》1984年第1期。

④ 边栏装饰用法在永乐敕命中常见，清代崇德及康熙诰命也有这种样式。

⑤ 《明太宗实录》卷九下，第136页。

命之宝"①；九月，"制诰之宝"制作完成，明成祖还赐中书舍人刘彦铭钞三十锭、胡椒四斤，以示褒奖②。负责此事的中书舍人应是重新摹写了印文，请官匠制作。从永乐所用的"制诰之宝"来看，与洪武宝玺印文相似，其书写和制作更佳。

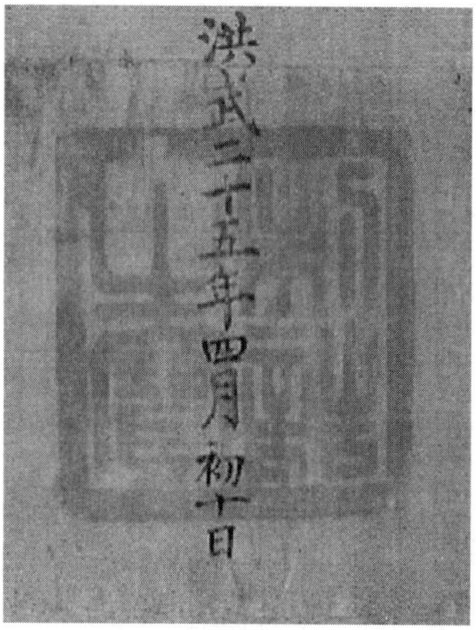

图三　洪武"制诰之宝"

洪武诰命在授封内容之后钤九叠篆"□□之玺"骑缝宝玺。永乐诰命在授封内容之后钤篆书"□□之宝"骑缝宝玺（图五）。两印内容不同，尺寸不一。根据明代文献对皇帝宝玺的记载，在明初十七玺中只有"钦文之玺"用"玺"字，其余皆用"宝"字。③ 因此，洪武所用骑缝宝玺应是"钦文之玺"。目前，所见宣德及以后的明清诰敕所用的骑缝宝玺都是"广运之宝"，而永乐所用的这颗骑缝宝玺在以后的诰敕中未见使用。西藏自治区保存有一件永乐八年（1410）颁赐大国师果栾葛罗坚藏巴里藏卜礼单④，在文后墨书纪年上钤有

图四　永乐"制诰之宝"

① 《明太宗实录》卷九下，第 140 页。

② 《明太宗实录》卷十二下："制诰之宝成，赐中书舍人刘彦铭钞三十锭，胡椒四斤。"第 213 页。

③ 《南京尚宝司志》卷一："钦文之玺则文史等用之。"第 47 页。《明会典》卷二百二十二《尚宝司》："御宝二十四颗，旧制十七颗。皇帝奉天之宝、皇帝之宝、皇帝行宝、皇帝信宝、天子之宝、天子行宝、天子信宝、制诰之宝、敕命之宝、广运之宝、御前之宝、皇帝尊亲之宝、皇帝亲亲之宝、敬天勤民之宝、表章经史之宝、钦文之玺、丹符出验四方。"（明）申时行等修，（明）赵用贤等撰《大明会典》，《续修四库全书》编纂委员会编《续修四库全书》第 792 册，上海古籍出版社，第 626 ~ 627 页。

④ 邓锐龄、陈庆英等：《元以来西藏地方与中央政府关系研究》，图 10。

"广运之宝"。2021年5月，在中贸圣佳国际拍卖有限公司举办的"万卷——古籍信札古籍善本专场"中，有一件编号3380号的拍品，是永乐十年（1412）四月二十五日赐西藏高僧领占扎等茶叶的敕书，在汉文后的墨书纪年上钤有"广运之宝"（图六）。从格式、大小、书体来看，这两颗印和南京城墙博物馆收藏的永乐诰命上的骑缝宝玺应是同一颗。由此说明至迟在永乐十二年九月，明成祖改用"广运之宝"为诰敕的骑缝宝玺。《南京尚宝司志》载"广运之宝"为"敕奖臣工用之"[①]，此颗宝玺应该源自朱元璋在洪武四年制的"广运之记"[②]。通过目前遗存的明代诰敕实物可知，宣德二年（1427）及以后诰敕所用的"广运之宝"又做了更改。[③] 永乐所用的"广运之宝"尺寸小，篆文及边框纤细，宣德二年及以后所用的"广运之宝"边框加宽、字体加粗、尺寸加大，可能是宣宗觉得原来的宝玺气度不够，因而重制。

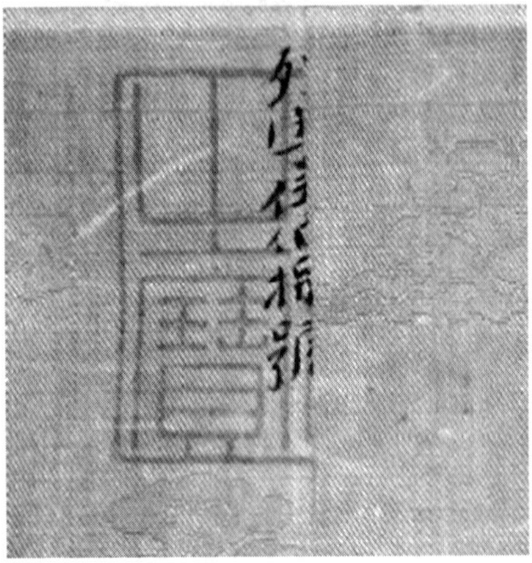

图五　永乐诰命"广运之宝"

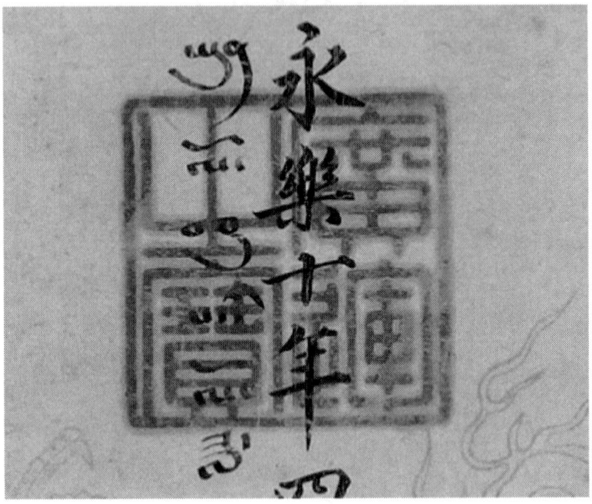

图六　永乐敕谕"广运之宝"

通过以上对比及现存永乐及以后的明代诰命遗存实物可知，明代诰命为纬线显花的五色彩锦，诰命加盖"制诰之宝"，文后有字号为关防校验，这都是明太祖定制的样式。永乐时期，诰命首段不再织训词，而是直接墨书授封内容，其后墨书纪年，上钤重新制作的"制诰之宝"。武官诰命不再有边栏装饰，而是主体织纬线显花的纵列如意卷云纹。[④] 永乐时期改授封文后的骑缝印宝玺"钦文之玺"为"广运之宝"（该宝玺在宣德时重制）。永乐时期改定的这种诰命样式一直沿用到清朝灭亡，基本没有变化，成为明清诰

① 《南京尚宝司志》卷一，第46页。

② 《明太祖实录》卷六十"洪武四年正月戊戌"条："制玉图记二，俱以蟠龙为纽，其一方一寸五分，文曰'广运之记'，其一方一寸二分，以赐中宫，文曰'厚载之记'。"第1175页。

③ 西藏自治区存有一件明宣宗宣德二年（1427）封葛里麻"慧慈禅师"名号敕命，其上的骑缝印使用的是改制后的"广运之宝"。邓锐龄、陈庆英等：《元以来西藏地方与中央政府关系研究》，图11。

④ 有见文官诰命织造仙鹤纹。北京民俗博物馆、徐州圣旨博物馆编《阅旨——徐州圣旨博物馆精品文物展》，第26～27页。

命的主要样式。

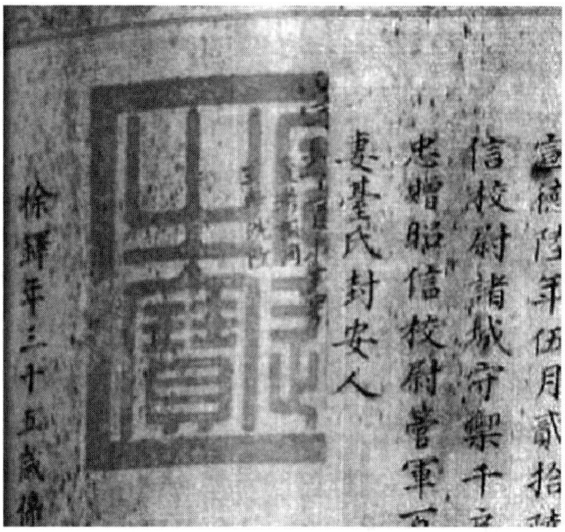

图七　正统诰命“广运之宝”

关于明代早期诰命，还有两点需要指出。其一，目前所见洪武时期的大部分诰命都是二十四年及以后颁授的，之前的遗存甚少，洪武前期和后期的诰命在样式和内容方面都有所不同。青海同仁县瓜什则寺和西藏自治区档案馆收藏的洪武六年（1373）诰命没有后期诰命首段的织成训词，其书写内容也和后期实物不同，起首两句都为“奉天诰命，皇帝圣旨”。这种不一致的现象和朱元璋变更诰敕制度有关。俞本《纪实录》记录洪武十一年（1378），明太祖命将洪武元年之后颁授的诰敕全部收回，隐瞒者治罪，名曰“拘收文凭”。① 说明在此年朱元璋将诰敕的样式进行了更改。这两件洪武六年（1373）诰命是洪武十一年更改前的样式。徐州圣旨博物馆藏洪武二十五年（1392）诰命首段授封内容中讲到了此次改制，“洪武四年三月钦授世袭敕命……洪武十一年四月钦蒙换给世袭敕命”②。俞本《纪实录》记录洪武二十八年（1395）又改诰敕制度③，武官统一颁授诰命，不再诰敕有别。父、母、妻封赠不再另授，而是列于其后。此条记录和目前遗存的洪武二十四年及以后的诰命实物相符。李新峰先生认为，俞本所记有误，此次变更应该发生在洪武二十五年（1392）。笔者认为，根据中国国家博物馆收藏的诰命实物④，至少在洪武二十四年十月此事即已施行。其二，后期诰命有时也采用前期织造的诰命来颁授，徐州圣旨博物馆收藏有一件正统七年（1442）六月二十五日颁授的诰命（不完整）⑤，此件诰命和洪武晚期诰命样式一致，但是授封内容后的骑缝印用的是宣德改制的“广运之宝”，“制诰之宝”用的是永乐新制的宝玺（图七）。

① （明）俞本撰，李新峰笺证《纪实录笺证》“洪武十一年（1378）戊午”条载：“正月，上于内外文武百官，自洪武元年诰敕，与乙未年至吴元年大小官员头目凡有曾受御押札付，及侍卫象牙牌并虎头金牌未纳者，尽拘收之，敢有隐藏者治罪，名曰‘拘收文凭’。”中华书局，2018，第403页。

② 北京民俗博物馆、徐州圣旨博物馆编《阅旨——徐州圣旨博物馆精品文物展》，第15页。

③ （明）俞本撰，李新峰笺证《纪实录》“洪武二十八年（1395）”条载：“是年，敕天下武臣更易诰敕。旧制，六品以下给敕，用‘敕命之宝’，五品以上给诰，用‘制诰之宝’。至是，俱以五彩织成文章，美誉于前，后以素白锦上，墨书本职、姓名、从军年月、历过功勋、所授任职散官，俱为世袭，并用‘制诰之宝’。考、妣、妻封赠，书于年月之后。”第479页。对于俞本所记洪武二十八年（1395）更改诰敕一事，李新锋认为俞本所记新制规定和现存实物相符，但据遗存实物的纪年，他怀疑俞本所记改换诰敕在洪武二十五年。

④ 中国国家博物馆编《中国国家博物馆馆藏文物研究丛书·明清档案卷（明代）》，上海古籍出版社，2006，第2~7页。

⑤ 北京民俗博物馆、徐州圣旨博物馆编《阅旨——徐州圣旨博物馆精品文物展》，第18~19页。

四 关于诰命的缮书者

诰敕对内授封的是文武官员及勋贵宗室，对外授封的是归附外藩及属国友邦，作为代表天子威严和帝国形象的国家公器，其颁授和管理有着严格的程序和规定，其中文字的书写能否体现庙堂之气显得尤为重要。明初朱元璋置中书省，专门委派善书的中书舍人负责书写诰敕。建文帝时改革官制，革去中书舍人，改为侍书，升正七品，入文翰馆，隶翰林院。朱棣靖难即位后，恢复太祖旧制，设中书科，署于午门外，定设中书舍人二十人。[①]中书舍人的职责是缮写诰敕、制诏、银册、铁券等事，并不负责起草，文书的拟定由身为翰林的大臣负责。[②] 朱棣即位后，谢缙、胡广、杨荣、黄淮、金幼孜、杨士奇、胡俨七人入文渊阁，成为代言皇帝的近臣。杨士奇《四朝御书阁颂》云："太宗皇帝入继大统……初建内阁（文渊阁）于奉天门内，简任翰林之臣七人其中，所职代言。属时更新，凡制诰命令诫敕之文日夥，而典礼庶政之议，及事之关机密者咸属焉，暮乃出。"[③] 谢缙、胡广等人都是善于楷书的高手，其中杨荣、杨士奇更是明初台阁体书法的代表人物。永乐时期除了中书舍人誊写外，重要的诰敕文书也由善书的阁臣书写，其中沈度因善书入阁，在永乐一朝格外受到推崇。据杨士奇《东里集》云："凡五册金简，用之宗庙，朝廷藏秘府，施四裔，刻之贞石，传于后世，一切大制作，必命公书。"[④] 沈度、沈粲兄弟也是台阁体的代表书家。

所谓台阁体书法是指明永乐至宣德年间盛行的一种官方书体。明太祖、成祖都喜爱书法，并十分重视帖学。成祖即位后所用的内阁（文渊阁）大臣都是善书正楷的高手，这对当时的书法艺术风貌产生了较大影响，使得朝廷内外都争相效仿，形成了一种风格一致的书体，由于引领者是内阁大臣和负责缮写朝廷文书的中书舍人，因此后世称这类书体为"台阁体"。

南京城墙博物馆收藏的这件永乐诰命布局疏朗有秩、前后照应，书写大小一致、细致工整，用笔稳健娴熟、温润清劲。由于是书写在丝织物上，用墨浓稠，笔画略显生涩。整体体现了雍容典雅的台阁体书风，其书写者应为皇帝认可的中书舍人，或者是善书的阁臣。

明代书家的传世作品较多，将此件诰命和明代永乐年间的台阁体书家作品比对之后可

---

① 《明史》卷七十四《职官志》："洪武七年，初设直省舍人十人，秩从八品，隶中书省。九年为中书舍人，改正七品，寻又改从七品。十年，与给事中皆隶承敕监。建文中，革中书舍人，改为侍书，升正七品，入文翰馆，隶翰林院。成祖复旧制，寻设中书科署于午门外，定设中书舍人二十人。"第 1808 页。

② 《明史》卷七十四《职官志》："中书科舍人掌书写诰敕、制诏、银册、铁券等事，凡草请诸翰林、宝请诸内府。左券及勘籍，归诸古今通集库。"第 1807 页。

③ （明）杨士奇：《杨文贞公文集》卷一，明崇祯平露堂刻本。

④ （明）杨士奇：《东里集》，中华书局，1998，第 288 页。

知，这件诰命的书写风格与杨士奇、杨溥不同，与二沈有所区别，与杨荣的书风类似。

杨士奇书学欧体，用笔方整，略带隶意，与此诰命书体明显不同，且杨溥、杨士奇二人在此年八月因太子“书奏失辞”下狱，因此不可能是二人所书。沈度书风取法唐楷和赵孟頫，其“丰润温润”的盛世气象深得皇帝喜爱。其字顺峰起笔，飘逸圆润，撇捺等笔画都很开张，有曲折奔放之美，与此诰命的书体相近但有所区别。杨荣书体取法唐人，用笔劲健，结构严谨，笔画宁静舒展。其传世书法中的“承”“子”都是逆峰起笔，“民”“久”的收笔以及“来”字的竖钩等书写习惯都和此诰命书体一致。通过细节比对，可以这样认为：其书写者可能为明初“三杨”之一的杨荣，或者是摹习杨荣书体的中书舍人，此件诰命是明代初期台阁体书法的代表。

结 语

诰敕制度作为一种巩固帝国统治的重要手段，在明代被进一步明确和强化。它对安抚臣属以及巩固边疆都起到了非常重要的作用。明亡清兴，此套制度为新统治者继承，并一直沿用到王朝结束。南京城墙博物馆收藏的永乐十二年诰命是记录这一制度变化的重要实物，蕴含着诸多的历史信息。明代负责织造诰敕的机构是神帛制敕局，后又称神帛堂，地点在南京明故宫皇城北安门内，入清以后明故宫改为满城，清廷仍在此织造神帛诰敕。[①] 此件诰命为彩锦织物，它虽不属南京云锦，但有明确纪年，也是研究明代初年南京丝织技艺的珍贵实物。

编辑：王志高

① 关于明代中央织染机构，范金民、夏维中研究认为：南北两京都有内织染局，诰敕织造由南京内织染局负责，其地址不可能在后湖，大概在北安门一带（《明代中央织染机构考述》，《明史研究》第四辑，黄山书社，1994）。笔者认为，根据文献记载，诰敕神帛的织造在洪武时期归工部管理，后神帛织造由司礼监负责，诰敕由南京内织染局负责。其织造地点应在同一地方，即皇城内北安门一带。清光绪《续纂江宁府志》卷一《秩官》载：“神帛诰命堂，向在皇城厚载门内。”从顺治开始，清廷就在明故宫皇城北安门内设神帛堂，织造神帛诰命。

区域历史文化

从李日华及其《味水轩日记》看明代晚期江南文人的好古风气

——以陶瓷艺术为中心的观察

高 杰

（南京师范大学文博系）

［摘要］李日华是晚明时期江南文人的代表人物之一，其《味水轩日记》为我们窥探晚明时期江南文人的收藏风气提供了一个窗口。本文以李日华的陶瓷收藏为中心，以《味水轩日记》为切入点，结合其交游的文士所著笔记，从“时玩”“品次”“流转”三个方面探究晚明时期江南文人的陶瓷收藏风气。晚明江南文人好古之风盛行，既好古，也好时玩。在以书画、金石为重心的收藏门类中，陶瓷的收藏处于末流的地位。在商品经济的浪潮下，作为艺术品，陶瓷器被收藏者追捧，同时也在古董商的推波助澜下成为交换金钱的一种特殊的商品。

［关键词］李日华；江南；晚明；陶瓷；收藏

李日华（1565～1635），字君实，号竹懒，浙江嘉兴人。明万历二十年（1592）进士，官至太仆寺少卿。室名“鹤梦轩”“六研斋”“紫桃轩”等，为其藏书、著述之所。李日华藏书数量达数万卷，工书画，精鉴赏。著有《味水轩日记》《紫桃轩杂缀》《六研斋笔记》等。

当我们把好古这一主题聚焦于明代晚期江南文人这一群体时，以李日华为典型的这个群体，给后人留下了较为丰富的著述，包括笔记、日记等，使我们能够从中一窥彼时的鉴古、赏古、玩古的好古风气。在收藏鉴赏诸门类中，与文人最为亲近的书画毫无疑问占据着书斋生活的绝大多数时间。关于这方面的史料记载，文人们也毫不吝啬他们的笔墨。在书画的日月光华下，陶瓷类著述、收藏、赏鉴活动则显得星光黯淡。如今，我们将目光聚焦于陶瓷这个中心，《味水轩日记》是我们观察这一主题的切入点，而李日华之社会关系网络则使我们能够连珠成串，串联起这个时代的好古风气。

一 时玩

据《味水轩日记》，万历三十七年（1609）八月初七日，李日华购得“万历初窑真言字茶杯二只”，其评论是“甚精雅可玩”。① 关于“万历初窑”，比李日华稍晚的张岱有如下记述：

> 万历之官窑，以初年为上，虽退器无不精妙，民间珍之。②

李日华所购入的万历茶杯，应为明万历景德镇窑所烧制的青花杯，至于是不是官窑产品，不得而知。其所购买之缘由，不仅仅是“精雅可玩”的文人喜好，还缘于“近善鄱国告苏摩罗青已竭，而景德镇匠手率偷薄苟且，烧造虽繁，恐难复睹此矣”③，这里所说的苏摩罗青，当指从西域进口之回青料。这种钴料所绘青花之发色，蓝中透紫，自成特色。万历初年之器，距其时也不过三十余年，但对于李日华来讲，不仅可赏玩，还在于实用。李日华好茶，对于烹茶之水的要求也很是挑剔，经常不远千里取水试茶，这种精雅的生活要求也正合其轩号——味水。就在购买杯子的前几日，“龙井人送至小春茶二斤”，在小雨淅沥之中，仍“遣僮负罂罍至玛瑙寺后，披草汲葛洪洗丹池水点试”。④ 这类距离其生活时代不远的可供赏玩、品鉴的器物，当时人称之为“时玩”，如沈德符在《万历野获编·玩具》之“时玩”条中所记：

> 玩好之物，以古为贵，惟本朝则不然。永乐之剔红、宣德之铜、成化之窑，其价遂与古敌。盖北宋以雕漆擅名，今已不可多得，而三代尊彝法物，又日少一日。五代迄宋所谓柴汝官哥定诸窑，尤脆薄易损，故以近出者当之。始于一二雅人，赏识摩挲。滥觞于江南好事缙绅，波靡于新安耳食。⑤

写下这段文字的沈德符，与李日华同乡。其侄沈大詹，年幼时受教于李日华，后为其婿。嘉兴长溪沈氏，是当地世家大族。沈德符继承家学，学识广博且精于鉴赏。由此可见，至明代晚期，文人虽好古，但早期的古物不可易得，遂退而求其次；明代晚期好“时玩”之风气，前朝所未见，这是一个新变化：既好古，又好时玩。

至于陶瓷，当时最为推崇的属宣德、成化、嘉靖窑器。正如沈德符记：

---

① （明）李日华著，屠友祥校注《味水轩日记校注》，上海远东出版社，2011，第37页。
② （明）张岱撰，刘耀林校注《夜航船》“万历初窑”条，浙江古籍出版社，1987，第498页。
③ （明）李日华著，屠友祥校注《味水轩日记校注》，上海远东出版社，2011，第37页。
④ （明）李日华著，屠友祥校注《味水轩日记校注》，上海远东出版社，2011，第35页。
⑤ （明）沈德符：《万历野获编·玩具·时玩》，中华书局，1959，第653页。

> 本朝瓷器，用白地青花间装五色，为古今之冠。如宣窑品最贵，近日又贵成窑，出宣窑之上。……至嘉靖则又仿宣、成二种而稍逊之。惟崔公窑加贵，其值亦第宣、成之十一耳。①

这里所指宣窑当指宣德的五彩器，而成窑则为成化斗彩，嘉靖为青花五彩，三者都为明朝瓷器的名贵品种，都为文中所讲的青花间装五色。以上所提之崔公窑，据清人蓝浦所撰《景德镇陶录》所记：

> 嘉隆间人，善治陶，多仿宣、成窑遗法制器，当时以为胜，号其器曰“崔公窑瓷”，四方争售。诸器中惟盏式较宣、成两窑差大，精好则一。余青、彩花色悉同，为民陶之冠。②

万历年间的著名文人、人文地理学家王士性在其《广志绎》中对于明朝之瓷器这样写道：

> 应之本朝，以宣、成二窑为佳。宣窑以青花胜，成窑以五彩，宣窑之青，真苏浡泥青也。成窑时皆用尽，故成不及宣。宣窑五彩堆垛深厚，而成窑用色浅淡，颇成画意，故宣不及成。……世庙经醮坛盏亦为世珍。近则多造滥恶之物。③

总体来讲，王氏认为，本朝瓷器宣德、成化最佳。其中，宣德青花、成化斗彩尤为著名，嘉靖时期的经醮坛盏也为世人所珍视。嘉靖皇帝笃信道教，常行斋醮以供斋醮神，醮坛是为举行斋醮仪式而布置的祭坛。《明史》记载仅嘉靖三十七年就烧造内殿醮坛瓷器三万件。④ 而文震亨在《长物志》中则描写这类坛盏“后有金箓大醮坛用”⑤，有实物为证（图一）。所谓“金箓”，是指道教斋醮科仪之一，有祈祷、祝福延寿、十回度人等科仪。《味水轩日记》曾记载，明代大藏家项元汴之子项又新为其母贺寿征文于李日华，馈作润笔的有文徵明《独乐园记》一册、陈淳（白阳）花石一幅、黑绿绒一端以及（嘉）靖窑白瓯四只。靖窑白瓯与名家手迹相提并论，也足见其为世人所追捧。⑥

明洪武二年，中央政府在景德镇设“御器厂”，置官监督烧造官窑瓷器，集中了最好的技术、工匠、原料，其产品专供宫廷使用，无疑代表了当时瓷器生产的最高成就。正是由于御用瓷器的性质，其甄选的标准也极为严苛，对不合格的产品也有特别的处理。正因如此，民间对于官窑瓷器较为难得，故明人对于本朝特别是宣德、成化、嘉靖时期的官窑

---

① （明）沈德符：《万历野获编·玩具·时玩》，中华书局，1959，第653页。
② （清）蓝浦撰，傅振伦注《景德镇陶录详注》，书目文献出版社，1993，第66～67页。
③ （明）王士性撰，吕景琳点校《广绎志·江南诸省》，中华书局，1981，第83～84页。
④ （清）张廷玉等：《明史·食货志》，中华书局，1974，第1999页。
⑤ （明）文震亨著，陈植校注《长物志校注》，江苏科技出版社，1984，第419页。
⑥ （明）李日华著，屠友祥校注《味水轩日记校注》，上海远东出版社，2011，第58页。

图一 “金箓大醮坛用”底款茶盏

图片来源：王轶凌：《浙江省博物馆藏明清堂名款瓷器》，《东方博物》2012 年第 4 期。

器尤为珍爱，以至于民间仿官窑器之精品也被世人追捧。

明代瓷器制造，景德镇一家独大，而紫砂器，宜兴窑独步天下。明人对于当世的紫砂名家壶也极为珍视，其中最负盛名的当属时大彬。时大彬，号少山，是供春后制壶四大家（董翰、赵良、元畅、时朋）之一时朋之子。据《阳羡名陶录》所记，时大彬初仿供春，喜作大壶，后游历娄东（今江苏太仓），听闻陈继儒与琅琊、太原诸公品茶试茶之论，乃作小壶。[①] 宜兴紫砂器之所以为世人称道，除了匠人制陶艺术的精湛，一个极其重要的原因在于其与文人生活中饮茶之风的紧密结合。陈继儒嗜茶，对于茶之研究颇有心得，其书《茶董补》即为证。时大彬依据文人品茶之喜好及要求，改大为小，如此一来，这种适合的茶具使得紫砂器的地位和性质也发生了极大的变化。从单纯的饮茶之器，到被文人所喜，有雅趣，耐赏玩，和书斋中的其他器用一样，已从单一的实用器物上升为带有浓厚文人气息的雅玩之物，在文人生活中占据不可或缺的一席之地。故时人对于大彬壶赞誉有加：“近日时彬所制，大为时人宝惜”[②] “明代良陶让一时，独尊大彬”[③] “时瓶，有与市者，一金一颗”[④]。

时玩之风兴起，正如上文中沈德符所讲，喜好永乐剔红漆器，是因为北宋雕漆难得。喜好宣德铜炉，是因为夏商周三代青铜尊彝难得。喜好成化瓷器，是因为柴汝官哥定诸窑难得，故此以近出者当之。

---

① （明）周高起：《阳羡茗壶系》，中华书局，2012，第 67 页。

② （明）许次纾：《茶疏·瓯注》，中华书局，2020，第 120 页。

③ （明）周高起：《阳羡茗壶系》，中华书局，2012，第 108 页。

④ （明）江盈科：《雪涛小说》（外四种），上海古籍出版社，2000，第 234 页。

二　品次

明人的陶瓷收藏，是诸多收藏门类中的一个种类。在诸多古物中，陶瓷之品次如何呢？

李日华《味水轩日记》中便有古物品次之评论。万历四十四年（1616）正月十七日，其华亭门人黄章甫来拜访李日华，出纸索李日华行草书，李日华便作评古次第：

> 晋、唐墨迹第一，五代唐前宋图画第二，隋唐宋古帖第三，苏黄蔡米手迹第四，元人画第五，鲜于虞赵手迹第六，南宋马夏绘事第七，国朝沈文诸妙绘第八，祝京兆行草书第九，他名公杂札第十，汉秦以前彝鼎丹翠焕发者第十一，古玉珣璏之属第十二，唐砚第十三，古琴剑卓然名世者第十四，五代宋精板书第十五，怪石嶙峋奇秀者第十六，老松苍瘦、蒲草细如针杪并得佳盆者第十七，梅竹诸卉清韵者第十八，舶香蕴藉者第十九，夷宝异丽者第二十，精茶法酝者第廿一，山海异味第廿二，莹白妙磁秘色陶器不论古今第廿三。外是则白饭绿齑，布袍藤仗亦为雅物。①

李日华自称为戏论，其古董之次第，大致如下：书画、三代青铜器、古玉器、唐砚、名琴剑、五代宋古籍、瓷器。

顾起元的《客座赘语》也有评论：

> 赏鉴家以古法书、名画真迹为第一，石刻次之，三代之鼎彝尊罍又次之，汉玉杯玦之类又次之，宋之玉器又次之，窑之柴、汝、官、哥、定及明之宣窑、成化窑又次之，永乐窑、嘉靖窑又次之。②

大致品次为书画碑帖、三代青铜器、汉宋古玉器、瓷器。

除此之外，从明人赏古题材的绘画中器物摆放之位置，也可看出一些端倪。如明尤求《品古图》（图二）：庭

图二　明尤求《品古图》

① （明）李日华著，屠友祥校注《味水轩日记校注》，上海远东出版社，2011，第565页。

② （明）顾起元撰，孔一校点《客座赘语》，上海古籍出版社，2012，第169页。

院深深，梧桐成荫，芭蕉翠竹掩映，画意清微淡远。画面居中即为一大书案，五位雅士绕案品古，四个童子分侍左右。居中之人展卷颔首，其余几人或拈须深思，或昂首端详，或赏玩它物。从器物摆放来看，中心之焦点为书案，书案陈列之重点为书画，书案一角陈列瓷砚台、瓷茶杯等。围绕赏古五人，三人之视觉中心在于画卷，而另两人则被童子手持之爵、簋所吸引，这两件青铜器又成为次于书画的中心。画面一角，尚有一几案，上陈瓷杯、瓷盏托、瓷瓶与青铜鼎，与地上之鼎、瓶上下交错呈现。

又如明代仇英之《竹院品古图》（图三）：画面中心即为两扇画屏，一作山水，一作花鸟。居中一案，主宾二人正在观赏册页，书画卷轴、书函整齐排放其旁。而对面之宾客，则由小童捧盘，呈上一瓷瓶、一瓷炉观赏。在画面另外三案上，错落陈列鼎、觚、卣、奁、瓶等器。值得注意的是三件瓷器，一瓶、一双耳瓶、一鼎式炉，上有开片，器身大部被青铜器物所遮挡，主次之分，一目了然。

图三　明仇英《竹院品古图》

又如明杜堇《玩古图轴》居中之案上陈列器物，青铜鼎彝之属为重，而陶瓷器则偏居一隅。

由此而见，明代的这些文人们所最清赏之物当是书画，青铜器收藏自宋金石之学兴起也渐趋成风，而玉器、瓷器等则位列其后。

三 流转

明代晚期，鉴藏之流风靡行，其人或好古敏求，或好事贪名，或誉博物君子，或讽耳食之徒。原是清玩高赏之物，但经好事者之手而价格腾跃，掮客牙人充斥其间，真伪莫辨。器物流转其间，或一售千金，或传家流世，或以物质钱，或随死而殉。如此种种，不一而足。在好古之人的周围，有许多售卖古玩之人，有些人是专职的古董商人。李日华在《味水轩日记》中关于与古董商来往的瓷器交易有多处记录，试举几例：

万历三十七年二月二十四日，购入方巢云官窑香炉一只。

万历三十八年二月二十一日，夏姓商人带来成化灯笼酒杯一只、五彩把杯一只。

万历三十八年四月二十三日，有商人持回青径尺大盘来看。

万历三十八年五月二十五日，有客持字画等古玩来看，其中瓷器有官窑径尺盘、古龙泉双鱼洗、哥窑高足斗样印池、白定香橼橐一。

万历四十年七月十四日，歙人翁素宇携米友仁、倪瓒诸名家画卷来看，俱为赝品。瓷器中有一青东瓷小香盒，背底有“汪家盒子记”五字。[①]

这些职业的古董商们，时常穿梭于各个文人的书斋之间。在李日华的日记中，其购买古董商兜售的古玩的事例较少，多数是上手和过眼，并对于器物有所品评而已。在诸多古玩中，李日华与书画最为紧密，常见其在日记中通篇抄录书画之跋和题款。在《味水轩日记》中记录的绘画作品就有 691 件之多。[②] 正如有些研究者指出的那样，书画流通是一个不断循环的过程，在这一过程中，古董商起到了类似博物馆的作用。他们的往返奔波，使得鉴藏家有机会熟悉本地区流通的书画。在李日华时代的书画流通中，交易仅仅是一个环节而已。占有书画得靠过手，但要领会书画中难以折算成银两的艺术价值，则过目即可。[③] 对于瓷器来讲，也是如此，其日记中所提及的主要品种为官、哥、定、龙泉以及明代宣德、成化、嘉靖窑器物。李日华精于鉴赏之声名在外，常有友人送瓷器前来请他鉴定。如万历四十年（1612）闰十一月十六日，巨室纲纪仆人带哥窑香炉二只等物请他鉴赏。李日华记道，其一稍可。[④] 李日华也经常访友，在这期间也见到不少珍品瓷器。如万历三十七年（1609）八月十六日，李日华在陪同其子参加考试寓居杭州期间，在其杭州友人邵云岩处见一成化水罐，“朱色鲜艳，不可复造”。同一日，又在朱锦环处见其所藏的哥窑

① （明）李日华著，屠友祥校注《味水轩日记校注》，上海远东出版社，2011，第 10、89、109、113、264～265 页。
② 李丹文：《李日华年谱》，上海大学硕士学位论文，2011，第 191～208 页。
③ 万木春：《味水轩里的闲居者：万历末年嘉兴的书画世界》，中国美术学院出版社，2008，第 98 页。
④ （明）李日华著，屠友祥校注《味水轩日记校注》，上海远东出版社，2011，第 91 页。

笔洗。[①]

除这些职业古董商来往于文人书斋之中的求售外，瓷器流通于世尚有多种方式。

有家传流世的，如程季白家族。据明人吴其贞所记，当时徽州的世家大族们收藏丰厚，所得皆为海内名器。如溪南吴氏、丛睦坊汪氏、休邑朱氏、榆村程氏等。榆村程氏有位程季白，与李日华素有往来，生前收藏颇丰，如藏有怀素《自叙帖》、宋徽宗《雪江归棹图》、韩滉《五牛图》等。自因吴伯昌案受牵连而身亡后，其生前藏品部分为其子程明昭所继承。据吴其贞所记，铜器有姜望方鼎、方觚；瓷器有官窑彝、白定彝；汉玉器；项氏所集图章百方等，余物精巧不胜计。[②] 这些家藏，一旦家道中落或有所变故，则藏品多流散。如在清顺治十三年（1656），吴其贞就在丹阳王君政舟中观画，见到了那副名扬天下的《雪江归棹图》，此时距程季白之死只有三十余年。[③] 藏品之流转本是常事，但其中的人世变故、辗转流离却常使人唏嘘不已。

有集市流通的。明代晚期商品经济的发展使得古董市场蓬勃发展，也适应了社会的需要。如杭州的昭庆寺，就是杭州的一个古玩集市。万历三十七年，李日华在陪其子赴杭州参加乡试期间曾小住于此。原本是督理织造内臣的孙隆于昭庆寺两廊开设店面百余间，僧侣在此经营，主要售卖僧鞋、蒲团、琉璃数珠等物。后来各方商人云集，以一些珍奇玩物求售。[④] 张岱在其《陶庵梦忆》中记："昭庆两廊故无日不市者，三代八朝之骨董，蛮夷闽貊之珍异，皆集焉。"[⑤]

李日华曾记于万历四十二年四月七日在此购得郭熙《扶桑晓日图》一卷。[⑥] 在李日华的著作中还记载了在杭州岳庙经营古玩的项姓商人的店铺，据其《味水轩日记》《恬致堂诗话》所记，这位项姓商人名叫项承恩，早年屡试不第而为商，老屋半间，前为店铺，经营瓶盎细碎、盆景、书画，且索价颇贵。[⑦] 至于瓷器交易的市肆，有些绘画作品中可见其踪影。如明人绘《上元灯彩图》，这幅作品无款，引首有徐邦达先生题"上元灯彩"而得名。画面内容为金陵元宵灯会的热闹场景，而其背景则是店铺林立，鳞次栉比，热闹非凡。据研究者考证，其所绘地区，当为南京的内桥地区。[⑧] 这里的古玩店肆，集合成片，有了相当大的规模，图中游人摩肩接踵，流连于店铺间，各取所需，自得其乐。所见之古玩，有书函、书画、瓷器、钟鼎彝器等。这些古玩充斥于市场之间，市侩之人，待价而沽，且真赝不辨，无怪乎有些人要发出"近来富贵家儿与一二庸奴、钝汉，沾沾以好事自

① （明）李日华著，屠友祥校注《味水轩日记校注》，上海远东出版社，2011，第 39 页。

② （明）吴其贞撰，邵彦校点《书画记》，辽宁教育出版社，2000，第 30～31 页。

③ （明）吴其贞撰，邵彦校点《书画记》，辽宁教育出版社，2000，第 145 页。

④ （明）李日华著，屠友祥校注《味水轩日记校注》，上海远东出版社，2011，第 271 页。

⑤ （明）张岱：《陶庵梦忆 · 西湖香市》，中华书局，2020，第 267 页。

⑥ （明）李日华著，屠友祥校注《味水轩日记校注》，上海远东出版社，2011，第 413 页。

⑦ （明）李日华著，屠友祥校注《味水轩日记校注》，上海远东出版社，2011，第 275 页；（明）李日华撰，郁振宏、李保阳点校《六研斋笔记》，凤凰出版社，第 222 页。

⑧ 杨新：《明人图绘的好古之风与古物市场》，《文物》1997 年第 4 期。

命，每经鉴赏，出口便俗，入手便粗，纵极其摩娑护持之情状，其污辱弥甚”[①] 之感慨，真是看不得，听不得，悲叹如是。

自瓷器为人所好且有经济价值以来，瓷器在流转中的功能不仅仅限于其本身了。曾有一件“明宣窑积红朱霞映雪鱼耳彝炉”，据载“纯缘以上悉填积红，其色艳若朱霞，腹足以下，填以白釉，素如积雪，红白交映……稀世之奇珍也”，原来为宫廷内府之物，后充当公侯月俸，为三百金，为南都中府都督朱希孝所得。[②] 亦有人情交往所赠者，李日华之友晋江苏弘嘉曾赠送其白瓷应真像一躯。[③] 也有不肖之徒掘墓而求利者。明人黄省曾在《吴风录》中曾记：“至今吴俗权豪家好聚三代铜器、唐宋玉窑器、书画，至有发掘古墓而求者。”又云，正德年间，吴中古墓如梁朝公主坟、盘门外孙王陵、张士诚母坟皆为人所盗，盗取其墓内随葬之物金玉古器数不甚其数，且其敛衣棺椁也未能幸免。[④] 更有甚者，死者还未入土，就已被窃取，利欲熏心如是。李日华亦记，万历三十八年（1610）二月二十三日，夏某持绿玉盘螭带钩一枚来，为郡中一大户人家之物。主人生前素来珍视，常言之要以此殉葬。属纩（用新绵置于临死者鼻前，察其是否断气）时尚在腰间，及主人气绝，已被人所窃出。[⑤]

从李日华及其周围的文人群体所见晚明好古之风，既好古，又推崇时玩，为当时独特风气。好古之物，以书画、三代铜器为冠，陶瓷之属在末。在明末的商品经济发展潮流下，清雅之事流俗于下，清浊、雅俗共赏之。古董瓷器作为一种艺术品，同时也是商品流通于世，价格腾跃，真伪莫辨，或售卖，或质钱，或传世，在书房的清玩珍赏之间，钱囊的叮当之声不绝于耳。

编辑：王志高

① （明）沈春泽：《长物志序》，载（明）文震亨著，陈植校注《长物志校注》，江苏科技出版社，1984，第10页。

② （明）项元汴编，〔英〕卜式礼编译《历代名瓷图谱》第一册图六，浙江人民美术出版社，2016。

③ （明）李日华著，屠友祥校注《味水轩日记校注》，上海远东出版社，2011，第430页。

④ （明）黄省曾：《吴风录》，载（明）杨循吉著，陈其弟点校《吴中小志丛刊》，广陵书社，2004，第177页。

⑤ （明）李日华著，屠友祥校注《味水轩日记校注》，上海远东出版社，2011，第89页。

近代扬州士族鉴藏与文化传承

——许莘农先生研究

缪瀚宇

（南京师范大学教育科学学院）

［摘要］许莘农先生是南京博物院老一辈的古书画鉴定专家、鉴藏家、词人、诗家。作为一名文博学者，他毕生耕耘，从事书画鉴定研究多年；又化私为公，将家藏古书画等上千件文物捐献国家。在培育人才方面，他言传身教，不遗余力提携后学，为我国文博事业做出了积极的贡献。许氏的家世渊源、经历交游、诗词艺术、鉴藏活动奠定了其治学基础，反映了近代扬州士族鉴藏特色与文化传承关系。

［关键词］许莘农；扬州；士族鉴藏；文化传承

许莘农先生（1912～2000）是南京博物院老一辈的文博专家，精于书画鉴定，擅长古典文学，集鉴藏家、词人、诗家多重身份于一身（图一）。自20世纪50年代进入南博工作后，许莘农先生从事书画编目、鉴定研究多年，曾将家藏古书画无偿捐献，可以说是一位对文博事业有贡献的文化学者。先生逝世后，随着旧藏故物流入坊间，他的名字重新为业内人士所熟悉。然而，即使在今天的学术界，人们对他的家世生平、交游学养了解得还不够全面。本文拟从已搜集整理到的史料文献中，以先生的家世渊源、求学背景、生平交游、诗词艺术、鉴藏特色、文博实践这六个方面为切入点，试图勾勒出许先生的治学生涯与文博事业，同时借此对近代扬州士族鉴藏与文化传承做出一些理性探索。

图一　青年许莘农像

一 家世略考

许莘农先生，原名志伊，1912 年 7 月生于江苏扬州。

许氏祖籍安徽歙县许村，世代经商，自七世祖许仁寿由歙县迁居扬城。南社诗人陈去病在《五石脂》中曾指出：

> 徽人在扬州最早，考其时代，当在明中叶。故扬州之盛，实徽商开之，扬盖徽商殖民地也。故徽郡大姓，如汪、程、江、洪、潘、郑、黄、许诸氏，扬州莫不有之，大略皆因流寓而著籍者也。①

有着徽商传统基因的许氏先祖许仁寿初以贩卖徽州饼为生，后涉足票号、盐业生意。淮左名都、竹西佳处的绿杨古城历来便是富庶之地，大运河两旁盐粮汇聚，商贾云集。在众多盐商之中，尤以徽州商人数量居多。“纲盐制”的垄断政策为徽商提供了多重利益保护，也使其积攒了丰厚的实力。

梳理许氏家族的历史不难发现，许莘农高祖许国栋打理钱庄生意渐具规模，并捐资纳官，诰封奉政大夫以跻身封建上层社会。同时许国栋之父许廷镳也贻封奉政大夫。许莘农曾祖辈共五人，清廷均有诰封。曾祖讳文华，太学生例赠文林郎；伯叔曾祖则有衔议叙同知许文元、候选府经历许文铭、从九品许文运以及军功五品的许文光。②

市民文化繁荣，钱盐经济发达是清代扬州的地域特征。盐业贸易的背后支撑使得许氏家族得以重视发扬文化事业。读书与经商相辅相成，互相影响，成为扬州许氏的家族标签，至许莘农祖辈一代其特征尤为凸显。其中以许莘农的伯祖父许蓉镜和许蓉楫二人为代表。

许蓉镜（1858～1912），字月湖，号兰汀，工诗善书，光绪丁酉科江南乡试中试第九名举人，在湖北为候补官员，任房县知县。

许蓉楫（1865～1932），字云甫，在扬州开设“谦益永”盐号、“汇昌永”钱庄，其人乐善好施，热心地方公益事业。民国初年任扬州食商公会会长。

许莘农祖父许蓉藻（1865～1937），字幼卿，以字行。曾中秀才，后在董道台衙门担任幕僚。年及四十而归隐，以读书收藏为乐。许蓉藻亦善书，以学颜见长，从其遗留的楹联、册页、扇面、抄本等种种墨迹来看，早年曾致力于黄庭坚，后受钱南园、何绍基二家影响较大。

许幼卿晚年以整理家藏文物为乐，曾手书整理古籍书画金石目录。因藏有虢季子白盘拓本，曾于宣统三年春三月手录《盘亭小录》一册（图二）。并于卷端勾摹虢季子白盘，通篇工楷抄就，字迹方正严谨，一丝不苟。

---

① 陈去病：《五石脂》，江苏古籍出版社，1999，第 326 页。

② （清）许蓉镜：《江南乡试朱卷》，清光绪丁酉（1897）刻本。

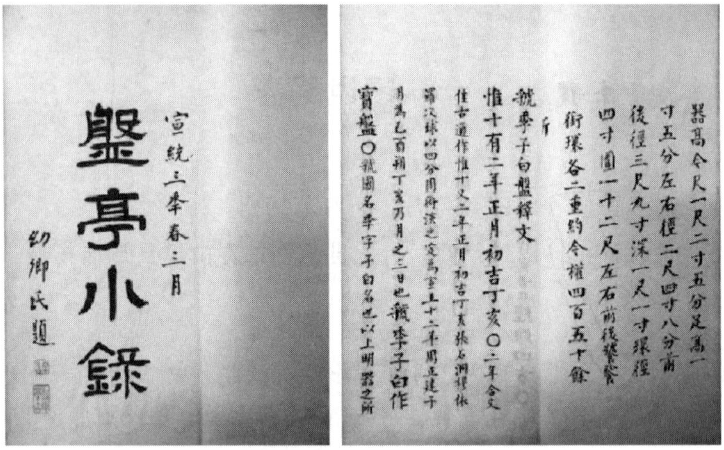

宣統三年春三月

盤亭小錄

幼卿氏題

器高今尺一尺二寸五分足高一寸五分左右徑二尺四寸八分前後徑三尺九寸深一尺一寸環徑四寸圍一十二尺左右前後饕餮銜環各二重約今權四百五十餘斤

虢季子白盤釋文

惟十有二年正月初吉丁亥〇二年今文隹古通作惟十又二年正月初吉丁亥孫占洲據依羅汉琭以四分周術法之定為宣王十二年周正建子月為乙酉朔丁亥乃月之三日也虢季子白作寶盤〇虢國名季字子白名也以上明器之所

图二 许幼卿手钞本《盘亭小录》

许氏昆仲情笃，寄情诗酒，尽林园之乐。其盐商旧居至今尚存，位于扬州市广陵区丁家湾 88、90、92、94、96、98、100 号。从许蓉镜题许幼卿所用便面的一则跋文可略窥许氏士族生活：

余家居之东偏有隙地亩许，盖旧圃也。岁于梅雨零时莳白菊其中，洎新霜着花，一白如霰，逭逭（往往）手紫螯觞绿酒于花前，偕弟辈作彭泽之饮，致足乐也。嗣幼卿弟橐笔海上，时有为客负花之叹。近因事旋里，见新黄竞芽，傲骨生具，恐花时未获就约，爰匄申君彤甫画数枝于便面，俶俟客馆秋深出此展玩，犹彷佛我兄弟花前觞咏时也。但不知届时亦念及老兄阒寂空斋，风雨潇晦，尚能学王宏遣白衣人送酒来否？

图三 许莘农之父许仲蘧像（左）

许蓉藻生许家玉、许家望，许家玉即为许莘农之父。许家玉（1890 ~ 1944），字仲蘧，以字行，许幼卿曾为其题榜“蘧庵”擘窠二字，清末民初在伯父许蓉楫开设的谦益永盐号泰州盐栈任职（图三）。仲蘧精鉴赏，以书画收藏自娱，育有二子。许莘农居长，另一子为许志周。

即使晚清民国扬州经济已逐渐衰微，但经营谦益永盐号的许蓉楫却能一举成为扬城盐商巨擘，儒商并行的许氏家族得以发展文化事业。而许蓉藻这一支在家族产业支撑下已跻身士族阶层。了解许氏的家世渊源，有助于分析许莘农家族鉴藏文化背后的原因。

二 求学背景

许莘农先生虽生在民国，综观其早年的求学经历，却一直接受的是旧时传统读书人的私塾教育。尽管身处新兴中小学教育如火如荼发展的教育洪流之中，教育观念的转变、教学内容的革新并没有影响许氏家族对子弟的培养，他们依然延续封建社会读书取仕的士大夫治学模式。

根据先生自述材料[①]，“1915 年开始识方块字”，是年先生四岁（虚岁，下同）。越一年，“1916 至 1917 年，五岁或六岁进家塾，开始从戴老先生读书”，这可以视作发蒙之始。从 1918 年到 1931 年，一直居家读书。其中除迁居泰州因素外，先后换了六任私塾老师。

1918 年七岁，从九十多岁的杨老先生读书。

1919 年八岁，随母迁居泰州，从三元巷程老先生读书。

1920 年九岁，父亲和同事周翰波合请陈笃周老先生教读，后又请陈植卿先生。

1923 年十二岁，到扬州随祖父生活，在东圈门何家家塾[②]读书。何氏家塾专为其子弟聘请了兴化杨笙甫夫子。

1924 年十三岁，父亲迎养祖父至泰州，仍随陈植卿先生读书。按：因许仲蘧在泰州谦益永盐号泰州盐栈任职，故在 20 世纪 20 年代合家赁居泰州乔园。现在泰州市海陵区海陵北路 68 号，笔者曾见民国十五年（1926）租约交单一份，交单人乔夔龙，将“税务桥大街嘉太坊朝西总大门内住宅一所计共正屋十九间回廊四架”租赁于许氏。

1925 年十四岁，改至保婴局巷李氏家塾从陈笃周老先生读书。

1927 年十六岁，搬迁至泰州城税务桥南街，从吴鹿萍私塾读书。习作诗文。

1929 年十八岁，从商务印书馆国文函授学校肄业。

1930 年十九岁，仍在家读书，继续就读国文函授学校高级肄业。

1931 年，许先生入无锡国学专修学校读书。无锡国专继承旧式书院的教学方式，强调根基教育，重视儒家经典的熟读背诵，在教学上，正如校长唐文治先生“熟读精审，循序渐进，虚心涵咏，切己体察”的教学方法。同时注重实践，其言：“凡讲经者，必须令学生反诸身，验诸心，养成高尚人格，庶几可造就就其德性才能，俾脑经清晰，气质温良，学道爱人，方有实用。”[③] 许氏晚年手头还保留着 1985 年 11 月 9 日在苏州大学参加唐文治先生学术思想讨论会时的珍贵合影。

---

① 据许莘农自述材料。此份材料共 2 页，钢笔书写于半页红 14 行稿纸上。

② 笔者按：何氏家塾在东圈门外壶园，为同治年间江西吉安知府何廉舫所筑，现位于扬州市广陵区东圈门 22 号。

③ 胡子远：《唐文治与无锡国学专修学校——纪念唐文治先生诞生一百四十周年》，《苏州大学学报》（哲学社会科学版）2005 年第 2 期。

因材施教这种中国传统私塾教育一以贯之的教学方法，和无锡国学专修学校一年半的国学专修教育，也为许莘农先生日后的古典文学创作以及书画研究打下了坚实的基础。

三 生平交游

1927 年 6 月，许莘农先生和同邑萧蓝生女士完婚，后生有二子祖慎、祖衡，一女降秋。蓝生女士长先生一岁，为扬州名诗人萧丙章先生之女孙。萧丙章（1867 ~ 1931），字畏之，一字无畏，号萧斋，以字行。早年从同治翰林、冶春后社祭酒臧穀太史游，后主持诗社多年。其人工诗，高邮名士宣古愚曾为之选订，著有《萧斋诗选》《萧斋诗选续》行世。

1930 年 9 月，萧蓝生女士二十初度，适次子满月，双喜之余，萧丙章题《双寿桃图》以赠，兹转录画幅题诗如下：

> 余庆由来粹德门，年过耳顺见孙曾。他时八十称觞日，五世同堂寿许浑。
> 寿客花开绿蚁香，良辰齐进老人觞。蓝生笑乳呱呱子，庆寿堂前拜阿娘。
> 庚午九月廿一日为蓝生女孙二十初度，适外曾孙弥月之喜，作诗寄贺。
> 幼卿亲翁、仲蘧姻世兄、莘农孙婿并正。畏之萧丙章时与剑青同客京口。

此图向来以为萧丙章所画，然而历史上未见萧氏有擅画的记载。观萧氏款题“畏之萧丙章时与剑青同客京口”，又引出了剑青其人。剑青为民国扬州名画家贾剑青。其名观霄，别署扬州贾八。贾氏本籍仪征，寄居扬州，早年就学于两江师范学堂，后任教于江苏省立第五师范学校为训导主任。贾氏善画花鸟，尤工指画，民国初年为扬州画坛晴社社员。此图寥寥数笔，便将双桃勾勒其中，略加渲染，当非俗手所为。因而，笔者以为《双寿桃图》为贾剑青画、萧丙章题的可能性更大。

萧丙章对许氏求学颇有影响。曾指导许莘农先生读书之法。许莘农《己巳日记》正月十四日有所记载：

> 十四日阴风蔽空，狂风怒号，午前钞（抄）杜工部七律三首……晚间父亲言在扬曾往谒萧畏老。萧老询余在家用功情形，并谓蛰处小地与老师宿儒相习既久，则所作文章难免土气，且眼界亦即不广……然则欲避免土气莫如求名师，名师难得莫如以古人为师，果能取法古人精心探讨，笃信深思，虽僻处深居，不患冥行。即以学文一事言之，无论若何皆不外乎多读多作，二者不可缺一。多读而不多作则手生；多作而不多读则思涩。读文之法当取古人名文百余篇，朝夕讽诵，每篇最少亦须读数千遍，求其所谓神理气势，所谓意味格律者究在何处？又余此百余篇中精选二十余篇熟读而强探，长吟而反覆（复），日日诵之，朝暮思之，必得其所谓神理气势、意味格律者而

后已。一篇所得十篇无，十篇所得则虽百千万篇，其妙皆不难寻求。盖古今文章莫不息息相通。能解八家之文，则后人之文一见能知其高下，能解史汉扬马之文，则八家之文一读可识其佳处。所读既专，所看复多，材料丰富，熟精文理，伸笔为文，则汩汩而来矣。至于业师之讲解指点，不过点灯引路，努力前行，还须自己，外以时人为师而内实师法于古人，深造自得，何患有土气乎。既有文章以为根本，而后方能纵览各种书籍，三五年间根基已立，当即出而访求名师益友，以辅助见闻之所不逮。万不宜囿于一隅，夜郎自大，其不为大雅所窃笑者哉。希古所谓读万卷书，行万里路，不如此亦安能激发其志气，广阔其胸襟，开阔其眼孔，更安能令其文宽厚宏博而有奇气哉?①

萧畏之生前曾手辑《国朝诗集丛录》稿本一册，卷前自题："国初诗老多于鲫，生死源流各有因。重整紫衣朝玉阙，独埋黄土化青磷。赤松有约寻旧侣，金粟腾光导逸民。难向天涯罗稗史，悠悠名字半沉沦。"② 此稿由吉亮工作序，江宽题词，后遗赠孙婿许莘农。

1932 年离开无锡国学专修学校后，许莘农先生从事银行工作，任职于交通银行。其先后在上海总行、泰州支行任文书工作。抗战胜利后，被派往镇江支行工作。1950 年调入人民银行人事课任福利股股长；1951 年又为考绩股股长；1952 年 10 月调江宁支行任秘书股供给会计。许莘农先生于 1955 年 4 月调至南京博物院保管部担任编目工作，直至 1975 年退休。

关于许先生的生平交游，可挖掘的资料很多，但很分散。笔者试将其划分为读书求学、南博工作、诗词结社三个阶段分开叙述。为了叙述清晰，以下依托于其诗文唱和、书信往来，来梳理许莘农先生的交游脉络。

许莘农先生成家较早，后仍随吴鹿萍塾师就读。梳理其早期日记可以发现，早年的许莘农先生大半是在日课习字、请益读书与陪祖父访友中度过的。冶春后社的诸多成员与许家均有交往，其中吴白陶年龄与许莘农相仿，相交颇多。吴白陶（1906 ~ 1992），名征铸，以字行。古典文学专家，精于戏曲研究，为扬州吴引孙道台之弟吴筠孙之孙。吴家因测海楼藏书而名。吴白陶早年居扬州，工诗词擅书画，笔者曾见过其为许所画的一帧《松林高士》册页。20 世纪 50 年代转到文化部门工作，直到晚年，还与许诗歌唱和。

如果说扬泰等地的乡亲姻旧构成了许莘农先生早年的交游网，那么无锡国学专修学校的求学经历，又使其认识了陈石遗、钱基博、冯振心、钱仲联、周振甫、王正履等诸多师友。石遗老人陈衍（1856 ~ 1937）是同光体著名诗人，无锡国学专修学校教授。许莘农肄业时，其方受聘该校，但因久闻其名，故而时来旁听。陈石遗对许影响颇深，他晚年还专门撰文回忆。许氏用"声容并茂"四字来形容陈衍的诗词授课：

莘农昔年肄业无锡国学专修学校时，石遗先生刚受聘来校任教，主要是教二、三年级的课。莘农久闻先生学问渊博，诗名震海内，特往旁听，以广知识。但因他的福

① 许莘农：《己巳日记》，稿本。
② 萧畏之：《国朝诗集丛录》，稿本。

建口音重，讲至得意处更重，不能全懂。后随同学至先生宿舍，聆听其闲谈，先生作比较接近普通话之发言，随问随答，颇生动受益。①

钱仲联（1908～2003）早年毕业于无锡国学专修学校，后于1934年被聘为专职教授，是古典文学研究一代大家。周振甫（1911～2000）于1931年入无锡国学专修学校，与许莘农同随钱基博先生研习治学之道，晚年曾为其《和观堂长短句》作序。王正履（1914～1990）字旋伯，江都人，为无锡国专1933年毕业生，著有《李绅诗注》《白居易年谱》等书。沈燮元生于1924年，比许氏入学要晚，早年任职于苏南文管会，后调入南京图书馆从事古籍整理研究工作，也是目前唯一健在的与许莘农有过交往的无锡国专老同学了。

1933年，盐城人周梦庄、虞劲草、薛兼到诸先生发起创办"绮社"，其效仿"复社"意旨，诗酒往还，更迭唱和，结集后曾编印二期《绮社杂稿》行世。许莘农先生后亦加入。周梦庄、虞劲草和许氏交往长达一甲子，三人惺惺相惜，过从甚密。许氏遗留下来的诗词书信中，有关周梦庄者为最多。周梦庄（1901～1998）字猛藏，擅倚声，精地方文史考据，早年曾受教于章太炎，与汪东合刊有《汪周词》。虞劲草（1904～1992）名虞山，字受言，号劲草，工诗擅书，尤精治印，曾为许氏治印数方。许氏对于虞山篆刻颇为青睐，虞受言晚年曾邀许氏为其诗词集作序，此稿至今尚存。后因虞山逝世未能及时付梓。

薛兼到名综缘，交游甚广，曾有诗致许氏，兹录于下：

蝉语西风意自明，又朔落叶与秋争。一年未免清商节，四海先惊变徵声。
如梦江山供急劫。随缘耳目习劳生。金焦旧是行吟地，苦忆朋簪载酒情。

大札骈语拜读，同慨。靳仲云丈至许为兰成赋后仅见。此牍亦天旋地坼时之巨文也。

1938年因日寇入侵，绮社解散，诸公避兵海上。时值端午，薛氏念及诸多昔日好友，触景生情。有诗曰：

端午竟日家居，晚风有雨意，得句却寄海上诸公，并示方壶、仲云、二适、器伯同作

艾绿榴红又一时，夕窗风入角声悲。心冰已辨销长日，眼缬宁妨读树词。
朋酒隔年如隔世，津梁何限又何疲。炎炎怯听新蝉唱，雨活枯苗会有期。
庚寅夏至后五日录似莘翁、旋伯、某先、受言、耐冬同定和。

薛诗所涉人物除靳仲云、高二适、陈寥士外，柳耐冬与许氏亦有交往。柳耐冬（1918～1987）是镇江人，为柳诒征族孙，善诗文篆刻，亦精鉴书画，后供职于镇江市文物商店。此外，泰州当地有一宿儒许杏农（1876～1963），曾任泰州学堂经学教员，其人工书，擅古

① 许莘农、陈松英：《陈石遗先生二三事》，《文教资料》1986年第6期。

典文学，比许莘农大三十多岁。二许之间是否有过交往目前尚不可知，但却经常有人将两者混为一谈。

自 20 世纪 50 年代进入南京博物院工作后，许氏交游圈主要涉及书画鉴定、研究征集等文博业务，与文博书画界人士交往颇多。新中国成立初期，南京博物院成立了书画征集小组，许莘农先生和王敦化、徐沄秋等书画鉴定专家在文管会陈忱白主任的领导下，到上海、苏州、常熟、无锡等地鉴定、征集书画作品，极大地丰富了博物院馆藏。

王敦化（1901～1991），字熙如，山东郯城人。精于词学，擅金石，早年任教于齐鲁大学国学研究所，1953 调至南京博物院，从事文物鉴定研究。徐沄秋（1908～1976）名澄，苏州人，为章门弟子，善书画，精鉴赏，早年在苏南文馆会任职，后入南京博物院。

古书画鉴定家萧平自 20 世纪 60 年代进入南京博物院后，曾跟随徐沄秋、许莘农等先生学习书画鉴定，他们对江苏各地博物馆的馆藏进行一一甄别，抢救挖掘了一大批被淹没的作品。许莘农晚年与萧平同游烟水亭，还赠诗一首：

烟水名亭占一方，江流九派入浔阳。周郎将略萧郎画，付与千秋较短长。①

许与胡小石、林散之、吴湖帆、翁闿运、孙龙父等书画家均有交往。胡小石为曾昭燏院长的老师，除在南京大学任教外，亦是南京博物院的顾问。根据郭味蕖日记记载，其曾为许莘农书写扇面。寓居扬州的林散之也曾为许所作诗词手稿题签。

因为工作关系，许氏足迹除了本省的南京、镇江、苏州、无锡、扬州等地，其交游圈还辐射到北京、上海，与过云楼后人顾公硕，上海博物馆谢稚柳，北京故宫博物院徐邦达、刘九庵等文博界的学者精英均有交往（图四）。

图四　许莘农（左三）与刘九庵（左二）等人合影

① 贾德江：《画坛儒风·萧平艺术人生》，北京工艺美术出版社，2012，第 188 页。

许莘农先生晚年重操旧业，与苏昌辽、宋志伊、朱寿亭等南京一帮词坛友人结社联吟。苏昌辽（洗斋）有《金陵词课记》详述其事：

一九八一年岁次辛酉，在南京的词人许莘农（江苏扬州人）、黄竹坪（浙江平湖人）、郭荦（江苏宝应人）、俞天榯（江苏南京人）等倡议填词。嘱余主其事，余曰："倚声之学，规矩隳亡，侧坛老辈，凋零殆尽，继武几稀，将成绝响。回忆建国初期，南海关颖人丈举梯园吟集于京师，参加者尚七十余人，匆匆三十年已。风流云散，徒存响往。"同人乃约月为一课，择宋贤长调，限题和韵，并依四声。一稿初成，相互传观。见有乖讹，则抉而剔之。故往往一字一句，鳞鸿往返，磋琢再三，数易吟笺，复集中厘订，付写印，分赠同好。他人视以为苦，而同人引以为乐。仲春以后，中州张伯驹、江宁唐圭璋、常熟钱仲联、真州吴白匋诸前辈不吝赐教，推情奖饰。丛碧词丈以八十四岁高龄，千里飞笺，殷勤善诱。同人身受鼓舞，兢兢作业，心摹手追，期有寸进。迄岁暮，总全年所作，计十二课，词七十一首。同人集资汇印成册。请唐老圭璋题端为《辛酉绍宋词课》，吴老白匀撰序。次年壬戌，丛碧老人曾来函谓："学宋贤倚声，当于缜密典丽求之，浸淫声党，终必与归清真。美成深精音律，其所作，下笔运意皆俨然有法度。"并约今年继续吟课，当以清真为绳墨，使北宋一灯，熠传弗替。惜老人不久即归道山。同人哀悼，如失覆翼。吟侣无多，更应珍惜羽毛，乃集议恪循丛碧老人之遗意，专选片玉长调，仍月课一题，期于唇腈声韵中得有进益。取名"玉阶"，即以片玉为阶，慕其风范，循级跻崇，越阈而登堂奥之义。是年七月既望，为东坡赤壁泛舟九百周年纪念。湖北黄冈地区建立东坡纪念馆。唐老圭璋首唱《如梦令》一阕，同人奉和。吟侣来稿共得二十五首并载集中。又是年夏正逢闰，故共有十三课，词八十八首，付写印如去年。署检者开封萧劳重梅先生，惠序者吴门王守泰瞻岩先生。是《壬戌玉阶词课》也。

第三年癸亥，同人星散，余亦以工作较忙，词课未再继续。而另有《和观堂长短句》之雅集焉。①

对于后辈学人，许老多有提携。20 世纪八九十年代，时任扬州古籍书店经理的刘永明先生收藏有邓石如隶书横披，此件原为许氏旧藏，后许致信老友徐邦达先生，请其为之题签。刘永明正是持许老的介绍信去北京徐府求教的。

再举一例，许莘农对乡前辈吉亮工尤为仰慕，吉氏曾选录江叔弢诗成《伏敌堂诗录选》一册，后影印出版。许有题诗三首：

年少耽吟伏敌堂，好诗脱口道家常。深入浅语多奇崛，哪管风骚宋与唐。

风子妙成弢叔诗，一编久失费寻思。刘郎为我搜来赠，开卷如逢故友时。

① 顾国华编《文坛杂忆》（全编三），上海书店，2015，第 95 页。

此诗此句同称妙，妙合天机取自然。读罢全篇全了了，绝无官样得真诠。

诗中除了对江叔弢诗作的赞扬之外，还引出“刘郎赠书”的一则旧事。此书许莘农先生原有两册，年久已失，后经刘永明先生搜罗得到，便以之相赠，许则报之吴熙载梅花诗谜，老辈高谊，尽显于此。

四 诗词艺术

建城两千五百余年的扬州，旧称广陵、江都、维扬，人杰地灵，文化璀璨。“茱萸湾上夕阳楼，梦里时时访旧游。少日题诗无恙否？绿杨城郭是扬州。”清初大诗人王士禛曾这样描述。廿四桥边、红桥修禊、平山堂外、二分明月……这些城市中共享的历史痕迹构成了千百年来无数文人士大夫文学创作的重要文化符号。这些符号象征构成了他们对扬州的独特记忆。他们将个人境遇和自身性情投射到某些符号当中，因而便有了徐凝“天下三分明月夜，二分无赖在扬州”的怀想、王建“夜市千灯照碧云，高楼红袖客纷纷”的感叹、欧阳修亦曾醉心过的“平山栏槛倚晴空，山色有无中”……本文的研究对象许莘农，正是从古城中走出去的一位诗词家。

许莘农先生早年曾随陈石遗请教作诗之法，据其回忆：

我们谈及清代厉鹗（樊榭）《过燕子矶》诗：“石势浑如掠水飞，鱼罾绝壁挂清晖。俯江亭上何人坐，看我扁舟望翠微。”先生请诸生曰：“末两句，十四字中含四层意思，有四层转折。诸君能言之乎？”我等纷发言毕。石遗先生徐徐起立，提起所穿长袍角，折叠成四折，说道：“这二句是说‘看他坐在亭上，看我在这里看他看我也’。”每说一层“看”，将所折袍角放掉一层，形容此诗转折曲而有致，笔妙如环之无端。大家听了，欣然神往。

有一次，石遗老人讲近代诗学论略。他说：“道光年间，文禁日弛，诗学乃渐盛。《近代诗钞》断自咸丰初年，这时的诗，渐有敢言之精神。”谈到近代诗人陈三立、郑孝胥时，他说：“派别之偏，其弊有不可言者。陈诗甚僻涩，可传诵者不多。郑诗带风趣，牛年以前与余颇亲密。今则甘心卖国，令人齿冷。”言次作不屑状。先生所选《近代诗抄》，终摒斥郑孝胥诗不录。①

在谈及论诗时，又言道：

石遗老人善于论诗，所著《石遗室诗话》正、续编有论占今人之诗者，有论作诗

① 许莘农、陈松英：《陈石遗先生二三事》，《文教资料》1986年第6期。

之法者，也有杂谈他事、他书或拦入考证辨驳者。其说诗指摘利病之处，每能洞中奥窍，益人神智。可惜偏重于艺术方面，流于形式主义。①

许氏早年诗词因为动荡大量散佚，现在已经很难作系统的梳理。目前存世最早的几首诗作多为写景之作，皆收录在 1947 年《集成杂志》创刊号上。

游招隐寺

戴公不可见，惟见旧山青。山色无今古，人间有醉醒。
银钩评妙墨，玉蕊问名亭。目及江光起，风帆去杳冥。

春暮喜雨和兼到

纵晴天护艳阳心，得雨如膏春已深。一片花飞怜剩粉，千村农庆抵兼金。
悬知浅引青溪涨，待看肥添绿野阴。最爱小楼终夜听，鸣檐清泻静中音。

春日游幽栖寺

三山春作游人薮，惟有幽栖客罕游。经僻不容车马到，峰回始见树林稠。
钟声晚向岩边落，云影江含天际流。暂息尘劳耽冷寂，拓窗茗饮坐僧楼。

受言耐冬同泛玄武湖

芰荷花拥一湖胜，湖上舟轻那许闲。到此能消三伏热，临流遥指六朝山。
骄阳已坠残霞外，短棹徐回杳霭间。近岸灯明人蚁聚，长歌吾欲向芦湾。②

许莘农先生晚年曾将诗作结集《辛庐诗钞》二册，墨笔抄录，间有修改，为林散之题签。笔者曾翻阅一过，惜非全貌，仍有遗珠散落在各处。经过了社会变革，此时诗人的心境已归于平淡冲和，试看以下所举一例：

戊午新秋和南天竹影隽甫老莫愁湖雅集遇雨三律原韵

胜棋楼下听惊雷，一雨迎凉户牖开。残暑促装随水去，好风排闼送秋来。湖波皱面吟怀荡，茗座谈心暮色催。野老已歌丰岁语，君诗珍重抵琼瑰。

雨集何殊有美堂，题糕不吝与人尝。谁将图绘千枝笔，写出湖天一味凉。倩影竹篮存想象，名园草树自生香。绕梁京韵声声鼓，此是当场新乐章。

楼前画境似天开，纵目凭高柳覆台。二客循廊同阅世，诸峰隔水借抒怀。玳梁燕语倾城色，芳野犀拌命世才。留得千秋诗料在，刘郎付与笔端裁。

下面再来谈谈许氏之词。

---

① 许莘农、陈松英：《陈石遗先生二三事》，《文教资料》1986 年第 6 期。
② 许莘农：《集成诗选》，《集成杂志》1947 年第 1 期。

许莘农喜作词，尤爱屯田、稼轩、白石、易安诸家，目前所见许氏之词结集出版的只有《辛庐词·和观堂长短句》。《观堂长短句》本为王国维乙巳至乙酉间所作之词，计小令二十三阕，经朱疆村删订，收录于《观堂集林》中。寓居南京的陈方恪首开唱和风气之先，全部和作成《适履集》一卷，汪辟疆曾将其录于所辑《光宣以来诗坛旁记》中。后来汪的弟子程千帆将此稿示于苏昌辽，苏氏和有《洗斋词》一卷，唐圭璋为其题签。继而，苏昌辽又邀请柯昌泌、许莘农、郭莘同和。柯昌泌《石桥词》，为程千帆题签；郭莘《画川词》为钱仲联所题；许莘农《辛庐词》则邀吴白匋所题。此后，吴君绣也加入其中，其《舒琇词》则为陈兼与所题。

全集和词，在宋代已有三家和《清真集》开了先例，晚清又有王鹏运等三家和《珠玉词》。在《和观堂长短句》的六位词人中，有两位女词人，即柯昌泌与吴君绣，二者皆为名门闺秀且有戚谊。柯昌泌（1904～1986），山东胶州人，为晚清史学家柯劭忞之女。柯劭忞致力于《新元史》及《清史稿》的纂修，柯昌泌自幼受其教于姑母柯劭慧（有《楚水词》行世），喜吟咏，后又受得王国维教益。吴君琇，字美石，为桐城派学者吴汝纶之女孙，吴北江之女，与柯昌泌为姨表妹。郭莘（1918～2010）为宝应词家，号半邨，擅诗词书画，寓居南京，曾参与组建江南诗画社。

关于此书，笔者曾见过两个版本。一为油印本，一为江苏广陵古籍刻印社印本。前者为陈方恪、苏昌辽、许莘农、郭莘及柯昌泌五家和本，施蛰存主编《词学》第五集曾有收录。广陵古籍刻印社印本则增加了吴君绣所和的《舒琇词》及苏昌辽的后记，封面更有潘景郑先生题端。

周振甫先生在序言中曾将中西方对待文学创作的侧重点做一比较，西方文学重在再现，以形象为主；而中国的诗词重在缘情，缘情言志，抒发情感，则推意境。对许莘农之和作有“情难摭实，事等镂尘，非再现形象，而归于意境，亦静安之志也”[①] 的评价，试从《辛庐词》中摘录几例，即可印证。[②]

少年游

东桥莺语，西堤蝶梦，舞燕受风斜。野渡舟横，垂杨日暮，暝色乱啼鸦。那堪往事萦胸臆，醉卧思偏加。旧酒销襟，新霜侵鬓，空自爱春华。

清平乐

旧时庭院，供养闲莺燕。柳未藏鸦春尚浅，不许重来窥见。辞家拟枕江流，遨游自去苏州。浪蕊浮花争泛，可堪乱我吟眸。

又有《蝶恋花》四阙：

---

① 据《和观堂长短句》1984 年油印线装本前周振甫序言。

② 许莘农：《辛庐词》，载《词学》编辑委员会编《词学》第五辑，华东师范大学出版社，1986，第 304 页。

雪似梨花花似雪，天外钩悬，残月疑初月。世事迷离谁悟彻，松声又乱涛声咽。春草裙腰波夺色，各竞枯荣，涸鲋忧前辙。苍狗白衣难与说，消魂最是长离别。

花蕊何堪沾酒恶，十载熏莸，颠倒成萧索。春到人间今胜昨，晚寒此处垂帘幕。少日牵情忧与乐，姹女生涯，迫赴河间约。恶醉不抛金凿落，可怜处处都成错。

遮断行人西去道，底事撄心，碌碌昏和晓。众里千回寻窈窕，眼光终比灯光小。莫怨萦纡行木杪，骥铁劳生，同向风尘老。九折危途休再到，出门依旧伤流潦。

花不常开偏易落，一缕春魂，暗逐流波着。漫信人间山海约，掉头密誓都抛却。阅历名场如纵博，角逐将同，钓影浮舟藿。百卉乘时纷并作，夭桃短命情尤薄。

许莘农在卷后自识中有言："庶通比兴于酒祓花消，匪慕浮名于浅斟低唱。因寄所托，聊以自娱。"依笔者管见，许氏之词，何止自娱哉。

此外，许氏喜集宋词成联，笔者手录有许莘农先生赠其堂弟、中国工程院院士许国志的两则集句联语：

十里荷花，触绪难忘，说与西湖客，念当时，看花游冶；
二分明月，照人依旧，回首南柯梦，波心荡，冷月无声。

往事旧欢何限意，十里荷花，少年几许，来相召，香车宝马；
此情无计可消除，二分明月，竹西佳处，莫因循，忘却莼鲈。

许国志1947年赴美留学，1955年归国后在北京工作，许莘农则久居南京，二者皆客居异乡。或许在许氏心中，唯有瘦西湖的"二分明月""十里荷花"才能勾起他们共同的儿时回忆吧。

五　鉴藏特色

谈及许莘农先生，除了他精于古书画鉴定之外，业内更为知名的却是其自身也是一位收藏家。扬城久为文物聚集之都，赏玩鉴古之风历来称盛，许氏家族的收藏源流始于何人目前尚无明确的记载，可考证的则溯自许莘农祖父许幼卿，经其父许仲蘧再到其本人，三代收蓄。从许家祖孙三人各自所取的书斋名号也可略见家族收藏活动的影响。

许家因藏有清代书法家伊秉绶自制嵩山少室砚，故而许幼卿自取斋名嵩山少室砚斋。此砚许氏钟爱有加，曾请民国扬州金石名家王钝泉摹刻制版，并印成笺纸若干。这种笺纸相比一般花笺大些。后期许莘农自作诗词大多写于其上，目前存世不在少数，而墨卿原砚至今惜未面世。许仲蘧因仰慕扬州八怪之一的金农，所蓄其文物甚丰，故而自号祀金庵。仲蘧生前也曾手书斋号以制作笺纸，目前只见墨笔底稿二则，一为隶书，一为篆书。隶书款识："刊石，江都许大。"（图五）到了许莘农一代，上袭祖荫，世守文物，萧丙章曾为其题有伊人别馆，恰与其志伊原名相合，伊人或许在其心中正是家族两代收藏的文物吧。

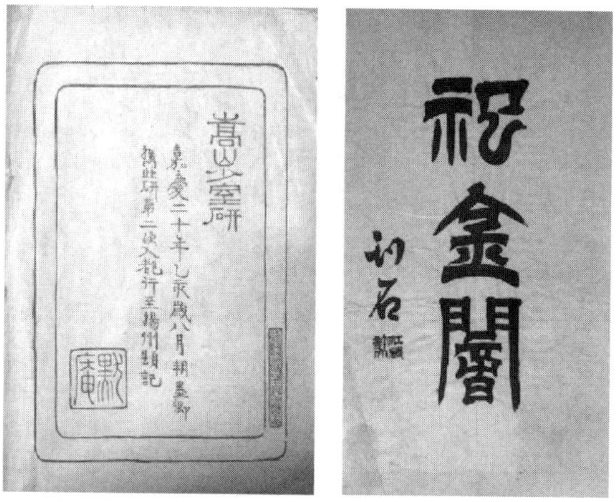

图五　嵩山少室砚笺纸及祀金庵制笺墨稿

笔者曾看过许莘农先生 1969 年 9 月 5 日所写的"文革"交待材料，尽管在当时政治气候浓烈的社会背景下，其话语带有种种特定时代的印记，我们还是可以通过这则当事人的自述材料来对许氏家族收藏背景进行直观地了解：

> 我祖父许幼卿、父亲许仲蘧住在扬州来往泰州几十年间，专门喜欢买一些古旧书和古字画以及金石碑帖的拓片、拓本，买下来玩赏收藏，越聚越多，父亲还喜欢订多少报纸画报书刊等。我小时候见他常常剪贴，又买很多石印和珂罗版印的书画册，有的拆下来又进行分装合并装订成数册。
>
> 我自从调来南博以后，曾昭燏一度赏识我拥有这些破烂，我听到她的夸奖，洋洋得意地更加珍惜这些封建主义的老古董。①

许氏鉴藏活动的活跃期大致在 20 世纪二三十年代，家族企业的支撑为其收藏活动奠定了经济基础，扬州士族生活的影响培养了他的艺术鉴藏趣味。总结其鉴藏特色，大致可分为系统分类著录、关注地域名家以及注重专题收藏这三个方面。

系统分类著录是许氏收藏的一大传统。正是通过这些目录，我们可以大致推测出许家的收藏规模。许家收藏目录大多为许幼卿生前整理，或手自写定，或遣人清点记录。可分为图书目录、碑帖拓本目录、金石器物目录、书画目录四个大类。目录上不同的清点痕迹正与许氏家族往来扬泰两地的数次迁徙历史有关。经过对比，可以发现许氏收藏还存在交

① 据许莘农"文革"自述材料。此份材料共 5 页，为许莘农"文革"交待材料的复本。

叉记录、一物分置多处、部分目录录有副本的现象。

笔者所见之许家收藏目录共两个系统。其中，图书、字画以及部分碑帖记录在一本“仁泰号”账册之上，为了阐述方便，以下简称“仁泰号本”；而金石器物、碑帖拓本则主要记录在半页十行黑格稿纸之上，为了阐述方便，以下简称“毛装本”（图六）。

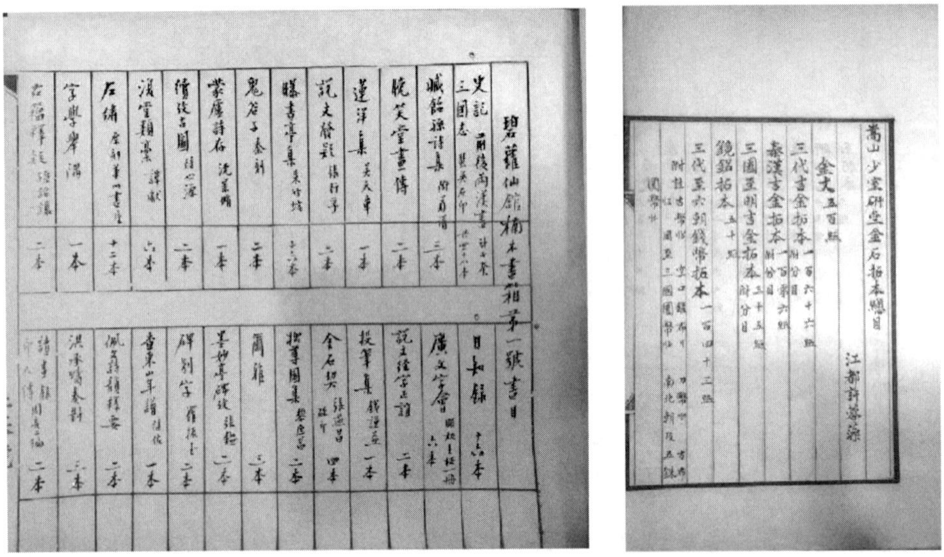

图六 许氏收藏目录“仁泰号本”（左）、“毛装本”（右）

“仁泰号本”长 25.5 厘米，宽 20.5 厘米，半页 14 行，以所藏地诸如书箱、橱柜等进行具体区分。前半段为许幼卿手定。后有点收目，与前者笔迹不同。“毛装本”长 28 厘米，宽 19.5 厘米，合订一册，每种目录下端均署“江都许蓉藻”五字。

现将已见许家收藏目录简要分述。

（一）图书目录

碧萝仙馆楠木书箱共八号，计前四史等 109 种。

红木书箱共十八号，计《御批通鉴辑览》等 353 种。

广木箱共六号，计二十四史等 35 种。

楠木箱共三号，计《西湖志》等 36 种。

榉木箱共二号，计《佩觿》等 66 种。

柏木箱共三号，计《全唐文》等 12 种。

杂木箱一号，计《朱文端公十三种全集》等 5 种。

杂木横式箱一号，计《明文搜读》等 25 种。

杂木长式箱一号，计《潜园友朋书问》等 17 种。

七巧式楠木书箱第一至第七号，计《画史汇传》等 68 种。

（二）碑帖拓本、金石器物目录

《嵩山少室砚斋金石拓本总目》计“三代吉金拓本”等14种1127纸。

《嵩山少室砚斋藏钟鼎彝器款识拓本目》计“董武钟”等118种。

《嵩山少室砚斋藏梅花草庵丁氏钟鼎款识拓本目》计“白卿鼎”等43种。

《嵩山少室砚斋藏秦汉吉金文字拓本目 戊辰年》计“秦权”等106种。

《嵩山少室砚斋藏汉以后铜器拓本目》计“甲午鬲”等35种。

《嵩山少室砚斋藏砚铭拓本目》计“汉与天无极瓦台”等14种。

《嵩山少室砚斋藏碑拓本目录》计“延陵季子墓碑”等55种。

《嵩山少室砚斋许氏集藏砚铭拓目》计“汉未央宫东阁瓦砚”等40种。（此目写在三石斋红八行笺中，横书，夹于“毛装本”内，经和《嵩山少室砚斋藏砚铭拓本目》对比，前者所收已涵盖此目录中。）

《嵩山少室砚斋金石书目》计“历代钟鼎款识十二卷”等。（笔者曾寓目，未及统计。）

榉木柜一只，共计《海山仙馆丛帖》等74种。（记录于“仁泰号本”中。）

广木书架一只（四层二抽屉），计“明拓石鼓文”等69种。（记录于“仁泰号本”中。）

（三）书画目录

广木箱共计三层，每层四抽屉，共计“唐六如山水”等106件。

广木箱第四号，共计“唐写经”等7件。（为许幼卿所书字画目中所无。）

松木柜二层，共计“阮元字屏”等315件。

柏木柜一层，共计“闵正斋蕉石大中堂”等38件。

榉木柜抽屉内，共计“任阜长梅竹水仙金扇面”等28件。

松木柜抽屉内，共计“陈若木山水扇面”等24件。

七巧式楠木书箱第七至第十七号，共计“邓石如隶书联”等57件。

（另有许幼卿所写散页四张，首列“书画层柜，共计四层，计三层有抽屉，每层四个，计抽屉十二个，计装书画各轴开列于后”，内容与前者相同。）

需要说明的是，以上目录只是许氏收藏的一部分，并非其收藏全部，仍有许多藏品未及著录或记在他处。比如许氏旧藏乾隆刻《冬心先生画竹题记》一卷，为金农自刻赠友之物，是书选用宋纸御墨，半页十行，行十八字，大字仿宋写刻，墨光如漆，唯传本皆稀少，仅印数十册，向为书林名品。

我们至今已经无法准确地统计许氏收藏的总数，只能通过藏家手订的目录以及公私著录，做出一个粗略的统计。

关注地域名家与注重专题收藏是许氏书画收藏的两大特色。

许家收藏的字画几乎没有宋元名迹，即使明人画作也为数不多，放在晚清民国书画收藏风气的大背景下，并不算惊艳。但他们却能独辟蹊径，关注文人书画，留心中小名家，尤其是地方乡贤的作品，这在当时来说的确是难能可贵的，即使放到今天，能将乡贤翰墨尽一己之力兼收并蓄，也极不容易。

经过统计，许家收藏除了唐寅、谢时臣、尤求、文彭、董其昌、傅山、石涛、龚贤、高岑、戴本孝等名家书画，还关注到王素、莲溪、郑萁、李育、朱沆、巫箴、吴昌明、陈若木、陈含光、李墅、陈康侯、吉亮工、凌文渊等地方名家。

文人书法收藏也是许氏书画收藏一大亮点，先后藏有陈邦彦、查士标、查昇、丁敬、董邦达、刘墉、梁同书、王文治、翁方纲、邓石如、黄易、潘恭寿、奚冈、孙星衍、伊秉绶、汤贻汾、张崟、阮元、张廷济、包世臣、何绍基、梅植之、吴让之、汤禄名、莫友芝、杨沂孙、俞樾、翁同龢、吴昌硕等法书墨迹，或对联或屏轴。其中，以藏有乡贤吴熙载翰墨数量为最，多达29件。

在扬州八怪专题收藏中，许家藏有字画计郑板桥行书对一副、郑板桥小楷秦观《水龙吟》词册页、郑板桥兰花一幅、罗两峰篆书横披一幅、罗两峰梅花一幅、李复堂小对一副、李复堂行草斗方、金冬心梅花一幅、金冬心梅花册页二片、金冬心玉壶春色图轴一幅、金冬心山水一幅、金冬心隶书一幅、华岩春水双鸭图轴一件、汪士慎梅花一幅、汪巢林花卉册四页、李方膺行书一幅、边寿民花卉一幅、黄瘿瓢人物小横披一幅、黄瘿瓢草书一幅、黄瘿瓢野鸭横披一幅、闵正斋蕉石大中堂等。

在这样一份洋洋大观的字画收藏目录中，虽然我们不能断定全部收藏的真伪，但却可以看出许氏家族的鉴藏趣味。文人鉴藏若以真伪性作为唯一标准便显得过于理性，更多的是赏玩性的、用以自娱的活动。限于收藏者鉴赏力和自身执念，一件藏品的购藏背后往往有着错综复杂的现实因素。当然，随着鉴赏眼力的提升，藏家对于当初的判断也会做出修改。比如许幼卿曾藏有明代徐渭《荷花图》一轴，列在广木箱第一号，后来经过其孙许莘农鉴定为伪作。在1984年9月7日许莘农所写的《“文革”期间被抄家存院的家藏字画清单》留底件中，第18号“明徐文长款墨荷图”下备注为“仿制品”。又如，第225号“高其佩杂画指画册页”下备注为“8页仿制品”。但这些并不妨碍藏家的收藏经历，更多地反映了收藏者对待作品严谨认真的治学态度。

六 文博实践

许莘农先生于1955年4月调至南京博物院保管部工作，直至1975年退休。在南京博物院工作的二十余年，主要从事书画的整理、鉴定、编目、研究工作。

1961年，南京博物院组织了文物鉴定委员会，并发布了《文物鉴定委员会组织与工作条例》。委员会下设书画、传世品、出土文物、近现代文物四个鉴定小组，每组设组长一人，由院长指定。当时书画鉴定小组由王敦化、徐沄秋、许莘农、张子琪、倪振逵五位委员组成。①

著名画家傅抱石曾在1959年7月7日致学生信札中这样说道：

> 关于鉴赏令亲的名作，我知道南京博物院王敦化先生、许莘农先生都有丰富的经验，是不是先请他们鉴识一下？您若同意，就请您先去一信，说是我转为介绍的，我想两位一定欢迎的。②

关于字画鉴定工作，因为判断难度大、涉及范围广，工作不留痕迹，今天很难用直观数据来说明，这里主要谈谈许莘农先生化私为公的高尚品格与治学育人的严谨态度，借此反映老一辈学人的精神风采。

进入博物馆工作之前，许莘农先生有感于文物的流失，为丰富馆藏，已陆续通过泰州市文化局向南京博物院捐赠了一批家藏文物。当时许氏旧藏仍然安放在泰州家中。故而南博派专员到泰州接受。

1954年11月12日，许莘农先生向南京博物院捐赠了金石古籍168种，铜器18件，瓷器5件，碑帖69种，砚石1方。这是目前许家保留的最早的捐赠收据。

1954年11月20日，许莘农先生向南京博物院捐赠了家藏字画计李复堂花卉中堂、袁随园小像各一件。

1954年12月9日，许莘农先生一次性向南京博物院捐赠了文物图书字画共计571件，其外孙储行健先生保留了1954年南博的复函——博函（54）字第五二〇号③，兹转引如下：

> 莘农同志：
>
> 本月十六日来信收悉。谢谢您热情地对我院的关心和爱护。
>
> 前承您捐献我院文物、图书一批，总共伍佰柒拾壹件。经我院派王敦化同志前去泰州，并会同泰州市文化馆到您家接受，现已运来南京，和您所列清单逐一点收无误。兹由我院分别掣奉文物、图书总收据各一纸，连同依照国家奖励捐献之规定发给奖励，并希查收。
>
> 您捐赠的这批文物、图书，其中部分版本是很珍贵的，现献给国家以供学习参考和陈列展览，这即是爱国主义的具体表现，特向您致以热烈的谢忱。此致
>
> 南京博物院启
>
> 公元一九五四年十二月九日

① 南京博物院编《南京博物院八十年院史》，译林出版社，2013，第197页。

② 叶宗镐编《傅抱石美术文集续编》，上海书画出版社，2014，第563页。

③ 据南京博物院1954年复函：博函（54）字第五二〇号。

1955 年 11 月 16 日，许先生又致函南博，再次表明了希望将家藏文物字画捐赠的念头，同时亦动员在镇江的亲属进行捐赠。南博随即派人接受。并于三日后专函致谢。

1955 年 12 月 29 日，许莘农先生向南博捐赠字画 25 件，现据其手写捐赠清单转录如下：

（明）谢时臣山水条幅一件、戴本孝山水条幅一件、顾进山水条幅一件、查士标山水条幅一件。

（清）金农老木梅花轴一件、高翔石榴花轴一件、朱素人放鹞图轴一件、王学浩补松雷塘庵主像轴一件、蔡嘉岁兆图轴一件、陈曼生芙蓉轴一件、汪砚山洗砚烹茶图轴一件、胡觉之湖山清晓图轴一件、秦祖永山水轴一件、姚传懋题其父所画山水轴一件、潘小莲临董雨山轴一件、张桂岩山水轴一件、张祥河山水轴一件、朱楼船山水轴一件、宣古愚种菊图一件、西崖竹石图轴一件、顾南雅梅花通景四条屏一件、陈若木梅竹石大横幅一件、吴熙载梅花大横幅一件、莲溪九畹兰大横幅一件、瑛宝指头画山水大横幅一件。

以上共计贰拾伍件。

接受人为许莘农南博同事王敦化，他在清单后留下了“一九五五年十二月廿九，点收人王敦化”的墨笔题记。

笔者还经眼过一份南京市文物管理委员会的接受文物收据，应是许家保留的副本。一共 15 页，为 1988 年 7 月 22 日许氏捐赠移交字画时开具，每页均盖有南京市博物馆公章，接收人为张金喜、董建平。此次许莘农先生一次性捐赠移交明清字画共计 150 件。其中不乏陈邦彦行书中堂、查士标行书扇页、龚贤老树册页、查昇临兰亭全文绫轴、张夕庵山水卷、高凤翰隶书卷、钱泳隶书扇页、阮元为伊秉绶所书六条屏、包世臣八言对联、黄士陵周鼎三器图轴等名家之作。

此外，作为扬州八怪的鉴藏者与研究者，许氏还将家藏的诸如金农《玉壶春色图》、华岩《春水双鸭图》等扬州八怪精品画作捐赠南京博物院，在馆藏的基础上，编写了《扬州八怪画集（南京博物院藏）》，于 1959 年由文物出版社出版。

很难统计许莘农先生毕生共为博物馆捐赠了多少家藏，除了上述字画之外，还有古籍碑帖、金石器物等，比如还向南博捐赠唐代的秦王五兽铜镜。目前北京、扬州、镇江等地文博机构均有许氏旧藏。

许莘农先生 44 岁开启了后半生的文博实践生涯，退休前主要集中在为南博整理编目、采购征集、鉴定研究字画。晚年则把更多的精力放在了整理鉴定经验、培育书画人才方面。

南京大学聂危谷教授曾于 1995 年听过许莘农先生为期一年的书画鉴定课，并写有《童心神往墨林迹 耄岁情牵今古评——许莘农先生书画鉴定课散记》一文，将许老“胸中翰墨海，谈笑皆文章”① 的丰满形象展现在读者眼前。

---

① 聂危谷：《童心神往墨林迹 耄岁情牵今古评——许莘农先生书画鉴定课散记》，《南京艺术学院学报》（美术与设计版）1997 年第 4 期。

许氏鉴画主要在于笔墨风格与望气细品相结合，主张多看细读。笔墨风格为首要判断依据，继而辅以款识、钤印、纸绢等作品信息判断是否符合年代特征。对于望气之说，他所持的态度是望气与细品相互作用。笔者曾见过许氏晚年多种鉴画笔记，其用功之勤，看画之多，令人感佩。这些内容或为作者罕见别号，或为读画心得体会，或为鉴定技巧依据，或为画坛掌故佚闻。① 有的记在笔记本上，有的则写在报纸的天头地脚，更有甚者直接记在包装纸后，皆三言两语，随写随记。如果把它们一一收集起来，加以整理归类付梓，定是一本资料翔实的书画参考文献，足为艺林增色。

许莘农先生关于古书画作伪曾写有《伪造书画的一些方式和手法》，这份提纲全以小标题表现，并加以一二句分析。他将其分为摹、临、仿、造、改五个方面。其中“改”的手法又分为减、挖、割、分、揭、切六种。同时，对于半真半假的字画，又有拆真配伪（例沈周杏花书屋图轴）、加伪乱真（米卷加伪仇跋）、就伪配俗（抚本宋字卷伪作李隆基书，再配上张雨、文征明二跋）、抽换拼凑等。②

南京艺术学院周积寅教授曾聘请许莘农先生为学生开设鉴定讲座，深受学生好评。在许氏所拟的《中国古书画课关于古书画鉴定的教学大纲》中，主要列了“为什么要学习一点古书画鉴定”和“怎样进行鉴定这两点”，在第一条列举了鉴定的意义和效益两点之后，他在“怎样进行鉴定这两点”里分四条记录了学习古书画鉴定的入门方法：

> 鉴定古书画从哪几方面入手？在看到古书画时有哪些地方要注意？学习鉴定古书画要看什么书、作品？入门要懂得一点什么辅助材料？③

熟悉许莘农先生的人都知道，生活中的许先生是一位个性豁达、和蔼可亲的老人，许氏夫妇曾居住在南京天目路 15 号，由独女许降秋女士照顾起居，偶尔往返宁扬两地。2000 年 5 月 23 日，许莘农先生逝世，享年 89 岁。又九年，许夫人萧蓝生女士亦以 99 岁高龄谢世。随着许氏旧藏散出，许莘农这个名字逐渐为越来越多的业内人士所熟悉。这样一位为我国文博事业的发展做出贡献的老人，是不应该被历史忘记的。

附记：本文写作过程中得到了许莘农先生之女许降秋老人、外孙储行健先生的帮助，他们提供了相关照片，又承南京萃文书局惠赐史料，谨致谢忱。

编辑：刘可维

① 许莘农：《假画乱真二则》，《南京艺术学院学报》（美术与设计版）1997 年第 4 期。

② 见许莘农先生手稿。

③ 见许莘农先生手稿。

淮安二河、三河得名考*

徐　进

（南京财经大学法学院）

［摘要］ 淮安二河、三河分别指淮沭新河与淮河入江水道的首段，它们承担着洪泽湖水通江入海的重任。以数字命名河流，在我国水文化中实属罕见。当代地方志等文献言及二河与三河的渊源时往往未注明史料出处，且存在矛盾分歧。通观清代《淮安府志》《山阳县志》《行水金鉴》《续行水金鉴》等史料，可知二河得名康熙二十五年（1686）河道总督靳辅修筑的洪泽湖二堤，原为大堤、二堤之间的运料河。三河则得名于嘉庆十八年（1813）河督黎世序移建的仁、义、礼三坝，原为礼坝的引水河——礼河。是以二河与三河各有其得名渊源，但折射出江淮地区厚重的治河史，亦可一窥历史长河中民间叙事逐渐融入官方话语的过程。

［关键词］ 二河；三河；高家堰；《行水金鉴》

一　问题的提出

今天的二千里淮河，在江苏盱眙注入洪泽湖后，由北向南，分别经由淮沭新河、淮河入海水道、苏北灌溉总渠以及淮河入江水道等河流汇入江海。其中淮沭新河的首段称“二河”，从今天的淮安市洪泽区二河闸起，至淮阴区淮阴闸（又名杨庄闸）止，全长31.5千米。淮河入江水道首段名“三河”，自洪泽区蒋坝镇三河口起，至金湖县施家尖入高邮湖止，全长55千米，为金湖县第一大河。20世纪50年代，在毛泽东“一定要把淮河修好”的号召下，江苏省先后建成三河闸与二河闸，调蓄洪水，灌溉良田，嘉惠无数民众。我国河流的得名，或因其显著特征（如黄河、长江），或因山川形胜与历史人文（如岷江、赣

* 本文为2021年度国家社会科学基金后期资助项目“南京国民政府时期行政审判法律适用研究”（项目批准号：21FFXB079）的阶段性成果。

江、钱塘江等），以数字命名实属罕见。同时，“二河”“三河”之名也使地理爱好者不禁遐思一河在何处，以及是否还存在四河、五河等。① 当代诸多出版物言及二河与三河的得名缘由时均比较简洁，未注明史料出处，有的还存在分歧。笔者未检索发现有专门研究探讨这一问题。本文拟通过梳理《淮安府志》《山阳县志》《行水金鉴》《续行水金鉴》等史料，对二河与三河的渊源做一番考述，以期求教于方家，并于细微之处丰富数百年波澜壮阔的治淮史图景。

二 二河的得名缘由

在近二三十年编纂出版的地方志与研究性著作中，二河的形成，多归于被康熙皇帝誉为“天下廉吏无出其右”的治河名臣张鹏翮（1649～1725）。例如原淮阴市地方志编纂委员会编纂的《淮阴市志》即称：“二河段是在旧二河的基础上开挖的。旧二河由张鹏翮挖成于清康熙四十一年（1702），南至周桥横堤，北至武家墩盐河，后来年久失修。到新中国成立，已成为洪泽湖大堤边的废水塘。”② 由著名地方文史专家、淮安市市志办主任荀德麟先生领衔主编的《洪泽湖志》以及浙江海洋大学副教授赵筱侠撰写的《苏北地区重大水利建设研究（1949—1966）》一书均采此说。③ 2014 年 8 月，江苏省淮沭新河管理处在二河闸廉政教育文化园修建了张鹏翮塑像，并称他为“二河始挖者、天下第一廉”。④ 中共中央纪律检查委员会网站在一篇介绍张鹏翮廉洁事迹的文章中亦引用了这句赞语。⑤ 但上述

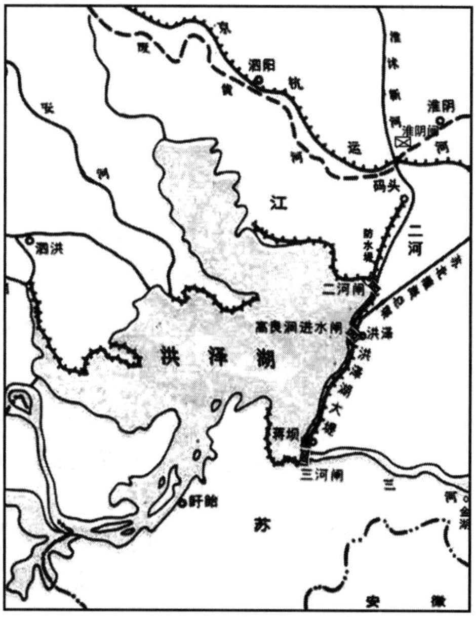

图一　今淮安二河、三河位置图

图片来源：中国大百科全书总编辑委员会编《中国大百科全书·水利》，中国大百科全书出版社，2002，第 151 页。

① 按：洪泽湖西有五河县，属安徽省蚌埠市。但五河县置县于南宋咸淳七年（1271），因境内淮、浍、漴、潼、沱五水汇聚而得名。彼时洪泽湖尚未形成，因此二河、三河与五河县并无历史渊源。

② 淮阴市地方志编纂委员会编《淮阴市志》，上海社会科学院出版社，1995，第 629 页。

③ 洪泽湖志编纂委员会编《洪泽湖志》，方志出版社，2003，第 274～275 页；赵筱侠：《苏北地区重大水利建设研究（1949—1966）》，合肥工业大学出版社，2016，第 257 页。

④ 江苏省淮沭新河管理处：《二河始挖者——张鹏翮塑像在二河闸落户》，江苏省淮沭新河管理处网站，http：//www. hsxh. com/ShowNews. asp? id＝32308，2014 年 8 月 27 日发布，2022 年 4 月 5 日访问。

⑤ 中共中央纪律检查委员会：《铁面肃清江南科考弊政，敢作敢为治理黄淮水患》，中共中央纪律检查委员会网站：https：//www. ccdi. gov. cn/yaowen/201712/t20171211_151155. html，2017 年 12 月 12 日发布，2022 年 4 月 5 日访问。

资料均未给出张鹏翮开挖二河的史料出处以及张鹏翮将其命名为二河的缘由。相比之下，被誉为“中国水利学之父”的郑肇经先生在出版于1939年的《中国水利史》中提出了靳辅（1633～1692）开挖说：“康熙二十五年（1686），靳辅于高堰东坡挑河运料。自武家墩至周桥，长六十余里，名运料河，亦名二河。东岸筑堤名二堤，为高堰外护。”① 此说不仅指出了二河的开挖者，同时也道出了得名缘由。武家墩与周桥两处地名亦可与《淮阴市志》等资料相互印证，但遗憾的是同样未给出史料出处。笔者查考，靳辅与张鹏翮同为康熙朝治河名臣，且均以勤于任事、清正廉洁著称，但康熙二十五年毕竟较康熙四十一年早了十六年。并且靳辅任河道总督时，张鹏翮时任山东兖州知府；张鹏翮总督河道时，靳辅已去世，二者之间从未形成过上下级关系。因此，二河究竟是靳、张哪一位总督开挖并且命名，仍需通过史料加以探究。

笔者查考，二河首次出现在史料中，系嘉庆、道光年间治河名臣黎世序（1772～1824）、潘锡恩（1785～1867）以及方舆学家俞正燮（1775～1840）等人编纂的《续行水金鉴》一书。该书成书于道光十二年（1832），共一百五十六卷，收录了雍正至嘉庆年间的大量河工史料。在第六十四卷《淮水·工程》中介绍了洪泽湖高家堰附属的运料河，其文如下：

> 运料河，俗名二河，北起武家墩，后与盐河通，南至周桥。在高堰境内者，长八千三百九十七丈。《淮安府志》载：大堤之东、二堤之西，自武家墩而南，至山盱周桥，共长一万一千六百余丈。二厅运料船只，悉由杨家庙进口，直抵工所，可免洪湖之险。康熙二十五年总河靳辅提请挑浚，四十一年总河张鹏翮率河工大小臣工捐挑，六十一年又挑，乾隆十九年复浚。②

笔者查考，此处的“高堰”“山盱”应指清代河道总督下辖的堤防管理机构高堰厅与山盱厅。洪泽湖大堤自武家墩以北的里运河起至高良涧禹王庙止，由高堰厅管理维护；自禹王庙起至大堤的终点蒋坝镇，由山盱厅负责。③ 周桥即位于高良涧以南、蒋坝以北。“一万一千六百余丈”约38.6千米，虽超过了前引《中国水利史》记载的“六十余里”长度，但大致相当于从今天淮安市清江浦区武墩街道武墩村沿洪泽湖南下至洪泽区东双沟镇周桥村的距离。复查阅成书于乾隆十三年（1748）的《淮安府志》，在第六卷“河防”一节中确有与上述文字大致相同的记录，但只有“二堤”与“运料河”的名称，无“二河”字样。④ 综上所述，可见二河应当得名于二堤，本是洪泽湖大堤、二堤之间的运料河，供应高堰、山盱二厅修补堤防所需的木石工料。“二河”之名应当是沿线的百姓与河

① 郑肇经：《中国水利史》，商务印书馆，1939，第146页。

② （清）黎世序等：《续行水金鉴》第四册，商务印书馆，1937，第1425页。

③ 彭安玉：《明清苏北水灾研究》，内蒙古人民出版社，2006，第243页。

④ （清）卫哲治等纂修《淮安府志》，载《续修四库全书》编纂委员会编《续修四库全书》（699史部·地理类），上海古籍出版社，1996，第561页。

工民夫所取。由于这一名称形象易记，且对应二堤，指明了地理位置，因此能够迅速流传开来，至嘉庆、道光年间便见于官方记载，并于此后的历史长河中逐渐取代“运料河”，成为正式河名。不过，这段文字虽然明确指出靳辅为开挖二河的首倡者，至康熙四十一年张鹏翮任河道总督时方才号召大小官吏捐资挑浚，但同样在第六十四卷中，又有一段介绍洪泽湖二堤的文字云：“大堤东，二堤一道。上接高堰起，下至周桥止，长三千二百二十丈，康熙二十五年筑。大、二堤之中，运料河一道，长三千二百丈五尺，康熙二十五年挑，乾隆十九年复浚。”[①] 不仅堤长、河长均与前一段文字不同，且明确指出二堤、二河均为康熙二十五年即靳辅总督河道时兴修。第六十一卷收录嘉庆十六年（1811）江南河道总督[②]陈凤翔奉旨陈奏加固高堰大堤、二堤一折，陈氏亦云：“自应以靳辅之二堤加高培厚，以作高堰重门，淮扬保障而钱粮亦省。”[③] 可见“二河始挖者”究竟为谁，仍须结合其他史料进一步探究。

若以“二堤”“运料河”为关键词检索史料，笔者发现最早在成书于康熙二十八年（1689），由靳辅亲笔撰写的《治河奏绩书》卷二“河工”一节中，在介绍淮安府宿迁、桃源（今泗阳县）、清河（今清江浦区）、山阳（今淮安区）诸县的引河工程时即云：“山阳县高堰运料小河，河工南自周桥起，北至武家墩止，计长四十里。高堰一堤长百余里。西障洪泽湖，东护淮扬，岁修之工最巨。运料必须船只往，每由清口入湖给工，风涛漂没者不可胜计，故开此河以便运料。”[④] 说明运料河在靳辅任上即已开挖。三十六年后，这段文字被成书于雍正三年（1725），由江苏按察副使分巡淮扬道傅泽洪（生卒年不详）及其幕僚郑元庆编纂的《行水金鉴》一书全文收录，并指明引自“靳文襄公治河书”。[⑤]《治河奏绩书》系靳辅奉旨撰述并向康熙皇帝奏进，《行水金鉴》亦因收录了大量顺治、康熙年间的治河史料而于有清一代备受推崇。《四库全书》总纂官纪昀称赞它：“综括古今，胪陈利病，统以前代以至国朝四渎分合、运道沿革之故，汇辑以成编者，莫若是书之最详。”[⑥] 然而，上述文字归根到底仍系靳辅自家之言，并且武家墩至周桥的距离远不止四十里，因此仍需通过其他史料加以考证。

笔者发现，《行水金鉴》第七十卷在介绍洪泽湖沿线堤防工程时，曾言：“大堤内运料小河，自武家墩起至周桥止，前河臣靳辅开挖未成。康熙三十九年范承勋等题准以挑河之工筑大堤。河面宽八丈，底宽五丈深五尺为度。因水浅，未能通舟。康熙四十一年，题

① （清）黎世序等：《续行水金鉴》第四册，商务印书馆，1937，第1433～1434页。

② 雍正七年（1729），雍正帝下旨改河道总督的官职为“总督江南河道提督军务”，简称江南河道总督或南河总督。仍驻淮安清江浦，专门管辖江苏、安徽两省黄河、淮河、运河的堤防、水利工程。

③ （清）黎世序等：《续行水金鉴》第四册，商务印书馆，1937，第1364页。

④ （清）靳辅：《治河奏绩书》卷二，载（清）纪昀等编《钦定四库全书》（史部十一·地理类四），文渊阁乾隆四十六年（1781）藏本，第31～32页。

⑤ （清）傅泽洪、郑元庆：《行水金鉴》卷一百七十四，淮扬道署雍正三年（1725）刊印，第15～16页。

⑥ （清）纪昀总纂，孟蓬生、杨永林等点校《四库全书总目提要》，河北人民出版社，2000，第1870页。

准加挑。运料河堤，土人称为二堤。自武家墩起至周桥撑堤止，前河臣靳辅筑。”① 同时记录了康熙六十年（1721）已在淮扬道按察副使任上的傅泽洪亲身经历的一件事：

> 圣祖仁皇帝康熙六十年三月□日，淮扬道傅泽洪详请浚运料小河。高堰、山盱两厅所属运料小河于康熙四十一年间蒙前院张（即张鹏翮——笔者注）具题奉旨挑浚深通，保堤运料，诚为善策。迄今一十九年，日久渐成淤垫，兼之五十八年奇风骇浪，水溢漫堤，因而堤工汕卸，淤垫更甚。运料船只，艰涩难行。又于五十九年补筑大工之时，堤边取土，地益洼下，以致积水汪洋，宣泄无路，风浪汕刷，堤根受伤，实属危险。兹据两厅会详，请宪挑浚。本道遵奉宪批，亲往确勘，一线长堤为全湖保障，运料保工委属要务。此河挑浚深通，既可保护堤工，又可宣泄积水。运送物料，船只无艰涩之虞；积贮土方，兵夫无望洋之叹。一举而四善俱备，则详请题估，发帑兴挑，诚不可一日稍缓者也。②

通观上述文字，同时对比前引《治河奏绩书》《淮安府志》《续行水金鉴》等史料中对运料河、二堤所处位置的记载，可见洪泽湖高家堰二堤，应为靳辅于康熙二十五年修筑，以为大堤之外护。至于运料河，笔者认为靳辅在任时应当已经动工，但因地势等原因，此河水量较小，容易淤垫，靳辅任上可能并未竣工通航。复于康熙三十九年和四十一年由两任河道总督范承勋、张鹏翮奉旨挑浚，最终在张鹏翮的努力下实现通航，实现了保堤运料的目的，也使船夫免于洪泽湖波涛之险。但到了傅泽洪任按察副使时已再度淤垫。如前所述，《行水金鉴》的成书年代去康熙未远，其史料价值在清代颇受肯定。并且据学者考察，傅泽洪任按察副使之前，曾在河道总督署效力近三十年之久，熟稔河务；郑元庆则是当时江南一带知名幕友，著有湖州府志《湖录》《今水学》等地理著作。③ 因此《行水金鉴》具有较高的专业性与可信度。此外，江宁文士程廷祚于康熙六十年（1721）写下的《游周桥记》一文中，亦有二河河道易淤的记录，可佐证《行水金鉴》的记载：“（二）堤在大堤内，两堤间有小河，治湖官运料所由，自武墩直至周桥，不通外水……由高良涧至周桥又二十里，河既不通外水，藻荇纵横，停结不散。”④ 新中国水利史学科的奠基人、中国水利水电科学研究院姚汉源研究员在《京杭运河史》一书中亦言：“（洪泽湖）大堤内运料小河，自武家墩至周桥，靳辅开挖未成。三十九年范承勋等奏准以挑河土筑大堤。河面宽八丈，底宽五尺，深五尺。因浅不通舟，四十一年加挑，六十年又浚。

---

① （清）傅泽洪、郑元庆：《行水金鉴》卷七十《淮扬道署》，雍正三年（1725），第 12 页。

② （清）傅泽洪、郑元庆：《行水金鉴》卷七十《淮扬道署》，雍正三年（1725），第 22～23 页。

③ 高洪钧：《〈行水金鉴〉作者考辨》，《文献》2004 年第 1 期。高洪钧先生认为《行水金鉴》大多数内容出自郑元庆的《今水学》等著作。

④ （清）程廷祚：《游周桥记》，载程国政编著《中国古代建筑文献集要》（清代上），同济大学出版社，2016，第 143 页。

运料河堤，俗称二堤，自武家墩至周桥撑堤，靳辅筑。”[①] “（康熙）六十年又浚”，应当指的就是傅泽洪提请挑浚运料河之事。

综上所述，可见二河应得名于康熙二十五年（1686）靳辅修筑的二堤，原为大堤、二堤之间的运料河。靳辅修筑二堤时应当已经同步开挖以便运料，同时也可以取土筑堤，但因各种原因可能并未竣工。后经范承勋、张鹏翮两次挑浚，于康熙四十一年（1702）竣工通航。“二河”之名应当是沿岸的河工、百姓所取，首见于道光十二年（1832）成书的《续行水金鉴》中。至成书于同治十二年（1873）的《重修山阳县志》以及成书于光绪十年（1884）的《淮安府志》中，已均有“二河”条目。[②]《重修山阳县志》第一页《山阳四境水利全图》中标有二河，位置与今二河同，系二河之名首见于地图（图二）。是以“二河始挖者”这一名号似更适合归于靳辅，张鹏翮则是“二河功成者”。不过，张鹏翮使二河通航，大量船夫、河工免受风涛之险，也必然会给一方百姓留下更深刻的印象，从而形成二河始挖者为张鹏翮的观点，并为前述《淮阴市志》等后世文献采用。程廷祚《游周桥记》亦言：“张公以世胄甲科奉诏来，防险之余，于一方甘苦无不恤，且率其子弟而教之书。余行小河时，闻舟子云多德之。”[③] 最后应当指出的是，今天的二河于1958年4月动工时，利用的是武家墩以南十七公里的原二河河道，至今日洪泽区高良涧街道二河闸的位置止，同时在武家墩以北开辟直至淮阴闸的新河道。[④] 高良涧以南至周桥的原河道，或因年久失修、河道淤垫以及城市建设等缘故，今已不复存在。

三　三河的得名缘由

相较二河而言，当代诸多研究成果在论及三河的渊源时，观点基本一致，即三河得名于清代在周桥以南修建的五座减水坝中的“礼”字坝。早在康熙十九年（1680）靳辅总河时，便在前人基础上，北起武家墩、南至蒋坝镇，修建了武家墩、高良涧、周桥、古沟东、古沟西、夏家桥等六座减水土坝。当黄、淮并涨，洪泽湖水位上升时，便开启土坝使洪水东泄，进入高邮湖与宝应湖，最终向南在扬州三江营汇入长江。康熙四十年（1701），张鹏翮为贯彻“束水攻沙”“蓄清刷黄”的理念，一度将六坝堵闭，使洪泽湖水尽出清口以刷黄。但最后仍选择将三座土坝改建为石坝，分别命名为仁字坝、义字坝与礼字坝。“仁坝为北坝，义坝为南坝，各宽七十丈。礼坝为中坝，宽六十丈。”[⑤] 乾隆十六年

---

① 姚汉源：《京杭运河史》，中国水利水电出版社，1998，第375页。

② （清）何绍基、丁宴等：《重修山阳县志》卷三《山阳县署》，同治十二年（1873），第33页；（清）孙云锦纂修，吴昆田等点校《光绪淮安府志》，方志出版社，2010，第158页。

③ （清）程廷祚：《游周桥记》，载程国政编著《中国古代建筑文献集要》（清代上），同济大学出版社，2016，第143页。

④ 淮阴市水利志编纂委员会编《淮阴市水利志》，方志出版社，2004，第200页。

⑤ 毛振培、谭徐明：《中国古代防洪工程技术史》，山西教育出版社，2017，第382页。

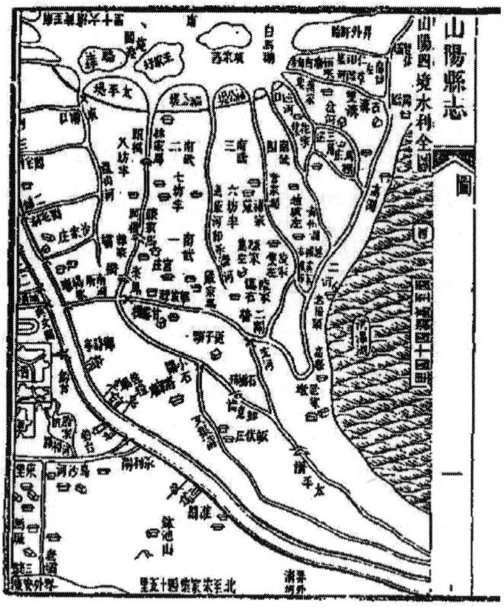

图二　《重修山阳县志》载《山阳四境水利全图》

(1751) 又增建智、信两坝，合称“山盱五坝”。嘉庆十八年（1813）河道总督黎世序提出“分淮入江”的设想，将仁、义、礼三坝移建于蒋坝镇之南，并开挖引河三道，分别称仁河、义河、礼河，当地民众与河工民夫便将其俗称为“头河”“二河”“三河”。[①] 三条引河最终合而为一，利用早在唐太极元年（712）便开挖的由盱眙向东直至扬州的河道——直河（又名衡阳河）进入宝应湖。[②] 咸丰元年（1851）夏，黄、淮异涨，洪泽湖发生大洪水，冲垮礼坝，直入高邮湖与宝应湖。嗣后礼坝再未堵闭，缺口越冲越大，至清末时宽度已达三公里。不仅完全吞并了三条引河河道，亦拓宽了衡阳河河道，遂形成今日之三河。[③] 直河、衡阳河等名称也不再使用。“从此，淮河由入海为主改为入江为主，这是淮河史上一个历史性的转折。”[④] 如今，由三河、高邮湖、邵伯湖、芒稻河等共同组成的淮河入江水道仍为洪泽湖最主要的泄水通道。

笔者查考，前引成书于道光十二年（1832）的《续行水金鉴》第六十四卷《淮水·工程》中即记载了仁河、义河与礼河：“嘉庆十五年后，仁、义、礼三坝冲成深塘，未能修复。于蒋家坝南山坡之地，依次创挑仁、义、礼三河，筑成滚坝，一如旧制。”[⑤] 同治

① 洪泽县地方志编纂委员会编《洪泽县志》，中国大百科全书出版社，1999，第 370 页。

② 盱眙县交通局编史办公室编《盱眙县交通史》，南京大学出版社，1989，第 17 页。按，《新唐书·地理志》载：“（盱眙）有直河，太极元年敕使魏景清引淮水至黄土岗以通扬州。”衡阳河得名于直河以南的衡阳镇。该镇位于今洪泽区蒋坝镇以南，金湖县黎城镇以西，清末时圮入洪泽湖。

③ 洪泽县地方志编纂委员会编《洪泽县志》，中国大百科全书出版社，1999，第 255 页。

④ 朱兴华：《三河闸的历史变迁》，载刘文主编《功逾神禹——淮阴市建国后水利建设专辑》，中国文史出版社，1993，第 107 页。

⑤（清）黎世序等：《续行水金鉴》第四册，商务印书馆，1937，第 1437 页。

《重修山阳县志》、光绪《淮安府志》、光绪《盱眙县志稿》等方志虽未见“三河”之名（古衡阳河与嗣后之三河一直是山、盱界河），但《清史稿·河渠志》引同治九年（1870）两江总督马新贻一份奏议中即出现了“三河”字样。马新贻称，咸丰五年（1855）黄河改道后，废黄河河道与其听任淤浅，不如加以利用，引导洪泽湖水入海。但“必先大浚淤黄，始淮得畅流入海。继辟清口，导之入旧黄河。再堵三河，以堵旁泄而资抬蓄。然非修复（高）堰、（山）盱石工，坚筑运河两堤，不敢遽堵三河、辟清口”①。光绪十三年（1887）两江总督曾国荃在《开浚下河情形疏》中亦有记载：“旧礼坝俗名三河之处，常年宣泄，冲跌成塘，洪湖之水由该处径入高、宝湖。”②。成书于光绪十七年（1891）的《盱眙县志稿》第二卷“山川”虽未载入三河之名，但有“仁字引河”与“礼字河”条目，并记载了嘉庆十八年开挖引河与咸丰元年礼坝被洪水冲垮之事。③ 成书于1922年的《续纂山阳县志》第三卷“水利”中“洪泽湖”条目亦有言曰：“春夏之交，里运（河）苦涸，莳秧乏水，农望睽睽，皆由礼河即三河分泄不节之故。”④ 由此可一方面佐证前引当代方志界与学术界研究成果的可信度与准确性。另一方面亦可知，从咸丰年间直至民初，“礼河”与“三河”两个名称应当是并行的。但与“二河”相同，“三河”这一名称简单易记，能够在民间广泛使用、口耳相传，最终后来居上成为正式河名。

但应当指出的是，三河有新三河与老三河之分。得名于礼坝的三河为新三河，老三河则位于新三河以北6.5公里处，东西走向，与新三河大致平行，最终注入宝应湖，全长38千米，至今仍为洪泽湖的一条辅助性泄水通道。⑤ 通观文献史料，老三河的得名渊源与新三河虽各有不同，但也可能具有一定的联系。

据《淮阴市水利志》《洪泽县志》等当代地方志介绍，老三河前身为赤水涧，原是三国时期魏将邓艾所筑白水塘下的引水河道。康熙四十五年（1706）张鹏翮总河时在新筑成的仁、义、礼等减水坝下挑河筑堤束水。“所挑河道沿赤水涧走向，利用洪泽湖泄洪下冲的水槽，开成三条引水河，时称唐曹河。三条引河所取之土，就地筑成四道小堤，同时在小堤外侧南北各筑一道束水大堤……故又称三河六堤。由于泄洪水势汹涌，中间四道小堤被冲刷夷平，仅存两道大堤，三河汇而为一，故称三河。”⑥ 笔者查考，张鹏翮所著《治河全书》收录康熙三十九年（1700）六月二十七日奏折一份，张鹏翮称前任河臣于成龙曾上奏，欲将靳辅所筑之六坝酌减为四。张到任后，“覆加相度地势，相去不远，（拟）

---

① 周魁一、郑连第等：《二十五史河渠志注释》，中国书店，1990，第600页。

② （清）曾国荃：《开浚下河情形疏》，载梁小进主编《曾国荃集》（二），岳麓书社，2008，第385~386页。

③ （清）王锡元、高延第等：《盱眙县志稿》，载江苏古籍出版社等编《中国地方志集成 江苏府县志辑》（第五十八册），江苏古籍出版社，1991，第165~166页。

④ 邱沅、王元章：《续纂山阳县志》，载江苏古籍出版社等编《中国地方志集成 江苏府县志辑》第五十五册，江苏古籍出版社，1991，第328页。

⑤ 朱道清编纂《中国水系大辞典》，青岛出版社，1993，第206页。

⑥ 淮阴市水利志编纂委员会编《淮阴市水利志》，方志出版社，2004，第215页。

并为三滚水坝，于坝下就原有之草字河、唐曹河开为引河，并筑顺水堤。”① 乾隆《淮安府志》第四卷《山川》中亦有“唐曹河”条目，并记载“康熙四十年奉旨将塘埂六坝改为三坝，于坝下草字河、唐曹河开为引水河以资宣泄异涨”②。可见唐曹河实为高家堰大堤之下原有之河道，张鹏翮只是加以利用，辟为一道引河。通观形成于嘉庆十八年黎世序改建仁、义、礼三坝之前的史料，目前尚未发现明确的记载有“三河”字样的内容。但开挖引河是修筑水坝的必备工程。同时如前文所述，张鹏翮修筑的仁坝、义坝与礼坝均为石坝，且仁坝与义坝宽达七十丈，礼坝宽六十丈，在古代应为规模较大、容易给人留下深刻印象的工程。因此笔者认为草字河、唐曹河以及另外一条坝下引河就有可能被沿线民众与河工民夫称为“仁河”、“义河”与“礼河”，或简称为“头河”、“二河”与“三河”。也有可能是草字河、唐曹河等引河最终汇为一处，被人们称为“三河”。黎世序虽然移建三坝于蒋坝镇以南，但毕竟沿用了仁、义、礼的字号。蒋坝镇作为高家堰大堤的南端终点，亦属高堰厅、山盱厅一众河工的工作范围。因此三坝移建之后，河工民夫就有可能仍以“头河”“二河”“三河”命名新挑挖的仁河、义河与礼河。

结　语

综上所述，可见淮安二河得名于治河名臣靳辅于康熙二十五年（1686）在洪泽湖大堤外修筑的二堤。其本身为大堤、二堤之间的运料河，后被沿线百姓、河工民夫称为“二河”，道光年间始见于官方资料，同、光年间载入方志。靳辅总督河道时，运料河已开始动工，但可能未完竣。后在两任河督范成勋、张鹏翮努力下，于康熙四十一年（1702）竣工通航。是以“二河始挖者”的称号更适合归于靳辅，张鹏翮则是“二河功成者”。但因二河通航使河工民夫免于洪泽湖波涛之险，故民众对张鹏翮更加感念，最终形成二河系张鹏翮开挖的说法。三河则得名于嘉庆十八年（1813）河督黎世序在蒋坝镇以南移建的仁、义、礼三坝，原为礼坝的引水河——礼河，被民众俗称为三河。咸丰元年（1851）洪水冲垮礼坝，形成今日的三河河道。“三河”之名在同治年间即见于奏议等官方资料。由此可见，二河与三河各有其得名渊源，并不存在直接联系。由此洪泽湖流域是否还存在“一河”、“四河”与“五河”的问题，自然也就迎刃而解。

诚然，尽管二河与三河渊源各有不同，但毫无疑问，它们都属于数百年来一代代治河官吏与河工民夫接续努力、踏实苦干的成果，是智慧、心血与汗水的结晶。亦折射出自南宋建炎二年（1128）昏聩懦弱的宋军将领违背自然规律，以水代兵，使黄河改道、夺淮入

① （清）张鹏翮：《治河全书》第三册，天津古籍出版社，2007，第1995页。

② （清）卫哲治等纂修《淮安府志》，载《续修四库全书》编纂委员会编《续修四库全书》（699史部·地理类），上海古籍出版社，1996，第447页。

海以来，紊乱的黄淮水系对国家治理与民众生产生活造成的巨大压力。事实上，洪泽湖本身也是明代治河名臣潘季驯提出“蓄清刷黄”“蓄水攻沙”策略以来，在淮河东岸大修高堰形成的、我国面积最大的人工湖泊。另外，“二河”与“三河”两个名称，从百姓与民夫使用的俗名，到载入县志等官方史料，再到成为正式的河名，也是历史长河中“民间叙事”因其形象易记，并能够提示“二堤”等地理位置，具有实用性，从而广为流传，最后被官方接收、吸纳的一则实例。如今，淮河与洪泽湖已安澜多年，但淮安地区丰富的治河文化则随着岁月流逝而愈发厚重，有待更多的探寻与思考。

编辑：刘可维

高淳地区民间信仰的生态结构

——以Q村观音寺为个案的考察

白　莉　王晟聪

（南京师范大学文博系）

[**摘要**] 高淳地区的民间信仰生态纷繁复杂，具有鲜明的传统色彩。本文以高淳的一座观音寺为个案，结合文献研究和田野调查，首先呈现出该地神域和俗域分明的空间结构。其次阐明多元融合和阶序共生是该地民间信仰的主要特征，主要体现在交叉的神明功能、多重的个人信仰以及祖先和神明崇拜的融合等三个方面。最后结合神域的扩张，说明功能性造神和神圣功能的世俗化等寺群的历史变迁，变通性和实用性是该地民间信仰长久传承、不断适应社会的内在驱动力。

[**关键词**] 高淳；民间信仰；生态结构

汉学家欧大年曾对中国的民间信仰做过一段经典论述："地方性的民间信仰有他们自己的组织型态、秩序和逻辑，并制度化于百姓的日常生活之中，包括在家庭生活、庙宇或是社区活动之中。这是人民最真实也最具体的活动、仪式和信仰。"[①]民间信仰不仅是中国多元文化生态的建构基础，还是反映传统社会中乡民思维观念和生产实践的一面明镜。研究地方民间信仰的生态结构，不仅给我们提供了一个考察地方社会文化互动的切入点，还能显著提升全社会的向心力与中华民族的内在文化认同。

高淳地区留存了十分难得的、生机勃勃的独立文化整体。[②] 南京南郊的高淳区地处丹阳、石臼、固城三湖之滨，茅麓余脉纵横，山水相依。历史上南宋政治中心南移，北方移民涌入苏、皖、浙三省水路通衢的高淳，在此逐渐形成商业集市。明清两代的众多名门望族又云集高淳地域，再次推动了高淳的政治经济发展。陶思炎通过十余年的田野调查，发现高淳地区民间信仰的保存状态相对完整，诸如傩舞、傩仪、出菩萨等附显本土文化属性

① 欧大年：《神明、圣徒、灵媒和绕境：从中国文化观点比较地方民间信仰传统》，《台湾宗教研究》2003年第2卷第2期。

② 中国人民政治协商会议南京市高淳区委员会（王志高总纂）：《高淳历史文化大成》，南京出版社，2013，第352页。

的民俗活动依然可见。[①] Q 村[②]位于高淳腹地的东坝镇，自宋朝起便是官道所经的交通要冲，属于高淳的经济文化中心地带。新中国成立以来，由于城乡规划的变革，道路辗转，失去交通、人口和经济优势的东坝镇在地理上逐渐封闭，现代性的植入进程较其他同类型的乡镇而言呈现出迟缓、滞后的状态，但这也将高淳的传统民间信仰较为完整地保存了下来。Q 村是一个杂姓混居的行政村，下辖的 7 个自然村落也聚居着不同姓氏的村民，没有占绝对优势的大姓与宗族势力，宗族和小亲族的观念都较弱。在缺乏统一的宗族组织作为凝聚人心、促进村庄整合力量的情况下，民间信仰因其地方性和跨越血缘关系的广泛性，在塑造村庄共同体意识的过程中起到了关键性作用，并由此获得了较为充分的发展。频发的自然灾害是自古以来村庄中民间信仰兴盛的另一个重要因素。据《高淳县志》记载，自 1491 年高淳置县至 1949 年，高淳地区发生蝗灾、洪水与旱情共 140 余次，例如“乾隆五十年，大旱，山圩籽粒无收。明年春，草皆食尽，民皆饿倒”[③]，又如“道光廿九年，大水，五月初八、九日大雨，平地水深丈余，民舍倾塌，存者寥寥”[④]，这种情况直至 20 世纪 50 年代兴修水利才得以改善。频发的自然灾害使得古代农民将平安的生活寄希望于神灵的庇佑，故高淳历史上民间信仰种类丰富，神灵谱系复杂，神宇祖庙、傩祭神巡不计其数，时常出现众神共殿的景观。据《高淳历史文化大成》的不完全统计，民国时期高淳地区的寺庵达两百余座，形成了“家家有宗祠，村村有庙宇”的文化传统。“吴楚之俗多淫祠”的历史底蕴使该地成为当代民间信仰组织生成与发展的“富矿区”。

2020 年到 2022 年，我们对 Q 村进行了六次阶段性田野调查，对其民间信仰进行了较为系统的收集和谱系梳理，发现该村观音寺的信仰生态结构极具典型价值：在空间结构上呈现出神域与俗域分明的特征，在信仰生态上呈现出多元融合与阶序共生的状态，在信仰功能的历史变迁中凸显出变通与实用的属性，而观音寺的信仰生态结构基本上反映出了高淳地区民间信仰的普遍状态。

一　神域与俗域：寺群的空间结构

观音寺位于南京市高淳区 Q 村内，未见于历史上的任何文献。观音寺的信众有千余人，均分布于寺群周围的七个自然村。寺中供有一尊距今七百余年的观音木像，村中石碑记载：在公元 1368 年到 1643 年间，观音木像坐落在四姑庵内，因庵年久失修，被一名得道高僧将木像从四姑庵请到茶亭（Q 村古称），并建观音庵一座，百年之后又增建仙太庙

① 陶思炎：《南京高淳水陆画略论》，《艺术学界》2009 年第 1 期。

② 依照学术惯例，文中涉及的所有地名、人名和协会名均进行了匿名化处理。

③ 高淳县地方志编纂委员会：《高淳县志》，江苏古籍出版社，1988，第 63 页。

④ 高淳县地方志编纂委员会：《高淳县志》，江苏古籍出版社，1988，第 69 页。

一座。[①] 观音寺的其他建筑于1992年至1999年间由村民自发建造，其中观音庵于2014年被南京市高淳区文化广电局评为“不可移动文物”。

观音寺内并无专业的住持和僧人，仅设有一个观音寺理事会，统筹寺群的日常管理，以及定期举办庙会、社戏和迎观音等宗教活动。观音寺理事会共有五位理事长，在村中德高望重，并自喻有“通仙之术”，他们负责主持寺群的日常工作，募取与运营寺群基金，组织各类民俗活动。会员都是附近村落的信众，入会并无门槛，只要愿意协助理事会开展活动便可成为会员。每逢农历二月十九（观音菩萨诞辰）、六月十九（观音菩萨成道纪念日）、九月十九（观音菩萨出家纪念日），周围村落的村民甚至外地的信众都会到此烧香拜佛。农历正月初七，村民会集中到观音庙举行“出菩萨”的活动。“出菩萨”时，被挑选出来的村民头顶着几十斤甚至上百斤重的菩萨头像在村落之间游行。农历正月初七和二月十九两天村里还会请戏班子到观音寺前的大戏台上唱戏，当天也会有一些小摊贩前来做生意，村民们集中到观音寺听戏、聊天、吃斋饭、买卖物品，可以说是Q村一年中最热闹的时候之一。

观音寺由十一座单体庙宇构成，三进三出，广场上伫立有一座黄铜露天观音像，为2003年观音寺理事会头首一家捐赠。寺群的左右两侧建有社区老年人活动中心和饭堂，满足观音寺理事会办公与村民日常休息的需要。寺群灵域与俗域区分鲜明，每座庙宇供奉的神明不尽相同，流派复杂，寺群的空间结构如图一所示。[②]

图一 观音寺寺群的空间结构

1. 大戏台。大戏台于2010年建成，位于整个广场的西南角。每年农历正月初八观音寺会举办菩萨会，届时会邀请当地的戏班来此唱戏。

2. 社区老年人活动中心与“和事佬”民事调解室。建筑由两间单层板房组成，

---

① 石碑为寺庙理事会于2006年所刻，所载内容在文献史料中没有出现。

② 寺群概况图为寺庙理事会提供，笔者加注。

坐东朝西，于2017年建成。在信众眼里这是属于“俗家”的地方。

3. 寺庙食堂。庙会期间，附近的乡民在寺庙食堂会餐。

4. 天王殿。天王殿中供奉佛教中的四大天王、弥勒菩萨和韦驮菩萨，于2004年建成。

5. 三星庙。三星庙前殿供奉附近乡民的祖宗牌位和仙太们的排位，后殿设有“仙太办公厅”与“仙太会议厅”。原建筑建成于明末清初，于2017年翻修。

6. 观音庙。观音庙前殿供奉哪吒三太子，后殿供奉二郎真君。原建筑建成于明末清初，于2017年翻修。

7. 祠山殿。祠山殿中供奉高淳的地方神祠山大帝，于2012年建成。

8. 东王殿。东王殿中供奉道教中的东岳大帝，于2011年建成。

9. 大愿宝殿。大愿宝殿的中央供奉佛教中的地藏王菩萨，并在其主像两侧放置道教中的十八阎王像与牛头马面像，主体建筑于2011年建成。

10. 白莲庙。白莲庙中供奉白莲教主神，主要的功能是消灾祛疾，于2004年建成。

11. 财神庙。财神庙中供奉关二爷，主要的功能是生财辟邪，于2004年建成。

12. 大雄宝殿。大雄宝殿自左而右设有佛教中的药王菩萨、释迦牟尼和大势至菩萨。十八罗汉分为两列立于殿两侧，建筑工程历时五年，于2006年建成。

13. 三星大殿。三星大殿自左而右设有孙仙太、马仙太、叶真人、三仙太子、薛大仙、王仙太。这些神祇不从属于任何流派，也没有特定的功能，都是平日“上身”村民后告知其姓名，并要求村民为其修建排位。此外，该殿还供有少量的祖宗牌位。主体建筑于2009年建成。

14. 大悲宝殿。大悲宝殿中央供奉距今七百余年的木观音，左侧供奉本地土地神，右侧供奉城隍。主体建筑于2008年建成。

由此可见，寺群中的神明谱系丰富多样，各居其殿，佛教、道教与地方神明在空间上和谐共生，具体表现在两个方面：一是不同谱系的神明共殿，大悲宝殿中既供奉有佛教中的观音菩萨，又有道教中的城隍与土地神；二是各路神明的排布相互穿插，例如寺院的东北角的三进式建筑，首先是供奉地方神明祠山大帝的祠山殿，中间是供奉道教中东岳大帝的东王殿，最后供奉是佛教中地藏王菩萨的大愿宝殿，神明的排布不遵循传统的宗教类别。此外，观音寺的整体空间神域和俗域的分界明显，图中1~3组成的世俗建筑与4~14组成的神殿在地理空间和乡民认知上均有着明确的区分，乡民是灵域和俗域分界意识的构建主体。

二　多元融合与阶序共生：寺群的信仰生态

在日常生活的现实世界中，“民间宗教”的部分是比较重要的，几乎所有的寺庙都是一个巨大的万神殿。[1] 要指出的是，中国对于民间信仰的系统性研究起步较晚，并且在词源的定义上与西方学界并不对等：中国的“民间宗教”（popular religion）与“民间信仰”（popular belief）属于相互平行的学术概念，前者研究制度化宗教的民间变体，后者研究民间广泛存在的、非组织的、具有自发性的一种情感寄托、崇拜以及伴随着精神信仰而发生的行为和行动，即：“民众中自发产生的一套神灵崇拜观念、行为习惯和相应的仪式制度。”[2] 是否实现制度化是区分前后项的一个重要标准。而西方学界将这两个概念归于“民间宗教”（popular religion）的大范畴之中，不作刻意的区分。所以这里 Willem A. Grootaers 所指的“民间宗教”即本文所论述的民间信仰。由此可以进一步阐释出中国的民间信仰具有兼容并蓄的特性。

通过对 Q 村观音寺的考察，我们发现“万神殿”中的各路神明即使在形式上多元共存，而实质地位亦有主次之差：主神的属性会影响庙宇的社会功能、庙会的时间、祭祀的仪式、祭品的种类等一系列形式特征，而其余神明则各居其位，信众结合自身的功能需求祭拜相应的神明。具体的主次分类可以归结为“先来后到”和“本地优先”两个具有世俗意义的原则。观音寺的众神地位有一定的差别，信众将“先来后到”和“本地优先”这两条乡土属性浓厚的道德原则作为界定众神地位的模糊秩序，而不是依据传统宗教章规中所提及的神明等级。在历史秩序上，寺群对最古老的木观音进行了多层次的包装，赋予其“统领众神”的神圣权威，以突显其历史价值。寺群在每年的农历二月十九、六月十九与九月十九三个时间节点举办观音庙会，这三天分别是佛教中观音菩萨的圣诞、成道和出家之日。寺群和信众不断强调木观音的历史价值与权威地位，宣称整个寺群都是在木观音的历史基础上逐步层累建构的。据理事会杨头首的说法：“木观音已经保佑了这里七百多年，其他的神像都是后来根据各路神仙托梦的要求陆续建出来的。那些上身的神仙也受观音指派，什么时候上身，什么时候离身，都是观音在指挥。”在逻辑秩序上，寺群遵循“本地优先”的原则，土生土长的神明地位高于外来神，并且神明之间具备了部分社会组织的隐性功能。理事会曹头首认为：“本地的观音、土地和城隍会管理外地的神仙。无论来寺里求什么都要先到大悲宝殿拜一拜，再到其他殿去。”对于这个寺群而言，本地七百余年的观音木像拥有绝对的神圣权威，完全掌控着神域中的道德秩序。而本地的土地和城隍地位仅次于观音，可以和观音同殿受祭，共同管理着观音寺的神域。其他神明则依附于观音、土地和城隍的神性统治之下。

（一）空间上的和谐共生

社会处在一定的空间范围之中，而宗教信仰则是某个空间中的民众不断适应周遭环

---

① Willem A. Grootaers, Lishih - yu, Changchih - wen. *Temples and History of Wanchuan*, Monumenta Serica. Peking, 1948, Vol. XIII.

② 钟国发：《20 世纪中国关于汉族民间宗教与民俗信仰的研究综述》，《当代宗教研究》2004 年第 2 期。

境、寻求发展而采取客观手段的主观反映。因此，宗教为民众构筑了一个高于世俗世界的精神空间，形塑了其知识系统，包括其对生存环境、生活秩序的制度化诠释。民间信仰相较于宗教而言则随意很多，并没有上升到哲学建构的知识领域，也不存在神灵谱系的严格区分，其基础性特征就在于满足信徒的日常生活需求。在观音寺中，道教神、佛教神和地方神等不同流派的神明在寺群这个封闭的神殿中和谐相处，首先体现在一个庙殿同时供奉着各路神明。大悲宝殿的正中央供奉距今七百余年的观音菩萨木像，观音像两侧供奉有道教的土地神与城隍，从排列上看该殿的格局以观音为主，土地神与城隍为辅，但上奉的祭品都是相同的，这些神明共享祭献。其次，寺群的建筑排布也无主次偏正之分，具有一定的随意性。地位最为崇高，具有“管理众神”功能的大悲宝殿位于整个场域的西北角，而面积最大、装饰最宏伟的大愿宝殿供奉的是“后到”的地藏王菩萨。

（二）神圣功能的交叉

神灵的职司与功能是俗神信仰的核心，它构成了民间诸神互相区别、分门别类的本质性特征。从社会史的角度来看，信众的崇拜动机是该神具有与其生产生活密切相关的职能，并且各司其职的民间诸神存在于现实社会结构、社会控制以及信众精神世界的各个方面。但是，在传统社会的俗神信仰中，也存在着诸神之间功能的交叉。例如观音寺的一神具有多项司职，寺群不会刻意诠释一个神明的具体职能以及所属的宗教流派。庙祝会在观音像前对乡民使用茭杯术进行占卜。掷茭杯是南方道教中常见的占卜术，南宋《演繁录》记载：“后世问卜于神，有器名杯珓者，以两蚌壳投空掷地，观其俯仰以断休咎。”① 乡民双手合杯，默念所求之事，作揖三次，然后举过头顶，松手撒杯。头首也是运用道教的七十二卦象和儒家的《易经》进行解卜。另外，各个神明也没有明确的功能界定，只要存在于灵域之中，就会“有求必应”。乡民会在因治水有功而被神化的祠山大帝面前求福禄财寿，祈身体康健、疾病快愈，也会在地藏王菩萨面前祈求五谷丰收、仕途顺畅。

（三）信众的多重信仰

由于社会的发展，个体需求逐渐多样化，部分神明传统的功能逐渐不能满足信众的新兴需求，最节省成本的方法就是将原本神的功能泛化，使其成为“全能神”，来满足各个时代信众的需要。同一信徒可以同时信奉多种神明，乡民们不会区分各种神仙的来龙去脉，通常“唯灵则信”，见神就磕头，逢殿就烧香。对于曾经“应验”的神明，乡民自然虔诚参拜，但对于未知或“所求而未应”的神明，乡民也会在其神圣权威的场域中毕恭毕敬。这一特征也明显地体现在祭祀仪式上。如观音庙会当天，乡民除了参拜观音菩萨，还要一起拜寺群中的“满堂神”，并且没有先后祭拜的顺序。对于乡民而言，无论该路神仙属于哪个谱系，只要对自身有益，都会请来帮忙。实际上，每年的观音庙会实质上已经成

---

① 周翠英：《〈演繁露〉注》，中国社会科学出版社，2018，第165页。

为众神的狂欢，各路神明共同享用乡民的香火与祭品。

（四）祖先崇拜与神明崇拜的融合

在中国的传统观念中，祖先灵魂与宗教神话中的神明在乡民眼中都具有神圣性，并且当地这两种祭祀仪式在形式上具有极大的相似性，大都是上供叩拜、焚香、烧纸，而祭祀的意义也大同小异——保护家人健康、事业顺利。这些共同点使得两者的融合成为可能。三星殿前殿放置有当地乡民们的祖先牌位，这些牌位不仅融入了寺群的日常信仰体系，还成为构建神域的元素。值得注意的是，只有在当地颇具声望的长者死后，才能被放进神殿，与众神为伍，甚至有一些德高望重的人和对寺群有突出贡献的人，他们的牌位被安放在三星大殿里，与众仙太一席而列，平等地享受乡民们的贡品与日常香火。祖先崇拜整合了现生的与过世的家族成员，充分表达了“超时限的和谐”与“同时限的和谐”的传统伦理精神。[①] 对于乡民而言，这是对其生前道德品质的神圣褒奖，同时又能受到其他乡民的祭拜，值得光宗耀祖；对于寺群本身，被赋予了祖先崇拜功能的寺群成为乡民家族传统与道德信仰的象征，同时祭祖的宗教成分在凝聚乡民、保持群体记忆等方面发挥了强大的推动力。

由此，高淳地区民间信仰因其特有的生态结构而催生出的组织行动逻辑可以总结为两个方面。一方面，进行民间信仰的传播，在农村社会扩大信众基础和影响力。民间信仰作为一种俗神信仰，存续于村庄生活中，离不开普通村民的支持。因此，民间信仰组织通过各种节庆活动、祭拜仪式、日常供奉向民众灌输神灵观念。另一方面，根据农民信仰中的功利性和“香火旺就灵验”的村庙发展特点，放弃了文本的教义宣传，不断地制造和传播一些灵验故事，吸引村民膜拜。总之，民间信仰组织通过民间信仰的传播影响着村民的思维方式、行为准则、社会关系和生产实践，以此获得在农村基层社会发展的土壤。

三 变通与实用：寺群的动态变迁

在民间信仰文化体系的建构过程中，乡民对与自己的生存无关的东西向来不太关心，而对与自身生存利害攸关的神力则普遍怀有敬畏之心。他们希冀通过对神明的祭祀和祷告来达到祈福攘灾的目的，并因此而演化出各种各样的崇拜对象和崇拜形式，以满足精神的需求。这种民间信仰的实用态度即是李向平所言“一种以功德文化为中心的功利交换原则”[②]。从寺群动态变迁的角度来看，主要体现在以下两个方面。

---

① 李亦园：《人类的视野》，上海文艺出版社，1996，第96页。

② 李向平：《信仰但不认同——当代中国信仰的社会学诠释》，社会科学文献出版社，2010，第158页。

（一）神域的扩张

随着寺群的信众分布范围的扩大，寺群的神域也随之扩大，很多信众自发地将寺群的灵验故事一传十、十传百地播撒出去，乃至分櫱外域。造神运动可以分成两个类别。第一类是凭空造神，2018 年寺群在当地茶场信众们的集资下，在距离寺群所在地数公里的茶场开设了两个分殿，分殿中供奉观音、土地与茶神，以满足当地乡民的信仰需求。虽然造神的套路还是传统的托梦上身，但从功能上明显进行了刻意的安排——茶场附近的乡民大多从事采茶业，故守护这一行业的神明自然备受重视，虽然殿中的茶神并无历史渊源，也没有依托于神化相关历史人物，是一个虚空架构出的“茶神”，但乡民坚信只要是观音寺建造的神殿，其灵验性与神圣性便毋庸置疑。第二类是本地请神，寺群中本无专司财富事业的功能神，为满足人们对于财富的热切需求，观音寺从苏州某道观“请”来了掌管财富的关羽像，并为其建造了财神殿。为消解村民对疾病和死亡的恐惧，又兴建大愿宝殿，从九华山的佛殿中“请”来了地藏王菩萨。

（二）神圣功能的世俗化

民间信仰往往贴合社会发展的需要，当社会观念发生改变时，信仰的形式、内容与功能也会随之而变，即在社会变迁的同时，相关的信仰文化也启动着自身的适应禀赋机制，主动和被动地适应着外部社会环境的变迁。[①] 一方面，寺群积极参与社区治理，将寺群东侧的公屋改造成社区老年人活动中心与“和事佬”民事调解室，利用寺群对乡民具有神圣权威的优势调节和缓和乡民矛盾，同时也展现出宗教团体福利性的属性，将人们捐赠的钱通过礼物、庙会期间供应的大锅饭等方式再分配给乡民中的弱势群体。另一方面，寺群在观音庙会的仪式重心也渐渐从“娱神”向“娱人”转变。庙会不单单是宗教上的祭祀活动，更是一个兼具艺术、商业、文化等社会功能的综合体，在注重神圣仪式的同时，也能给乡民们带来审美享受和物质交换。在观音寺群举办的庙会上，繁冗的祭祀程序被不断简化，娱乐与商业的价值大大增加。以往庙会祭祀，信众必须亲自到场参拜上供，现在则奉行“心诚则灵”的宗旨，外地的信徒不必亲自到场，可以通过银行汇款、微信转账等现代化手段进行远程祭拜，仪式感逐渐式微。以前观音庙会期间，会固定请戏班唱一些具有宗教意义的戏曲，现在则把选择权交给乡民，让他们自由选择戏班与登台曲目，使得庙会成为了一场真实意义上的乡民的狂欢。

综上所述，民间信仰所具有的高度变通性为观音寺的一系列世俗化变革提供了一个内在依据。同时，外部经济利益的诱惑和农村现代化的进程也是加速瓦解观音寺传统规范的外因。在历史层面，通过呈现神域的扩张、功能性造神和功能世俗化三个现象，可以总结出民间信仰强大的实用性和功利性促使其不断灵活地变革外显形式与内在价值，从而顺应

① 张宝丹：《易县后土庙民间艺术的庸俗化现象研究》，河南大学硕士学位论文，2019，第 65 页。

时代的需求，成为世俗社会的一部分。

结 语

范丽珠等认为，对中国宗教的社会学研究需要将对于宗教的认识置于自身的文化体系中，从中国社会历史本身来观察民间宗教现象。[①] 民间信仰已然成为中国世俗社会的一部分，其实用和功利的精神内涵，具有整合传统社会秩序的隐性功能，其表征化的仪式习俗则构成了日常生活的实践基础。中国民间信仰所具有的独特生态结构既是乡土文化强大包容性的体现，也是乡民集体智慧的结晶。有效利用其兼容并蓄、灵活实用的历史特性，可以引导农村基层社会对民间信仰的整合转化，丰富其文化内涵和社会功能，使民间信仰成为新时代农村精神文化建设和乡村振兴的内生推动力，这也是我们不断探索的方向。

编辑：郭卉

① 范丽珠、陈纳：《近代以来中国传统宗教的命运嬗变》，《宗教社会学》2015 年第 3 期。

域外遗珍

大地之龟和月中玉兔

——玛雅文明和中华文明相似性的初步思考

李新伟

（中国社会科学院考古研究所）

［**摘要**］龟自史前时代便在中国和美洲都受到青睐，被赋予了丰富的精神内涵。而中国和玛雅文明都有关于月中玉兔的神话传说，但内容各不相同。通过分析中华文明与玛雅文明中的龟崇拜与月中玉兔，可见文明比较研究虽然未必能够找到直接交流的证据，但也能加深对各文明特征的理解，这应是文明比较研究更重要的目的。

［**关键词**］龟崇拜；玉兔；玛雅文明；中华文明；文明比较研究

中美地区文明，包括玛雅文明和中华文明的渊源久已成为学界和公众关注的焦点，其热度至今持续不衰。美洲早期居民的主体是距今20000年至15000年前后由东北亚地区迁徙而来，这已是有大量考古资料支持的定论。张光直先生因此提出："中国文明和中美洲文明实际上是同一祖先的后代在不同时代、不同地点的产物。我们把这一整个文化背景叫作'玛雅—中国文化连续体'。"[①] 中华文明因为与周边文明的广泛交流，如海纳百川，不断发展壮大。中美洲文明则孤悬海外，坚守着纯粹悠久的文化基因，绽放出独特的文明之花。对这两个有着共同祖先，却展示出不同发展轨迹的两大原生文明的比较研究，对认识早期中华文明的特征，对体悟人类文明发展道路的多样性，都有不可替代的价值。

一

龟崇拜是玛雅文明和中华文明一个饶有兴趣的相似点。

---

① 张光直：《考古学专题六讲》，文物出版社，1986。

中国最早的龟崇拜的证据发现于地处淮河流域的河南舞阳贾湖遗址。在距今 8000 余年的贾湖墓葬中，常有以龟甲随葬者。龟甲中常有小石子，个别龟的腹甲上，刻着类似甲骨文的符号。① 距今约 7000 年前后兴起于汶水和泗水流域的大汶口文化继承了这个传统，墓葬中仍然流行以龟甲随葬。② 关于这一时期龟甲的功能，其说不一。因为龟甲内多有石子，有学者认为其是绑在腿上和胳膊上的响器，在舞蹈时沙沙作响。③

距今 5500 年前后，中国各地区的史前社会几乎同步进入跨越式发展的灿烂转折期。新生的社会上层需要新的意识形态树立威望，维护统治。龟崇拜有了新的表现形式和内涵，并广泛传播。安徽含山凌家滩墓地出土的写实玉龟（图一），④ 在其腹甲和背甲之间，夹着刻画出北极星和维系天地的"四维"的玉版⑤；还出土了一种玉筒形器，是抽象的龟的身体⑥。大汶口文化出现了形制相同的骨雕筒形器。⑦ 辽河上游的红山文化典型玉器中，既有写实的龟，又有筒形抽象的龟体（图二），还有身体呈"勾云"状的龟形器。很明显，龟崇拜此时是与宇宙观密切相关的。先秦文献记载的龟为宇宙模型，龟背隆起象天、龟腹平整象地的观念在 5000 多年前就已经形成。⑧

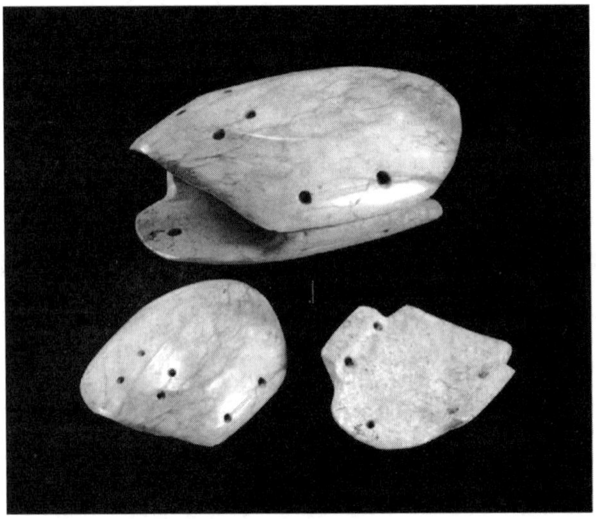

图一 凌家滩遗址出土的玉龟

---

① 河南省文物考古研究所：《舞阳贾湖》，科学出版社，1991 。

② 高广仁、邵望平：《中国史前时代的龟灵与犬牲》，载《中国考古学研究》编委会编《中国考古学研究——夏鼐先生考古五十年纪念论文集》，文物出版社，1985。

③ 陈星灿、李润权：《申论中国史前的龟甲响器》，载陈聪、陈星灿主编《桃李成蹊集：庆祝安志敏先生八十寿辰》，中国考古艺术研究中心，2004。

④ 安徽省文物考古研究所：《凌家滩》，文物出版社，2006。

⑤ 李新伟：《中国史前玉器反映的宇宙观》，《东南文化》2004 年第 3 期。

⑥ 安徽省文物考古研究所：《安徽含山凌家滩遗址第五次发掘的新发现》，《考古》2008 年第 3 期。

⑦ 黄翠梅、郭大顺：《红山文化斜口筒形玉器龟壳说——凌家滩的启示》，载杨晶、蒋卫东执行主编《玉魂国魄——中国古代玉器与传统文化学术讨论会文集（五）》，浙江古籍出版社，2012。

⑧ 李新伟：《仪式圣地的兴衰》，上海古籍出版社，2017。

图二　红山文化玉斜口筒形器

长江下游距今5200年至4300年的良渚文化继承了凌家滩的传统，仍然有玉龟。但此后，龟崇拜迹象不明，直到商代才蓬勃复兴：龟甲成为灵验的占卜工具，取形于龟腹甲形状的“亞”字，也具有特殊内涵。商王大墓均为四墓道的“亞”字形，商代青铜器铭文中，族徽常有一个“亞”字形外框。但商人重龟是因为龟为天然宇宙模型？还是有新的内容？这还是有待探讨的问题。①

以龟壳制作的响器在北美洲和中美洲有悠久的传统，距今5000多年的古初时期（Archaic）即已成为墓中常见的随葬品。但当时龟是否具有宇宙观的内涵还不明了。在被称作“中美洲母文明”的奥尔梅克文明时期（距今约3500年至2400年），中美洲已经形成了自己的创世神话，并成为萨满式宗教的核心内容。普林斯顿大学艺术博物馆所藏的一件玉龟表明，龟为大地的观念当时可能已经出现。但总体而言，龟的形象在奥尔梅克文明中并不多见。拉文塔（La Venta）遗址出土了距今约2400年的长2.8米的石棺（图三），上面雕刻着代表大地的巨口四足神兽，背上萌发出茁壮的幼苗，其形态与龟相去甚远，更像头部夸张的鳄鱼。②

玛雅文明中，鳄鱼仍然为大地的标志，但龟已经成为更重要的飘浮于冥初之海的大地的象征。玛雅前古典时期的圣巴特洛（San Bartolo）壁画中（距今约2200年），已经出现精彩的玉米神在大地之龟体内重生的画面。大龟的身体如同“亞”字的四瓣花形（quater-foil，上部已残），腹中有三神，左为雨神查克（Chark），右为水神，居中的玉米神颈挂龟壳之鼓，左手执鹿角，右手高举，似在击鼓而舞。在玛雅观念中，玉米的收割、播种和生长对应着玉米神被砍头而死，进入冥界，再获重生的循环（图四）。③ 玉米是玛雅人最重要的农作物，玉米神的重生也就成为玛雅宗教中最重要的内容，流传至西班牙殖民初期的玛雅创世神话《波波乌》（Ponol Vah）中对此有详细描述。圣巴特洛壁画与《波波乌》的记载有很多可以互相印证的地方，表明此创世神话的原型在2000多年前

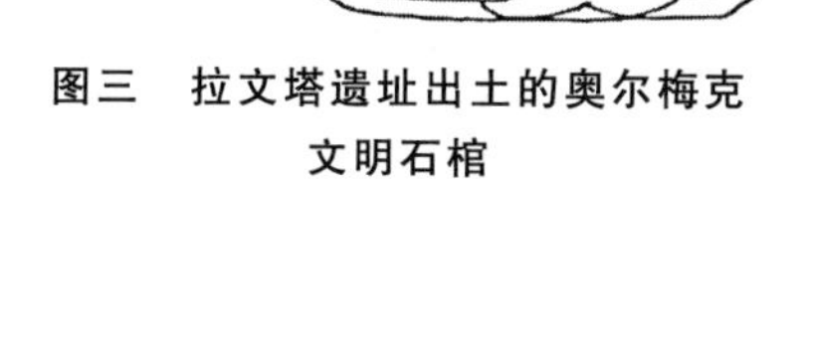

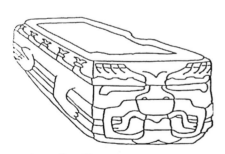

图三　拉文塔遗址出土的奥尔梅克文明石棺

① 艾兰（Sarah Allan）：《龟之谜——商代神话、祭祀、艺术和宇宙观研究》，汪涛译，商务印书馆，2010。

② Richard A. Diehl, *Ancient Peoples and Places*, Thames & Hudson, 2005.

③ Karl A. Taube, David Stuart, and Heather Hurst William A. Saturno, *The Murals of San Bartolo*, El Peten, Guatemala, Boundary End Archaeology Research Center, 2010.

就已经形成。四瓣花形在奥尔梅克时期已经成为非常重要的符号，表示人间与冥界和天界的出入口。① 圣巴特洛壁画中，身在四瓣花中的玉米神已经完成重生，正要从这个出入口回到人间，带来万物复苏。

图四　圣巴特洛壁画玉米神重生图

进入玛雅古典期，描绘玉米神从大地之龟中重生的绘画和雕刻成为玛雅宗教和艺术的重要主题。最为生动的画面出现在波士顿美术馆所藏的线绘陶盘上：身上有象征冥界的骷髅的双头大地之龟背甲裂开，羽冠飘逸的玉米神赤身而立，如破土而出的玉米新苗，两侧是战胜冥王，成功拯救父亲的英雄孪生兄弟，一个以瓶浇水，如灌溉初生的玉米，一个献上鲇鱼（已残，只有鱼尾可见），助其重生（图五）。相似的场面也出现在另一件玛雅陶杯上，龟背的裂口被表现为四瓣花形，强调玉米神重生之地是人间与冥界的出入口。

科潘遗址的 C 号石碑（stela C）和其祭坛则以更宏大的形式表现了这一场景。该石碑是科潘第 13 王为纪念玛雅长历法 9.14.0.0.0（711 年 12 月 15 日）这一重要日子而树立于科潘王宫区仪式大广场内的。石碑双面都雕刻着身如通天树的十三王形象。面向东侧的十三王面容年轻，如初生之日；面向西侧的十三王颌下戴假须，面向落日，腰间的垂带有象征冥界的水莲花装饰，怀抱的双头蛇形仪式杖“蛇口大张”，探出上半身的神灵手持玉米神头颅。石碑西侧横卧着一只巨大的大地之龟祭坛，站立在西侧观看，石碑如同从龟背破甲而出，像获得重生的玉米神一样。科潘王宫区由多个广场和金字塔组成，广场象征冥初之海，金字塔则象征圣山，十三王就是在这特意营造的天地初开的壮丽场景中，在萨满式的致幻通神的状态下，重演着玉米神历尽磨难，从大地之龟中复活，开启时间新纪元的英雄事迹，带来科潘王国的万物更始，欣欣向荣。②

---

① 〔墨西哥〕埃尔米洛·阿夫雷乌·戈麦斯编《波波尔·乌：拉美神话经典》，梅哲译，漓江出版社，1996。

② W. Fash, *Scribes, Warriors and Kings: the City of Copan and the Ancient Maya*, Thames& Hudson, 2001.

图五　波士顿美术馆藏玛雅彩绘陶盘上玉米神从大地之龟重生的场面

以龟为响器的传统在玛雅古典期仍然盛行。博南帕克（Bonanpak）遗址壁画中的盛装鼓乐队中，有三人左手执被染成黄色和绿色的龟壳，右手执鹿角击打（图六）。在一件玛雅彩绘陶器上，玉米神刚刚从龟壳中完成重生，怀抱装满玉米种子的口袋。其右侧，有雨神、黄貂鱼神和美洲豹神乘舟前来迎接，准备护送玉米神渡过冥初之海。居中的黄貂鱼神左手抱着硕大的龟壳鼓，下面为表示黄色（玉米成熟的颜色）和珍贵之意的 K’an 字符号，右手执鹿角槌，正欲击鼓助力（图七）。

图六　博南帕克壁画中击打龟壳的仪仗队员

图七 玛雅陶杯上玉米神重生和黄貂鱼神击打龟壳画面

二

月中玉兔的形象在中国家喻户晓，已经成为中国神话传说中最广为人知的内容之一。玛雅文明的月亮神也是怀抱玉兔的。这个相似点颇为引人注目，也特别容易令人产生关于两个文明悠久联系的遐想。

中国文献中关于月中有兔的记载，大约可以追溯至《楚辞·天问》中的“顾菟在腹”；文物方面，则有马王堆一号汉墓帛画上的月中蟾兔图。月中玉兔的形象在东汉时期才盛行开来，是墓葬画像石的常见素材。同时流行的还有西王母的形象，兔子除了在月中，其实更经常出现在西王母身边，是捣药的灵兽。西王母的传说大约也出现在战国时期，《山海经》和《穆天子传》等都有记载。根据先秦占卜书《归藏》可知，战国时期，嫦娥偷吃丈夫羿向西王母求得的不死药，飞升奔月的传说也已经出现。也就是说，在战国时期，掌管生死的西王母、月亮女神嫦娥和玉兔的形象都已经出现，而且形成了奔月传说的早期版本。①

多数学者相信，西王母信仰是自西北方向输入的外来文化因素。兔的形象在中国史前时代几乎未见，商代才有了玉制兔形饰物。季羡林先生更提出公元前1500左右即开始编订的《梨俱吠陀》中就有了月亮与玉兔的内容，中国的月中有兔观念，可能自印度传来。②

可见，流传至今、已经成为中国文化重要因素的嫦娥和玉兔的传说实际上很可能是中外文化因素经过复杂融合演变的结果。

玛雅文明中，月神和兔的传说更为丰富，也更为复杂。

危地马拉南部高地的玛雅部族齐切（K'iche'）人流传下来的玛雅创世神话《波波乌》

① 王子今、周苏平：《汉代民间的西王母崇拜》，《世界宗教研究》1999年第2期。

② 季羡林：《季羡林文集第四卷：中印文化关系》，江西教育出版社，1996。

（Popol Vuh）中记载，玉米神被冥王杀死后，其孪生儿子深入冥界，力图帮助父亲复活。为此，这对英雄兄弟白天与冥界诸神赛球，晚上还要经受各种考验。在死亡蝙蝠之屋，哥哥乌纳普（Hunahpu）的头被蝙蝠砍掉，送给冥王挂在球场边。乌纳普只能用南瓜临时做头颅和弟弟西巴兰奇（Xbalanque）继续与诸神的球赛。西巴兰奇指使一只兔子埋伏在球场尽头的番茄地中，然后故意把球击落到兔子身边。诸神们去追球时，兔子在番茄地里像球一样跳动，引诱诸神们追逐。西巴兰奇乘机取下哥哥的头颅，重新安放在哥哥身上。最后，两兄弟战胜冥界诸神，救得父亲复活，哥哥成为太阳神，弟弟成为月神。立了大功的兔子，自然成了月神的宠物。

玛雅文物中确实有男性月神与兔为伴的形象。危地马拉波波乌博物馆收藏的一件彩绘陶筒形杯上，绘有以英雄双兄弟在创世之初战胜大鹦鹉神的儿子吉巴克那（Zipacna）为背景的画面。乌纳普身穿美洲豹皮战服，手提他的标志性武器长吹管枪。弟弟西巴兰奇背上有象征月神的弯月形符号，双手抱着兔子。看来兔子也参加了这场开天辟地的战斗。玛雅城邦基里瓜（Quirigua）遗址石雕 B 上面的一个文字表现了背有弯月标志的月神与敌人搏斗的场面。月神将敌人压倒在地，敌人奋力挣扎，兔子赶忙扑上去帮忙（图八）。

图八　基里瓜石雕 B 文字中的月神和兔

中国考古队正在发掘的科潘遗址 8N－11 号贵族居址东侧建筑的主殿内，在 1990 年美国宾夕法尼亚大学进行的发掘中，曾经出土了一个精美的石榻，上面雕刻着白天太阳神、夜晚太阳神、月神和金星神。月神手挽玉兔，看其形象和衣着，应该是男性（图九）。博南帕克遗址的一块石雕上，怀抱兔子的月亮神也像是男性。①

图九　科潘 8N－11 贵族居址石榻上的月神抱兔雕刻

① D. Webster, B. Fash etc, "The Skyband Group: Investigation of a Classie Maya Elite Residential Complex at Copan, Honduras," *Journal of Field Archaeology*, Vol. 25, 1998.

但在很多情况下，玛雅人会将月神描绘为女性。波士顿美术馆收藏的一件筒形杯上，彩绘有月亮女神给兔子哺乳的画面。普林斯顿大学艺术博物馆藏的一件著名绘画筒形杯上则生动描绘了月亮女神和兔子协助英雄两兄弟智斗冥王的故事。据《波波乌》的记载，英雄两兄弟被冥王杀死，但很快复活，扮装成魔法师，表演火烧房屋和砍头后复活等法术，吸引冥王的注意，最后诱杀冥王，拯救了父亲，但其中并没有提及月亮女神的参与。

普林斯顿筒形杯上描绘的场面丰富了《波波乌》故事的内容。画面的左侧，两兄弟头戴面具，腰系美洲豹裙，手持石斧。哥哥乌纳普身边有一个被绑缚的冥界之神，身体赤裸，伸腿坐在地上，应该是正配合乌纳普表演砍头复活法术。画面右侧是冥王（经常以玛雅神话研究中编号为 God L 的主神的形象出现，在这里也是如此）宫殿内景（图十）。右侧有两名侍女正在准备饮料。左侧的侍女被两兄弟的魔术吸引，冥王头顶的长尾鸟也被魔术惊得振翅鸣叫。但冥王似乎更专注于面前的裸身美女，笑容满面地悉心为她系上一串手链。冥王床榻之下，有一只扮作书写者的兔子，右手执笔，正在美洲豹皮装饰的折叠书（codex）上记录。这不禁让人推测，迷惑冥王的美女正是月亮女神变化而成的。虽然因为没有文字记载，我们不能知晓其中细节，但月神和灵兔正似乎在协助英雄两兄弟引诱冥王放松警惕，落入圈套。

图十 普林斯顿筒形杯局部线图

科尔（Kerr）收集品中的 K5166 号彩绘筒形杯上表现的是与此相关的故事。画面中，月亮女神端坐在宝座之上，双手扶持着站立在她膝盖上的灵兔。兔子手中拿着冥王的羽毛宝冠和衣物。冥王赤身裸体，单腿跪地，非常狼狈（图十一）。

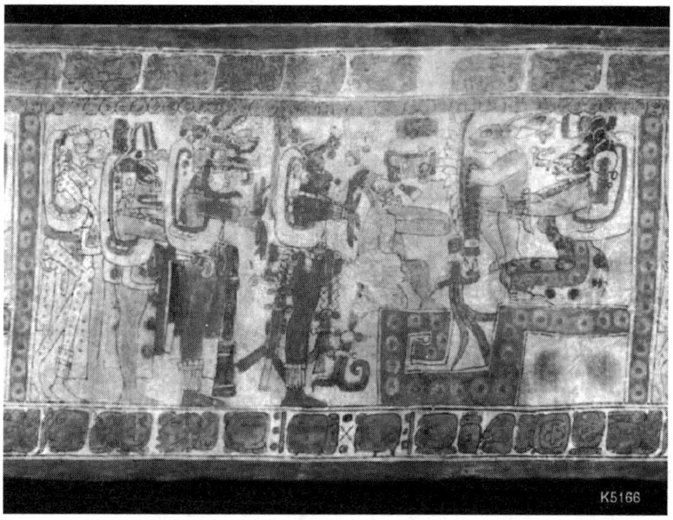

图十一　科尔收藏的 K5166 号筒形杯

三

玛雅文明和中国文明的关系由来已久。1969 年，卫聚贤出版《中国人发现美洲》一书，结合前人研究证据，讨论中国人航海发现美洲的可能性。[①] 1970 年，凌纯声在讨论中国远古海洋远航的专著中，对此也有综述。[②] 此后的相关讨论绵延不断。[③] 蒋祖棣对良渚文化和玛雅文明的对比研究，是基于考古学的中国文明和玛雅文明相似性比较的较早尝试。[④]

但由目前的考古资料看，没有两个文明交流的直接证据。考古资料证明，玛雅文明一直以玉米为主食，未发现旧大陆的农作物，包括中国的传统农作物粟和稻。玛雅文明也一直没有使用金属制作工具，没有驯化出马、牛、猪和羊等家畜。玛雅文明如果真的与旧大陆发生过交流的话，这些重要的文明因素应该会在玛雅世界留下痕迹。因此，对于学者们发现的和本文讨论的两个文明的相似性，我们不能以直接的交流来解释。

龟这一特殊的两栖动物自史前时代便在中国和美洲都受到青睐，被用为天然的乐器；随后，又同在文明演进和社会复杂化的关键时刻，被赋予了更丰富的内涵，成为社会上层创制新的宇宙观、新的创世神话、萨满式的新宗教观念以及新的仪式活动的重要道具。两个文明在龟崇拜方面的相似性，可能更多的是因为他们有共同的旧石器时代晚期的祖先，

---

① 卫聚贤：《中国人发现美洲》，香港巨轮出版社，1969。

② 凌纯生：《中国远古与太平、印度两洋的帆筏戈船和方舟和楼船的研究》，中央研究院民族研究所专刊之十六，1970。

③ 杨令侠：《中国与美洲的早期交往》，《历史教学》1988 年第 8 期。

④ 蒋祖棣：《玛雅与古代中国》，中国社会科学出版社，1993。

共享着在当时已经初步形成的宇宙观和萨满仪式。在中国文明的演进中，中国各文化区的碰撞以及外来文明的影响，使萨满式宗教观念自商代以后逐渐式微，龟崇拜也逐渐民间化。但在孤悬海外、与旧大陆文明鲜有接触的玛雅文明中，萨满式宗教则日益丰富、深邃，绽放出别样的文明之花。大地之龟也一直飘浮在玛雅人的宇宙中，孕育着玉米神和万物的一次次重生。

印度文明、中国文明和玛雅文明的先民举头望明月之时，可能都会发现月中阴影酷似一只兔子，但各文明由此创造出的神话传说则各不相同。从西王母、玉兔捣药、嫦娥偷灵药奔月的传说可见道家飞升成仙思想的形成脉络。而在玛雅文明中，最重要的观念是重生，万物如同玉米一样，只有经过死亡和重生，才能保持欣欣向荣。不管月神是男是女，兔子是战士还是书写者，“他们”奋力维护的都是重生这一最重要的宇宙秩序。月中玉兔观念的相似，可能来源于月球表面的阴影部分确实与兔子形状相似，不同文明的观测者会产生同样的比拟。但由同样的比拟演变出的相关神话、反映出的观念体系是非常不同的。由此我们也能体会到世界文明之多元发展。

本文的两个例证说明，文明比较研究虽然未必能够找到直接交流的证据，但也能加深对各文明特征的理解，这是文明比较研究更重要的目的。

编辑：王志高

圆形纹饰的源流与传播研究*

郑成胜

（华东师范大学美术学院）

［摘要］圆形纹饰（rosette）是西方艺术中最为常见、最为丰富多样的装饰纹样之一，其象征含义与生死观念及王权相联系，因其形象类似菊花，又被称为圆形花饰。圆形纹饰起源于两河流域，最初随着早期移民与海上贸易在埃及、爱琴海地区一带传播，其后随宗教艺术跨越中西，传入中国内地和日本，影响深远。

［关键词］圆形纹饰；两河流域；埃及；爱琴海；中国

一　探源：两河流域的圆形纹饰

Rosette 在西方植物学的术语中翻译为莲座状叶丛，指代叶片的环状生长状态，为多科植物所共有，最为常见的有菊科、十字花科和莲科植物。早期圆形花饰多直接模仿现实中的丛生类植物，因而类型非常广泛。

在两河流域北部的哈拉夫文化遗址中出土的一批彩陶器上，最早出现了多瓣花形圆形纹饰（rosette），大致可以追溯到公元前6000年到5700年。大英博物馆现藏的两件哈拉夫文化彩绘陶碗，碗底中心分别装饰十二瓣杏形叶片的环状圆形花饰（图一）与七瓣筒状叶圆形花饰。

乌鲁克时期（公元前4000年～公元前3100年）的圆形纹饰样式主要为菱形叶片状的八瓣圆形花饰。比如大英博物馆藏的一件乌鲁克晚期的石碗，碗沿装饰着凹槽状八瓣菱形叶片的圆形花饰。同时期建筑饰件陶钉样式也是由白色、灰色和粉红色石灰岩组成的八瓣圆形花饰。此外，这种类型的圆形花饰在乌鲁克埃安地区出土的净瓶瓶身上也有发现，该地区是当时的伊南娜（Inanna）神庙区，表明八瓣圆形花饰可能与伊南娜女神的祭祀仪式有关。

---

* 本文系国家社科基金艺术学项目“丝绸之路外来装饰艺术的中国化研究”（项目编号：18BG107）阶段性成果。

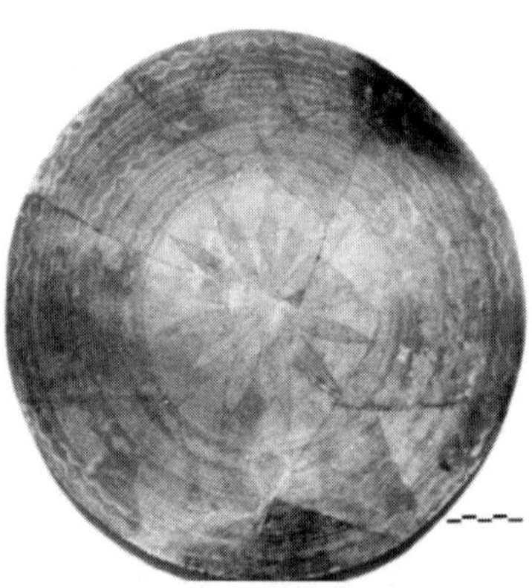

图一 哈拉夫文化彩绘陶碗

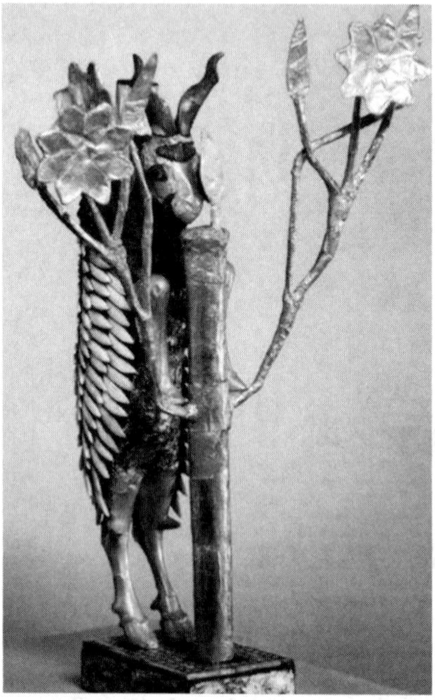

图二 乌尔王陵出土公羊圣树

在苏美尔艺术中，伊南娜的形象始终是个美丽性感的少女，经常和狮子（力量的象征）一起出现。古代苏美尔人认为，伊南娜是金星的女神，传说她的出现常伴有太阳的光辉。[①] 东方学博物馆藏的一件阿卡德黑石滚印可见伊南娜的身影，牵着一头狮子，左上角可见放射光线形式的几何形圆形纹饰，可能是金星或太阳的象征。神学教授杰弗里·库利认为，在两河流域的神话中，伊南娜的命运可能与天空中金星的运动相一致。[②] 在苏美尔神话《伊南娜下冥界》中，伊南娜能够降入阴间并返回天堂，进行生与死的往复循环，象征着不死的存在。因此，具有放射光线的几何圆形纹饰也被认为是伊南娜的化身与神性符号。

1922年到1934英国考古学家查尔斯·伦纳德·伍利在两河流域南部（今伊拉克）相继发现了16座乌尔“皇家墓葬”（乌尔王陵），大多数皇家墓葬的时代被学者定为苏美尔早王朝Ⅲ期（公元前2600年~公元前2400年）。乌尔王陵出土一对公羊圣树，其中一件目前藏于大英博物馆（图二），树干为木芯，顶部覆盖公羊首，外铺一层金箔，树枝分叉最外层粘贴菱形叶片的八瓣圆形花饰。同一墓葬群中的普阿比女王墓地出土了几件金冠饰，采用金箔装饰，冠顶也焊接了菱形金叶的八瓣圆形花饰。从纹饰的装饰器物与位置看，八瓣圆形花饰样式可能被视为乌尔皇室的一种神性符号，与伊南娜女神象征的王权与重生有关。

公元前2334年，阿卡德帝国的开创者萨尔贡入侵苏美尔，击败苏美尔城邦国王卢加尔扎克西，承继苏美尔的楔形文字、神话与天文学等，在其文明基础上进行发展与延伸，并将其传播辐射到更为广泛的地域文化中，如小亚细亚半岛的哈提文明与后来的赫梯-卢维文明、环爱琴海的克里特文明和迈锡尼文明、伊朗高原的埃兰文明和波斯文明等等。[③] 圆形纹饰也在这一次影响极为深远的文化辐射中得到散播。

萨尔贡之孙纳拉姆辛打造的记功碑上，也出现了伊南娜女神的象征符号。现藏于卢浮

---

① 〔美〕雷切尔·斯多姆：《东方神话》，曾玲玲、章昀、黄妍译，希望出版社，2007，第42页。

② Jeffrey L. Cooley, *Inana and Šukaletuda: A Sumerian Astral Myth*, KASKAL, 2008, pp. 161 - 172.

③ 〔美〕戴尔·布朗：《苏美尔：伊甸园的城市》（Sumer: Cities of Eden），王淑芳译，华夏出版社、广西人民出版社，2002，第145~146页。

宫博物馆的纳拉姆辛记功碑，是两河流域第一件结合山石、树木、人物的主题式作品，表现了纳拉姆辛历经万难征服敌人的威风场面，最上方展现了环状辐射光线的几何圆形纹饰，作为伊斯塔尔的象征。苏美尔的伊南娜女神对应阿卡德语中的伊斯塔尔女神（Ishtar），与性爱、生育和战争相联系。在阿卡德语版本的《伊南娜下冥界》神话中，当伊南娜下入冥界后，人世间的所有性活动都停止了，公牛与母牛不再进行交配，男人和女人不再繁衍后代。因此，伊斯塔尔也被认为是掌控性爱和生育的女神，与帝国的繁盛息息相关。

二　初传：西亚圆形纹饰在爱琴海地区的传播

公元前2193年，阿卡德帝国遭遇内部叛乱、边疆独立，以及蛮族古田人的入侵，终于在末代君主去世后分崩离析，古田人占领了美索不达米亚南部，建立苏美尔的古提王朝。此时文化衰落，鲜见艺术品遗存。公元前2025年前后，普祖尔－阿舒尔一世（Puzur－Ashur I）登上亚述王位，在阿苏尔（Ashur）建立新的王朝并在安纳托利亚（地中海东岸）建设贸易殖民地。阿苏尔与安纳托利亚迅速发展成为贸易中心，主要用锡和羊毛进行贸易，促进了两河流域与埃及、爱琴海地区的贸易与文化交流，圆形纹饰随之传遍近东地区。

从古亚述帝国（公元前2025年～公元前1750年）开始，由于国家体制的完善和各种行政事务的需要，印章成为两河流域重要的行政工具。一件发现于安纳托利亚（小亚细亚）的封泥表明圆形纹饰随着亚述的贸易扩张从两河流域南部来到地中海东岸（今土耳其）一带。该印章现藏于大都会博物馆，出土自18世纪早期安纳托利亚中部的萨里卡娅（Sarıkaya）宫殿，印章中央可见六束辐射光线的几何圆形纹饰，与女神伊南娜象征的王权相关（图三）。

赫梯人于公元前18世纪～公元前17世纪在安纳托利亚（今土耳其）建立了赫梯王国，在苏庇路里乌玛一世（Šuppiluliuma I）统治下（公元前14世纪中叶）达到了顶峰，领土覆盖了包括安纳托利亚大部分地区以及黎凡特北部部分地区和上美索不达米亚。在古赫梯主要贸易中心卡鲁姆地区（今库尔特佩）发现的石碑中，明确记录了亚述商人与赫梯之间的贸易。此地发现的赫梯印章中也出现了圆形花饰的身影。大英博物馆藏赫梯黑曜石印章，发现于叙利亚东北布拉克（现哈萨克省），中央站立的是叙利亚的风暴之神和一位女神，与两位神垂直的是两个牛头人，左手伸向圣树顶部举行某种仪式，圣树顶部可以看见圆形花饰与赫梯的带翼日盘发生了融合，其原因可能是两者都是太阳的象征。

在米诺斯文明中期（公元前1950年～公元前1700年），商人们以克里特岛为中转站，在爱琴海群岛与美索不达米亚之间开展广泛的贸易，米诺斯的影响从克里特岛延伸到古希腊南部，促进了爱琴海地区与古埃及王国、塞浦路斯、黎凡特海岸以及安纳托利亚之间的文化交流与互动。大英博物馆藏出土于克里特岛的属于米洛斯文明中期的一件彩陶碗碎片上也发现了点状光芒围绕的几何圆形纹饰，表明圆形纹饰可能随着这一

图三 萨里卡娅宫殿出土封泥

路线来到了爱琴海地区。克里特岛米诺斯宫出土的费斯托斯圆盘正面以同心圆分割，从边缘一直右旋到中心，共计241个神秘的文字符号，其中就有不少八瓣圆形花饰，可为花形圆形纹饰西传的实例。另一件同时期发现于希腊埃依娜岛的金筐帘（祭祀用的酒碗），底部中心饰有多瓣圆形花饰，外圈围着一道卷纹，可能是圆形花饰通过克里特岛进一步西传的结果。

古希腊南部的迈锡尼文明起源于公元前1750年左右（青铜时代中期），至公元前1050年覆灭，现代迈锡尼学者普遍认为迈锡尼的起源受到米诺斯克里特岛的影响。[①] 此地出现大量装饰着圆形纹饰的陶器就是其证据之一。现藏于大英博物馆的两件迈锡尼彩绘陶器，一件壶腹中心装饰多瓣花形圆形纹饰，一件彩陶瓶颈下方装饰一圈多瓣花形圆形纹饰。位于欧亚大陆交汇处的塞浦路斯，是美索不达米亚与爱琴海地区以及埃及交流的要冲[②]，不仅作为贸易及文化交流的中转站，也是多元文化交汇的典型地区。由于此时两河流域与埃及、爱琴海地区贸易网的成熟，地中海东岸的塞浦路斯岛国也发现了模仿亚述人的黑色圆滚印章，年代可追溯到公元前16世纪~公元前11世纪左右。这件大英博物馆藏的黑色圆滚印章，雕刻了头戴日月冠的三位神祇。左边神祇站立持杖，中间的神祇双肩生翼，右上方可见八束点状光线围绕的几何形圆形纹饰，是太阳的象征。与此同时，塞浦路斯也发现一些圆形纹饰金饰件和象牙盘。大英博物馆藏的一件黄金饰品残片（金箔片）上，使用锤揲工艺在金带上制作了三个六瓣花形圆形纹饰，左上角可见一个小型八瓣花形圆形纹饰。另一件发现于塞浦路斯法马古斯塔区的象牙盘，外形为椭圆形，中央装饰六瓣花形圆形纹饰，与外层错开的圆形纹饰组成双层圆形纹饰，为复合型的圆形纹饰。这种针叶形的花饰在埃及最为常见，可能与埃及本地流行的莲花纹饰发生了组合，体现了此地文化的混生性与多元性。

三 互动与交融：西亚圆形纹饰与埃及圆形纹饰

希克索斯时期[③]，也就是埃及的第十五王朝（公元前1674年~公元前1535年），埃及

① Oliver Dickinson, *The Origins of Mycenaean Civilization*, Götenberg: Paul Aströms Förlag, pp. 97 - 107.

② Getzel M. Cohen, *The Hellenistic Settlements in Europe, the Islands and Asia Minor*, University of California Press, 1995, p. 35.

③ 在埃及第十二王朝后期和第十三王朝后期（中王国后期），来自西亚的人在尼罗河三角洲东部的埃及区域内逐渐扎根，建立了一支多元文化混合的聚落，于第十五王朝期间达到顶峰，现在被称为希克索斯（Hyksos）（来自埃及短语“外国统治者”）时期。他们统治了埃及北部和中部的大部分地区，而南部仍然在埃及土著第十七王朝的统治之下。

曾短暂的为西亚人所征服。[①] 一件出土于埃及阿瓦里斯城的黄金瞪羚头带，交替焊接瞪羚和几何形圆形纹饰的装饰，赋予王冠近东的特点，可以说是混合艺术风格的典型代表。此后，在埃及第十八王朝阿蒙霍特普三世宫殿天顶壁画上发现了单独出现的多瓣花形圆形纹饰以及牛头和圆形花饰的组合，统一添置于涡卷的装饰结构中。埃及同时期的金箧帘外圈底部也采用了立体的筒状花瓣圆形花饰结构来装饰，花瓣顶部可见圆点，与筒状花瓣式的菊花极为相似。卡特那（Qatna）皇家墓地出土的花形饰黄金饰品（公元前 1400 年 ~ 公元前 1300 年），饰品中心为凸起的双层圆形结构，外圈以 264 块青金石和红玉髓嵌入 26 瓣花形圆形纹饰结构内，每瓣花饰被金丝分为 8 节，造型精致华丽。埃及第十八王朝哈特谢普苏特神庙出土一件彩陶圆形花饰，中央无圆心，为一件由 9 束辐射光线组合的几何形圆形纹饰。第二十一王朝的棺材局部装饰可见一埃及圣甲虫托举点状光束围绕的几何圆形纹饰，暗示了埃及圆形纹饰的含义，可能与象征生命不息的太阳有关。

古埃及人认为，太阳每天从黎明到黄昏的活动轨迹本质上是一种宇宙运转的方式，表现出每一个精神实体的命运。太阳每次从黑夜到黎明，从沉寂到光线倾泻而出，这一过程被视为具有象征复活的意义。[②] 在黎明阶段，太阳的呈现形式为凯普里（Khepri）圣甲虫。当正午时分太阳上升到更高的天空时，呈现出一种更强大的太阳神拉（Re）。而在一天结束的时候，太阳所有的光芒都收于自身，就像每个生命在死亡阶段都回归自己的灵魂一样，等待下一个生命周期的循环。因此，埃及的圆形纹饰也被认为是法老复活的依托。此外，也有学者根据埃及博物馆藏纳尔迈石板上圆形花饰出现的位置（法老身后），认为圆形纹饰是神授王权的象征。[③]

圆形纹饰在向西传入埃及与爱琴海地区的同时，也在本土和两河东部进一步延续与流布。巴比伦第三王朝凯喜特王朝（公元前 1600 年 ~ 公元前 1155 年）的黑曜石滚印上同时存在着多瓣花形圆形纹饰和光束形几何圆形纹饰，作为神祇的象征，与圣树图像相组合。大英博物馆藏一件中巴比伦晚期的铜合金碗（公元前 1200 年 ~ 公元前 1000 年），碗底上刻有十八瓣花形圆形纹饰。

现存柏林西亚博物馆，出土于两河流域北部阿苏尔（Ashur）遗址伊斯塔尔神庙的祭台上左右两侧的半圆形拱顶内也装饰着浮雕花形圆形纹饰，祭台上的铭文提示我们其是亚述王图库尔提宁努尔塔一世（公元前 1243 年 ~ 公元前 1207 年）献给努斯库神的，因此圆形纹饰可能与某种祭祀仪式相联系。

新亚述帝国时期（公元 900 年 ~ 公元前 612 年），圆形花饰被广泛应用于亚述王宫浮雕艺术以及珠宝艺术中。如现藏于大都会博物馆，原出土于亚述尼姆鲁德的一件象牙盖子（公元前 800 年 ~ 公元前 700 年），盖顶中央刻有双层的多瓣圆形花饰，外层花瓣多，内侧花瓣少，为典型的多层圆形花饰。同时期出土于尼姆鲁德的黄金冠饰，冠沿饰满多瓣花形

---

① Ludwig D. Morenz, Lutz Popko, "The Second Intermediate Period and the New Kingdom," *Companion to Ancient Egypt*, *A*, ed. Alan B, In Lloyd: Wiley - Blackwell, 2010, pp. 101 - 119.

② Naydler J., *Temple of the cosmos*: *The ancient Egyptian experience of the sacred*, Inner Traditions, 1996, p. 63.

③ Stewart C. A., "The Four - Petal Almond Rosette in Central Asia" *Bulletin of IICAS*, 2020, p. 74.

圆形纹饰。同地发现的金戒指，外侧中心设计采用了几何圆形纹饰的装饰结构。此外，同时期乌拉尔图王国（今土耳其和亚美尼亚）以圆形花饰装饰用于宗教仪式的王旗，这面旗子也被称作 Derafsh Kaviani（王者之旗）。[①]

据覃春雷先生研究，新亚述帝国国王身上的圆花装饰传统，始于亚述王阿苏尔纳西尔帕二世（公元前883年~公元前859年），被后来的亚述王提格拉特皮勒瑟三世（公元前744~公元前727年）、萨尔贡二世（公元前721年~公元前705年）、申纳切里布（公元前704年~公元前681年）发扬光大。从阿苏尔纳西尔帕二世的王宫浮雕开始，圆形纹饰仅见于国王的腕饰上（图四）。而自萨尔贡二世后，国王上衣、头冠、发饰、手镯、臂钏、马具和战车上全都装饰了单层或双层的多瓣圆形花饰。[②] 实际上，圆形花饰的装饰传统早见于埃及。埃及第六王朝梅内拉的妻子奈特（Neit）女王葬礼教堂的王座（公元前2374年~公元前2140年）装饰上，狮子肩部上披挂着缎带（图五），装饰着多瓣的花形圆形纹饰。此外，埃及第十二王朝库努霍特普三世的墓室壁画所绘沙漠狩猎场景中的狮子前肩部以及后腿部也装饰了几何形圆形纹饰，作为力量或者王权的象征。可见，圆形纹饰的传播并不是西亚单方面的传播，而是多地区交互影响，共同促进了圆形纹饰的繁荣。

图四 阿苏尔纳西尔帕二世的王宫浮雕

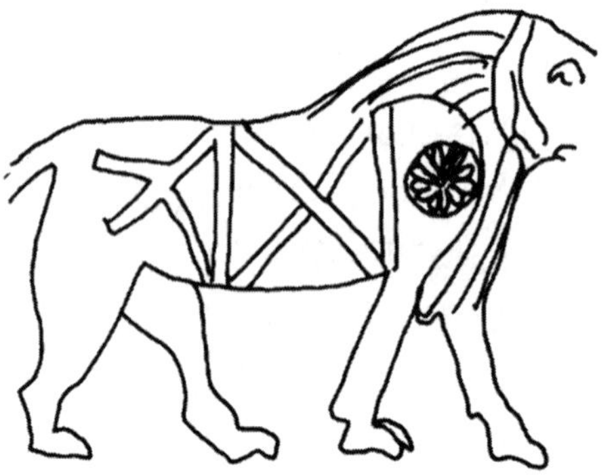

图五 奈特女王葬礼教堂装饰

著名的新巴比伦（公元前626年~公元前539年）古城伊斯塔尔门，拱顶和城墙整体为泥砖结构，彩釉墙面的上下边框中都装饰着彩色的多瓣花形圆形纹饰（图六），朝拜大道两侧的施釉凸起模印砖上也可见相同样式的圆形纹饰从彩色背景中浮起，严整而华丽。边框中怒吼的狮子使我们联想起亚述的狮子，象征着两河文明悲壮、好战的特点。在主题场景的上下边框中装饰圆形纹饰是亚述艺术中常见的手法。大英博物馆藏萨玛尼瑟三世（公元前859年~公元前824年）巴拉瓦特之门的配件上，上下边框装饰有环绕圆点的几何圆形纹饰，中央的主题画面为亚述王坐于高椅具之上，接受供奉。巴比伦作为两河流域

① Stewart C. A.，"The Four - Petal Almond Rosette in Central Asia，" *Bulletin of IICAS*，2020，p. 74.

② 覃春雷：两河文明"圆花饰"8000年，http：//www.360doc.com/content/19/0730/18/39942325_852022000.shtml，2019年7月30日。

最后一个帝国，不仅试图复兴古巴比伦帝国，更继承了亚述等多种文明的艺术成就。

图六 古城伊斯塔尔门墙彩釉

公元前539年，虽然新巴比伦帝国在波斯人的马蹄之下毁于一旦，但两河流域的文明却借助波斯人之手再次散发出璀璨的光辉。此后，巴比伦帝国的圆形纹饰广泛流行于波斯波利斯宫殿和苏萨宫殿墙壁的装饰中。二者使用的圆形纹饰不仅造型非常相似，甚至连装饰工艺（釉面彩砖）以及装饰位置（边框）都基本一致。在巴比伦、尼姆鲁德、波斯波利斯和苏萨都发现了装饰圆形花饰的阿契美尼德类型琉璃砖，砖体由沙子和石灰混合物制成。但因地而异，圆形纹饰的花瓣数量不一，呈现出不同的类型和样式。① 这种半面的圆形花饰加上花萼又形成了棕榈纹，广泛流行于埃及、希腊、两河地区。

波斯阿契美尼德王朝有两处宫殿，一为波斯波利斯柱式大厅，一为苏萨柱式大厅。这两处著名的柱式大厅（Apadana），为大流士一世（公元前522年~公元前486年）在位时开始营造的，其中的壁画、浮雕、柱头、柱基装饰着多样的圆形纹饰，异彩纷呈。波斯波利斯大流士柱式大厅石膏浮雕边框上可见一排排的横向或斜向的十二瓣圆形花饰，其中的主题有侍从进贡以及圣树等等。此外，苏萨宫殿壁画上也用了彩釉砖在主题人物上方表现横向排列的圆形花饰。一件现藏于卢浮宫苏萨宫柱式大厅的公牛柱头。下部左右两侧装饰着立体（圆雕式）的涡卷结构，侧面可见多瓣的圆形花饰。苏萨城市遗址发现的圆柱基座浮雕上也可见正面的多瓣圆形花饰与立体装饰结构圆形花饰，最外层有一圈小的圆头花瓣，里层有一圈长的尖头花瓣斜曲向下，共同包裹着整个外部基座。

在波斯、希腊与埃及等地盛行的圆形纹饰在罗马式与文艺复兴时期的建筑中再次被采

① Ali Mousavi, et al. "NaderNasiri - Moghaddam. Les hauts et les bas de l'archéologie en Iran," *La pensée de midi*, vol. 27, no. 1, 2009, pp. 137 - 143.

用，柱子、壁柱、门楣、拱门、穹顶、壁龛上不乏圆形纹饰的身影，繁复而精丽。从文艺复兴时期开始，西方圆形纹饰开始世俗化的进程，从神圣的教堂进入贵族宫殿与商人的豪宅。进入现代，圆形花饰常被雕刻在石头或木头上，用来装饰建筑、家具、服装、乐器，渗入大众的日常生活。

四 东传与入华：北方陆路佛教圆形花饰的传播

中国汉晋的美术图像中，几乎没有与圆形花饰相关的资料。十六国之后，印度佛教经过中亚、西域逐渐进入中国河西走廊和内地。圆形纹饰在中国的出现，与佛教艺术密不可分，来源十分明确，后来逐渐推广到生活各层面，在建筑装饰、织物与乐器中也能看到。从已知图像资料来看，魏晋南北朝至唐的圆形纹饰多与佛教莲花、宝相花或汉地菊花所混淆。

中国最早的圆形纹饰发现于新疆地区。阿尔伯特·冯·勒柯克著《新疆佛教艺术》中图版 4 为婆罗门教徒小型雕塑，发现于舒尔楚克附近的佛教石窟寺废墟中，这种外教徒雕刻常常被佛教徒描绘成滑稽可笑的样子，该雕刻人物裸体屈坐，胸挂装饰圆形花饰的瓔珞。奥雷尔·斯坦因著《西域考古记》第五卷图版 1 为约特干出土的陶塑碎片，天宫伎乐的四周装饰着几何圆形纹饰，应作为某种形象的象征。需要注意的是，新疆地区最为常见的方形圆花饰普遍被中国学者误认为莲花。李青在《丝绸之路楼兰艺术研究》一书中将新疆尼雅出土的木构家具上雕刻的方形圆花饰指认为八瓣莲花，为中国最早的莲花纹饰之一（图七）。[①] 实际上，这种方形圆花饰实为圆形花饰的一种变体，在斯图尔特《中亚的四瓣杏叶圆花饰》一文中被明确指认为圆形花饰（rosette）。[②]

图七 新疆尼雅出土的木构家具

方形圆花饰最早发现于亚述拔尼帕二世的尼努微宫殿，其宫殿内地毯设计以方形框架的圆形花饰为中心，内嵌一小型圆形花饰，四周围绕一圈小型圆形花饰，组成三层结构叠合的复合型圆形花饰地毯。其后，这种方形框架的圆花饰在印度早期佛教艺术和犍陀罗艺术中也有所发现。如印度阿玛拉瓦蒂塔柱上装饰着一列列竖向单元组合的方形框架圆花饰。同种类型的圆形花饰组合也见

① 李青：《丝绸之路楼兰艺术研究》，新疆人民出版社，2010，第 201 页。

② Stewart C. A.，"The Four - Petal Almond Rosette in Central Asia，" *Bulletin of IICAS*，2020，pp. 69 - 85。

于阿富汗贝格拉姆1世纪象牙雕刻上。[①]《西域考古图记》图版中收录了斯坦因在尼雅遗址发现的大量木凳构件，有的木凳构件装饰着横向排列单元组合的圆形花饰，有的木凳构件上表现心形叶圆花饰与方形圆花饰的复合型圆形花饰，有的直接以方形圆花饰为装饰单元，并与源自印度的波状框架相组合，类型多样。

1984年，新疆考古工作者在洛浦县山普拉墓地发现了一件珍贵的毛织品，由四块残片拼接而成，用蓝、红、黄、黑色毛线，采用平纹为基础组织的“通经断纬”法缂织出图案。根据其纹饰图案，考古工作者将其命名为“人首马身纹武士灯笼裤”（图八）。其中一块毛织残片表现了正在吹奏管状乐器的半人马形象，周围布满了四瓣心形叶的圆形花饰，应为墓主地位的象征。令人诧异的是，目前国内学者多将这种圆形花饰辨别为蔷薇花、宝相花或者莲花。[②] 国外学者明确指出这一武士为西方的半人马（centaurs），这种花饰为西方的圆形花饰（rosette）。[③]

这种心形叶圆形花饰主要来源于罗马与中亚地区。塞浦路斯和小亚细亚发现的两件罗马帝国早期（40～100）陶制油灯为我们揭示了心形圆花饰的演变过程。塞浦路斯的陶制油灯（图九），壶顶中间可见一八瓣的杏形叶圆形花饰，但花瓣之间的间隔已经变得极小，逐渐抽象化为四叶的心形圆花饰。小亚细亚得墨忒耳圣殿（Knidos）的陶制油灯，外圈由针叶状圆形花饰的顶端围成，内部八瓣倒杏形花瓣两两相合变为四瓣心形花瓣，成为流行于中亚的心形圆花饰。出土于阿富汗蒂拉丘一号墓的圆花金饰品，圆形结构内金线掐成的5个心形花瓣紧密排列，花瓣镶嵌绿松石；花心是金线掐成的一个小圆圈，内嵌圆形石榴石，根据其大小和材料来看，其可能是贵族的衣物装饰。著名的蒂拉丘二号墓神人驭龙吊坠，呈对称结构，一人立于中央，双手擒带翼神兽，上袖紧身窄袖束腰衣，其下有金链坠，有一排三叶心形圆花饰，据其出土位置看，可能是头饰。同一墓葬还出土了一件组合金饰，整体呈现由圆形金片和X形金片组成的连续纹样，圆片中央上镶嵌五片心形绿松石。同时圆片的外缘用金线缀有“金珠围城”一圈，外侧缀有圆片。蒂拉丘6号墓也出土了一件由五片心形金片对称组合的圆花金饰。随着圆形纹饰的传播与演变，其进一步几何

图八　洛浦县山普拉墓地出土人首马身纹武士灯笼裤

① 张晶：《早期印度佛教植物装饰源流与传播研究——以莲花纹和忍冬纹为例》，《创意设计源》2018第1期，第14～20页。

② 李安宁：《缂毛织品“武士像”研究》，《新疆艺术学院学报》2005年第3期。

③ Ellen Johnston Laing, “Recent Finds of Western - Related Glassware, Textiles, and Metalwork in Central Asia and China,” *Bulletin of the Asia Institute*, New Series, Vol. 9, 1995, pp. 1 - 18.

化与装饰化，在罗马、中亚以及中国新疆地区形成了一种具有固定程式的圆形花饰，通常表现为三、四或五片心形叶围绕圆心对称，使用于金饰品。

魏晋南北朝至隋唐，圆形花饰在新疆、四川、青海与西安都有所发现，且与佛教艺术有着密切的联系。新疆地处丝绸之路的要冲与亚洲腹地，为西方艺术东渐提供了重要平台。鄯善县洋海墓地采集的圆花金饰件以及新疆吐鲁番阿斯塔纳308号墓葬出土的圆花饰月饼都是相关实例。此外，新疆吐鲁番阿斯塔纳161号墓葬出土的唐代朱地联珠对马纹锦也为我们提供了圆花饰的来源线索。极具波斯文化色彩的对马纹样以及联珠纹之间使用了八瓣方形圆花饰进行贯穿和勾结，强烈的色彩对比与华丽的纹样组合体现了丝织品主人的尊贵地位。

位于柴达木盆地的青海都兰县也分布有大片的吐蕃墓葬群，出土了大量的丝绸文物，其中以含绶鸟织锦在学者们所鉴别出的西方系统的织锦中数量最多、占比最大。值得注意的是，这批外来色彩鲜明的含绶鸟织锦中也使用了一些圆形花饰纹样，学者多认为这是普通的团花图像，辨别有误。如都兰吐蕃墓出土织锦标本DXDM8∶52（图十），织物为红绫袍的衣缘，被裁成长条，主体以花瓣组成团窠环，花瓣之间伸出14朵折枝小花，案内为对含绶鸟，站立于棕榈基座上，宾花为对称的圆花饰，精致艳丽；织锦标本DRXM9∶S22为残片，以藏青、黄、灰绿显花，图案的主要部分已残缺，仅见一棕榈叶座和部分鸟足，但外圈是青、红两色相间的联珠环，内圈是青地红色的圆花饰。标本DRXMIPM2∶S160－1根据十余件残片可以复原出同一图案。复原之后的图案中心是一个呈椭圆形的图案。外环为八片花瓣，中间立有一含绶鸟，两足立于平台座上，平台围绕一圈装饰带，排列一圈对称的八瓣圆花饰，四瓣伸出花蕾。

图九 罗马帝国早期塞浦路斯油灯

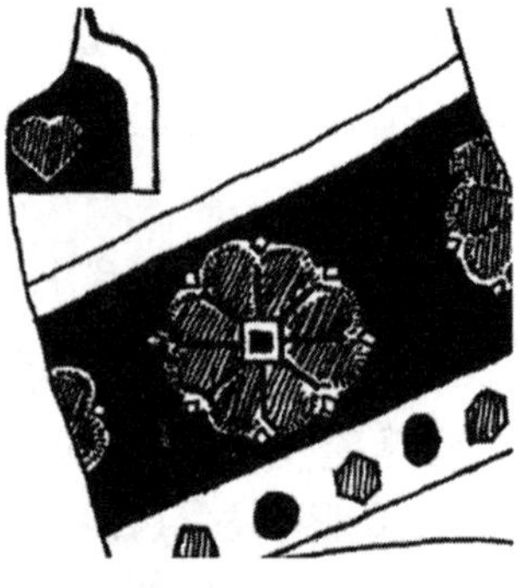

图十 都兰吐蕃墓出土织锦标本

西魏至北周之时，农业、经济日趋稳固，丝绸之路逐渐畅通，东西往来频繁，佛教步入蓬勃发展的新阶段。1984年5月西安市未央区六村堡公社出土的一件西魏菩萨残像，面相圆润，冠饰以圆花饰作为装饰（图十一）。这种将圆花饰作为冠饰装饰元素的做法还见于宋代的菩萨造像。[①] 藏于西安博物院的一件北周保定三年造像碑，由两铺一佛二弟子造像组成，四周围绕波状忍冬纹与水波纹，基座正中置火坛，圆形花饰置于火坛两侧。此外，西安博物院藏的一件唐代象驼座也非常值得注意，白玉象雄壮威严，身披鞍带，满饰圆形花饰，这种在神兽身上添置圆形花饰的做法可以上溯至埃及与亚述，为某种神力的象征。1987 年西安市莲湖区唐礼泉寺遗址出土的一件唐代观音像，面容饱满，体态丰腴，身披满饰圆花饰的璎珞，头戴圆形花饰与莲花组合的冠饰，整体造型严整精丽。这种使用圆形花饰装饰菩萨以衬托菩萨尊贵地位、威严与神圣性的实践做法，非常常见，造像实例不胜枚举。

图十一　西安市未央区六村堡公社出土的一件西魏菩萨残像

五　异域重生：日本的圆形纹饰

中日艺术交流源远流长，这在考古资料上多有反映，可追溯至汉魏时期。进入唐代，随着中日间友好关系的发展，范围非常广泛，涉及乐舞、书法、绘画以及雕塑等领域，双方的艺术交流达到了高潮。

日本正仓院集中反映了唐代的中日文化艺术交流，其所藏宝物主要来源有三：一为唐代传入日本之华夏文物；二为经由中国传入日本的西域文物；三为奈良时代日本模仿中华文物所做或创造之物。这里的收藏品数量大，种类多，全面展示了 8 世纪以中华为主，包括印度、伊朗甚至希腊、罗马、埃及等国的文化，因此也被誉为“丝绸之路的终点”。

从正仓院宝物可以清晰看出唐代文化甚至域外文化对日本文化的深远影响。如正仓院中的唐代螺钿紫檀五弦琵琶（图十二），正面面板中心横贴玳瑁薄片，上面用螺钿镶嵌出一位身骑骆驼的胡人，横抱琵琶，手持拨片，四周鸟木环绕，充满了浓浓的西域风情。围绕乐手的是散列排布的复合型圆形花饰，心形圆花饰、菱形叶圆花饰与杏形叶圆花饰等多种样式交互叠合，用红彩与绿彩，描出圆花饰纹样的细节，表面覆盖一层玳瑁所制成的半透明薄片，使花纹呈现出若隐若现的灵动之感，展现出盛唐时期最高的工艺水准和贵族式审美。

与正仓院所藏的另外几件四弦琵琶不一样的是，螺钿紫檀五弦琵琶为现存的唯一一件唐代五弦琵琶。《旧唐书·礼乐志》中记：“琵琶、五弦及歌舞伎，自文襄以来皆所爱好，

---

① 李浥：《四川宋代菩萨造像研究》，科学出版社，2018，第 135 页。

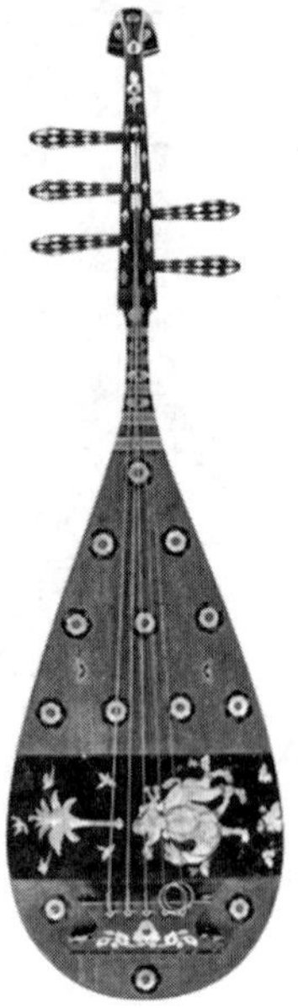

图十二 唐代螺钿紫檀五弦琵琶

至河清以后，传来尤盛。”白居易《五弦弹》：“五弦弹、五弦弹，听者倾耳心寥寥，赵璧知君入骨爱，五弦一一为君调。”西域琵琶以五弦琵琶最为尊贵，主要来源于印度。民国学者傅芸子在《正仓院考古记》中写道：“按五弦胡乐，不知造者何人，起源于印度，经中央亚细亚，由龟兹国人之媒介，传入中国。隋唐九部乐中，均用此器”。

螺钿紫檀五弦琵琶中的圆形花饰多被前人所忽略，这件器物的年代正是圆形花饰开始进入并逐渐流行于日本的时间点。8世纪后，圆形花饰逐渐渗透进入日本的文化观念中。现代日本所谓的菊花国徽与菊花纹章，与西方的圆形花饰（rosette）在形式与视觉象征上非常相似。

日本在奈良时代末期（8世纪），菊花首次出现在古诗集和《源氏物语》等文学作品中。平安时代，人们将九月九日定为“菊花节”，并通过喝菊花酒来消灾祈福，宫廷赏菊的盛宴被称为“菊花之宴”，菊花图案常用于服装作为吉祥图案。从考古资料的年代以及菊花样式、功能象征来看，日本所谓的“菊纹”可能是西方的圆形花饰。由于文学作品与皇室正统的宣传，西方的圆形花饰逐渐成为日本所谓的“菊纹”。

在镰仓时代，后鸟羽天皇特别喜欢“菊纹”，经常将其作为自己的象征。其后，“菊纹”（十六瓣杏形叶圆形花饰）逐渐成为天皇的纹饰，通常被称为“菊花王座”。“菊纹”也在8世纪以后成为武士家族的纹章。天皇、贵族与武士使用的菊纹，不仅是地位的象征，也代表着永恒的青春。

日本漆器的装饰往往非常华侈与精致，制作难度大，尤其喜欢使用螺钿与错金银工艺精心描绘金银菊花的轮廓与细节，赋予漆器高贵与优雅的品质。如Ernst Grosse博士收藏的一件漆器香盒，菊纹在山水树石郁郁丛生，画面充满了空灵雅致之感。日本工匠也常用莳绘技艺来表现圆形花饰，如大都会博物馆藏的一件德川家族莳绘葫芦酒瓶，在漆器表面用漆绘出圆形花饰，然后撒上金或银等金属粉末，嵌入并固定在漆器表面，具有强烈的光泽和华丽的外观。

江户时代以后，由于经济和文化的发展，菊纹成为日本文化的常规标志，在珠宝、家居装饰品、布料、硬币等中菊纹十分常见。瑞士日内瓦巴尔比耶－穆埃勒博物馆藏的一件由青铜与皮革打造的日本江户中期山脊头盔，使用金银錾刻圆形花饰，分布在稻草纹与蜻蜓纹样之间，尽显武士的地位。此外，由于武器被认为是天皇的私人财产，也必须印上皇家菊花。美国大都会博物馆藏的一件日本搜州的房宗短刀就为其中的典型，刀刃具有贯穿刀刃表面饰满金银错雕饰的圆形花饰，质量上乘。

18世纪以后，圆形花饰继续被用作国徽、外交和官方标志，出现在护照、命令和其他文件中。圆花饰原色近乎金色，形式酷似太阳与日本的“菊文化”相融合。

六　圆形纹饰的类型

本文依据古代美索不达米亚、埃及、爱琴海、中亚、中国以及日本的图像资料，将圆形纹饰主要分为两大类型：一类为花形圆形纹饰（简称圆形花饰），是对现实中的菊花、睡莲等植物的装饰化表现；一类为几何形圆形纹饰，主要为现实中太阳的抽象化表现。

第一类圆形花饰又可以分为杏形叶、筒状叶、针形叶以及心形叶四种圆形花饰亚型，它们或模仿现实中的菊花、大丽花与睡莲，或为主观的几何化创造（图十三），随着时间的推移，这类纹饰逐渐形成了一种相对固定的程式，脱离了与实体的联系而成为神物的象征。由于工匠的主观想法、地域审美以及装饰手法的区别，圆形花饰叶片大小和数量并不一致，无固定的程式，形成多彩繁丽的变化。

图十三　花形圆形纹饰四种类型

杏形叶圆形花饰中心为圆心，四周的花瓣以圆心为中心向外部辐射，叶片呈杏叶状，流行地域最广、影响范围最大、使用时间最长。杏形叶圆形花饰最早在两河流域哈拉夫文化遗址的陶器上就有呈现，花瓣数量多达 36 瓣，圆头叶尖，叶片以圆心轴对称。其后在埃及地区也有同类型圆花饰的发现，并与神兽进行结合。埃及第六王朝梅内拉的妻子奈特（Neit）女王葬礼教堂的王座装饰中狮子肩部也有十二瓣叶圆形花饰的图案，可能为某种神力的象征。埃及第八王朝内费尔卡拉墓葬出土陶瓶上的图案也呈现了八瓣或十二瓣的圆形花饰。第十一王朝时期库尔纳（quana）墓室天顶壁画上（公元前2133 年 ~ 公元前 1911 年），在方形四叶装饰框架间隙装饰花形圆形纹饰和几何形圆形纹饰。这种方形四叶装饰结构其后为印度装饰艺术所继承，衍生出印度以及中国佛教艺术中流行的方形莲花。

此后这种样式的圆形纹饰被波斯阿契美尼德王朝所继承，大流士一世期间建造的波斯波利斯和苏萨宫殿墙壁上的釉面彩砖所见彩色杏形叶圆形花饰非常常见。这种纹饰也随着亚历山大东征来到了中亚地区和中国新疆地区。在阿富汗出土的金饰品以圆形花饰为结构、金珠为材料拼接成饰件。在新疆于阗地区发现的陶土瓶，外部正面装饰着双层的多瓣圆形花饰，中心有类似叶茎的中轴线。直至现代日本，杏形叶圆形花饰已成为日本的国徽象征。

筒状叶圆形花饰，同样以圆形花心为中心，叶片向周围辐射，但叶片形状变为筒状，内侧短外侧宽，顶端有一圆口。这种样式的纹饰虽然出现较早，但是流行时间较短、流行地域不广。最早出现于两河流域哈拉夫文化遗址出土的陶器装饰中，浅黄色表面上绘红黑色团，中心绘七瓣筒状叶圆形花饰，外圈装饰由菱形花瓣和直线环绕组合的同心花环。此时筒状叶圆形花饰叶片数量少，叶片形状顶端大，满饰黑色原点。其后这种样式突然流行于埃及第十八王朝的金银饰品、箧帘和陶器装饰上，叶片数量不一，但以多瓣为主，叶片顶端为圆头，叶片顶端表现圆心作为装饰。

耶路撒冷希伯来大学的阿莱特·戴维（Arlette David）教授指出，这种筒状叶圆形花饰可能来自西亚，因为这种样式的圆心花饰在埃及本土并没有发现。[①] 出土于尼姆努德的新亚述时期金碗，碗内圈捶揲出两圈带有叶片顶端装饰圆点的筒状叶圆形花饰，表明了早期金箧帘与筒状叶圆形花饰的关系。但在中亚地区和中国南方发现的箧帘筒状叶片顶端的圆点随着地域文化的转变而消失了。这种以筒状叶圆形花饰为原型创造的箧帘广泛流行于西亚、埃及、希腊以及波斯地区，后随着海上丝绸之路传入中国。

针形叶圆形花饰样式比较复杂，根据叶片的大小、形状、数量的不同而呈现出丰富的变化，但共同特征为叶片顶端为尖头，叶片以花心为中心向外辐射。针形叶圆形花饰同样最早见于哈拉夫文化遗址的陶器，花瓣多至12瓣。其后在两河流域的乌鲁克时期以及同时期的埃及，针形叶圆形花饰成为此时两地同时流行的圆花饰样式。两河地区出土的乌鲁克时期净瓶以及陶钉、乐器局部装饰都以八瓣针叶为原型，将叶片从中部加粗，两侧变窄，进一步几何化为菱形叶。这种几何化的针形叶圆形花饰在乌鲁克时期以及苏美尔早王朝时期短暂地成为一种定式，几乎没有什么变化。

埃及原始王朝时期（公元前4000年~公元前3000年）的蝎子王权杖头局部，埃及法老蝎子王左边为持纸莎草的侍从，右上角为蝎子和7瓣针形叶圆形花饰，花心以两层同心圆表现，叶片以中轴对称刻出细小的叶脉。埃及早王朝时期的纳尔迈石板（公元前3100年~公元前3000年）前后部分法老身后的侍从都配有6瓣或7瓣的菱形叶圆形花饰。埃及出现的菱形叶圆形花饰可能源于两河地区，因为此时两地已经形成了直接的贸易关系。纳卡达三世（公元前3200年~公元前3000年）埃及最古老的城市之一阿比多斯已经建立

---

① David Arlette, "Wandering Rosettes: Qatna's Key to a Misunderstood Motif," *Journal of Ancient Egyptian Interconnections*, Vol. 6, No. 4, 2014, pp. 1–6.

初步的权力中心，他们与地中海东部以及两河地区进行贸易，开启了两地的文化交流。①

苏美尔早王朝三期的乌尔王陵（公元前2600年～公元前2400年）考古材料显示，此时依然使用八瓣叶菱形纹饰，直接延续两河本土的圆形花饰。埃及第十五王朝的瞪羚黄金头带，外圈焊接针形叶圆形花饰和瞪羚的组合，异域文化特征明显，为埃及和两河文化交流的混合物。随着贸易网的进一步成熟，其后在地中海东岸的塞浦路斯岛国发现的一件象牙盘（公元前1340年～公元前1050年）上，有双层针形叶圆形花饰以花心为基础上下组合而成的复合纹饰。一件出土于阿富汗蒂拉丘三号墓（25～50）的花形金饰以针形叶圆形花饰为底，叠加了莨菪、棕榈、舌状叶与波曲叶等共五层花瓣，堪称复合型圆形花饰的代表作。

第二类几何形圆形纹饰又可以分为点状、线状光束两种几何形圆形纹饰亚型，以圆心为中心向外散射光束，主要模仿现实中的太阳。相比于两河常见的花形圆形纹饰，几何形圆形纹饰主要见于埃及，随着埃及、两河、爱琴海之间贸易网络的成立，也来到了西亚、小亚细亚以及希腊地区。

点状几何形圆形纹饰主要呈现为一圈圆点光束围绕中心的大圆心，类似现实中的太阳，最早发现于埃及。如第十一王朝时期（公元前2133年～公元前1911年）库尔纳（quana）墓室天顶壁画，方形四叶结构组合的骨架就出现了点状几何形圆形纹饰，黑色圆心外圈围绕着18个黑色圆点。埃及第二十一王朝棺材局部装饰上，一只圣甲虫向上托举着圆形纹饰，外圈18个白点光束围绕内部黑色圆心。一件发现于希腊南部伯罗奔尼撒半岛的彩陶碎片上也发现了类似的圆形纹饰，外部一圈不规则的圆点光束，中间留白一圈，包裹着内部的彩色圆心。在埃及与小亚细亚交界处塞浦路斯发现的黑曜石印章上，中央头戴日月冠的带翼神兽右侧也出现了点状几何形圆形纹饰。

发现于伊拉克北部的新亚述时期，巴拉瓦特萨玛尼瑟三世巴拉瓦特之门配件局部（公元前859年～公元前824年）边框装饰上有环绕圆点的几何形圆形纹饰，中央的主题画面为亚述王坐于高椅具之上，接受供奉。东京博物馆现藏一件新疆于阗出土的青铜佛头，为希腊风格的俊朗男子形象，高鼻深目，额头上的白毫为一圈圆点环绕圆心，可见几何形圆形纹饰。此外，大英博物馆藏的一件新疆于阗出土的陶土模型上，拱形龛楣下装饰奏乐人物像，龛楣之间可见点状几何形圆形纹饰。该地出土的一件陶土瓶上，瓶壶中心也围绕了一圈由圆点围绕的几何形圆形纹饰。

线状几何形圆形纹饰最早见于埃及，主要呈现为线状光束以圆心为中心向外辐射，中央圆心或表现为多层同心圆，或直接省略。埃及第九王朝法老瓦哈里赫提（Khety）的葬礼面具上可见一几何形圆形纹饰，两个同心圆内装饰着以中央圆点为中心向外辐射的光束，可能模仿于太阳。埃及第十二王朝库努霍特普二世墓室壁画上，沙漠狩猎场景中狮子的前肩和后腿部装饰了线状几何形圆形纹饰，可能是神性或力量的象征。其后，在克里特

---

① Ian Shaw, ed., *The Oxford History of Ancient Egypt*, Oxford: Oxford University Press, 2002, pp. 424–425.

岛发现的一件米洛斯中期文明（公元前 1950 年 ~ 公元前 1850 年）的陶器碎片可见线状几何形纹饰和点状几何形纹饰的复合圆形纹饰。这件陶器碎片目前藏于大英博物馆，外圈涂有白色和橙色相间的点状光束，内圈装饰白色和橙色线状光束围绕圆心向外辐射，装饰化色彩强烈。

在较晚的埃及第十八王朝哈特谢普苏特神庙出土的圆形彩陶饰件上也发现了更加抽象化的几何形圆形纹饰，正面为由 9 束辐射光线组合的几何形圆形纹饰，中央花心被略去。其后，埃及后王朝时期（公元前 672 年 ~ 公元前 322 年）的一件模制的釉面护身符，上部拱起两个头饰，右边的男性头上有短梯形须状冠饰，下部连接一个带有围绕中央圆点向四周放射八条光束的几何形圆形纹饰。同时期出土于希腊阿尔忒弥斯神庙中的一件雪花石膏陶器碎片上可见由两层同心圆和二十八束线状辐射光线组合的几何形圆形纹饰。可见此时，埃及第二十六王朝普萨姆提克一世（Psamtik I）国王不仅雇用希腊军团来驱赶亚述人，两地也进行了一定程度的文化交流。综合来看，几何形圆形纹饰并没有传入中国与日本。由于圆形纹饰在传播过程中逐渐几何化与装饰化，一旦这种装饰化的纹饰被固化为程式，就很难再吸取其他文化艺术元素获取新的生命力，从而消失在历史长河中。

结　语

综上，圆形纹饰并不是一种单一的图案程式，而是一种由圆心向外辐射花瓣或光束的纹样体系，分为花形圆形纹饰和几何形圆形纹饰两大类型。圆形纹饰发源于两河流域，传入埃及后，两地开始频繁交流与互动，文化之间的双向互动孕育了圆形纹饰的丰富性，虽象征的神祇有别，但二者的象征含义都主要与王权和永生相关。

公元前 2000 年前后，随着亚述贸易殖民地建立和埃及、爱琴海地区贸易网络的成熟，希腊、埃及与美索不达米亚以地中海东岸的小亚细亚和塞浦路斯为贸易中转点，开展了广泛的贸易和文化交流，同时促进了圆形纹饰的传播、发展和演进，它在不同地域文化中相互交融和混合，逐渐由平面走向立体，由单调走向多样，使其装饰纹样体系的层次更加丰富。最终圆形纹饰以丝绸之路上的佛教艺术为媒介，在中国新疆地区的石窟寺中得到应用，再经过河西走廊将这些纹饰传播向长安，通过遣唐使传入日本，为日本的文化所吸收重构，形成新的面貌与风尚。

编辑：刘可维

韩国出土绿釉联珠纹碗及东亚联珠纹碗的谱系

〔韩〕赵胤宰（高丽大学）

邱冬妮　译（高丽大学）

［摘要］ 联珠纹碗是中国北朝至隋唐时期受到西域影响而流行的瓷器。1989 年洛阳汉魏故城大市遗址附近出土的仿玻璃黑陶碗，因其烧造工艺和纹饰的独特性而备受关注。除此之外，在日本长崎壹岐岛双六古坟、飞鸟藤原宫石神遗址中，也见有与之相似的联珠纹瓷碗。另外，日本还曾公开过形制相似的传世品和个人藏品。上述器物，是开展 6 ~7 世纪中日交流研究经常使用的实物资料。最近，韩国也发现了与之器型相似的绿釉联珠纹碗，引起了学者关注。继庆州雁鸭池出土了一件绿釉瓷器残片之后，庆南昌原石洞复合遗址三国时代石室墓 M490 中出土了一件较为完整的绿釉联珠纹瓷碗。洛阳汉魏故城大市遗址出土的器物表面环绕着若干大小不一的联珠纹，因而有学者认为其仿照了萨珊王朝的玻璃器。中国联珠纹的起源较早，基于自西汉时期以来形成的“丝绸之路”，魏晋南北朝时期波斯地区的联珠纹逐渐传入中国境内。这一时期，波斯联珠纹以货币为载体，途经中亚、敦煌、吐鲁番到达中原地区，被广泛应用于佛教壁画、纺织品、金银器及陶瓷等器物上，并产生了历时性变化。本文通过对饰有联珠纹的中国陶瓷展开考察，在明晰东亚地区联珠纹瓷碗起源和谱系的基础上，进一步讨论庆南昌原石洞复合遗址绿釉联珠纹碗的原产地和年代问题，并重新解读庆州雁鸭池出土的绿釉瓷片的性质和年代。

［关键词］ 韩国；三国时代；石洞遗址；绿釉联珠纹碗；日本

一　绪论

目前，东北亚地区出土联珠纹碗的典型遗址是日本长崎壹岐岛双六古坟①和藤原宫石

① 壱岐市教育委員會：《雙六古墳》（壱岐市文化財調查報告書第 7 集），壱岐市教育委員會，2006。

神遗迹①。另外，日本还曾公开过形制相似的传世品和个人藏品。② 上述器物，是开展 6 ~ 7 世纪中日交流研究经常使用的实物资料。③ 最近，韩国庆南昌原石洞复合遗址 M490 石室墓中也发现了与之形制相似的器物，引起了学者关注。④ 在对该遗址进行试掘时，韩国学者曾误将其出土地点划分为扰动层，之后发掘过程中将其修正为三国时代的遗物，与之共同出土的遗物还包括高杯、有盖碗及鼓腹长颈壶等。这件遗物，是继庆州雁鸭池出土的绿釉瓷器残片⑤之后，韩国境内联珠纹瓷碗的又一大发现（图一、图二、图三）。

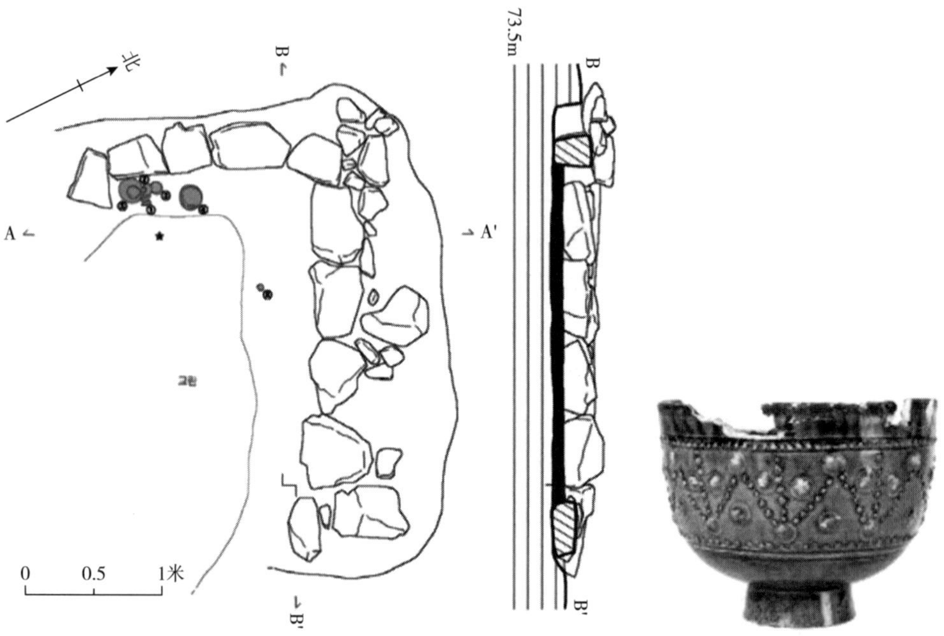

图一 庆南昌原石洞古坟 M490 出土的绿釉联珠纹碗

资料来源：东亚细亚文化财研究院编《昌原石洞复合遗迹Ⅴ》（东亚细亚文化财研究院发掘调查报告书第 96 辑），东亚细亚文化财研究院，2017。

中国北朝至隋唐时期流行的联珠纹瓷碗，受西域影响烧制而成。1989 年洛阳汉魏故城大市遗址附近出土的仿玻璃黑陶碗，因其烧造工艺和纹样的独特性而备受关注。基于出土地点，我们大致能够确定其年代与背景。从器物表面环绕着大小不一的联珠纹来看⑥，其

---

① 飛鳥藤原宮跡發掘調查部：《飛鳥諸宮の調査》，奈良國立文化財研究所：《奈良國立文化財研究所年報（1993）》，奈良國立文化財研究所，1994，第 9 ~ 12 页。

② 大阪市立東洋陶磁美術館编《中国古陶磁清玩：白檮廬コレクション：企画展》，大阪市博物館協会，2013；常盤山文庫中國陶磁研究會编《北齊の陶磁》（常盤山文庫中國陶磁研究會會報 3），常盤山文庫，2010。

③ 弓场纪知：《长崎县壹岐双六古坟出土白釉绿彩圆纹碗》，王虎应译，载张庆捷、李书吉、李钢主编《4—6 世纪的北中国与欧亚大陆》，科学出版社，2006，第 310 ~ 323 页。

④ 东亚细亚文化财研究院编《昌原石洞复合遗迹Ⅴ》（东亚细亚文化财研究院发掘调查报告书第 96 辑），东亚细亚文化财研究院，2017。

⑤ 韩国文化公报部文化财管理局：《雁鸭池发掘调查报告书》，文化公报部文化财管理局，1978；国立大邱博物馆：《我们文化中的中国陶瓷器》，2004 国立大邱博物馆企划特别展，2004。

⑥ 中国社会科学院考古研究所洛阳汉魏城队：《北魏洛阳城内出土的瓷器与釉陶器》，《考古》1991 年第 12 期。

可能仿照了萨珊王朝玻璃器的形制。此外，中国国家博物馆馆藏的绿釉联珠纹碗，其施釉和烧造工艺也体现了典型的北齐时期风格。[①] 中国联珠纹的起源较早，有学者认为暂时还难以明晰其是否与宗教有所关联。[②] 基于自西汉时期以来形成的“丝绸之路”，魏晋南北朝时期，波斯地区的联珠纹逐渐传入中原地区，并以货币为载体，途经中亚、敦煌、吐鲁番到达中原地区。[③] 之后，联珠纹被广泛使用于佛教壁画、纺织品、金银器及陶瓷等器物上，并产生了历时性变化。

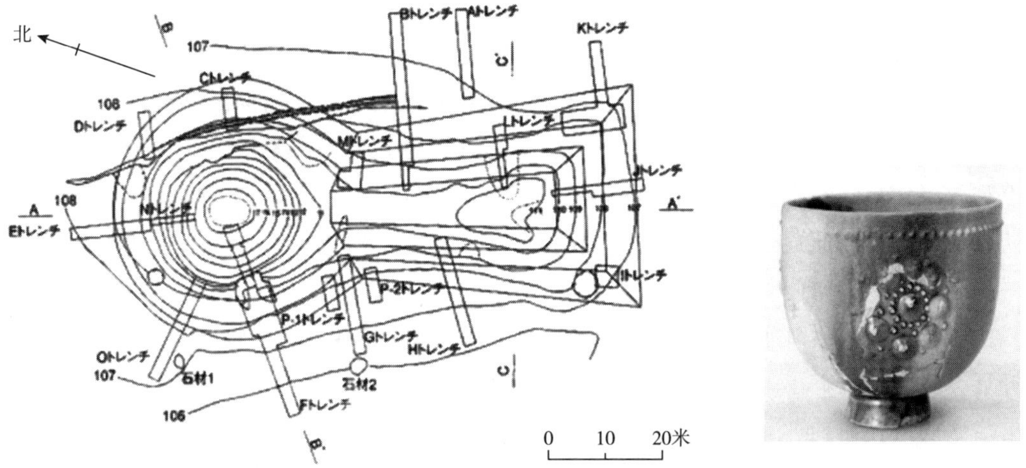

图二　日本长崎壹岐岛双六古坟出土的绿釉联珠纹碗

资料来源：壱岐市立一支國博物館：《壱岐の古墳重要文化財展》，雙六笹塚古墳出土品一齊公開展，2013。

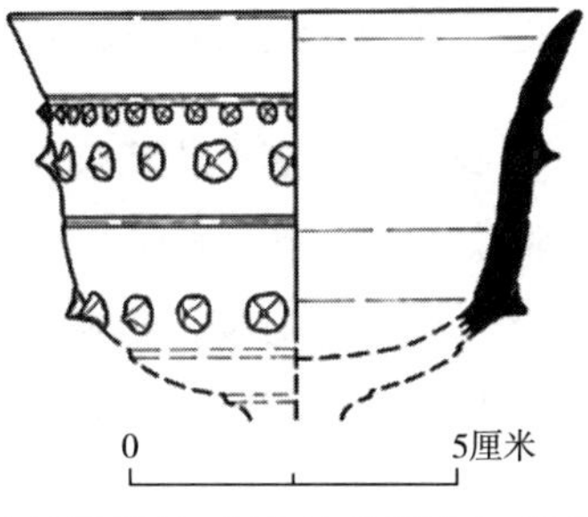

图三　日本藤原宫石神遗迹（第11次调查）出土的联珠纹高足杯

资料来源：飛鳥藤原宮跡發掘調查部：《飛鳥諸宮の調查》，奈良國立文化財研究所：《奈良國立文化財研究所年報（1993）》，奈良國立文化財研究所，1994，第9～12页。

本文将通过对饰有联珠纹的中国陶瓷展开考察，在明晰东亚地区联珠纹瓷碗起源和谱系的基础上，进一步讨论庆南昌原石洞复合遗址绿釉联珠纹碗的原产地和年代问题。

---

① 中国国家博物馆：《绿釉联珠纹碗》，《中国国家博物馆馆刊》2016年第5期。

② 韩香：《联珠纹饰与中西文化交流——以西安出土文物为例》，载杜文玉主编《唐史论丛》第11辑，三秦出版社，2009，第188～198页。

③ 夏鼐：《综述中国出土的波斯萨珊王朝银币》，《考古学报》1974年第1期。

二 古代中国联珠纹碗的起源和谱系

（一）魏晋南北朝时期与西域的交流

虽然有战争等因素的阻碍，但西汉时期形成的“丝绸之路”一直持续至魏晋南北朝时期，确保中原地区与西域，乃至中亚、西亚等地区各个政权的交往。在此期间，“丝绸之路”的交通路线进一步延伸，开展贸易的范围进一步扩大，除了敦煌—西海（地中海）的传统路线外，还开辟了从长安、洛阳等地出发的北、中、南向新路线。上述新路线均汇合于张掖，再向西经敦煌到达新疆地区。另外，还开辟了一条由武威东侧的银川经黄河至鄂尔多斯后，北上连接包头、呼和浩特、大同、张家口、赤岭、营州（辽宁朝阳）等边防草原地区的交通通道。上述线路，反映了在东西交流的过程中，鲜卑系北魏政权的都城——平城在地理空间上具有中心城市的作用。①

由于北朝政权占领了河西走廊一带的传统路线，南朝只能经由益州与凉州一带的诸政权开展交往，即开辟了“河南道”。② 出于经济、政治等原因，西域政权在得到吐谷浑的谅解后多次遣使南朝③，这些政权主要包括渠氏高昌、麹氏高昌、白氏龟兹、于阗、葛盘陀、柔然④、压达（Ephtal）、粟特（Sogd）、波斯（Sasan - Persia，萨珊王朝）、天竺国、白题末局等。频繁的贸易与交流活动，自然而然地成为西域器物流入南朝社会的契机。

（二）北朝时期联珠纹碗及高足杯的出现和盛行

基于平城和洛阳城的空间布局，我们得以窥见北魏政权对商业及贸易的重视程度。平城的商业区具有相当大的规模⑤，并将扶桑、金陵、崦嵫、燕然等四馆设置于东西南北四个方位，以便安置外国使团及胡商贩客暂住。北魏时期，西域地区的人员、物资流入洛阳。⑥ 在此背景之下，北魏墓葬中开始出现西域系玻璃器、金银器及货币。⑦ 其中，大同南郊北魏建

---

① 逯耀东：《从平城到洛阳——拓跋魏文化转变的历程》，东大图书公司，2001。

② 唐长孺：《南北朝期间西域与南朝的陆道交通》，载其著《魏晋南北朝史论拾遗》，中华书局，1983，第 168 ~ 195 页。

③ Cho, Yun Jae, "Relations between the Southern Dynasties (Nanchao) and the Xiyu," *International Journal of Korean History* Vol. 18 No. 1 (2013), pp. 39 - 64.

④ （梁）萧子显：《南齐书》卷五十九《芮芮虏传》：“芮芮常由河南道而抵益州。”中华书局，1972，第 1025 页。

⑤ 王银田：《北魏平城考古研究》，科学出版社，2017，第 148 页。

⑥ 张乃翥：《北魏晚期洛阳地区的胡人部落》，《石河子大学学报》2018 年第 5 期。

⑦ 大同市博物馆：《大同市小站村花圪塔台北魏墓清理简报》，《文物》1983 年第 8 期；白曙璋：《北魏平城的玻璃器和金银器》，《赤峰学院学报》2013 年第 8 期；山西省考古研究所、大同市博物馆：《大同南郊北魏墓群发掘简报》，《文物》1992 年第 8 期。

筑遗址中出土的鎏金高足铜杯和鎏金镶嵌高足铜杯，影响了北齐后期与隋唐时期的瓷器形制。① 这些铜制高足杯作为萨珊王朝系统的器物传入平城，被用作北魏拓跋鲜卑系高层的生活用器。当然，这一时期，也有大量波斯、粟特、大月氏及柔然等西域地区人员长期居住于平城。② 因此，经济实力突出的胡商聚居，也是西域器物大量出现的原因之一。③

大同南郊北魏西侧建筑遗址出土的鎏金镶嵌高足铜杯高 9.8、口径 11.2、底径 6.8 厘米，口沿下环绕两圈联珠纹，其间饰有波浪状的植物纹样。联珠纹碗最早发现于北朝时期的遗址之中（参见表一）。

表一　魏晋南北朝至隋代高足杯

材质	器型
	高足杯
青铜	 1  2  3  4

① 出土文物展览工作组编《文化大革命期间出土文物》，文物出版社，1972；王银田：《萨珊波斯与北魏平城》，《敦煌研究》2005 年第 2 期。

② 山西省考古研究所：《北齐东安王娄睿墓》，文物出版社，2006，第 183 页。

③ 张庆捷：《山西在北朝的历史地位——兼谈丝绸之路与北朝平城晋阳》，《史志学刊》2015 年第 1 期。

续表

材质	器型
	高足杯
玻璃	 5  6  7
陶瓷	 8  9  10  11  12
	1、2. 山西大同南郊北魏遗址；3. 山西大同南郊北魏墓；4. 大都会艺术博物馆藏；5. 新疆库车森木塞姆石窟出土；6. 康宁玻璃博物馆藏；7. 广州钦州 1 号墓；8. 日本爱知县博物馆藏；9. 安阳隋代窑址出土；10. 日本常盘山文库藏；11、12. 河南安阳相州窑出土

典型遗物为北魏洛阳城郭城内出土的黑釉联珠纹碗（89BHT12③:4），口沿部为直口，底部附圆饼状实足。[①] 陶质呈黑灰色，胎质细腻，烧制火候较高。内部荡满酱色釉，器外壁先用白色粉彩绘成带状联珠纹，联珠纹带间饰突起的乳钉纹，然后通体蘸以酱色釉。釉质较好，釉色明亮，莹润光洁，有玻璃质感。一般来说，此种大联珠纹的纹样模式应采用了萨珊王朝玻璃器的处理技法，在使用联珠纹的框架下应用了玻璃器的表面处理打磨工艺（图四、图五）。

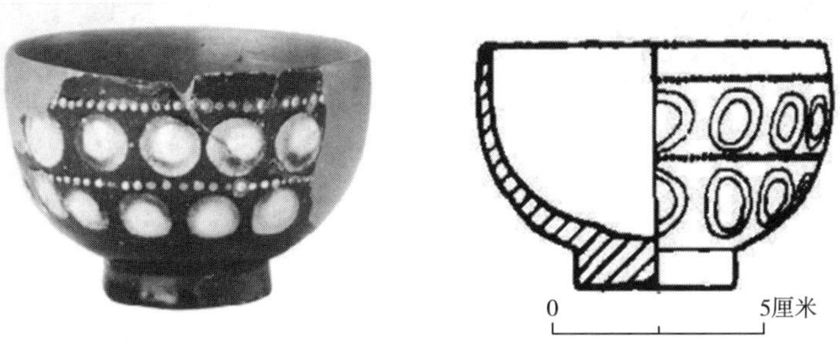

图四　北魏洛阳城内出土的釉陶器

资料来源：中国社会科学院考古研究所洛阳汉魏城队：《北魏洛阳城内出土的瓷器与釉陶器》，《考古》1991 年第 12 期。

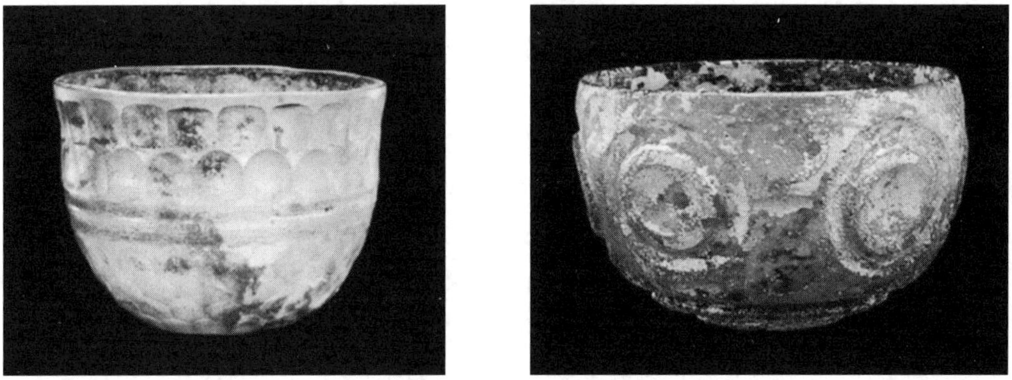

图五　萨珊王朝 5 ~ 6 世纪玻璃器

资料来源：Whitehouse David，*Sasanian and Post - Sasanian Glass in The Corning Museum of Glass*，Manchester，Vt.：Hudson Hills Press，2005.

同样值得关注的还有，中国国家博物馆馆藏的北齐时期有盖绿釉联珠纹碗。[②] 口沿部环绕一圈小联珠纹，腹部装饰圆形联珠纹，内部和中心处仍饰有突起的联珠纹，并间饰小联珠纹，圆形联珠纹之间垂直排列点阵型联珠纹。这与石洞古墓的联珠纹碗使用了相似的施纹技法（图六）。

---

① 中国社会科学院考古研究所洛阳汉魏城队：《北魏洛阳城内出土的瓷器与釉陶器》，《考古》1991 年第 12 期。

② 中国国家博物馆：《绿釉联珠纹碗》，《中国国家博物馆馆刊》2016 年第 5 期。

图六 中国国家博物馆藏北齐时期绿釉联珠纹碗和有盖碗

北魏时期联珠纹是几何纹中的主流纹饰，大多采用小圆珠或椭圆珠相连的带状形式，在圆珠内装饰小圆珠（乳钉）或与其他图案混合使用。联珠纹的功能，更多是作为界隔线使用，而并非主题纹饰。因此，圆珠内部饰主题纹样的技法较为普遍。北魏时期的联珠纹集中出现于佛教石窟中①，云冈石窟初期佛窟第18、19、20窟的主佛及第19－1窟的倚坐佛像僧祇支的边缘部、第19－1窟的左壁左协菩萨神像、第17窟的主像光背坐佛台及火焰门之间及菩萨冠饰等均有出现，这些联珠纹体现了北魏早期的纹样风格。

联珠纹的借用同样可以在萨珊王朝货币及金银器上得到确认。宁夏固原雷祖庙村北魏墓和史射勿墓各出土了2枚Peroz A萨珊王朝货币②，高昌古城4～5世纪窖藏中发现了大量萨珊王朝造银币③，吐鲁番及长安隋唐时期的古墓及遗址中出土了萨珊王朝造银币④，固原北魏墓漆棺画及原州出土的绿釉扁壶中也发现了联珠纹样。由此可见，联珠纹一直流行于北魏时期（图七、图八，表一、表二）。⑤

在北朝及隋唐时期，联珠纹广泛地应用于艺术、文化、宗教等领域。胡风盛行的社会风气，促使中原北方地区对西域物质文化的接纳度呈现出无可比拟的“浸润”。⑥ 在北魏时期传入的金银器、仿玻璃器的影响之下，北齐至隋唐时期开始大量生产具有西域风格的釉陶器，联珠纹碗及高足杯的出现即与上述时代背景相关（表一、表二、表三）。

通过出土遗物，我们还能够感受到此期玻璃原产地发生了变化，这或与5世纪中叶前后中亚霸权转移到哌哒（Ephthal）后，波斯和罗马东西内陆交通道路遭受巨大打击有关。⑦

---

① 王雁卿：《北魏平城时期的装饰纹样》，载王银田主编《北魏平城考古研究：公元五世纪中国都城的演变》，科学出版社，2017，第118页。

② 固原县文物工作站：《宁夏固原北魏墓清理简报》，《文物》1984年第6期。

③ 孙莉：《萨珊银币在中国的分布及其功能》，《考古学报》2004年第1期。

④ 朱捷元、秦波：《陕西长安和耀县发现的波斯萨珊朝银币》，《考古》1975年第2期。

⑤ 陈彦姝：《六世纪中后期的中国联珠纹织物》，《故宫博物院院刊》2007年第1期。

⑥ 康马泰、毛民：《萨珊艺术之最新考古发现与丝路胡风》，《内蒙古大学艺术学院学报》2007年第1期。

⑦ 石云涛：《三至六世纪丝绸之路的变迁》，文化艺术出版社，2007，第26～34页。

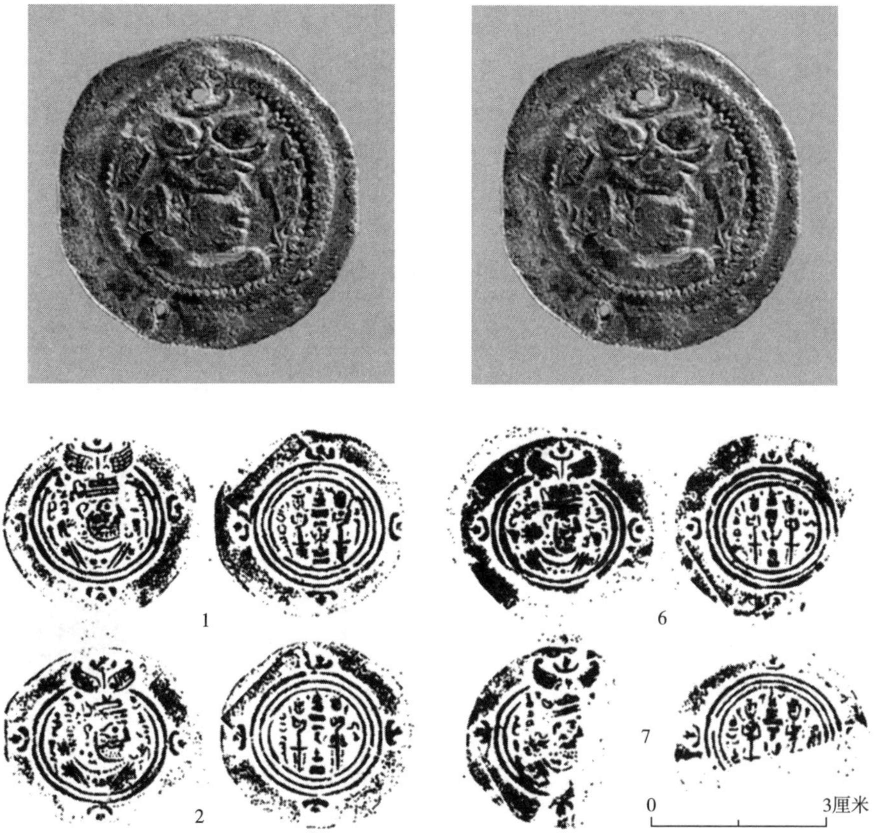

图七　宁夏固原北朝墓及陕西长安耀县隋代舍利塔出土的萨珊王朝银币

资料来源：固原县文物工作站：《宁夏固原北魏墓清理简报》，《文物》1984 年第 6 期；朱捷元、秦波：《陕西长安和耀县发现的波斯萨珊朝银币》，《考古》1975 年第 2 期。

图八　宁夏固原雷祖村北魏墓漆画棺及原州粮食局家属院出土的绿釉扁壶联珠纹

资料来源：固原县文物工作站：《宁夏固原北魏墓清理简报》，《文物》1984 年第 6 期；宁夏固原博物馆：《固原历史文物》，科学出版社，2004。

因此东罗马玻璃器在丝绸之路上的运输减少，而利用海上航线运输的萨珊王朝玻璃器在中国境内的出现数量则有所增加。另外，还可推测是匈人（Hun）帝国领袖阿提拉的死亡，导致黑海沿岸和高加索等西亚地区的贸易网络、流通系统崩溃，这也是影响玻璃流入其势力范围的重要原因。但事实上，上述历史现象的本质是哌哒（Ephthal）的崛起及东罗马自身的衰亡（图九、图十）。

表二　魏晋南北朝～隋唐玻璃碗及联珠纹碗

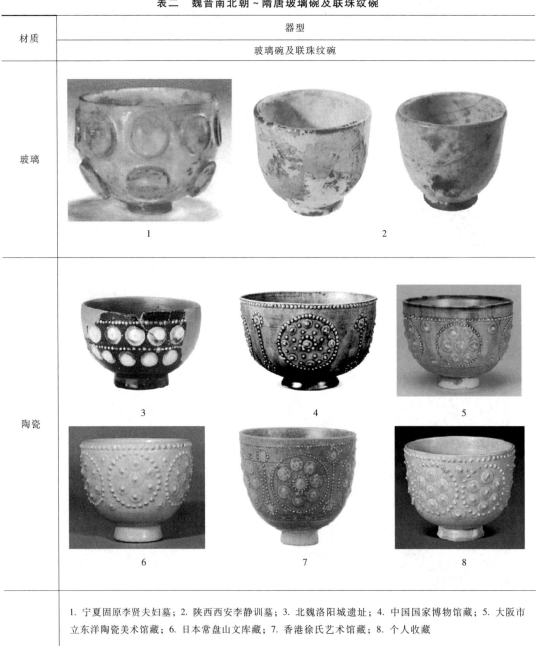

<table>
<tr><td rowspan="2">材质</td><td>器型</td></tr>
<tr><td>玻璃碗及联珠纹碗</td></tr>
<tr><td>玻璃</td><td>
1

2</td></tr>
<tr><td>陶瓷</td><td>
3

4

5

6

7

8</td></tr>
<tr><td></td><td>1. 宁夏固原李贤夫妇墓；2. 陕西西安李静训墓；3. 北魏洛阳城遗址；4. 中国国家博物馆藏；5. 大阪市立东洋陶瓷美术馆藏；6. 日本常盘山文库藏；7. 香港徐氏艺术馆藏；8. 个人收藏</td></tr>
</table>

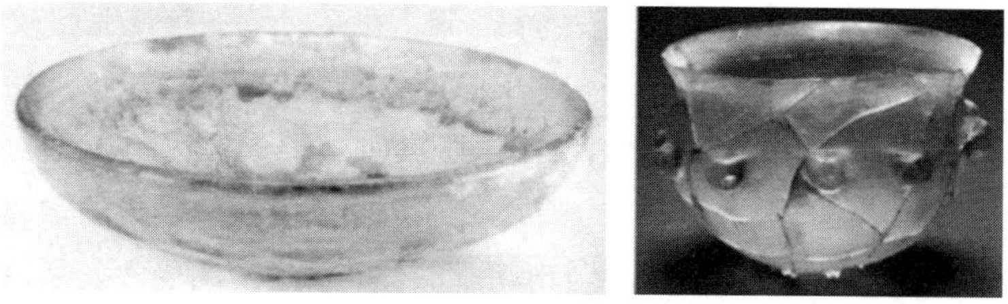

图九　魏晋南北朝时期萨珊王朝玻璃器

资料来源：葛嶷、齐东方主编《异宝西来——考古发现的丝绸之路舶来品研究》，上海古籍出版社，2017。

图十　魏晋南北朝时期罗马玻璃器

资料来源：葛嶷、齐东方主编《异宝西来——考古发现的丝绸之路舶来品研究》，上海古籍出版社，2017。

三　韩国及日本出土联珠纹碗的传入背景和含义

（一）昌原石洞及壹岐出土的联珠纹碗

早在青铜器时代，新罗就与中国北方地区开展过形式多样的接触与交流。在新罗的国家政体确立之后，又通过各种渠道与中国进行了交流。其中，最具代表性的实证材料即为墓葬出土遗物和佛教艺术品。新罗与中原地区的陆路交通必须经由中国北方政区，除特殊时期以外，这一传统的交通路线往往被认为是最稳定的路线。众所周知的是，魏晋南北朝时期，中原地区的马具、武器、佛教文化等先进文明经由中原北方地区传入朝鲜半岛。此后，随着隋唐政权的统一，新罗与中原地区的交往更加频繁，促使更多形式的文化进入朝鲜半岛。

三国时期，新罗与中原地区开展交流的时间晚于高句丽、百济，并且形式单一。自奈勿王 22 年（377）[①] 至真平王年间，新罗与梁、陈、北魏、北齐等南北朝政权共开展了 15 次交流[②]。迫于时局，奈勿王通过高句丽展开了与前秦的交往，但智证、法兴王时代即可独立与南北朝同时构筑外交关系。[③] 与早期不同的是，此期新罗所开展的对外交流，是基于自身的外交目的和计划、服务于国家统治的，表现出新罗国家实力的增强和政治影响力的不断提升。需要特别说明的是，新罗与南朝梁的交往恰逢南朝佛教发展的鼎盛时期，因此佛教文化得以传入新罗社会。[④] 在此之后，新罗不仅与南朝梁一直保持着外交关系，同时还派遣使臣与北齐进行了交流。[⑤] 这种对外关系，为新罗了解、吸收、模仿具有西域、胡风特征的中原地区遗物提供了基本框架。

与青瓷相比，北朝釉陶具有独具一格的装饰风格与工艺系统，大量生产于华北地区的窑厂之中。[⑥] 北朝釉陶的出现，可追溯至十六国时期铅釉陶的烧制，西域玻璃器、金银器的供不应求，促使釉陶作为替代品而盛行。[⑦] 此外，因为釉陶的烧制温度低且颜色艳丽，同时还具备与青瓷相同的功能，故而墓葬中也往往选择釉陶作为随葬明器。[⑧] 北朝后期北齐政权的铅釉陶生产和工艺影响了隋唐，成为日后唐三彩流行的基础。北方地区的铅釉陶与南方地区的青瓷一起，形成了南北朝时期中国陶瓷的两大系统，并对中原以外的地区产生了重大影响。这些器物与西域的金银器、玻璃器一起，经由高句丽传入新罗。但与玻璃器、金银器不同的是，中原地区烧制的绿釉联珠纹碗、皇南大冢北坟出土的黑釉盘口壶和庆州忠孝洞 9 号墓出土的有盖青铜唾壶[⑨]，是以不同方式传入新罗的。南北朝时期，南朝器物传入北朝的事例也同样屡见不鲜。

北朝时期的铅釉联珠纹碗及高足杯的制作年代大多在北齐时期，但实际上几乎未发现具有明确年代标准的遗址或遗迹。本文的研究对象也大多是传世品或收藏品，因此无法明晰生产地点和年代。即便如此，笔者依然尝试对其进行解读。北魏洛阳城内出土的黑釉联珠纹碗出土地层较为确定，但关于其制作年代，目前仍无定论，故而只能以隋代北方地区的

---

① （宋）司马光：《资治通鉴》卷一〇四《晋纪》：“（太元二年）春，高句丽、新罗、西南夷皆使人贡于秦。”中华书局，1956，第 3281 页。

② 徐荣洙：《三国和南北朝交涉的特点》，《东洋学》第 11 辑，1981。

③ （北齐）魏收：《魏书》卷八《世宗纪》：“（景明三年）是岁，疏勒、罽宾、婆罗捺……弗波女提、斯罗、哒舍……南天竺、持沙那斯头诸国并遣使朝贡。”中华书局，1974。（唐）姚思廉：《梁书》卷三《武帝本纪》：“（普通二年）冬十一月，百济、新罗国各遣使献方物。”卷五十四《新罗传》：“魏时曰新卢，宋时曰新罗，或曰斯罗。其国小，不能自通使聘。普通二年，王姓募名秦，始使使随百济奉献方物。”中华书局，1973，第 65、805 页。

④ 辛鍾遠：《「道人」使用例를통해본南朝佛教와韩日关系：新羅法興王·振興王代佛教를中心으로》，《韩国史研究》第 59 辑，1987，第 24 页。

⑤ （唐）李百药：《北齐书》卷七《武成帝纪》：“（河清三年）是岁，高丽、靺羯、新罗并遣使朝贡。”中华书局，1972，第 93 页。

⑥ 德留大輔：《中國北朝時代の陶瓷器の様相》，《出光美術館研究紀要》第 22 号，2017，第 17～18 页。

⑦ 森達也：《南北朝時代の華北における陶磁の革新》，《中國－美の十字路》，大広，2005，第 261～262 页。

⑧ 小林仁：《北齐铅釉器的定位和意义》，《故宫博物院院刊》2012 年第 5 期。

⑨ 赵胤宰：《新罗与中国南北朝的交流》，《新罗考古学概论（上）》，中央文化财研究院学术丛书 16，中央文化财研究院，2014，第 432 页。

表三　中国北朝～隋唐时期联珠纹碗及高足杯一览

编号	器物	出土地/年代/规格	材料出处/所藏处
1		洛阳出土 北魏至北朝末年 高 5.6 厘米 口径 8.2 厘米 底径 3.8 厘米	中国社会科学院考古研究所洛阳汉魏城队：《北魏洛阳城内出土的瓷器与釉陶器》，《考古》1991 年第 12 期
2	 	北齐 高 8.6 厘米 口径 11.9 厘米 底径 5.3 厘米 北齐 高 15.0 厘米 口径 7.3 厘米 底径 7.3 厘米	中国国家博物馆馆藏
3	 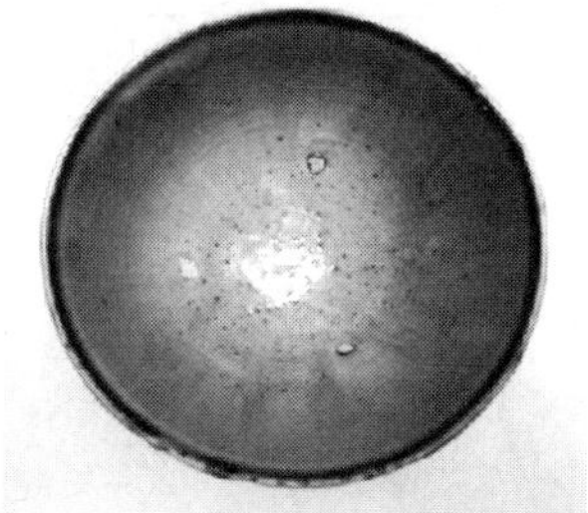	北齐 高 9.0 厘米 口径 11.8 厘米 底径 4.0 厘米	大阪市立东洋陶瓷美术馆馆藏（笔者拍摄）

续表

编号	器物	出土地/年代/规格	材料出处/所藏处
4		日本出土 北齐至隋 高 7.0 厘米 口径 7.7 厘米 底径 3.4 厘米	壱岐市立一支國博物館：《壹岐の古墳重要文化財展》，雙六笹塚古墳出土品一齊公開展，2013
5		东魏至北齐 高 7.8 厘米 口径 8.5 厘米 底径 4.5 厘米	愛知県陶磁資料館、町田市立博物館编《美在掌中：美は掌中に在り：中国の小さなやきもの》，愛知県陶磁資料館，2009
6		北齐 高 7.3 厘米	常盤山文庫中國陶磁研究會编《北齊の陶磁》（常盤山文庫中國陶磁研究會會報 3），常盤山文庫，2010 大阪东洋陶瓷美术馆藏
7		北齐至隋 高 7.5 厘米	常盤山文庫中國陶磁研究會编《北齊の陶磁》（常盤山文庫中國陶磁研究會會報 3），常盤山文庫，2010
8	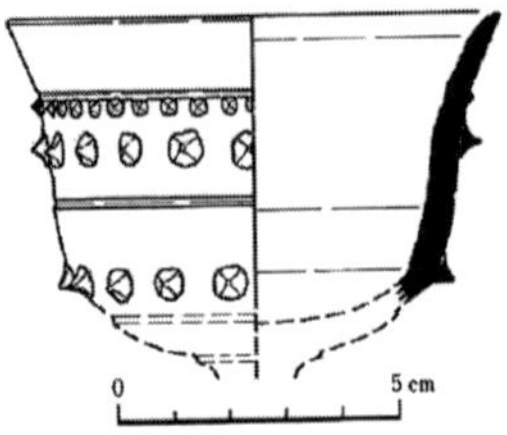	日本出土 北朝末期	飛鳥藤原宮跡發掘調查部：《飛鳥諸宮の調查》，奈良國立文化財研究所：《奈良國立文化財研究所年報（1993）》，奈良國立文化財研究所，1994

续表

编号	器物	出土地/年代/规格	材料出处/所藏处
9		北齐 口径 11.7 厘米	常盤山文庫中國陶磁研究會编《北齊の陶磁》（常盤山文庫中國陶磁研究會會報3），常盤山文庫，2010
10		北齐 高 7.0 厘米	香港徐氏艺术馆藏
11		韩国昌原石洞出土 北齐至隋 高 7.5 厘米 口径 9.5 厘米 底径 3.9 厘米	东亚细亚文化财研究院编《昌原石洞复合遗迹V》（东亚细亚文化财研究院发掘调查报告书第 96 辑），东亚细亚文化财研究院，2017
12		河南安阳出土 隋 高 7.0 厘米 口径 7.5 厘米 底径 4.5 厘米	河南省博物馆：《河南安阳隋代瓷窑址的试掘》，《文物》1977 年第 2 期
13		河南安阳出土 隋	赵文军：《安阳相州窑的考古发掘与研究》，载中国古陶瓷学会编《中国古陶瓷研究》第 15 辑，紫禁城出版社，2009

续表

编号	器物	出土地/年代/规格	材料出处/所藏处
14		河南安阳出土 隋	赵文军:《安阳相州窑的考古发掘与研究》，载中国古陶瓷学会编《中国古陶瓷研究》第 15 辑，紫禁城出版社，2009
15		北齐至隋	个人收藏
16		北齐（?） 高 8.6 厘米 口径 11.9 厘米 底径 5.3 厘米	个人收藏
17		北齐至隋（?）	个人收藏
18		北齐（?） 高 8.8 厘米 口径 11.0 厘米	个人收藏

续表

编号	器物	出土地/年代/规格	材料出处/所藏处
19		北魏洛阳城内大市遗址 北朝末期	小林仁：《北齐铅釉器的定位和意义》，《故宫博物院院刊》2012 年第 5 期
20		庆州月池出土 北朝末期	韩国文化公报部文化财管理局：《雁鸭池发掘调查报告书》，文化公报部文化财管理局，1978

典型窑场——相州窑中出土的联珠纹碗作为断代依据。关于烧造地点和具体编年，需要更多实证材料的支撑。

综合上述时代背景，我们对昌原石洞 M490 石室墓中出土的绿釉联珠纹碗的来源进行解读。已有学者对釜山福泉洞墓葬出土青瓷碗和带具的传入时间和背景展开了论述。以此为基础，我们能够进一步理解石洞墓葬出土遗物的时代背景。以新罗的对外扩张和势力范围为学术切入点，朴天秀（音）阐明了联珠纹碗的出现背景，并重点强调了沿海地区考古材料的重要性。此外，他将联珠纹碗的产地推测为北朝，制作年代为 6～7 世纪。目前学界已有的研究成果之中，以新罗和倭的关系出发，探索壹岐岛双六古坟出土绿釉联珠纹碗的传入背景是最为合理的方式。①

如上文所述，中国国家博物馆馆藏的北齐时期绿釉联珠纹釉陶碗、盖碗以及香港徐氏艺术馆藏品中联珠纹的纹样工艺，与石洞古墓出土的联珠纹碗使用了相似的表现技法。由此，我们可以将其视为这一时期普遍流行的纹样工艺。

此类纹样和工艺，频繁出现于北朝时期的碗、高足杯等玻璃器中，可以认为，当时北

① 朴天秀：《日本列島出土西域系文物로본新羅와日本》，《新罗史学报》第 28 辑，2013，第 414 页。

方地区所用联珠纹已逐步模式化。由此，我们得以进一步明晰昌原石洞古墓、日本壹岐岛双六古坟及石神遗址出土遗物的产地问题。

（二）再论韩国庆州月池出土联珠纹釉陶片的性质和年代

除黑釉联珠纹碗外，北魏洛阳城内的大市遗址中还出土了“二彩”联珠纹碗[①]，但原报告并未公开该遗物的图像信息[②]。原报告中称其为“二彩铅釉陶”，与单色釉陶相比，其胎土、施釉状态及烧造质量较好，采用了先施黄釉再施绿釉的工艺。黑釉、酱釉的联珠纹碗则使用了“釉下彩”工艺，在白色化妆土（白地粉彩）上装饰联珠纹后重新施以酱色釉烧制而成，庆州月池的出土遗物即采用了此类技法。

文献记录表明，北魏洛阳城的里坊中“闻义里”居住着大量的“造瓦者”[③]，清代的文献中还记载了北魏时期制作宫室御物供给的“洛京陶”[④] 工坊。由此可见，北魏洛阳城内很有可能存在烧制砖瓦或陶器的窑厂。但在已开展调查的河北邢窑[⑤]、山东淄博寨里窑[⑥]、枣庄中陈郝北窑[⑦]、临沂朱陈窑[⑧]、江苏徐州户部山窑[⑨]及河南巩义白河窑[⑩]等北朝时期的重要窑址中，均未发现形制相似的“二彩铅釉陶”。由此来看，联珠纹碗的生产地点很有可能是以都城洛阳为中心的黄河下游南北两岸。

1985 年洛阳城大市遗址调查过程中，在第 2 文化层的半地穴式居住址、竖穴式窖藏坑及水井等遗迹中，均发现了釉陶器残件，发掘报告将该地层断定为北魏至北朝末的文化堆积层。2005 年北魏洛阳城的后续发掘中，在北魏时期洛阳城津阳门内大道的位置上确认了古代道路遗迹和大量竖穴遗迹，1985 年调查中发现叠压在道路遗迹之上的第 3 文化层显然应为北魏城址的废弃堆积[⑪]，故第 3 文化层的年代应为晚于北魏时期的北朝末期。第 3 文化层中出土了大量的白瓷、青瓷、黑瓷及釉陶残件。鉴于此，1985 年发掘时出土的黑釉（酱釉）联珠纹和“釉下彩”联珠纹碗的生产年代也应当设定在北朝末期的北齐或北周时期。同时，考虑到北魏废弃洛阳城后，北周曾进行过短暂的修缮和使用，以及北周完全废

① 中国社会科学院考古研究所洛阳汉魏城队：《北魏洛阳城内出土的瓷器与釉陶器》，《考古》1991 年第 12 期。

② 本文所提供的图片资料转载于小林仁《北齐铅釉器的定位和意义》，《故宫博物院院刊》2012 年第 5 期。

③ （北魏）杨衒之撰，杨勇校笺《洛阳伽蓝记校笺》卷五《城北》“凝玄寺”条：“洛阳城东北有上商里，殷之顽民所居处也。高祖名闻义里……唯有造瓦者止其内，京师瓦器出焉。世人歌曰：‘洛城东北上商里，殷之顽民昔所止。今日百姓造瓮子，人皆弃去住者耻。’”中华书局，2006，第 209 页。

④ （清）蓝浦、郑廷桂：《景德镇陶录》卷七《古窑考》“洛京陶”条：“亦元魏烧造，即今河南洛阳县也，初都云中后迁都此，故亦曰洛京，所陶皆御物。”黄山书社，2015，第 159 页。

⑤ 内丘县文物保管所：《河北省内丘县邢窑调查简报》，《文物》1987 年第 9 期。

⑥ 山东淄博陶瓷史编写组、山东省博物馆：《山东淄博寨里北朝青瓷窑址调查纪要》，载文物编写委员会编《中国古代窑址调查发掘报告集》，文物出版社，1984，第 352～359 页。

⑦ 山东大学历史系考古专业、枣庄市博物馆：《山东枣庄中陈郝瓷窑址》，《考古学报》1989 年第 3 期。

⑧ 宋百川、刘凤君：《山东地区北朝晚期和隋唐时期瓷窑遗址的分布与分期》，《考古》1986 年第 12 期。

⑨ 徐州博物馆：《江苏徐州市户部山青瓷窑址调查简报》，《华夏考古》2003 年第 3 期。

⑩ 赵志文、刘兰华：《河南巩义白河窑址发现北魏青瓷、白瓷和唐青花瓷器》，《中国文物报》2008 年 2 月 6 日。

⑪ 中国社会科学院考古研究所洛阳汉魏故城队：《河南洛阳市北魏洛阳城津阳门内大道遗址发掘简报》，《考古》2009 年第 10 期。

弃洛阳城，故上述遗物的年代下限不晚于北朝末年。

一般来说，学界将庆州月池出土的绿釉陶片认定为唐代产品①，综合其施釉状态和釉色，可以认为其属于唐三彩。但类似的釉陶器同样出现于北魏洛阳城北魏至北朝末期的文化堆积之中，并且“釉下彩”的施釉工艺与唐三彩截然不同。种种迹象表明，庆州月池出土遗物表现出6世纪左右北朝的铅釉陶瓷制作传统。② 由此确认，其生产地点应为北魏洛阳城大市遗址一带或洛阳城外围地区的窑场，年代应在北魏后期至隋初（6世纪中叶～7世纪初）。那么，早在东宫和月池营建（674年或更早）③ 之前，新罗即已拥有了该件绿釉陶器，之后在进行宴会或酒宴的过程中将其废弃。日本石神遗址出土的联珠纹高足杯及壹岐双六古墓出土的绿釉联珠纹碗，也应是从中原经由新罗传入倭。石神遗址的联珠纹高足杯与7世纪后期的新罗陶器共同出土，因此有学者认为，高足杯制作于唐代，生产地为韩国④或中国⑤。但是，从南北朝时期各个政权之间的交往关系和遗物形制来看，笔者认为，上述遗物原产于中原北朝地区，并于7世纪初传入新罗。

结　论

韩国昌原石洞M490中出土的绿釉联珠纹碗是体现新罗与中国大陆中原地区之间交流的又一重要实物资料。北方草原系统的文化对新罗的影响较早，此后通过中原地区和高句丽，东罗马、萨珊王朝、粟特等西亚及中亚地区文化色彩浓厚的器物开始不断出现于新罗中心及其周边地区。在文化历时性发展的背景下，新罗对外域文明加以直接或间接地改变，将其充分吸纳、融合至本土文化之中，并形成文化统一，即将接受的域外事物用于巩固王权、统治阶层的日常生活及事死如生的改化过程等，清晰地展现了当时对外交流的国际性。不仅如此，在新罗的势力范围内，以及新罗与倭的外交上也发挥了一定的作用。可以认为，新罗的政治、外交决策是基于多重考虑。

以此为框架，我们通过考察新罗对外交往的发展历程，进一步厘清了石洞古墓出土北朝制绿釉联珠纹碗的背景和性质。可以认为，具备典型西域地区文化因素的金银器、玻璃器的传入，促使东亚地区开始盛行联珠纹。在此基础上，掌控中原北方地区的鲜卑系北魏政权对联珠纹进行了接纳和吸收，并将其传播至欧亚大陆东端的古代朝鲜半岛。韩国石洞古墓出土绿釉联珠纹碗的施釉工艺、烧制技法与形制等，均与北魏、北齐系统的铅釉陶特

---

① 国立大邱博物馆：《我们文化中的中国陶瓷器》，2004国立大邱博物馆企划特别展，2004。

② 谢明良：《中国古代铅釉陶的世界：从战国到唐代》，石头出版股份有限公司，2014，第81页。

③ 梁政硕：《新罗月池와东宫의变化过程检讨》，《韩国史研究》第154辑，2011。

④ 日本爱知县陶瓷资料馆等：《日本三彩绿釉》，爱知县陶瓷资料馆，1998，第45页。

⑤ 弓场纪知：《长崎县壹岐双六古坟出土白釉绿彩圆纹碗》，王虎应译，载张庆捷、李书吉、李钢主编《4—6世纪的北中国与欧亚大陆》，科学出版社，2006，第320页。

征相吻合，庆州月池出土绿釉陶器残片的生产地点及年代也与中国大陆中原北方地区有关。日本壹岐双六古墓出土绿釉联珠纹碗、石神遗址出土联珠纹高足杯的年代晚于新罗，体现出文化传播的滞后性，但其本质可视为北魏、北齐系统铅釉陶系谱传播范围的最东端。

编辑：王志高

关于百济武宁王陵出土墓志、买地券的几个疑难问题

王志高

（南京师范大学文博系）

［摘要］1971年韩国公州发掘的百济武宁王陵中出土的墓志、买地券受关注度高，但争议颇大。根据中国方面文献记载，武宁王墓志背面“方位表”中所空出的西方，与百济王姓余氏羽音吉冢的方位相符，推测是百济采纳南朝“五音”墓法规划营构宋山里百济王族陵区的结果，疑与南朝宋元嘉二十七年（450）百济从刘宋引进新的式占方法有关。武宁王与王妃墓志上的穿孔，不是模仿汉唐时代神道碑首的圆“穿”，也与式盘转轴的插孔无关，很可能是表示陵域五方中心的“明堂”。武宁王志文“安厝登冠大墓”中的“登冠”不是地名，而是模仿中国古代帝王陵墓的陵号。

［关键词］百济；武宁王陵；墓志；买地券

1971年韩国公州发掘的百济武宁王陵是东亚考古的一次重大发现，不仅其形制结构、出土文物涉及古代东亚国家之间密切的交流与影响，相关的研究亦得到今日中韩日三国学者的极大关注，所取得的丰硕成果更令人鼓舞。尽管如此，关于此墓一些具体问题的讨论还有拓展的空间，尚未形成广泛的共识。“历久弥新”，这正是武宁王陵研究的魅力所在。我对相关研究的持续热情始于2004年，曾先后发表《百济武宁王陵形制结构的考察》《韩国公州宋山里6号坟几个问题的探讨》两文。[①] 本文再就该墓出土的关注度颇高的墓志、买地券，分享一下学习“新”得，以与各方贤达切磋互进。

---

① 王志高：《百济武宁王陵形制结构的考察》，《东亚考古论坛》创刊号，韩国忠清文化财研究院，2005。又收录于南京市博物馆编《南京文物考古新发现》，江苏人民出版社，2006，第227～250页；王志高：《韩国公州宋山里6号坟几个问题的探讨》，《东南文化》2008年第4期。

一 问题之由来

据发掘报告，百济武宁王陵玄宫甬道前部出土了两方石刻墓志和买地券，其中东侧的一方朝上一面刻武宁王墓志（图一），其文曰“宁东大将军百济斯」麻王年六十二岁癸」卯年五月丙戌朔七」日壬辰崩到乙巳年八月」癸酉朔十二日甲申安厝」登冠大墓立志如左”（“」”为换行符号，下同）。朝下一面四周有浅刻线框，三面框线上压刻有表示方位的干支文字（图二），北、东、南面分别刻字“亥壬子癸丑”“寅甲卯乙辰”“巳丙午丁未”，东北隅线内刻“己”，东南隅线内刻“戊”，表示西面的一侧及西北隅、西南隅未刻字；西侧的一方朝上一面刻王妃墓志（图三），其文曰“丙午年十一月百济国王大妃寿」终居丧在酉地己酉年二月癸」未朔十二日甲午改葬还大墓立」志如左”。未刻字的内侧上置一串已部分锈结在一起的梁铸铁五铢钱币“约 90 枚”（图四），朝下的一面刻买地券铭（图五），其文曰“钱一万文右一件」乙巳年八月十二日宁东大将军」百济斯麻王以前件钱讼土王」土伯土父母上下众官二千石」买申地为墓故立券为明」不从律令”。需要说明的是，此二石居中偏上的位置还各凿一个小圆孔。①

图一 百济武宁王墓志正面

① 大韩民国文化财管理局编《武宁王陵》（日语版），1974。以下所用资料凡征引此报告处，不另注。

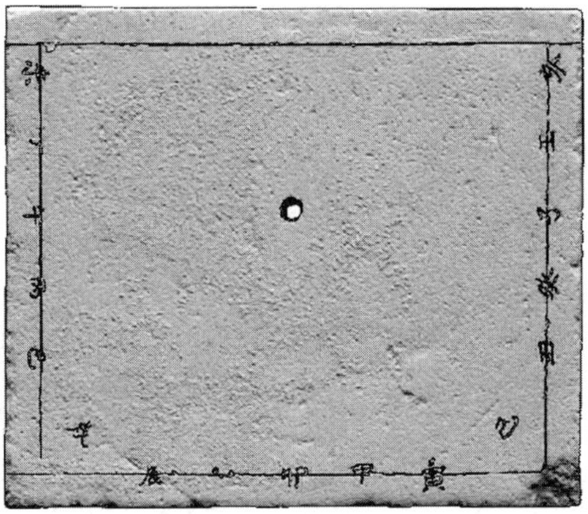

图二　百济武宁王墓志背面干支图摹本

图三　百济武宁王妃墓志正面

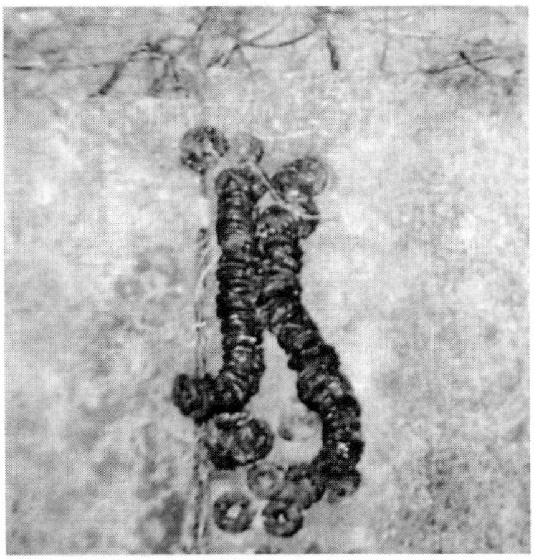

图四　百济武宁王妃墓志上置的铁五铢钱

图五 百济武宁王妃墓志背面所刻的买地券

根据武宁王、王妃墓志及买地券的记载，可以确认武宁王亡于癸卯年（523）五月，入葬于乙巳年（525）八月。王妃亡于丙午年（526），与武宁王合葬于己酉年（529）二月。武宁王陵的砌筑年代应为武宁王入葬的乙巳年（525，即梁普通六年）或在此之前。再结合买地券文等相关线索还可证实，王妃志石背面的买地券是为武宁王入葬时刻制的，与王妃无关。买地券一面原来与武宁王墓志一样都是朝上的，那些铁五铢原来也是置于买地券上的，今买地券石面左侧的铁锈痕可以为证。王妃合葬时利用武宁王买地券的背面镌刻了王妃的墓志，故将武宁王的买地券一面改为朝下，原置买地券上的购地钱币只得置于王妃的墓志上了。以上认识，证据确凿，学界已经没有异议。因与下文讨论关系密切，乃赘述于此。

众所周知，武宁王及王妃的墓志和买地券是该墓出土的最重要文物之一，是破解武宁王陵诸多密码的关键所在。其中武宁王墓志背面浅刻的“方位表”、两石中部偏上的穿孔、武宁王志文中的“登冠大墓”等蕴含了玄奥的历史信息，历来是武宁王陵研究的重点与难点。前人的解读虽已取得若干突破，但仍难以令人信服。本文试在既有成果的基础上，就相关疑难问题提出我们的分析与认识。

二 关于武宁王墓志背面的“方位表”

武宁王墓志背面所刻的表示方位的干支文字，发掘者称之“方位表”[①]，并认为没有

① 不仅如此，我们怀疑武宁王买地券的背面原来也可能镌刻有相近的“方位表”，只是王妃合葬之际被改刻为王妃墓志而遭磨平。仔细观察此二石的 4 面，武宁王墓志的正面及背面、武宁王买地券的一面都磨制得比较光滑，而王妃墓志的一面明显比较粗糙，此可见一点端倪。

在表示西面及西北隅、西南隅处刻“申庚酉辛戌”等代表性文字，是因为要刻24个方位需要正方形石块，而武宁王墓志是一块偏长方形的石板，其穿孔又是偏上的，故位置不够，不得不把表示西方的一面空出来。但实际上，其所空出的表示西方的一侧已经刻有框线，刻字的空间完全不存在问题。换言之，是主事者刻意空出了西方；而且，为什么独缺的是西方，而不是其他方向呢？显然发掘报告的这个推理不能成立。

武宁王葬礼的主事者为什么要在“方位表”中空出西方？武宁王、王妃墓志和买地券的铭文中就有线索可觅。武宁王买地券云“买申地为墓”，王妃墓志云“居丧在酉地”。按：武宁王陵所在的申地为西南方，王妃居丧所在的酉地则为正西方，与“方位表”中空出的西方相符。换言之，“方位表”中空出的西方正是武宁王葬地和王妃居丧地所在的吉向。此中申地、酉地的参照系，发掘报告认为是百济王城熊津，甚至认为这是解决至今未有定论的“熊津王城”位置的决定性材料。我们认为，所谓申地不太可能以王城熊津为参照系，其参照系推测是武宁王陵所在的宋山里百济王族陵区。武宁王陵正在这一陵区的西南方向，而王妃居丧权窆的酉地则当在武宁王陵北方或西北方的某地，希望今后能有这一方面的发现。①

更有意义的问题是，为什么武宁王陵地、王妃居丧所在的吉壤是在西方的申地与酉地？我们怀疑这与百济人迷信的方术有关。《周书·百济传》载：“（百济）其秀异者，颇解属文。又解阴阳五行……亦解医药、卜筮、占相之术。”②《北史·百济传》亦载：“（百济）又知医药、蓍龟，与相术、阴阳五行法。”其中的卜筮、占相、蓍龟、阴阳五行诸术，都涉及葬地“风水”的选择。而诸术的来源大多是中国大陆王朝，《宋书·百济传》即载：“（元嘉）二十七年，（百济王余）毗上书献方物，私假台使冯野夫西河太守，表求《易林》、《式占》、腰弩，太祖并与之。”③ 其中的《易林》和《式占》都是占卜之书，显示百济方术所受南朝方面的深刻影响，乃至百济中央官署中就设有专门负责天文气象与术数的“日官部”④。

而与百济方术渊源深厚的南朝曾流行“五音”墓法，即将墓主姓氏划分宫、商、角、徵、羽五音，通过“五行生克”关系推演葬地吉凶。史籍所见梁代“五音”类葬书就有

---

① 2021年7月，笔者在韩国公州召开的百济武宁王陵发掘五十周年国际学术研讨会上演讲后，有韩国学者提出，武宁王买地券及王妃墓志所云的申地和酉地，韩国学界分别解释为武宁王陵所在的位置和艇止山遗址。也就是说，若以买地券中提及的申地为西南方向，再以公州公山城（百济都城熊津）为干支图的中心点，则武宁王陵恰好位于其西南方向，而王妃居丧权窆的酉地（艇止山遗址）恰好在其正西方。然而艇止山遗址却在武宁王陵的东北方向，这与我所主张的王妃居丧的酉地位于武宁王陵的北方或西北方的观点不符合。我的答复是，我在文中推测武宁王妃居丧权窆的酉地可能在武宁王陵北方或西北方的某地，是相对武宁王陵而言，若以宋山里百济王族陵区的中心点为参照，则武宁王妃居丧权窆的酉地当在该陵区的正西方。艇止山遗址位置不符合相关方位，或可说明韩国学界以往对这个遗址的性质判断有误，也证明了武宁王、王妃墓志、买地券文中的申地、酉地的参照不是百济王城熊津。

② （梁）令狐德棻等：《周书》卷四十九《百济传》，中华书局，1971，第887页。

③ （梁）沈约：《宋书》卷九十七《百济传》，中华书局，1974，第2394页。

④ （梁）令狐德棻等：《周书》卷四十九《百济传》，中华书局，1971，第886页。亦见《北史》卷九十四《百济传》。

“《五音相墓书》五卷、《五音图墓书》九十一卷、《五姓图山龙》”等[①]，可见其术盛况。当时“五音”的具体墓法，《真诰》卷十“建吉冢之法”后陶弘景注云：“徵家甲向，朱鸟在西南；羽家庚向，朱鸟在东北。”[②] 百济王姓在中国方面文献称为余氏、夫余氏，在东晋南朝皆称余氏，武宁王即称余隆，据《重校正地理新书》，余为羽音[③]。陶弘景注称的“羽家庚向”即在西南，但这只是羽姓吉冢定位的一则，其详细情况已不得而知，所幸编号为法 Pel. chin. 3647 的唐代敦煌写本《葬经》保存了更多关于羽姓相墓法的记载：

> 羽姓水行，辰（大墓）、戌（小墓），葬此大凶绝世，绝世在四季，五刑在南方，大德在东方，重阴在北方，宜葬庚、申、辛、酉出公卿，甲、乙、寅、卯出刺史、二千石，大吉。[④]

此虽是唐代葬书，但据有关学者研究，“隋唐时期的风水信仰，无论是具体的术数还是观念，更多的是承继南朝，而非北朝”[⑤]，故研究南朝陵墓堪舆可以拿来参考[⑥]。按：庚、申、辛、酉皆居西方，甲、乙、寅、卯皆在东方，则羽姓吉冢在西方与东方，其中西方似乎又胜于东方。武宁王陵地、王妃居丧所在的申地与酉地，及武宁王墓志背面“方位表”中所空出的西方，皆与羽姓吉冢的方位相符，这不太可能是偶然的巧合，而应该是百济采纳南朝“五音”墓法规划营构宋山里王族陵区的结果（图六）。

需要说明的还有，武宁王墓志背面“方位表”中表示南、北、东三方的 15 个干支文字与宋代以降完全相同，但其东北隅用“己”，东南隅用“戊”，而宋代以降则分别用“艮”“巽”。这一点发掘报告已经注意到，认为是将配置中央的“戊己”改配在四角，类似的配置亦见于安徽阜阳双古堆汉墓 M1 出土的漆木式[⑦]（图七）及乐浪王盱墓出土的式盘[⑧]，只是将“戊”“己”的位置调换了一下。现在看来，这是与后世不同的干支 24 方位表示法的早期形态，乐浪王盱墓式占盘的 24 方位表示法应该是来自大陆东汉时代的传统，而武宁王墓志“方位表”所代表者颇疑与南朝宋元嘉二十七年（450）百济从刘宋引进新的式占方法有关。

---

① （唐）魏徵、令狐德棻：《隋书》卷三十四《经籍志三》，中华书局，1973，第 1039 页。

② 〔日〕吉川忠夫、麦谷邦夫编，朱越利译《真诰校注》卷十《协昌期第二》，中国社会科学出版社，2006，第 331 页。

③ （宋）王洙等编，（金）张谦重校《重校正地理新书》卷一，《续修四库全书》子部术数类第 1054 册，上海古籍出版社，1995，第 14 页。

④ 上海古籍出版社、法国国家图书馆编《法国国家图书馆藏敦煌西域文献》第 26 册，上海古籍出版社，2002，第 215 页。

⑤ 张齐明：《亦术亦俗——汉魏六朝风水信仰研究》，中国人民大学出版社，2011，第 258 页。

⑥ 王志高：《再论南京栖霞狮子冲南朝陵墓石兽的墓主身份及相关问题》，载其著《六朝建康城发掘与研究》，江苏人民出版社，2015，第 294～295 页。

⑦ 安徽省文物工作队等：《阜阳双古堆西汉汝阴侯墓发掘简报》，《文物》1978 年第 8 期。

⑧ 转引自李零《中国方术正考》，中华书局，2006，第 70、75 页。

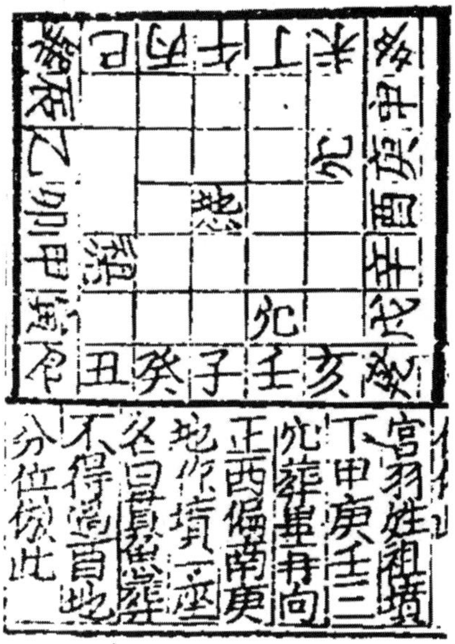

图六 《地理新书》宫羽姓贯鱼葬图

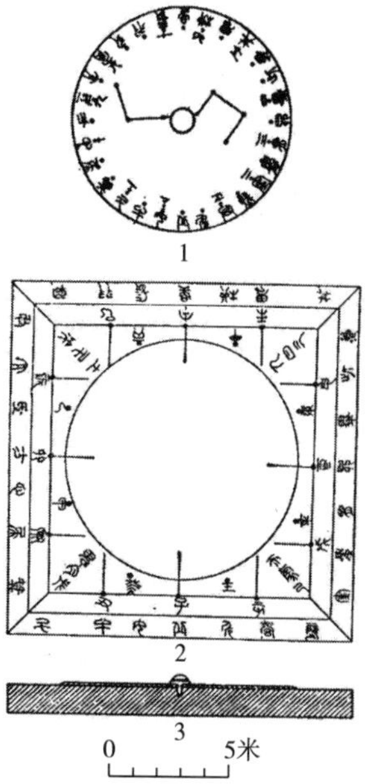

图七 安徽阜阳双古堆汉墓出土漆木式

此外，我们还注意到，在墓志或买地券的背面镌刻空缺一方的“方位表”，迄今在中国大陆尚未发现类似个例。这可能是百济在接受东晋南朝文化影响后形成的自己的特殊丧葬传统，当然也不能排除是百济延续乐浪、带方故地汉人葬俗孑遗的可能性。

三 关于武宁王与王妃墓志中部的穿孔

如前所述，武宁王与王妃墓志上的穿孔均在二石居中偏上的位置。关于穿孔的具体用途，学界主要有两种观点：一种观点认为，这是模仿汉唐时代地面神道碑首上的圆“穿”，此种穿孔在萧梁神道碑碑首多有所见；一种观点认为此孔是将式占的地盘与其上转动的天盘进行连接的转轴的插孔。发掘报告虽认为其用途“尚难以准确判断”，但又表示自汉代以来式盘用于占卜，而陵墓的方向在开工之前就已确定，故墓志、买地券所用的刻石不可能成为占卜的工具。相反，考虑到墓志与墓碑形态的关系，发掘报告怀疑有可能是墓碑上使用的制度被转移到了墓志上。多年以来，我也一直倾向认为此穿孔当与神道碑的碑“穿”有关，在给本校本科生及研究生的相关课程授课中，我就是这样表达我的观点的，现在看来需要加以修订了。

首先，根据二石穿孔与其周围刻文的位置关系看，是先凿孔，后刻相关文字，故武宁王墓志穿孔在右起第 4 行“辰”“崩”二字之间，二字的间距明显大于其他字距；如果是先刻字后凿孔，则不会出现这种现象。然则此二石上的穿孔当系其需要首先表达的寓意，后刻的文字则是其附属的功能。再从武宁王墓志背面穿孔与表示方位的干支文字的位置关系看，穿孔看起来位于石面居中偏上的位置，但仔细辨别，却在表示正南北的子午连接线上，东侧亦与表示正东的“卯”位平行。简言之，此穿孔正表示四方的中央。此与神道碑碑穿位于碑身顶端的情况明显不符，故与碑穿的寓意无关。更重要的是，百济与东晋南朝交往颇密，而神道碑是当时地面常见的高等级墓葬设施，不存在墓下设施的隐秘性，不太可能将神道碑外形及碑穿位置搞混淆。

综上所析，我们认为，此穿孔与武宁王墓志关系不大，而与其背面所刻的“方位表”是一个整体，两者不能割裂讨论。穿孔表示的是墓地东西南北交汇的中心，此墓地中心在《地理新书》《大汉原陵秘葬经》等宋代堪舆文献中称为“地心”，或称“明堂”，或“地心明堂”连称，是祭神之所，不得作冢或作道。东晋南朝的文献不见载“地心”，陵墓的“明堂”则见于《宋书·符瑞志下》：

> 泰始四年（468）十一月辛未，崇宁陵令上书言，自大明八年（464）至今四年二月，宣太后陵明堂前后数有光及五色云，又芳香四满，又五采云在松下，状如车盖。①

此宣太后乃南朝刘宋明帝生母沈氏，元嘉三十年（453）卒，葬建康莫府山，陵号崇宁。② 文中“明堂”过去曾被怀疑是寝殿一类建筑③，现在看来更有可能是陵域五方中心的明堂，其功能在于沟通天地神祇。“明堂”亦见江苏镇江金家湾 3 号墓出土的东晋太和元年（366）冯庆砖刻买地券文④，及河南安阳县西高穴村发现的后赵建武十一年（345）鲁潜墓志文⑤。前者券末云“分券时入明堂如律令”，后者载鲁潜“墓在高决桥陌西行一千四百廿步，南下去陌一百七十步，故魏武帝陵西北角西行卌三步，北回至墓明堂二百五十步”。从上下文意看，此二“明堂”在地面上都应有标识，当即墓地中心祭神之所。

再结合前文关于百济采纳南朝“五音”墓法营建宋山里王族陵区的推测，我们认为，武宁王墓志背面所刻的“方位表”以及作为明堂（地心）象征的穿孔，与式占占盘无关，而可能是对“五音”墓法择地选址推演结果的记录。在此类堪舆记录图样的另面镌刻武宁王墓志和买地券，其目的在于强化陵址选择的神圣性，并兼具镇墓的功能。

四　关于武宁王志文中的“登冠大墓”

武宁王墓志载“乙巳年八月癸酉朔十二日甲申安厝登冠大墓”，其中的“登冠”，发

① （梁）沈约：《宋书》卷二十九《符瑞志下》，中华书局，1974，第 836 页。
② （梁）沈约：《宋书》卷四十一《后妃传》，中华书局，1974，第 1294 页。
③ 王志高：《六朝帝王陵寝述论》，《南京晓庄学院学报》2004 年第 3 期。
④ 林留根：《江苏镇江东晋纪年墓清理简报》，《东南文化》1989 年第 2 期。发掘简报认为墓主名“司马冯庆”。
⑤ 邓叶君、杨春富：《安阳出土十六国后赵鲁潜墓志具体标示曹操陵墓位置》，《中国文物报》1998 年 6 月 28 日。

掘报告认为是表示地名的固有词语，而“大墓”则和“陵”的语意相同，此大墓即王妃墓志所云之“改葬还大墓”，墓志刻意用“大墓”是为了和一般的“墓”区别开来。

以上的分析值得商榷。先看“大墓”。如所周知，按照中国的陵寝制度，皇帝、皇后、皇太后及追尊的帝后墓葬称陵，不称墓，太子墓也可以号墓为陵，以显示“陵”“墓”的等级差异。武宁王及王妃墓志刻意用“大墓”，固然是为了和一般的“墓”区别开来；但其不用“陵”，似乎也有规避僭越的用意。作为与萧梁关系亲密的朝贡国，百济选择使用最高等级的“陵”与普通的“墓”之间的“大墓”，可以视为对其国际关系中外藩地位身份的认同。

再看“登冠”。“登冠”在中国早期文献中主要有两种语意：一种是表示达到男子成年之龄，如《续高僧传》卷十一“年未登冠，遂往从焉”[①]；一种是表示排列第一，达到顶峰，如《祠部集》卷十九“登冠群后，拔贤俊以开治路”[②]。武宁王志文中的“安厝登冠大墓”，从语法结构上看有固有地名之可能，而另外一种可能是“大墓”之名号。

中国古代帝王陵墓就有陵号，陵号是帝陵等级墓葬的专用名称，始见于汉代，其制度此后逐渐完善。陵号的确定有着严格的制度与程序，一般根据皇帝生前的功过和世系加以命名，具有叙世、褒贬、寄思等政治性内涵。[③] 陵号或是单字，或是双字，各朝代则比较整齐。如东晋陵墓以含“平”的双字命名，刘宋陵号以含“宁”的双字命名，萧齐陵号以含“安”的双字命名，梁代陵号则以单字命名。以百济与东晋南朝之密切关系，如果百济模仿中国大陆王朝陵寝制度为其王墓拟定名号，则不必感到不意外。如此，“登冠”就不是地名，而是武宁王“大墓”之名号了。

武宁王余隆是6世纪百济政绩卓著的中兴之主，在位期间一举“扭转了丽济间的国家平衡态势，使百济重新成为朝鲜半岛上的强国”，从而在百济历史上备受崇敬。百济末代义慈王为其太子取名扶余隆，据分析就是寄托希望于太子能够像武宁王余隆那样肩负起百济复兴的重任。[④]《南史·百济传》亦称百济久“为高句丽所破，衰弱累年，迁居南韩地。普通二年，王余隆始复遣使奉表，称累破高丽，今始与通好，百济更为强国”[⑤]。如前所述，“登冠”有排列第一、达到顶峰之意，则继位的百济圣王以“登冠”来命名其先王武宁王墓号可谓名实相副。

武宁王墓志一方面称其墓为“大墓”，而不称“陵”，另一方面又模仿使用了中国式的陵号“登冠”。这种矛盾反映的正是当时百济统治者在遵循朝贡制度约束的同时，希望与宗主国天子对等思想的复杂流露。我们曾经指出，武宁王陵虽参照使用了与其身份相符的南朝王墓的等级，但墓内随葬的两件文物却颇耐人寻味：一件是武宁王的志文使用了只

① （唐）道宣撰，郭绍林点校《续高僧传》卷十一《唐京师大兴善寺释法侃传》，中华书局，2014，第389页。
② （宋）强至：《祠部集》卷十九《代上许州相公状》，清武英殿聚珍版丛书本。
③ 柏桦：《陵以叙世——皇帝的陵号》，《紫禁城》2011年第3期。
④ 孙炜冉：《百济武宁王史事考辨及其历史评价》，《通化师范学院学报》（人文社会科学）2018年第2期。
⑤ （唐）李延寿：《南史》卷七十九《百济传》，中华书局，1975，第1972页。

有天子死亡才能配享的“崩”这个字；一件是武宁王志石之后的石兽，其独角不是直接在兽体上雕凿，而是以铁铸成后再插入兽首的凿孔之中，此乃模仿南朝帝陵等级墓葬神道前端的独角麒麟，以象征帝王之威仪。[①] 当时的情况很可能是，凡是隐秘的空间，百济王可能会表达他僭越的追求；凡须公开的地方，百济王则遵循朝贡体制下的等级约束。用这个推测来解释武宁王陵中的诸多复杂现象，似乎不少都可以迎刃而解。这些特殊现象，有学者认为与魏晋南北朝时期周边地区古国基于中国政治思想而形成的强烈的“中华”意识有关，不独百济有，高句丽、新罗、倭等海东诸国也同样存在。[②]

结 语

与中国方面文献、文物资料相比，百济武宁王、王妃的墓志和买地券，无论是墓志背面镌刻的空缺西方的“方位表”，作为明堂（地心）象征的穿孔，还是志文中以中国式陵号“登冠”命名武宁王“大墓”的记载，处处表现出既相似又相异的特殊性与复杂性。这种特殊性、复杂性，在武宁王、王妃的墓志和买地券的文本上也有体现。例如，两志中“立志如左”的表达，及武宁王买地券中购地“钱一万文”等券文，亦尚未见于同时期及更早的中国大陆同类资料。此外，武宁王及王妃的志文极其简约，亦与同时期南朝齐梁墓志记铭功德事迹的志人通例颇不相同，而似乎属于更早的东汉魏晋时期部分墓志的志墓传统。[③] 这一百济特色的形成，无疑是种种因素共同作用的结果，其中百济境内乐浪、带方故地汉人遗民丧葬礼俗的影响不能忽视。

附记：2021年7月，笔者受邀参加在韩国公州召开的百济武宁王陵发掘五十周年国际学术研讨会，并作大会主旨演讲。根据会议交流情况及韩国高丽大学赵胤宰教授等师友的建议，本文在大会演讲稿的基础上作了一定的修订与补充。限于条件，本文关于百济武宁王陵出土墓志、买地券诸问题的讨论，主要是基于日文版《武宁王陵》、中国方面文献及相关中文研究成果所获得的认识，韩国及日本方面的相关研究成果未及查询。

编辑：刘可维

① 前揭王志高《百济武宁王陵形制结构的考察》。

② 〔日〕川本芳昭：《汉唐间“新”中华意识的形成》，载殷宪主编《北朝史研究——中国魏晋南北朝史国际学术研讨会论文集》，商务印书馆，2004，第340～347页。

③ 这些问题同样具有重要的学术价值，拟将专文探讨。

名古屋市博物馆藏高句丽遗址资料简论

〔日〕藤井康隆

（佐贺大学艺术地域设计学部）

孙 婉 译 刘可维 校

（南京师范大学文博系）

［摘要］ 作为东亚地区重要的文化遗产，高句丽遗址及相关文物是高句丽文化的直接见证。本文通过对日本名古屋市博物馆所藏铭文砖与忍冬莲花纹瓦当来历、外观、特征的研究，推断其均属高句丽遗址的出土资料。根据铭文砖的形制与铭文，考证了其原属于高句丽太王陵的用砖。又根据忍冬莲花的纹饰，确定该瓦当属于高句丽系瓦当，并推定其应为高句丽平壤期土城里土城（乐浪土城）或附近相关遗址中出土的遗物，相当于高句丽平壤期后半—末期的制品。此外，为进一步明确“願太王陵”砖的用途，通过与中原地区的帝王陵进行对比，本文认为太王陵结合了中原帝陵规制与高句丽独特的文化因素，表现出北方民族政权特有的文化形式。

［关键词］ 高句丽遗址；铭文砖；忍冬莲花纹瓦当；太王陵

近年来，笔者通过调查，发现日本名古屋市博物馆所藏东亚考古资料中有两件出自高句丽遗址的资料。本文将简要介绍这些属于高句丽的考古资料，并考察其相关的遗迹。

一 “願太王陵”砖（收藏编号 192－23）

本资料（图一）于 1994 年被捐赠到名古屋市博物馆，据捐赠者介绍其原为已故浅野清博士的旧藏。

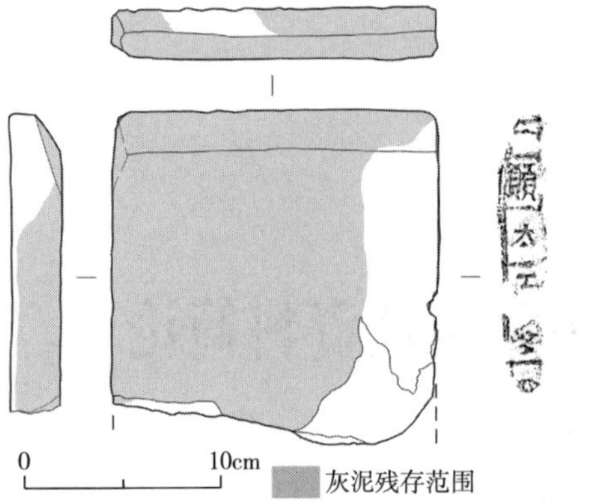

图一 名古屋市博物馆所藏“顾太王陵”砖

浅野清博士是著名的建筑史学者，曾亲自负责昭和年间法隆寺的大修工作，以对古代神社寺庙建筑和民居的研究而闻名。浅野氏出身于名古屋市，毕业于旧制名古屋高等工业学校（今名古屋工业大学），曾就职于法隆寺国宝保存工事事务所、国立博物馆奈良分馆（今奈良国立博物馆）、奈良学艺大学（今奈良教育大学）、奈良国立文化财研究所（今奈良文化财研究所）。此后历任大阪市立大学教授、大阪工业大学教授、爱知工业大学教授，教育、培养了众多后辈人才。退休后又担任了元兴寺文化财研究所所长。

在名古屋市博物馆获得的捐赠藏品中，共有10件属于浅野清博士的旧藏。本藏品是其中唯一一件出土地点不明的资料，其余9件均为“法隆寺出土的瓦”，即日本古代的瓦。自接受捐赠以来，名古屋市博物馆未能明确上述资料的出土地点、样式、用途等，一直将其作为中国南北朝时代的“砖”进行收藏。

据捐赠者称，并不清楚本资料的详细来历和收集经过等信息，其原是从某位任教于名古屋工业大学的教师那里获得的。这位教师是该大学的名誉教授，同为建筑学界的重要人物之一。因此可以推断，这位教授或名古屋工业大学因某种机缘从浅野清博士那里接受并保管该资料，后又转让给捐赠者。目前，没有信息表明浅野博士曾参与集安高句丽遗址的调查，因此这件资料可能是从抗日战争时期参加过高句丽遗址调查的研究人员处获得的学术资料。

该砖已残，宽16.7厘米，残长16.5厘米，厚2.5厘米，残存部分约相当于原砖的上半部。其质地疏松，烧结良好，胎土中含有较粗砂粒。砖左侧平整的上端被斜向切削。根据后述类似的实例推测，同一侧的下端也应被同样切削处理。另外，两面都附着有浅灰白色的灰浆。

在较长一侧的侧面模压有铭文，铭文因器面的风化、破损等原因而稍显模糊。从上面可以清楚地看到第二个字是“太”。笔者从该字的字体、字形判断，其应属于高句丽太王陵（中国吉林省集安市）的遗物。在确认该拓本后，可以将其释读为“顾太王陵（安）”。参照高句丽太王陵发掘报告①，以及此前的研究、观点②，本砖的铭文、特征与太王陵出

① 吉林省文物考古研究所、集安市博物馆：《集安高句丽王陵：1990—2003年集安高句丽王陵调查报告》，文物出版社，2004。

② 浜田耕策：《高句麗の故都集安出土の有銘塼》，佐伯有清编《日本古代中世史論考》，吉川弘文館，1987；東北亜歴史財団：《日本所在高句麗遺物Ⅰ—日帝強占期高句麗遺跡調査の再検討と関東地域所在高句麗遺物1》，東北亜歴史財団，2008；東北亜歴史財団：《日本所在高句麗遺物Ⅱ—日帝強占期高句麗遺跡調査の再検討と関西地域所在高句麗遺物1》，東北亜歴史財団，2009；東北亜歴史財団：《日本所在高句麗遺物Ⅲ—日帝強占期高句麗遺跡調査の再検討と関西地域所在高句麗遺物2》，東北亜歴史財団，2010；東北亜歴史財団：《日本所在高句麗遺物Ⅳ—日帝強占期高句麗遺跡調査の再検討と関東地域所在高句麗遺物2》，東北亜歴史財団，2011。

土铭文砖高度吻合，其无疑属于中国吉林省集安市太王陵的遗物。

表一　“願太王陵”砖事例一览（日本收藏事例为主）

	收藏机构	数量	细项
1	东京国立博物馆	5	A 型 2 件，B 型 1 件，型式不详 2 件
2	东京大学综合研究博物馆	7	A 型 2 件，B 型 3 件，型式不详 2 件
3	学习院大学东洋文化研究所	1	B 型 1 件
4	京都大学综合博物馆	3	A 型 2 件，型式不详 1 件
5	京都大学人文科学研究所	2	A 型 1 件，型式不详 1 件
6	奈良文化财研究所	不详	不详
7	名古屋市博物馆	1	B 型 1 件
8	韩国国立中央博物馆	6	A 型 5 件，B 型 1 件

日本国内主要收藏的太王陵铭文砖如表一所示。其中存在与本资料属于同类的砖（图二），该类砖整体长 28.5 ~29.4 厘米、宽 15 ~16 厘米、厚 2 ~2.5 厘米，铭文配列在大致间隔 2.2 ~2.5 厘米的横格内，每格 1 字。铭文全文为“願太王陵安如山固如岳”。因为本资料上也有间隔 2.2 ~2.5 厘米的横格，若原本尺寸和上述同类砖相同，可以推测残缺的五个字。如此一来，该馆藏资料也很可能具有和完整出土品一样的铭文。

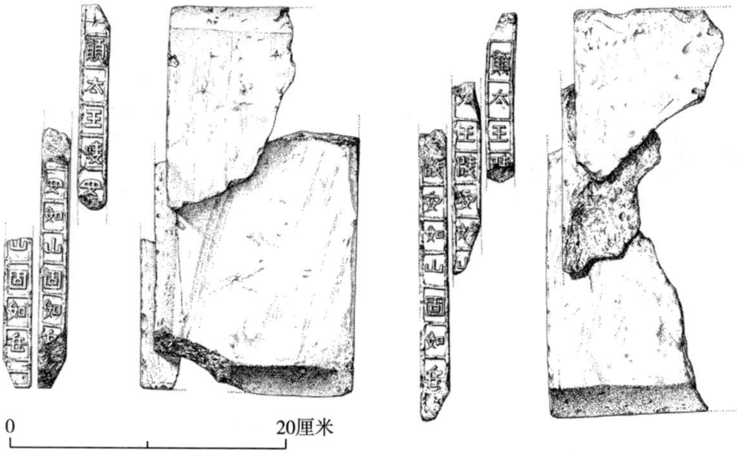

图二　中国吉林省集安市太王陵出土“願太王陵”砖

资料来源：吉林省文物考古研究所、集安市博物馆：《集安高句丽王陵：1990—2003 年集安高句丽王陵调查报告》，文物出版社，2004，图 239、图 240。

太王陵铭文砖存在两种类型，滨田耕策根据铭文字体的差异，将其分为 A 型、B 型①。A 型用“願”“陵”两字，“安”字的冠写作“宀”。B 型用“願”“崚”两字，“安”字

① 浜田耕策：《高句麗の故都集安出土の有銘塼》，佐伯有清编《日本古代中世史論考》，吉川弘文館，1987。

的冠写作“冖”。该资料属于其中的 B 型。①

尚不确定包括本资料在内的太王陵铭文砖原本放置于太王陵何处，发挥着怎样的作用。滨田耕策一直致力于研究相关问题，但由于缺乏充分的资料而未能取得结论。近几年公布的考古报告中虽然也存在关于遗物特征的记述，不过这些遗物均属于采集品，尚未报告可以确定出土位置、出土状况的遗存。铭文砖出土时，往往大量散乱地堆积在一起，多附有灰白色的灰浆。与此同时，还存在着被石灰粘合到一起的情况。从这些粘合状态的砖来看，可以肯定这些砖是并列，或垒叠放置，并在砖之间涂抹灰浆用以固定。名古屋市博物馆所藏资料也和同类砖一样，两面附着有灰浆，应属于同样用途的建筑材料。这种铭文砖其中一个侧面平坦的上下边被切削，可以推测与其用法有关，不过具体情况尚不明确。

二　忍冬莲花纹瓦当（收藏编号 191 -7）

图三这件瓦当是 1987 年名古屋市的一位市民捐赠给名古屋市博物馆的。尚不清楚捐赠者是通过何种途径获得、收藏了该资料。名古屋市博物馆对于该资料的时代先后经历了“不详（高句丽）”“不详（朝鲜半岛）”“奈良时代”“三国时代（高句丽系）”的变化，最终在性质不明的情况下将其作为韩国的考古资料，定名为“筒瓦”进行保管。

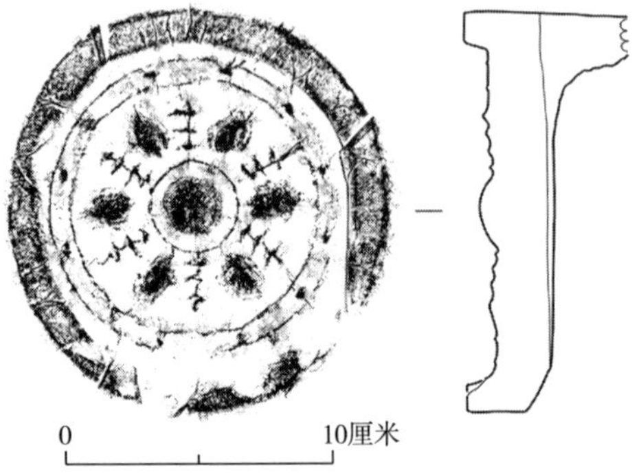

图三　名古屋市博物馆所藏莲花忍冬纹瓦当

1. 瓦当实测图；2. 接合处刺突痕

资料来源：笔者作图、拓本、摄影。

不过，笔者调查、研究同类相关资料后发现，该藏品应为出土于朝鲜平壤市乐浪特别区土城里土城（乐浪土城）的高句丽后期瓦当。

① 中国正式的调查报告中也提及了这两种型式。报告所说的第一种对应浜田氏划分的 A 型，第二种对应浜田氏划分的 B 型。吉林省文物考古研究所、集安市博物馆：《集安高句丽王陵：1990—2003 年集安高句丽王陵调查报告》，文物出版社，2004；浜田耕策：《高句麗の故都集安出土の有銘塼》，佐伯有清编《日本古代中世史論考》，吉川弘文館，1987。

以下首先介绍该资料的特征与外观。瓦当直径 14 厘米，中心饰扁平的圆形突起，周围环绕有一圈细弦纹。位于内区的主纹饰，由隆起的六瓣杏仁状莲花纹与莲瓣间夹饰的六个忍冬纹组成。忍冬纹装饰简单，由一条竖线和三条几乎与之垂直的横线组合而成。主纹饰外侧为外区，由两条同心细弦纹相夹而成，其间均匀地分布着 12 个高浮雕连珠。瓦当外缘较高，呈无纹饰的平缘。瓦当背面可以见到为与筒瓦接合而制作的放射状突起。胎体为泥质，均匀无杂质，烧结良好，呈鲜明的红褐色。这些充分显示出高句丽系瓦当的特征，由此可见该藏品是与高句丽关系密切的资料。

该资料的纹样几乎未见于高句丽的瓦当之中。笔者检索了类似的实例，也仅见到极少数的相关报告与介绍。在检索类似出土遗物的过程中，笔者发现东洋文库所藏梅原考古资料中收录的诸冈荣治氏所藏乐浪、高句丽出土瓦的拓本与本资料具有相同的纹样，为探讨本资料提供了重要线索。① 由于这份资料旁记有“土城里”字样，可知其属于土城里土城即乐浪土城一带的遗物。此外，最近公布的关西大学博物馆藏同型式瓦当（图四）的来源也标注有“乐浪”字样。② 不过，关野贞在主持土城里土城调查之际，文物的采集工作是交由当地儿童完成的。③ 土城里土城的采集资料中除乐浪郡时代的遗物外还有大量高句丽瓦当，但必须注意的是在土城里土城的发掘调查中并未关注到这一点。有可能是在发掘调查时，将其划分为推定的乐浪郡时代以外的遗物。郑仁盛指出土城里的采集资料未必一定是土城里土城的遗物，而同时包括土城里土城附近高句丽遗址在内的土城里一带的遗物。从上述例子来看，该资料很可能属于出土或采集于土城里土城一带的遗物。虽然目前很难确定此种型式的高句丽瓦属于具体哪个遗址，但可以就制作与使用时期等方面稍作讨论。

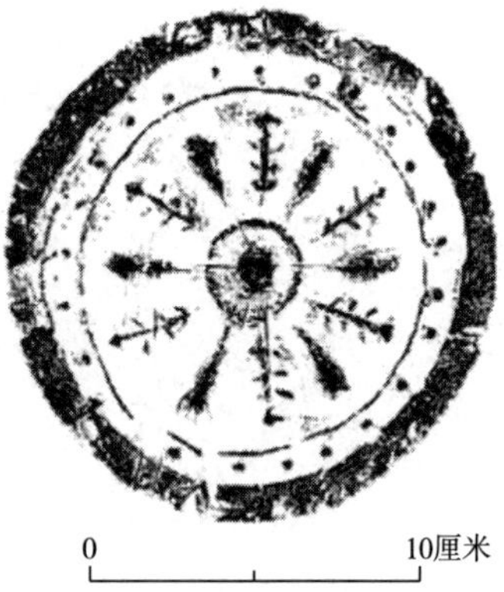

图四　关西大学博物馆藏莲花忍冬纹瓦当

首先，有观点指出红色系的高句丽瓦一般属于高句丽的平壤期。④ 关野贞将集安山城子山城的忍冬纹瓦当（图五：1）比定为高句丽中期，将平壤发现的“忍冬纹与从其花蕾衍生出的段状叶交替缠绕”的忍冬纹瓦当（图五：2）比定为高句丽末期。并且，在平壤土

① 公益財団法人東洋文庫：《135－1526－8070 忍冬華紋軒丸瓦二》，《東洋文庫 梅原末治考古資料 画像データベース》（在线数据库），2015 年 12 月 20 日，http：//124.33.215.236/umehara2008/ume_query.php。

② 高正龍、熊谷舞子、安原葵：《関西大学博物館所蔵朝鮮瓦—文字瓦を中心として—》，《関西大学博物館紀要》第 20 号，関西大学博物館，2014，第 39～51 页。

③ 今西龍：《洌水考》，《朝鮮古史の研究》，国書刊行会，1970，第 175 页～230 页；鄭仁盛：《関野貞と楽浪遺跡の調査研究》，藤井恵介、早乙女雅博、角田真弓等编《東京大学コレクションXX 関野貞アジア踏査》，東京大学総合研究博物館，2005。

④ 谷豊信：《四、五世紀の高句麗瓦に関する若干の考察—墳墓発見の瓦を中心として—》，東京大学東洋文化研究所编《東洋文化研究所紀要》第 108 册，東京大学東洋文化研究所，1989，第 225～307 页。

城里曾发现由四瓣杏仁状突起的莲瓣与忍冬纹交替配饰的瓦当（图五：3），关野贞将其视为“介于前两者之间的瓦当”。① 在关野氏所谓“梯状叶”这一点上，该资料中的忍冬纹与平壤或平壤土城里发现的瓦当类似。尽管在莲瓣的数量上存在差异，不过该资料的莲瓣与“段状叶”忍冬纹交互配置，并且其出土地点被记为“土城里”。根据上述两点，本资料与关野氏列举的发现于平壤土城里的莲花忍冬纹瓦当（图五：3）关系密切。与该资料

※ ▲ 与1~3的记号和号码是笔者修改的

图五 关野贞介绍的高句丽瓦当

资料来源：関野貞：《第二節 朝鲜三国時代の瓦》，《瓦》考古学講座，雄山閣，1936。

---

① 関野貞：《第二節 朝鲜三国時代の瓦》，《瓦》考古学講座，雄山閣，1936。

同型式的瓦也曾出土于大同江南岸地区的高句丽定陵寺遗址。该瓦对应于千田刚道所做高句丽瓦分期中的高句丽第6期，即相当于6世纪前半—后半的遗物。① 根据以上论述，可以断定该资料为高句丽平壤期土城里土城（乐浪土城）或附近相关遗址中出土的遗物，属于高句丽平壤期后半—末期的制品。

管见所及，除名古屋市博物馆藏的这一资料外，日本所藏同型式的高句丽瓦当，还可见到关西大学博物馆藏，以及诸冈荣治氏旧藏两例。不过，限于笔者所知，尚不清楚诸冈荣治氏旧藏资料现在保存在何处。目前，笔者仍在收集类似的资料，期待今后能进一步明确相关资料的情况。现阶段，只能大体确定与其他型式的高句丽或乐浪瓦当相比，此类瓦当实例较少，尚难以展开全面的探讨。

427年，高句丽迁都至大同江北岸的平壤城，而土城里土城（乐浪土城）位于城外的大同江南岸（图六）。由于相关资料有限，并不清楚高句丽统治下的乐浪土城及其周边地区的具体情况。不过，乐浪土城原为乐浪郡的中心，是隔大同江与都城相邻的城市，不难想象其曾被作为支撑都城行政、军事的据点，同时也发挥着作为中国移民居住地的作用，对于高句丽政权具有极高的价值。

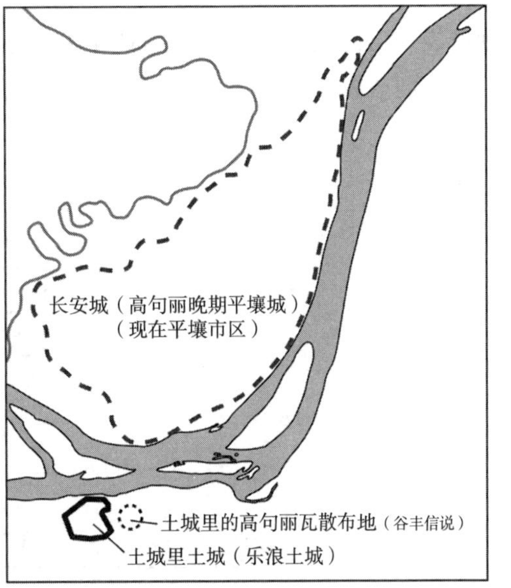

图六　土城里土城的位置

实际上，有报告指出在土城里土城的东面有高句丽寺院遗址和土城里废寺的存在。田村晃一认为其很可能正是“乐浪东寺”遗址。② 此外，定陵寺亦使用了与本资料同型式的瓦，因此该资料很可能属于寺院用瓦。③ 作为展现脱离中国统治后的土

① 千田剛道：《高句麗都城の考古学的研究》，北九州中国書店，2015。

② 关于乐浪东寺的建造、存在时间，田村氏持保留态度，就“延嘉七年”这一时间点的比定，列举了599年说、539年说、479年说、419年说。田村晃一：《第七章　高句麗の寺院址に関する若干の考察》，《楽浪と高句麗の考古学》，同成社，2001。

③ 田村氏认为这件东京国立博物馆藏、带有“楽”字模印、出土于土城里的高句丽瓦很可能显示了“楽浪東寺”这一寺名，是位于土城里土城东方的土城里废寺的相关资料。这件“楽”字模印瓦呈红褐色，据说是筒瓦残件（田村晃一：《第七章　高句麗の寺院址に関する若干の考察》，《楽浪と高句麗の考古学》，同成社，2001）。另外，谷丰信根据关野贞的报告、论考，设想了土城里东侧区域内（本文图六中用黑色虚线标示的范围）的高句丽瓦分布地（谷豊信：《平壌土城里発見の古式の高句麗瓦当について》，東京大学東洋文化研究所編《東洋文化研究所紀要》第112册，東京大学東洋文化研究所，1990，第47～82页；谷豊信：《平壌遷都前後の高句麗瓦に関する覚書—東京国立博物館収蔵資料の紹介—》，《MUSEUM 東京国立博物館研究誌》NO.596，東京国立博物館，2005）。郑仁盛也指出，《朝鲜古迹图谱》第一册地图中所示的土城里土城东侧高句丽遗物出土地可能是土城里高句丽瓦当的采集地（鄭仁盛：《関野貞と楽浪遺跡の調査研究》，藤井恵介、早乙女雅博、角田真弓等编《東京大学コレクションXX 関野貞アジア踏査》，東京大学総合研究博物館，2005）。

城里土城及其周围城市面貌的遗物，该资料具有重要意义。

三 太王陵与中原帝王陵陵园

通过最近的发掘调查，已明确了高句丽太王陵的阶梯式积石墓、陵垣、陵门、祭台、陵墓建筑、陪葬墓位置等方面的情况。同时，结合对其他高句丽王墓的调查结果，可以发现陵园构成要素上的规律性。

本节希望从陵园建筑的种类、配置等方面，对比太王陵与中原帝王陵墓的陵园结构，并略述其特点。不过，由于笔者并不完全了解其中部分遗迹的功能、特性，以及陵寝整体规划所表现出的丧葬观念等，因此本节不涉及前述这些方面的内容。希望此番初步的考察，能有助于将来明确“願太王陵”砖的用途。

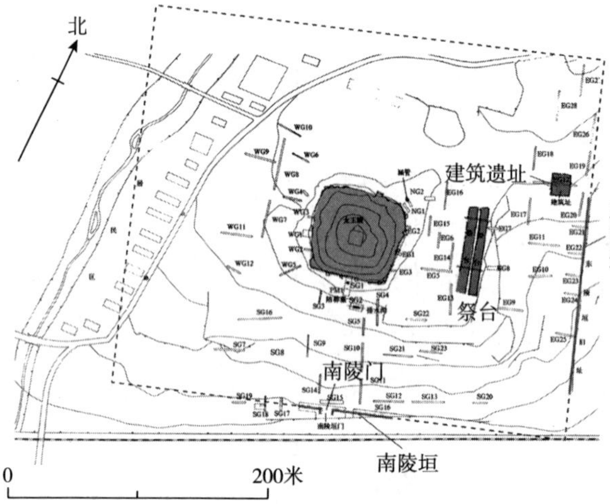

图七 太王陵陵园

资料来源：笔者改自吉林省文物考古研究所、集安市博物馆《集安高句丽王陵：1990—2003年集安高句丽王陵调查报告》，文物出版社，2004，图198。

首先，根据最近的发掘调查成果，太王陵的陵园构成如图七所示。根据太王陵正式的调查报告，其陵园具有以下特征。

①墓上有瓦。

②阶坛上有立石板。

③在阶坛北侧分布有长达50米范围的陪葬墓群。

④从石室开口方向看，位于阶坛背面建有陵墓建筑，以及由砾石堆砌成的细长祭台。

⑤具有四面的陵垣，并推测设有两座陵门。

两汉及北魏洛阳时期中原帝王陵园的具体面貌已较为明确（图八）。① 西汉陵园的内城陵垣为方形，中央置封土，陵垣四周设有陵门。内城外围设宽阔的外城，其东侧以东西方向的司马道为中轴线配置礼制建筑和陪葬墓区。② 南陵门东南设有寝园。整体来看，帝陵位于陵园内偏西的位置，东向，墓室的空间构成与西汉长安城的都城设计一致，遵循当时昭穆制中“坐西朝东”的思想。

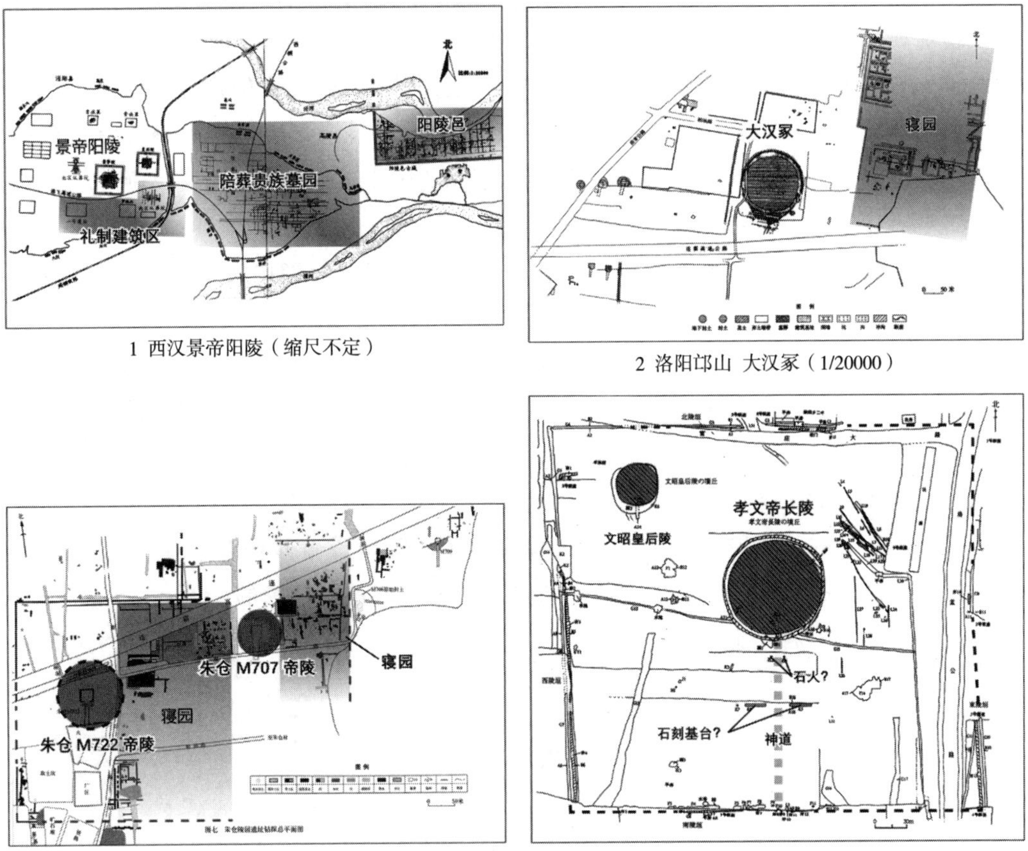

1 西汉景帝阳陵（缩尺不定）

2 洛阳邙山 大汉冢（1/20000）

3 洛阳邙山 朱仓东汉陵园遗址（1/15000）

4 北魏孝文帝长陵（1/7500）

图八 两汉及北魏的帝陵陵园

资料来源：笔者改绘。1. 汉阳陵博物苑编《汉阳陵博物苑》，文物出版社，2006，图七；2. 洛阳市第二文物工作队：《洛阳邙山陵墓群的文物普查》，《文物》2007 年第 10 期，图十二；3. 洛阳市文物考古研究院编著《洛阳朱仓东汉陵园遗址》，中州古籍出版社，2014，图七；4. 藤井康隆：《中国江南六朝の考古学研究》，六一書房，2014，第 20 图。

与西汉帝陵相比，对于东汉帝陵的认识仍较为零散。东汉帝陵的基本构成包括圆形的封土，以及位于其东或东北方向的由四面垣墙包围的方形寝园。在封土、寝园之外围绕有陵垣或行马，四面设置司马门。封土位于陵园内的西侧。不过，由于行马是用竹、木等有

① 藤井康隆：《中国江南六朝の考古学研究》，六一書房，2014。

② 汉代帝陵除陵园外，还在附近设陵邑。本文暂不论及此点。

机质材料搭筑的，所以很少能留下遗迹。

在北魏洛阳时代的帝陵中，孝文帝长陵的陵园结构较为清晰。在近方形的陵垣中央设置有圆形的封土，文昭皇后陵的圆形封土位于其西北方向。陵墓南向。陵垣四面设陵门，其中由南陵门至封土连成的中轴线上设神道。神道两侧立有石人等石刻。

通过与中原帝陵的比较，应如何认识太王陵的陵寝构成呢？首先，从太王陵陵园的地形来看，难以确保坟丘东、西两侧至陵垣间具有相同的空间。虽然西陵垣已不存，不过根据陵园内铺地砾石的范围，以及相关遗迹的配置情况，相对东侧坟丘至西陵垣间的空间可能相对较小。如果这一推断无误的话，那么坟丘位于陵园内稍偏西的位置。此外，太王陵的祭台和陵墓建筑等礼制设施位于陵垣内坟丘的东侧。这些方面与两汉帝陵的陵寝存在共通之处。太王陵并未分别设置围绕坟丘、礼仪设施的垣墙，其坟丘、礼仪设施等全部囊括于陵垣之中。这一点似乎与东汉帝陵较为接近。

另外，西边和北边的陵垣已难以辨认，剩下的东、南两边中南陵垣的陵门清晰可识，东陵垣的陵门则无法确认。陵垣内铺地砾石一直延伸到南陵门外，可见太王陵有可能以南为正面。然而，太王陵的墓室开口向西，因此想象存在一条从南陵门正对墓的中轴线似乎不合常理。如上所述，太王陵陵园一方面与中原汉代帝陵陵园的构成相似，另一方面也存在着不符合中原常制的特殊之处，对此笔者尚难以理解。

总之，高句丽太王陵存在很多特殊之处，如开口向西的墓室，特殊形态的祭台，由祭台与陵墓建筑组成的礼仪空间配置在坟丘背后，在南陵垣设置陵门与石室开口方向不同等。这些特性源自高句丽独立的思想体系与陵墓制度。高句丽王陵的陵园在采用中原帝陵规制的同时，结合了高句丽独特的因素。

结　语

以上介绍了名古屋市博物馆所藏两件被认为属于高句丽的考古资料，同时考察了高句丽太王陵与中原帝陵陵园的异同。希望这两件资料有机会在今后的调查、研究、展示、教育中发挥作用。

编辑：刘可维

科技考古

华南史前遗址动物骨骼钙质胶结物的醋酸处理法

陈　曦

（南京师范大学文博系）

袁增箭

（崇左市壮族博物馆）

［**摘要**］华南地区的史前遗址中，脊椎动物骨骼和软体动物壳体的表面常覆盖有钙质胶结物，成为动物考古学研究的制约因素。本研究以左江流域的11处史前遗址出土标本为实验对象，总结了利用醋酸溶液处理骨骼表面胶结物的方法，包括酸液配制、标本浸泡、补酸、清洗、脱酸、晾干等操作步骤。该方法的关键在于保持较高的酸液浓度，优势是简单易行、快速高效，为同类遗址骨骼标本的批量化醋酸处理提供了参考。

［**关键词**］贝丘遗址；动物考古；钙质胶结物；醋酸处理

一　引言

动物考古学研究的基础是对骨骼形态和保存状况的观测，理想状态下，所有研究标本均应出露“干净”的自然面。在华南地区，动物骨骼主要出土于贝丘遗址和洞穴遗址，表面往往覆盖有厚薄不等的钙质胶结物。这些胶结物，轻则为一层薄膜，重则形成钙泥质结核，成为动物考古学研究的困扰。因此，探索一种有效去除骨骼表面钙质胶结物的方法，是推进华南地区动物考古学研究的重要前提。

由于钙质胶结物与骨骼表面结合紧密，且出土标本的数量往往较为庞大，故机械修理在技术和时间上都不可行。幸运的是，在古生物学领域，使用醋酸处理钙质围岩中的化石，已是较为成熟的方法，可作为处理考古动物骨骼的借鉴。① 2017年以来，笔者对广西

---

① 刘东生、高福清：《含于钙质结核中化石的醋酸处理方法》，《古脊椎动物与古人类》1963年第3期；A. E. Rixon：《动物化石的修理与保存》，史庆礼、吴文裕、董枝明、邱占祥译，中国科学院古脊椎动物与古人类研究所内部发行，1979，第73～102页。

左江流域 10 处全新世贝丘遗址（大湾、根村、坡叫环、宝剑山 A 洞、无名山、坡灰、辉村、老称、舍巴、冲塘）[①] 和 1 处晚更新世洞穴遗址（中兴洞穴）的动物骨骼进行了醋酸处理，有效地去除了标本表面的钙质胶结物。这里对该方法作简要的介绍，以供学界参考。

二 基本原理

醋酸处理法的基本原理是动物骨骼与钙质胶结物的差异化反应。考古出土动物骨骼主要有两种：一种是脊椎动物骨骼，由有机质的骨胶原和无机质的羟磷灰石组成；另一种是软体动物外骨骼（壳体），主要成分是碳酸钙。对脊椎动物而言，醋酸不与羟磷灰石发生反应，故可在去除钙质胶结物的同时不伤及骨体。对软体动物来说，醋酸虽可与壳体发生反应，但理论上会首先与覆盖在壳体表面的胶结物反应。

华南地区晚更新世至全新世的古人类遗址中，动物骨骼主要出土于两类遗址。一种是贝丘遗址，分布在河旁台地或洞穴，钙质来源主要是螺蚌类的壳体，胶结物常掺杂土状堆积，往往较厚。另一种是非贝丘的洞穴遗址，钙质来源主要是岩溶流水，胶结物单纯，通常较薄。一般而言，贝丘遗址中的骨骼，因胶结物成分复杂，处理难度较大。

三 主要设备和药品

耐酸碱浸泡缸（简称酸缸）：用于容纳酸液，浸泡骨骼标本，并在其中发生反应的容器。酸缸通常由外缸、内缸和缸盖组成，为使骨骼与酸液充分接触，可弃用内缸。建议选用 10 升至 20 升容量的酸缸，以便于搬运、倾倒。

醋酸：应选用含量为 99.5% 的冰醋酸，以便于准确地配比酸液，并避免引入杂质。

大量杯：用于度量水和醋酸的体积，容积以 1 升为宜。

分样筛：用于冲洗骨骼标本，孔径以 10 目为宜。

牙刷、剔针：用于刷洗骨骼标本，剔除松动的胶结物。

塑料整理筐：用于对醋酸浸泡后的骨骼进行脱酸和晾干。应选用开口面积数倍于酸缸，且边框较低的塑料整理筐。

防护用品：包括护目镜、口罩和橡胶手套。冰醋酸具有强腐蚀性，酸液和蒸汽会对皮

---

① 陈曦、杨清平、江左其杲：《广西左江流域新石器时代贝丘遗址动物考古学研究》，《南方文物》2019 年第 2 期；陈曦、谢广维：《广西龙州新石器时代舍巴遗址动物考古学研究》，载南京师范大学文物与博物馆学系主编《东亚文明》第 2 辑，社会科学文献出版社，2021，第 241～264 页。

肤、眼睛和呼吸道造成严重伤害。在利用冰醋酸配制酸液时，尤其要注意防护。

四　处理步骤

（一）酸液配制

针对脊椎动物骨骼和软体动物壳体，应配制不同浓度的醋酸溶液。

脊椎动物骨骼：我们尝试过浓度为5%、10%、15%和20%的醋酸溶液。多数情况下，10%的酸液效果最佳；在胶结物过厚时，也可使用15%的酸液。此外，5%的酸液，见效很慢，长期浸泡反而会对骨骼造成破坏；20%的酸液，反应过于激烈，也会伤及骨骼。后两种浓度均不建议使用。

软体动物壳体：我们使用了5%的醋酸溶液。因为软体动物的壳体会与醋酸发生反应，过高比例的溶液会使已暴露壳体的纹饰很快被腐蚀。

醋酸溶液应在酸缸中充分搅拌均匀，建议溶液总量为酸缸容积的一半，这样在放入标本后尚有一定的余裕。

（二）标本浸泡、补酸、换酸

将所需处理的骨骼轻轻倒入酸缸。需要注意的是，骨骼标本不可堆叠过厚，总体积应小于酸液总量的1/4，从而确保骨骼与酸液的充分接触，以及有足量的醋酸与钙质胶结物发生反应。

每隔24小时打开酸缸，观察反应进行的情况。若无气泡冒出，说明酸液浓度已大幅降低，反应已很缓慢。此时应当补充醋酸，补充量以配制酸液时所用冰醋酸的一半为宜。若酸液中脱落的胶结物过多或过于混浊，可将骨骼标本捞出，换入重新配制的10%的醋酸溶液中，这样剩余胶结物的反应会更为迅速。

通常在48小时左右，10%的酸液可去除贝丘遗址脊椎动物骨骼表面的结核状胶结物；在24小时内，10%的酸液可去除洞穴遗址脊椎动物骨骼表面的薄膜状胶结物。

软体动物壳体需时较长，在5%的醋酸溶液中，通常需要浸泡5～10天。为避免对已出露壳体的过分腐蚀，其表面可保留部分胶结物，在显现主要鉴定特征后及时取出。对于个别重要标本，可在已出露壳体的表面涂抹不与醋酸反应的遮盖液，然后继续浸泡。①

（三）标本清洗

经过醋酸溶液的浸泡，骨骼会变得非常脆弱易损，须避免在清洗过程中造成破坏。胶

① 张红勇、张雨晨：《弱硅化腕足类化石酸处理方法的改进》，《古生物学报》2020年第3期。

结物脱落后的骨骼标本，表面往往只有浮污，此时可倒入孔径为 10 目的筛子，用流水轻轻冲洗。对于骨壁较厚的标本，也可用牙刷轻轻刷洗，或用剔针去除少量的残余胶结物，但应避免刷洗细小的骨骼标本。

（四）脱酸、晾干

在塑料整理框中加入足量的清水，将清洗后的骨骼倒入其中浸泡，水面应高过骨骼。每隔八小时换一次水。换水两次之后，将骨骼留在塑料整理框中自然阴干。完全干燥后，骨骼会基本恢复到醋酸浸泡之前的强度。

按照上述步骤，笔者处理的 11 处遗址标本均取得了很好的效果（图一）。

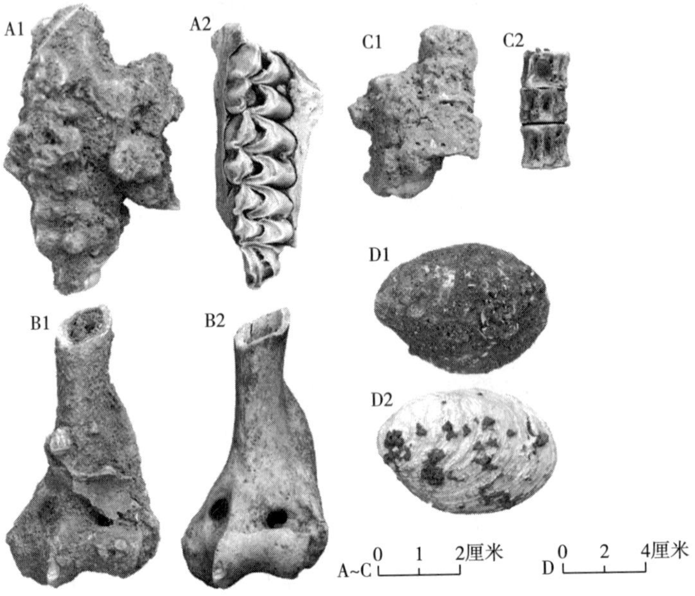

图一 广西贝丘遗址动物骨骼醋酸处理前后的对比

A. 老称遗址鹿类右侧上颌骨；B. 坡灰遗址食肉类右侧肱骨；C. 冲塘遗址鱼类脊椎骨；D 老称遗址尖丽蚌壳体。A1、B1、C1、D1 为醋酸处理前，A2、B2、C2、D2 为醋酸处理后。

结 语

本文介绍的醋酸法，适用于考古出土动物骨骼表面钙质胶结物的批量处理。在标本较多时，可准备若干套酸缸和塑料整理筐，同时开展浸酸、脱酸、晾干等作业，从而提升工作效率。

该方法的关键在于保持一定的醋酸浓度：脊椎动物骨骼约为 10%，软体动物壳体约为 5%。需说明的是，不同遗址的胶结状况有所差异，故浸酸的时长，以及补酸、换酸的时间也会有所不同。所以，在批量处理前，应用少量标本进行实验。

动物骨骼中的骨胶原蛋白是碳十四测年和同位素研究的重要材料。目前尚不清楚 10% 左右的醋酸溶液对骨骼中残存骨胶原蛋白的影响。因此，建议在醋酸处理前预留一定数量的标本作为测试材料。

本文的实验对象虽然集中在左江流域，但理论上适用于华南地区的贝丘遗址和石灰岩洞穴遗址。通过去除骨骼表面的钙质胶结物，将使得动物考古中的类群鉴定和痕迹观察更加准确和全面，从而更为深入地探讨遗址的生业经济和自然环境。

附记： 感谢广西文物保护与考古研究所杨清平研究员、何安益研究员和谢广维研究员提供了左江流域贝丘遗址的动物骨骼材料。

编辑：陈声波

考古学史

滕固的中国艺术史建构

郭　卉

（南京师范大学文博系）

［摘要］中国艺术史的现代建构源于20世纪上半叶，滕固是其中的代表人物。本文以滕固在艺术史领域的写作为例，分析清末民国初中国艺术史在国内的构建，侧重于20世纪二三十年代，试图全面展示滕固对于西方艺术史理论的吸收与运用，及其借此为中国受众构建起新的中国艺术史范式。

［关键词］滕固；中国艺术史；艺术史学

20世纪早期，中国与日本及西方的艺术交流日益频繁。上至古希腊、下至现代欧洲的西方美学与艺术相关信息通过日本或直接从西方，被大量介绍引入，虽然并不成体系，但数量相当可观。中国学者由此开始将国外的艺术史理论内化，以期建立（或重建）中国艺术[①]的历史。如高美庆（Mayching Kao）与苏立文（Michael Sullivan，1916～2013）所言，中国学者当时对于西方艺术史领域相关理论的理解较为肤浅，尚处于较为简单的介绍阶段。[②] 但其中滕固（1901～1941）是个例外。基于对西方艺术史学的深刻了解，尤其是对德语学术圈前沿的掌握，滕固以一篇完成于1932年的德语论文《唐宋画论》[③]（Chinesische Malkunsttheories in der T'ang und Sungziet）获得如今的柏林洪堡大学（the Humboldt University of Berlin，当时为the Friedrich Wilhelm University of Berlin）博士学位。本文便以

① “艺术”、“美术”、“中国艺术”与“中国美术”等概念都值得专门文章的探讨，学者也已有论述，例如黄大德《“美术”研究》，《美术研究》2004年第2期与邵宏《西学“美术史”东渐一百年》，《文艺研究》2004年第4期。本文中除非原文出处为“美术”，一律使用“艺术”以强调作为现代学科的艺术史与传统绘画史的区别。

② 详见Mayching Kao，“The Spread of Western Art in China：1919－1929，” *China：Development and Challenge*，edited by Lee Ngok and Leung Chi-keung（Hong Kong：Hong Kong University Press，1981），pp. 98－99；Michael Sullivan，*Art and Artists of Twentieth-Century China*，*Berkeley*，*Los Angeles and London*，University of California Press，1996，p. 65。

③ 又名《唐宋时期的绘画理论》，中文翻译见毕斐编，滕固著《墨戏》，商务印书馆，2017，第99～221页。

滕固在艺术史领域的写作为例，分析清末民国初中国艺术史的内部构建；同时，侧重于 20 世纪二三十年代，全面展示滕固对于西方艺术史理论的吸收与运用，及其借此力图为中国受众构建起新的中国艺术史范式。

一 背景

清末民国初中国社会经历前所未有的变革，无论是内在的解体，还是外在的冲击，孕育中国文化的土壤产生了根本性的变化。中国艺术也在其中或被裹挟着，或主动参与走向现代，走向世界。随着 20 世纪一二十年代新文化运动的萌发，“美术革命”进入中国文化先驱们的视野。[①] 而现代教育的引入，留洋（无论东洋还是西洋）学习艺术的学生大量出现，西式艺术专科学校的陆续创办，各类艺术社团的建立，艺术期刊的刊行，以及艺术活动、艺术展览的不断开展，使得对于中国艺术史方面的课程、教材与文章的需求大大增加。[②] 于是中国学者开始重新去认识和书写中国的艺术历史与传统，各种翻译著作与本土出版物纷纷涌现。[③] 滕固便是这些学者中的佼佼者。

滕固，原名滕成，字若渠，1901 年出生于上海近郊的宝山，幼时接受传统私塾教育，后入新式学堂，1918 年毕业于上海图画美术学院师范班，1919 年去日本，1924 年在东京的大学获得学士学位，回国后在上海美术专门学校（即后来的上海美术专科学校）任教。整个 20 年代，滕固的兴趣集中在美学、文学、戏剧与艺术评论方面，参加了一些文艺艺术学会，并在完成一系列学术著述之余创作了不少文学作品。1930 年他开始了自己的欧洲之旅。[④]

---

① 详见陈独秀《美术革命（答）》，《新青年》第 6 卷第 1 号，1918 年 1 月 15 日。

② 关于艺术教育，详见 Mayching Kao, “Reforms in Education and the Beginning of the Western - Style Painting Movement in China,” *A Century in Crisis: Modernity and Tradition in the Art of Twentieth-Century China*, edited by Julia Andrews and Shen Kuiyi, New York: Guggenheim Museum, 1998；关于艺术期刊与艺术展览，详见刘瑞宽《中国美术的现代化：美术期刊与美展活动的分析（1911—1937）》，台湾师范大学博士学位论文，2003；许志浩：《1911—1949 中国美术期刊过眼录》，上海书画出版社，1992；关于艺术社团，详见许志浩《中国美术社团漫录》，上海书画出版社，1994。以及鹤田武良于 20 世纪 90 年代在日本《美术研究》（*Bijutsu Kenkyu*）上发表的“近百年来中国绘画史研究”系列文章，例如鹤田武良《民国时期全国规模的美术展览会》，《美术研究》1991 年第 350 期；鹤田武良《清末民国初期的美术教育》，《美术研究》1996 年第 365 期；鹤田武良《留日美术学生》，《美术研究》1997 年第 368 期；鹤田武良《留欧美术学生》，《美术研究》1998 年第 369 期。

③ 详见陈池瑜《20 世纪上半叶中国美术史研究概评（上）》，《美术观察》1999 年第 11 期；陈池瑜《20 世纪上半叶中国美术史研究概评（下）》，《美术观察》1999 年第 12 期；薛永年《20 世纪中国美术史研究的回顾和展望》，《文艺研究》2001 年第 2 期；邵宏《西学“美术史”东渐一百年》，《文艺研究》2004 年第 4 期；万青力《晚清至民国时期的画学之变》，《中国美术馆》2005 年第 7 期；以及 Julia Andrews and Shen Kuiyi, “The Japanese Impact on the Republican Art World: The Construction of Chinese Art History as a Modern Field,” *Twentieth Century Chinese Canon* 32 (1), 2006, pp. 4 - 35。

④ 详见 Julia Andrews and Shen Kuiyi, “The Japanese Impact on the Republican Art World: The Construction of Chinese Art History as a Modern Field,” *Twentieth Century Chinese Canon* 32 (1), 2006, pp. 4 - 35；沈宁《滕固艺术活动年表》，《美术研究》2001 年第 4 期；陈振濂《近代中日绘画交流史比较研究》，安徽美术出版社，2000，第 219 页；薛永年《导言》，载沈宁编《滕固艺术文集》，上海人民美术出版社，2003。

1931 年，滕固正式进入德国柏林的腓特烈威廉大学（如今的柏林洪堡大学）哲学学院学习。这所始建于 1810 年的著名大学是世界上第一批设立艺术史教授职位（1844 年）的大学。瑞士杰出的艺术史家沃尔夫林（Heinrich Wölfflin，1864～1945）1901～1912 年在此担任艺术史教授。其深远而巨大的影响力在滕固入学期间仍很明显。滕固的主修方向是东亚艺术史，同时辅修考古、历史与哲学。三个学期之后的 1932 年 6 月，滕固提交了自己的博士论文并申请进行博士考试。时任柏林远东艺术博物馆馆长的屈梅尔（Otto Kümmel，1874～1952）与巴洛克艺术的专家布林克曼教授（Albert Erich Brinckmann，1881～1958）是他的论文评阅人，并分别给予了“非常值得称赞”（valde laudabile）和“值得称赞”（laudabile）的评分。滕固的考试于 1932 年 7 月 21 日举行，最终成绩为“值得称赞”。在其将自己的博士论文发表于 1934 至 1935 年间的《东亚杂志》（*Ostasiatische Zeitschrift: Beiträge zur Kenntnis der Kultur und Kunst des Fernen Ostens*）第 10 期与第 11 期之后，滕固正式获得博士学位。[①] 他应该是历史上第一位获得德国艺术史专业哲学博士的中国人。

滕固归国之后以从政为主，担任了不少与艺术相关的政府社会职务，十分活跃。例如中央古物保管委员会常务委员（1933 年起）、中德学会会员（1935 年起），并参与筹备了 1937 年的教育部第二次全国美术展览会，以及发起了中国艺术史学会（1937 年）。1938 年至 1940 年间，他被委任为国立艺术专科学校（国立北平艺专与国立杭州艺专合并而成）校长，并带领师生迁入四川。1941 年 5 月 20 日，滕固在重庆不幸逝世。四十岁就英年早逝，非常令人遗憾，而他完成一部全面研究中国艺术通史著作的夙愿最终也没能达成。[②]

二　滕固的艺术史研究

滕固的学术研究相对而言集中于艺术史与考古领域。基于出版的论著[③]，其研究可以分为两个阶段。从 20 世纪 10 年代末至 1929 年滕固赴欧之前是第一阶段。此时他对于从绘画到文学的文艺方面诸多领域都有所涉猎，并最终确立了自己的学术兴趣。在日本学习过程中，滕固开始接触美学、艺术和文化上的古典和现代西方理论。他发表了不少介绍西方文艺思想的文章，例如《柯洛斯美学上的新学说》中介绍了意大利美学家、哲学家贝内德托·克罗齐（Benedetto Croce，1866～1952）以“直观”（intuition）为中心的表现主义

---

① 详见沈宁《滕固博士学位考》，《新美术》2003 年第 4 期。

② Julia Andrews and Shen Kuiyi, “The Japanese Impact on the Republican Art World: The Construction of Chinese Art History as a Modern Field,” *Twentieth Century Chinese Canon* 32 (1), 2006, pp. 4 – 35；沈宁：《滕固艺术活动年表》，《美术研究》2001 年第 4 期。

③ 详见沈宁《滕固艺术史著译年表》，载毕斐编，滕固著《墨戏》，商务印书馆，2017，第 274～286 页。

美学观点[①]，《艺术家的艺术论》中论述了达·芬奇（Leonardo da Vinci，1452～1519）和罗丹（August Rodin，1840～1917）的艺术理念[②]，以及《威尔士的文化救济论》中阐释了英国作家赫伯特·乔治·威尔斯（Herbert George Wells，1866～1946）1921 年出版的《文明的拯救》（*The Salvaging of Civilization*）一书的主要观念[③]。

这一阶段滕固的另一研究重点是文化、艺术的概念及其在人类知识体系中的位置。在不同的文章中，他直接运用了德文中艺术科学（Kunstwissenschaft）、文化科学（Kulturwissenschaft）的概念来讨论艺术与文化、艺术与科学，以及诗歌与绘画的关系。[④]

随后，滕固开始分析中国传统艺术理论，并将之与西方观点进行比较。值得一提的是他将谢赫（生卒不详，南朝齐、梁间画家、画学家）的“六法论”与德国美学家西奥多·利普斯（Theodor Lipps，1851～1914）的“移情说”进行比较。[⑤] 而其间他最重要的研究贡献是 1926 年出版的《中国美术小史》。尽管在 1923 年的关东大地震中丢失了大量的研究资料，滕固仍然在 1925 年完成了草稿，并于次年在商务印书馆出版。安雅兰和沈揆一认为这本著作“偏哲理性，并不是现在意义上的艺术史”（more philosophical than at historical），但此书最重大的意义在于滕固以全新的方式将中国的艺术历史分成了“四个有机发展的阶段”（four organically progressing periods）。[⑥]

滕固学术研究的第二阶段始于其欧洲之旅，结束于其逝世。他在此期间致力于艺术史与相关的考古学研究与译介。而其从政时期开展的工作也多围绕文艺事务和积极推进艺术史方面的研究。

在旅欧期间，滕固以西文和中文进行创作。除发表的博士论文外，他在《东亚杂志》上还发表了三篇德语论文。一篇关于中国山水画派中的南宗[⑦]，一篇关于苏东坡（1037～1101）的文艺评论思想[⑧]，一篇是对“墨戏”进行的讨论[⑨]。在这样一份颇具权威的德国东亚研究学术期刊上连续发表论文，说明滕固与当时德国学界在中国艺术史方面成功地进行了互动。而另外一篇德语长文《中国绘画史概论》发表于《中国学报》。[⑩]

而归国之后的滕固将自己的艺术史学理论与实践相结合，在译介之余通过考古调查完

---

① 滕固：《柯洛斯美学上的新学说》，《东方杂志》1921 年第 18 卷第 8 号。

② 滕固：《艺术家的艺术论》，《时事新报》1923 年 5 月 4 日。

③ 滕固：《威尔士的文化救济论》，《东方杂志》1923 年第 20 卷第 11 号。

④ 滕固：《文化之曙》，《时事新报》1922 年 8 月 25 日；滕固：《何谓文化科学》，《时事新报》1922 年 11 月 3 日；滕固：《艺术学上所见的文化之起源》，《学艺杂志》1923 年第 4 卷第 10 期；滕固：《体验与艺术》，《中华新报》1923 年 7 月 21 日；滕固：《艺术与科学》，《创造周刊》1924 年 2 月 30 日。

⑤ 滕固：《气韵生动略辨》，《新艺术》1926 年第 1 期。

⑥ Julia Andrews and Shen Kuiyi, “The Japanese Impact on the Republican Art World: The Construction of Chinese Art History as a Modern Field,” *Twentieth Century Chinese Canon* 32 (1), 2006, pp. 23.

⑦ Teng Ku, “Zur Bedeutung der südschule in der chinesischen landschatsmalerei,” *Ostasiatische Zeitschrift* 7, 1931, pp. 156－163.

⑧ Teng Ku, “Su Tung P'o als Kunstkritiker,” *Ostasiatische Zeitschrift* 8, 1932, pp. 104－110.

⑨ Teng Ku, “Tuschespiele,” *Ostasiatische Zeitschrift* 8, 1932, pp. 249－255.

⑩ Teng Ku, “Einführung in die Geschichte Malerei Chinas,” *Sinica* X, 1935, pp. 199－243.

成其艺术史资料的收集。他于 1933 年发表了一篇中文文章评论了英国诗人与文艺评论家赫伯特·里德（Herbert Read，1893～1968）对于中国艺术的看法。里德是英国 20 世纪最引人注目的文化理论学者，他致力于在文艺界不断提升先锋艺术的地位。里德在其 1931 年的著作《艺术的真谛》（*The Meaning of Art*）中论及中国的艺术。滕固正是将相关部分翻译成中文之后加以回应的。

他同意里德关于中国艺术、古希腊艺术与哥特艺术的不同来自他们对于宇宙截然不同的态度这一说法。根据滕固的翻译，里德认为古希腊艺术家理性上接受并且感性上享受周围的世界，哥特艺术家面对宗教世界时心生强烈的畏惧感，而中国人以一种特有的态度对待周遭世界。与古希腊人不同，他们接受宇宙，但并不认为自己无所不知，而且与哥特时期的欧洲人不同，他们感受到宇宙的神秘但并不觉得害怕。对于里德而言，中国艺术正体现了中国人以“本性”① 去感知世界这一特点。② 而滕固主要对里德的三种观点提出了反对意见。一是里德认为中国的艺术超越了国界，但是滕固只认为中国艺术在早期与外来的因素交融很多，唐之后就走向本土化。二是里德认为中国建筑没有“伟大的气度”，但是滕固觉得里德以欧洲固有的“先入的尺度”来衡量并不准确，中国建筑的本土艺术价值被忽略，而建筑、雕塑与绘画三种艺术门类在中国的密切联系也被忽略。三是里德指出宗教控制着中国艺术，但是滕固仅承认汉代儒家的影响和佛教在六朝的影响，对其而言，其他时代宗教对于中国艺术的刺激较弱，而且随着道家与禅宗的加入，中国艺术在六朝之后逐渐发展成追求社会理想之美的文人的艺术。③

同时在此阶段，滕固有选择性地仔细翻译了三篇西文著述。1935 年他出版了原本发表于《东亚杂志》上的一篇《从中国北部到多瑙河》（“From Northern China to the Danube”）的英文文章的翻译。原文作者并不出名，但讨论了匈牙利布达佩斯的弗朗西斯·霍普东亚艺术博物馆（Francis Hopp Museum of Eastern Asiatic Arts）所藏的六件来自中国北部的青铜器。作者详细比较了这六件器物与多瑙河河谷出土的阿瓦尔时期（375～720 年）的器物形式上的相似性，从而推论出这些文物代表了中国随着 4 世纪以来匈人（the Huns）西迁对于东欧艺术的影响。④ 滕固对于这种艺术交流传播的研究特别有兴趣。他运用类似的图样纹饰详尽对比分析的方法来研究唐之前瓦当、墓碑和造像上的装饰图案。不出意料，他在自己随后的另一篇文章中再次提及这篇翻译文章，将中国古代艺术与欧洲古代艺术相类比。⑤

1935 年滕固同时开始翻译奥斯卡·蒙特柳斯（Oscar Montelius，1843～1921）出版于

① “本性”是滕固针对里德所用“natural instinct”英文一词的翻译。

② 我在里德 1950 年版《艺术的真谛》一书中并没有找到这样的论述。一种可能性是 1931 年的初版中有而在之后的再版中被删去。非常令人称奇的是里德观点中滕固表示赞同的部分在二十年后的再版中没有出现，而滕固不赞同的部分（见后文）保留了下来。

③ 滕固：《雷特教授论中国艺术》，《艺术》1933 年第 1 卷第 2 期。

④ 滕固：《汉代北方艺术西渐的小考察》，《学艺杂志》1935 年第 14 卷第 4 期。

⑤ 滕固：《燕下都半规瓦当上的兽形纹饰》，《金陵学报》1936 年第 6 卷第 2 期。

1903 年的《东方与欧洲的古代文化诸时期》(*Die älteren Kulturperioden im, Orient und in Europa*)中的第一部分方法论，两年后正式定名为《先史考古学方法论》，由商务印书馆出版。蒙特柳斯是瑞典的古物学家和考古学家，主要贡献是发展出基于考古学中类型学的相对断代方法。滕固充分认识到古物断代的困难以及中国学界对于样式分析的缺乏，特别选择翻译这部分，以引入蒙特柳斯的考古类型学方法。他相信新理论可以帮助中国学者更好地研究古代遗存与文物。在翻译稿的前言部分，滕固还提及蒙特柳斯的另外五本著作可供中国研究者参考，最重要的是《东方与古希腊的青铜时代》(*Die Bronzezeit in Orient und Griechenland*, 1890)与《意大利前古典时期年表》(*Die vorklassische Chronologie Italiens*, 1912)。当面对没有任何文字史料的文物时，这些书中提供的方法可以帮助艺术史家很好地分析研究中国艺术史中文物的器型和装饰图案。[①]

滕固最重要的一篇译作是商务印书馆 1937 年所出《五十年来的德国学术》论文集中的《美术史》一文。原文作者是德国艺术史学家戈德施米特（Adolph Goldschmidt, 1863 ~ 1944），主要研究方向是中世纪艺术，他曾在滕固求学的柏林大学艺术史系任教。这篇文章介绍了德国艺术史学科从 19 世纪下半叶至 20 世纪 20 年代的发展。文章一开头戈德施米特就指出了艺术史研究的三种角度：以历史学的方法将艺术视为一种历史事实；将艺术的历史视为一种独特的"型式发展"(Formenentwicklung)，需要特有的方法论进行分析；将艺术史的作用视为向公众解释艺术作品，以帮助他们进行鉴赏。

然后，作者提出艺术史研究的三个基本要求：对于各种文物及其历史的广泛了解；多重经验之下透彻的艺术鉴赏力；以及"质感"(Qualitätsgefühl)对于一件作品的核心判断。戈德施米特认为通过对实物不断的直接观察可以训练学人达到以上要求。随后他总结了过去五十年艺术史学科的总体发展。罗列十一位来自德语国家的学者作为代表，他将艺术史的发展视为从对于历史的强调，转为对于艺术的强调，再转为对文化、风俗等精神层面的新的全面历史的强调。滕固感到戈德施米特的论述正是中国学界急需了解的。但戈德施米特原文的读者是德国对于西方艺术史学科相对较了解的学者，面对并没有多少背景知识的中国受众，滕固在翻译的基础上增加了十二条注释。他给出了含原文作者在内的十二位学者最主要的出版物，并略加评述，同时又推荐了另外两本介绍艺术史学科的德文书籍，以供读者了解当时的艺术史研究的理论与实践。由此他提供了充足的辅助资料帮助读者去理解原文。[②] 如此详尽的德文艺术史著作被滕固娓娓道来，不难看出他对于当时西方艺术史，尤其是德语世界艺术史发展的深刻了解。

第二阶段，滕固在中国艺术史方面的主要研究，除了《唐宋绘画史》(1933)之外，以汉唐之间考古资料的艺术史分析论文为主。如果说《唐宋绘画史》是他之前中国艺术史工作的总结，那么后期的论文则通过与考古学家黄文弼（1893 ~ 1966），历史学家、文字

---

① 滕固：《先史考古学方法论》，(上海）商务印书馆，1937。

② 滕固：《美术史》，载中德学会所编《五十年来的德国学术》，(上海）商务印书馆，1937。

学家朱希祖（1879～1944）等学者合作，立足于文献资料相对较少的汉唐时期，以考古、实物资料进行填补，以期建立起中国艺术史的脉络。与合作者考古学、历史学的视角不同，滕固的研究从艺术史的视觉尽可能多地使用视觉物质资料，有自己的鲜明特征。以其1934年的《霍去病墓上石迹及汉代雕刻之试察》为例，此文是滕固在1934年考察过河南和陕西的考古遗址之后完成的。他在文中使用了十二张图片，其中一半是他自己在实地考察中拍摄的，另外六张是他收集的全国各地东汉石雕艺术的照片。通过对具体图像的型式分析，他将西汉霍去病墓上的石雕与东汉的进行对比，得出了西汉石雕简约、粗犷、有力度而东汉石雕更为细腻精致的结论。① 其余类似的论文还有《六朝陵墓石迹述略》(1935)、《汉代石造圆雕之形式的观察》（英文，1935)、《汉代北方艺术西渐的小考察》(1935)、《燕下都半规瓦当上的兽形纹饰》（1936）与《南阳汉画像石刻之历史的及风格的考察》（1937）等。

滕固对于中国艺术史的研究不可避免地受到了外来学术的影响，而他自己从最初以大胆的论断进行中国艺术史的总体发展论述，到后期以特定艺术形式的具体文物进行详尽的分析研究，为中国本土的现代意义艺术史学科的初创奠定了基础。

三　滕固在中国艺术史上的创见及影响

滕固在中国艺术史学上的地位在今天得到了越来越多的关注与认识。现在中国学界基本认同滕固在中国艺术史上的两点创见：风格分析与作品本位。② 其实从某种角度而言，这两者相辅相成，相互依存。沃尔夫林的风格分析对于西方绘画历史研究是无法回避的范式③，而对于滕固的吸引力也非常明显。连续的风格变化发展而成的历史体系在中国传统绘画史中前所未见，这种突破意味着就风格而言，作品的作者并不再是不可或缺的，而最值得关注的是作品本身，风格必然由作品直接呈现出来。

从1931年《关于院体画和文人画之史的考察》中对于“风格”一词的界定④，到1933年《唐宋绘画史》中风格发展与转换的根源⑤，到1934年《唐代式壁画考略》中

---

① 滕固：《霍去病墓上石迹及汉代雕刻之试察》，《金陵学报》1934年第4卷第2期。

② 详见陈平《从传统绘画史到现代艺术学史的转变——张彦远、郑午昌与滕固的绘画史写作方法之比较》，《新美术》2001年第3期；薛永年《滕固与近代美术史学》，《美术研究》2002年第1期；陈池瑜《滕固美术史研究方法论之意义》，《三峡大学学报》2002年第3期；乔志强《论梁启超“新史学”对民国美术史研究的影响》，《美术观察》2004年第7期；沈玉《1912～1949年民国绘画史学史视野下的滕固史学》，浙江大学博士学位论文，2005；王洪伟《滕固美术史研究受梁启超“进化”史观影响辨讹》，《文艺研究》2014年第2期；刘慧玲《小议滕固〈唐宋绘画史〉一书中的“风格发展”》，《美术大观》2014年第1期；韦昊昱《近三十年来多学科视角下的滕固研究成果回顾与述评》，《中国美术》2018年第3期。

③ Michael Podro, *The Critical Historians of Art*, New Haven and London: Yale University Press, 1982, p. 98.

④ 滕固：《关于院体画与文人画之史的考察》，《辅仁学志》1931年第2卷第2期，第76页。

⑤ 滕固：《唐宋绘画史》，（上海）神州国光社，1933，第2页。

“唐代式”概念的确立[①]，滕固一直在避免用朝代和分门来构建艺术史的叙事结构，而强调作品细节本身体现出的线条、颜色、样式、主题和技法特征之间的共性与变化。而后来的具体作品研究，滕固所选对象的创作者都是佚名，具体作者并不为人所知[②]，他的研究仅从实物本身出发。

滕固同样偏爱用新的语汇去改变传统中国画学的概念。他用“馆阁体”取代“院体”希望消除对于院体画的偏见，用“士大夫画”来指称现在学界最常用的“文人画”，用“宫室楼阁画”来指称“界画”，用“写的”“豪爽的”来形容吴道子的风格，用“画的”“抒情的”来形容李思训的风格。“唐代式”的出现更是他对于“罗马式”与“巴洛克式”的借鉴，意味着唐代式作品指具备唐代风格的作品，而不一定是唐代的作品。对滕固而言，这些壁画是不是唐代的并不重要，重要的是其风格与唐代绘画风格相类似。滕固在《中国美术小史》中将中国美术史分为“生长时代”、“混交时代”、“昌盛时代”和“沉滞时代”四个阶段，这些也都是与众不同的术语，蕴含特定的分期标准，而不是传统上的朝代分期。

虽然滕固因为突然的早逝并没有最终完成自己的中国艺术史构建，但他自觉自主地开拓出了一条道路，在当时就有一定的影响力。国画家、艺术史学家郑午昌（1894～1952）编写中华书局 1935 年出版的《中国美术史》第一章便使用了滕固对于里德观点的评价和滕固 1926 年《中国美术小史》的缩略版。同样的，艺术家潘天寿（1886～1971）在其《中国绘画史略》一文中采用了滕固的中国艺术史分期。艺术家傅抱石（1904～1965）在其 1940 年的著述中也对滕固的中国艺术史分期表示赞同。[③]

滕固在今日的影响力随着最近二十多年来对其的再发现和深入研究不断增加。德国的艺术史学家与汉学家雷德侯教授（Lothar Ledderose）就曾提及他在德国的老师对于留德的滕固印象颇深，认为滕固是位出色的艺术史学家。[④] 而中国本土的学者不断重读重印滕固的著作，在其启发之下仍然走在中外交流融合的中国艺术史构建之路上。

编辑：陈声波

① 滕固：《唐代式壁画考略》，《东方杂志》1934 年第 31 卷第 13 号。

② 例如滕固《唐代艺术的特征》，《中央大学文艺丛刊》1935 年第 2 卷第 1 期；滕固《说永北的石刻吴装观音像》，《今日评论》1939 年第 2 卷第 2 期。

③ 傅抱石：《中国古代绘画研究》（1940），载叶宗镐编《傅抱石美术文集》，江苏文艺出版社，1986，第 287 页。

④ 来自与雷德侯教授的访谈。

格“物”的考古学

——梅原末治和他的时代*

韩 茗

（南京师范大学文博系）

［摘要］梅原末治（1893～1983）是享誉世界的日本东亚考古学家，活跃在20世纪前半期东亚近代化背景下，足迹遍布亚欧和北美，一生勤勉，著作等身，留下了大量珍贵的考古学资料。梅原末治早年立志围绕中国考古学开展研究，其研究策略可以归结为“以物为中心的考古学”，在古代青铜器及青铜时代研究方面付出大量心血，许多著述成为至今无法逾越的杰作。梅原末治在考古学方面的成就，有赖于内在天赋性格和外在时局条件，但亦有局限性。人们对其研究方法及具体观点褒贬不一。但不可否认的是，对“物”和规律的执着以及对勤勉的认可，已然内化在日本乃至整个东亚考古学大传统中，构成了东亚考古学界的底色，这即是梅原末治的学术遗产。

［关键词］梅原末治；东亚考古学史；古代青铜器

> 考古学的本义为何？……你知道这问题有多难吗？……如果你回答上来就合格了……考古学的本义是“物”呀。①
>
> ——梅原末治对学生金关恕如是说

梅原末治（1893～1983）是享誉世界的日本东亚考古学家，毕生著述颇丰，出版书籍

---

* 本文为国家社科基金青年项目“三国两晋南北朝出土铜器的整理与研究”（项目号：19CKG010）、江苏省教育厅高校哲学社会科学研究一般项目“日本学者汉晋铜镜学术史研究”（项目号：2019SJA0235）研究成果之一。本文在写作过程中，受到北京大学历史系博士研究生陈航先生以及日本九州大学考古系博士研究生陈映玉同学的诸多帮助，谨致谢忱。

① 这句话来自金关恕对于其导师梅原末治的追忆。战后入学的金关恕，是当时梅原末治指导的唯一一名考古学研究生，这句话即出自金关恕毕业前夕在研究室与梅原末治的对话，梅原末治提出“考古学的本义为何”作为口试问题。金关恕百感交集而难以作答，正因如此也给他留下了深刻印象。金关恕以“究物”（モノを究める）来形容梅原末治的遗物研究，参见金関恕《遺物の考古学・遺跡の考古学》，《同朋》1985年第11期。穴泽和光在写作梅原学术史时，注意到此文对于揭示梅原末治学术本质的意义，并对“究物”进行了定义，即“对过去的物的遗产（笔者注：主要指古代器物）进行精密且彻底的观察记录”。

超过百册，发表论文近千篇。中学时代的梅原末治，显示出对考古学的强烈兴趣。1912 年，梅原末治作为向导参与近畿古坟的调查，与一流的考古学者并肩工作，“乃以测绘精确，观察致密，转瞬间竟能奔驰各处，独当一面……俨然成一‘古坟通’”[①]。同年在《历史地理》杂志发表《河内平尾山千冢》一文，自此走上专业道路，这一走便是六十载。

奉行“日作 1 篇，一年即作 360 篇论文”[②] 主义的梅原末治，留下了大量的学术资料，晚年在其子梅原郁的协助下完成口述史《考古学六十年》[③]，加之生平经历的事件记录、所交之人的追忆片语、后辈学人的援引评述，为今天了解梅原末治提供了丰富资料。作为考古学京都学派形成的关键学者，其学术史也受到日本学界的关注，以穴泽和光的研究最为翔实和深入。[④]《中国大百科全书·考古卷》（1986 年）亦收录有其词条。[⑤] 笔者近年关注中国古代铜镜研究，以此为契机研读梅原末治的著述及其学术史，深感有必要发掘其与中国考古学的渊源及其学术遗产。

“格物”意为推究事物原理，就字面而言，“格物”与梅原氏所理解和践行的考古学应有之义相符。诚然，梅原氏所推究之“物”是古代器物，目标是网罗各类器物资料、归纳器形演变规律、揭示社会历史变化。这里立足于近代中国考古学，聚焦 1949 年以前梅原末治的研究生涯及其成就。梅原末治的重要著录和研究成果大多发表于 20 世纪前半期，填补了中国方面研究的空白，也深刻影响了中国学者。巧合的是，1948 年梅原末治因过劳和肺结核病卧一年有余，此期间鲜少有研究发表，似乎预示着转折。

一 不可复制的成功

> 对我而言，没有什么比从事考古学更快乐的了。醒着的时候就作实测图、做拓片，心无旁骛，没有比这更好的事了。[⑥]
>
> ——梅原末治

1913 年，中学毕业的梅原末治，凭借高超的拓片技术出入京都大学研究室，并获得爱好金石拓本的东洋史家内藤湖南的垂青。在生计窘迫时，内藤湖南介绍梅原末治进入东京帝国大学陈列馆，先是以义工名义出入陈列馆，后让其参与发掘事务并允许其旁听课程，

① 丁士选：《介绍日本考古学者滨田、梅原两先生》，《考古学社社刊》1937 年第 6 期，第 61～83 页。

② 梅原末治：《考古学六十年》，平凡社，1973，第 184 页。

③ 梅原末治：《考古学六十年》，平凡社，1973。后注略。从书名来看，似乎受到英国考古学家皮特里《考古学七十年》的影响，梅原末治在其自传中也有所提及。皮特里对东亚考古学近代化的影响颇深，也是对梅原末治影响最大的欧美考古学家。故笔者有此猜想。

④ 穴沢咊光：《梅原末治論 - モノを究めようとした考古学者の偉大と悲惨 - 》，角田文衛编著《考古学京都学派》，雄山閣，1994，第 218～299 页。

⑤ 中国大百科全书考古学编辑委员会：《中国大百科全书·考古卷》，中国大百科全书出版社，1986，第 321 页。

⑥ 《考古学六十年》，第 231 页。

“一般教授才带几位徒弟，而梅原却手握多本教授帐”。在内藤湖南的引荐下，梅原末治结识了正在京都大学主讲《中国金石文》的富冈谦藏，承其允可，随堂聆课，“富冈氏者，日本研究鉴镜者之一重镇也……而后日夕过从，备蒙陶冶”①。1918 年富冈谦藏骤逝，梅原末治借住在富冈家整理其遗稿，这便是镜鉴学研究的开山之作《古鏡の研究》，由此全面继承了富冈氏的学说。在内藤湖南和富冈谦藏的引领和指导下，梅原末治接触到许多古代青铜器实物，对中国古代文物的知识和兴趣急剧提升，深刻影响到后来的学术道路。梅原末治将内藤湖南和富冈谦藏奉为“生涯师”（人生导师），在二人去世后将其遗像挂于书斋，这两幅相片后被置于梅原末治的棺柩中。终其一生，梅原末治沿着富冈谦藏“实事求是”的治学道路，努力成为内藤湖南口中所说的“朴学之徒”，这一抹古器物学乃至中国金石学的底色如影随形。

1915 年，滨田耕作回国，任京都帝国大学考古学研究室第一任教授，开设日本最早的考古学课程。1920 年，日本制定史迹名胜天然纪念物保护法，从中央到地方广揽学者从事历史遗迹调查。此时的帝国主义日本，积极向东亚推进殖民。为了稳固统治，同时也为了向欧美列强显示吞并朝鲜半岛、租借辽东半岛的“正当性”，在这些地区推行文化事业，考古发掘和文物保护便是其中一环。在此背景下，日本国内外的考古调查活动实际上是以京大考古学研究室为中心开展的，身为大学陈列馆助理员的梅原末治成为滨田耕作的得力干将。

滨田耕作回国后的十年间，梅原末治的工作行程满满当当，大体可分为“东奔”和“西走”。所谓“东奔”，即在日本本土的工作。一方面是京大的本职工作和出于兴趣的研究整理工作，诸如刊行《古鏡の研究》、对出土大量汉式镜的古坟进行研究、对铜铎的全国性集成研究，以及私人藏品图录的编集工作等；另一方面是在西日本地区对古坟等遗迹的调查工作。所谓“西走”，即在朝鲜半岛的工作，以 1916 年作为滨田耕作的助手参加星山伽耶古坟的发掘为开端，1921 年以后作为朝鲜总督府古迹调查委员，每年春秋两次赴朝鲜半岛开展工作，参与了庆州金冠冢、金铃冢、饰履冢、平壤附近乐浪汉墓和高句丽壁画墓的调查发掘等。彼时的梅原末治还是 30 岁左右的青年考古学者，参与到东亚最先进、最重要的考古调查中，并承担重要任务，激动之情自不待言，工作也更加发力。据说仅 1923 年就编撰大小报告论文 76 篇，许多成果至今仍是经典。

1925 年底，梅原末治访学欧美，这是其学术生涯的转折点，由一位勤勉能干的工作助手转变为国际知名的东亚考古学者，确立了日后“以中国为中心的东洋考古学研究”的研究方向。② 此次访学为梅原末治打开了更广阔也更崭新的学术视野。梅原末治手持介绍信，与同时期的欧美考古学者接触，探访遗迹发掘现场，出入古物保藏机构。在英国，他见到滨田耕作的导师皮特里，参与皮特里在埃及和巴勒斯坦的调查发掘；在瑞典，他见到考古学

① 丁士选：《介绍日本考古学者滨田、梅原两先生》，《考古学社社刊》1937 年第 6 期，第 61 ~ 83 页。

② 参见《考古学六十年》第 102 页以及田中琢《研究者列伝・梅原末治論》，金関恕、佐原真编著《弥生文化の研究》10《研究の歩み》，雄山閣，1988，第 83 ~ 93 页。

家安特生，见到安特生收集的中国彩陶和加尔贝克收集的淮河流域战国式青铜器。在苏联，他见到东方学家奥登堡，参与整理1924～1925年发掘的诺彦乌拉匈奴墓地出土品。然而，相比于欧美考古学的前沿领域和研究方法，梅原末治更关心从中国流散海外的考古遗物，尤其是青铜器。

访学之行的最后一站是北美，梅原末治遍访博物馆和私人藏家，目的是调查来自中国的流散古物。在美国，梅原末治受到当时最大的古董贸易商山中商会的盛情接待。当时欧美各地的博物馆、美术馆所见中国古物收藏，大半经由山中商会之手。原来，民国初年中国大陆军阀混战，政治环境和社会治安恶劣，博物馆研究保藏设施尚未建立，各地盗掘成风，铁道等建设过程中亦有大量古物出土，没落的清朝官员和富豪之家的收藏或被变卖，种种原因导致20世纪初大量中国古物流散至海外。海外古董商趁机通过在大陆和欧美所设支店进行古物交易，再流入到机构或私人手中。[①] 正如穴泽氏所观察到的，此时要想研究中国古物，与其赴原产地中国，不如访问日本和欧美的博物馆、私人藏家和古董商，调查起来更为安全、快捷、高效。[②] 梅原末治在美国见到殷墟、金村、李峪、寿县等地出土铜器以及著名的端方旧藏“柉禁”青铜礼器群，并仔细进行观察、记录、拍照和拓片，留存珍贵资料。这一次旅美之行使梅原与山中商会结下了深厚关系。古董商、收藏机构或个人希冀梅原末治以其专业知识和鉴赏力为藏品赋值，梅原则提供必要信息以获得更多亲睹古物的机会，并进一步充实资料。一时间，中国考古学的信息从世界各地汇集到梅原这里，再由梅原向世界发出，堪称近代中国考古学国际化的一个缩影。

1929年，历时三年四个月的欧美之行结束，归国后，梅原末治成为1928年新设的京都东方文化学院研究所的研究员。[③] 研究所最初设立在京大陈列室内，梅原末治一边继续在滨田耕作的指挥下协助京大考古学教室的工作，一边在研究所埋首中国古物研究，这恐怕也是梅原所求之不得的：

> 研究所的工作，我的任务有两项，一是出版非势力雄厚的研究机构所无法支持的奢侈的研究报告，二是在内藤先生的指导下全面整理流散于日本的中国古代铜器等其他遗物。[④]

1932年以来陆续出版了一批经典研究。[⑤] 1939年滨田氏去世后，梅原末治升任考古学

---

① 关于这一时期中国古物流散情况，容庚在《海外吉金图录》及《商周彝器通论》自序中有详细叙述：“满清之季，收藏古铜器者辈起，凡十余家，家皆百器以上。民国以来，故家零落殆尽，军阀构祸，国无宁岁。关、洛之民，困于饥馑，或掘虚墓，取所藏以救死，政府莫能禁。异邦之有力者，挟其多金，来相购取。于是古器外流，遂如水之就壑。”

② 穴沢咊光：《梅原末治論 - モノを究めようとした考古学者の偉大と悲惨 - 》，角田文衛编著《考古学京都学派》，雄山閣，1994，第218～299页。

③ 《考古学六十年》，第137～138页。

④ 《考古学六十年》，第140页。

⑤ 如《殷墟出土白陶的研究》（1932）、《柉禁的考古学考察》（1933）、《汉以前古镜的研究》（1936）、《战国式铜器的研究》（1936）等。

教授，并取得文学博士学位。生活趋于安定的梅原末治，仍频繁前往日本各地、朝鲜半岛、中国大陆和越南北部进行调查，整理刊布在国内外收集的资料，并为私人藏家编纂图录。在不竭的资料驱动下，梅原末治在20世纪前半期基本完成了其人生中最重要的研究。

以今天的眼光来看，梅原末治作为考古学者获得了巨大成功，但这样的成功不可复制。天赋、性格和时局一定程度上限制了其才能的发挥。自幼多病、瘦若白骨的梅原末治，似乎受到“既然可能中道崩殂，不如尽兴地生活吧”这种念头的支配，自青年时代起便以近乎禁欲式的献身精神投入学术研究中。所幸的是，梅原末治也主动选择了这条窄路，故舍弃一些人生乐趣并无痛感，不被他人理解也只是短暂失落，过往经历无不预示着“此即正途”。这条路，便是以“物”为中心的考古学。

二　以“物”为中心的考古学

我希望做的研究是，扎扎实实对遗物本身进行彻底调查，将它们联系起来推进研究，而非仅是广泛、肤浅的观察，要避免只看表面便打造出新奇之说。[①]

——梅原末治

梅原末治中学毕业后再没受过专业的学历教育，凭借热忱和技艺受前辈垂青走上专业道路，43岁时作为滨田耕作的继任者成为京大考古学教授。年轻时尽心师从前辈，但与同辈无过多交流，性格狷介固执，是研究的独行者，因性格原因常使人敬而远之。梅原末治视内藤湖南和富冈谦藏为真正的导师，对滨田耕作的敬意则更多出自职场关系，至多是殊途间的远距离欣赏[②]；反观其与私人藏家及古董商一直保持密切关系，两者形成强烈对比。访问欧美期间关注的仍是东亚古物，对欧美考古学进展和方法并不关心，甚至欧美之行更加坚定了梅原末治以中国古器物为中心的研究志向。这些矛盾也是20世纪前半期中国古器物学、日本东洋文化史学与西方近代考古学的张力体现于个体生命的表征，贯穿其间的正是梅原末治对于研究“物”的执着。

梅原末治对“物”的研究可以归结为态度、技术和策略。“格物”的态度，一是坚持勤勉地工作，中学时代“今日事今日毕”的格言深刻影响了梅原末治的生活方式[③]，他后又受到高桥健自、关野贞和皮特里等榜样学者的影响。二是注重实地调查并耐心提取资

① 《考古学六十年》，第184页。

② 梅原末治似乎对滨田在归国最初十年间对其过度驱使这一点也有所不满（参见穴泽和光文）。梅原氏敏感地觉察到自己与滨田氏对考古学的看法以及治学路径的差别，对于教学工作并非以东亚考古学为中心，而是得承担起涉及考古学通识课程这一点感到痛苦。参见《考古学六十年》，第183~184页。

③ 《考古学六十年》，第6页。

料，“仅凭照片或者透过橱窗玻璃远眺陈设品还叫什么考古学者，如果不对古物逐件进行实测、制作拓片、将一件件‘物’深深地敲入脑海中就不会得到正确的认识”[①]。三是全身心地投入，“每当被古代遗物所环绕而沉浸其中时，我的心才能够沉静下来”。在日复一日对古器物进行绵密细致观察的过程中，梅原末治体悟到这种研究法的“醍醐味”。

技术即科学提取、研究、呈现考古学资料的必要技术。精湛的拓片技术曾是梅原末治入行的“敲门砖”。滨田耕作引入的皮特里考古学正是以细致观察和准确记录为前提的，当时接受过必要训练，能够担当遗迹实测、记录、遗物整理、制图摄影、报告撰写等一系列科学考古操作的只有梅原末治。观察记录工作极需专注，颇耗心力。梅原末治坚持每天写作，用的都是清晰简洁的刻板文体。1919 年，梅原末治赴朝鲜半岛调查期间深受小场恒吉“舔舐般的周密观察”的影响[②]，将实测图视作记录对“物”的认识的最佳手段，实测图的更新反映出认识上的变化。[③] 由于常年保持规律的工作，梅原末治绘图、写作速度极快[④]，保证及时刊布高质量的新资料。

策略则是基于形态的序列法。梅原末治坚信“物遵循其自身的发展规律”，“对于考古资料保持热忱的他严格自律，将储存在脑海中的大量资料充分点燃，日久则其义自见，就能得到想要的结论。因此他极度排斥肆意解读材料，对此加以激烈批判”。[⑤] 通过归纳法得到器物发展内在逻辑的研究策略，恪守“一分材料说一分话”，或被视作严谨科学的“实证主义”方法。其优点在于注重积累和观察材料，能够打下坚实的研究基础；不断擦高的资料帐便是勤勉的外化表现，“无论如何，客观资料总能派上用场并且永不过时”的想法也有助于持久专注工作，久而久之成为匠人型研究者。[⑥] 事实上，这种研究策略符合近代考古学在东亚初步发展的实际，并发挥出积极作用。[⑦] 然而，一味采取此策略会危及

---

① 《考古学六十年》，第 127 页。

② 《考古学六十年》，第 41 页。

③ 梅原末治的学生田中琢曾提及一件往事。1955 年，梅原末治给时为学生的田中琢看了一幅中国青铜器的实测图，并且与另外两幅同一器物的实测图放在一起比较。其中后两幅为十多年前所作，第一幅为前不久所作图。梅原对田中说：“请看这三幅图，现在我也终于明白了，正是由于此前对这件青铜器不甚了解，所以只能画出那样的实测图。”言下之意是，实测是记录并呈现出认识程度的手段，随着认识的变化有必要再做新的实测图，并由此推进认识的深化。田中琢：《研究者列伝・梅原末治論》，金関恕、佐原真编著《弥生文化の研究》10《研究の步み》，雄山閣，1988，第 83 ~ 93 页。

④ 1932 年，滨田耕作任京都帝国大学校长，即将离开考古学教室，故命梅原末治提交其博士学位论文《支那青铜器时代的研究》，梅原末治据说仅用两个月的时间就迅速完成（参见穴泽和光文）。当然这得益于梅原末治平时的积累和勤勉的工作习惯。

⑤ 金関恕：《遺物の考古学・遺跡の考古学》，《同朋》1985 年第 11 期。

⑥ 江上波夫引滨田耕作说：“梅原那是工匠。所以说到镜的事情，就认为没有比自己更了解镜的人，成年就做镜的拓片，和人交谈也是拓本。那是工匠的做法。确实，那样做对于镜是非常重要的，他干得也非常好，但是，那样做，就难以有弟子了。”原载于《东方学》第 82 辑，184 页。转引自李庆《日本汉学史（修订本）》第二部《成熟和迷途（1919—1945）》，上海人民出版社，2015，第 316 页。

⑦ 滨田耕作也与好友羽田亨博士表达过重视资料的看法，“论文之类的研究，随着学问的进步会如同泡沫一般消失，然而以资料为中心、建基于资料之上的东西无论何时都不会失去价值吧。”（转引自穴泽和光文，原文参见斉藤忠《考古学史上の人びと》，第一書房，1985。）然而到了 20 世纪 30 年代以后，考古学逐渐不满足埋首资料的研究策略，研究重心转向进一步探讨人类的过去。

研究的科学性乃至研究者的心性。

接下来，我们围绕梅原末治成就最高也最具代表性的“青铜的考古学”，探讨这种研究策略的时代原因、历史意义及其潜在危险。

“青铜的考古学”是指对日本、朝鲜、中国古代青铜制品的考古学研究，这一研究取向与梅原末治的学术渊源有很大关系。正如徐坚所注意到的，罗王之学构成了梅原末治第一个学术渊源，内藤湖南创立的倾向实证史学的京都文化史学派构成其第二个学术渊源，滨田耕作引入的基于类型学的考古学传统则构成其第三个学术渊源。① 另外，此时的日本已有规模可观的中国古器物收藏，内藤湖南和滨田耕作也热衷为收藏机构和个人提供知识服务或编纂图录，梅原末治承担工作的过程中接触到不少中国古器物（以青铜器为主），而外界几乎只能通过上述图录来了解这些珍贵藏品。难得的机遇和对高品质刊行的追求也促使梅原末治孜孜不倦地观察记录这些器物。

梅原末治对青铜器的关注源于内藤湖南的影响，研究方法和知识体系则主要继承自富冈谦藏和皮特里，背后还有着深刻的时代原因。近代考古学传入之前的东亚，对传世、盗掘、偶然出土的美术性遗物，或带有铭辞的遗物研究由来已久且臻于极致。人们认为使古器物价值最大化的方式便是尽可能地收集和释读，对脱离出土情境后丢失的信息并不知情，尚未形成足够多的遗迹本土性知识。② 经由科学理念和技术构建起遗迹的本土性知识需要时间，无法直接照搬西方经验，得从相对单纯的遗迹现象如墓葬、埋藏坑、夯土等开始积累，在此之前人们出于惯性将目光聚焦到遗物本体。正如董作宾在殷墟第一次发掘时“惟检有字甲骨，其余皆视为副品……且地层紊乱，一无记载”③。关注器物研究并扩大范围，是近代考古学传入东亚前后本土学者的治学策略。在中国可以看到从金石学发展到古器物学，在日本可以看到梅原末治中国古器物研究范式的形成。

梅原末治的中国古器物研究范式，有以下几个特点：一是全面收集资料并刊行高质量图录；二是侧重究明器物形态演变序列；三是以前一点为基础探讨社会发展和文化交流问题，这在20世纪前半期主要发挥的是积极作用。旅欧之前，梅原末治对铜铎展开全国性的集成研究，对日本各地铜铎的出土地点、出土状态、形制花纹等信息进行详细调查，1927年出版的《銅鐸の研究》的经典地位至今难以撼动，促进了日本学界的关注并由此提出古代日本“铜铎、铜鉾两大文化圈”。旅欧归来，梅原末治直至晚年都在整理增补欧

---

① 徐坚：《暗流：1949年之前安阳之外的中国考古学研究传统》，科学出版社，2012，第41～42页。

② 这一点十分重要，由此可以解释为什么梅原尽管主持或监督多项田野工作，但并不注重发掘法的改进，为什么在对古物进行断代时援引来历不明的藏品、时常违背“地层学证据比类型学证据更为可靠”的铁则，为什么他将遗迹视作不可移动的遗物来进行研究，甚至是为了究明遗物而附带研究遗迹。事实上，梅原末治也并非全然忽视遗迹，甚至还是遗迹研究的先驱，但他仅是零星研究，未经系统化也未持续下去。参见田中琢《研究者列伝・梅原末治論》，金関恕、佐原真编著《弥生文化の研究》10《研究の歩み》，雄山閣，1988，第83～93页。

③ 此信在史语所“公文档”元字第25号卷，收入李光谟编著《从清华园到史语所——李济治学生涯琐记》，清华大学出版社，2004，第299～300页。颇有兴味的是，梅原末治曾在1929年殷墟第三次发掘时到访过小屯发掘现场，对当时的发掘操作有所质疑：“发掘者的兴趣中心是甲骨，除发现龟甲兽骨外，仅对大批陶器所出层位进行调查，这种作业方式真的好吗？”《考古学六十年》，第146～147页。

美旅行所获资料并付诸刊行。[①] 20 世纪初，中国古物经由各种渠道流散到世界各地，在此背景下，梅原末治开展了跨地域采集式的“加法”[②]，丰富了对尚处于起步阶段的中国科学考古发掘所得遗物面貌的认识。梅原末治将所收资料作为“地域性的一括遗物”加以整理和认识。基于古器物学和皮特里考古学研究法，以器物形态和纹饰演变为主，从各个方面迫近器物演进内在逻辑，进行断代、编年。以此为基础对古代社会及文化进行探讨，由此形成“资料介绍 + 特征比较 + 文化讨论 + 高清图录”的“器物集录体”写作范式。

20 世纪 30 年代以来梅原末治刊行的著录和研究，以其网罗全面、图版高清、论据充分、观点鲜明，成为中国古器物尤其是青铜器研究的经典之作。然而，梅原末治一以贯之的研究法中蕴藏着足以撼动其根基的潜在危险。正如穴泽所观察到的，从今天的眼光来看，梅原的青铜器研究在基本训练、研究资料和方法论这三个方面存在问题。[③]

第一是基本训练，指出其缺乏古文字学素养和中国古典文献功底。梅原末治从内藤氏和富冈氏二人处汲取到较多的汉学和青铜器知识的养分，在此基础上得以埋首于型式学研究。而二人去世后，梅原在青铜器方面的学问陷入停滞，1934 年内藤湖南的去世使其深受打击，他说：“对于因不能较好地释读汉字而不曾正式修习过中国金石学的我而言，内藤先生可以说是我的守护神。”[④] 古文字和古典文献功底对于商周青铜器的研究至关重要，这类知识的欠缺对其研究水平和研究的影响力都有所制约，并且失去新材料即意味着研究生命的结束。事实上，梅原末治关于青铜器研究的最高成就正在于古镜，一方面是全面继承了前人学问，另一方面铜镜在纹饰、形制方面的内容更丰富，镜铭释读难度则要低得多。

第二是研究资料，其研究以流散海外的中国古器物为根基这一点是危险的。尽管当中国古器物通过各种渠道散布世界各地时，跨地域采集资料极有必要且意义重大，但其中难免混入晚期遗物乃至伪品。并且公私藏品的独特性和艺术性成分远高于科学发掘遗物，古物市场的商业特质亦会混淆甚至篡改遗物内涵，后者对梅原末治的影响不可轻视。[⑤] 资料可得性和作者对资料的取舍判断直接影响了梅原末治的写作。[⑥] 在学术发掘开展尚且不足

---

① 其中与中国青铜器相关的有《欧美所见支那古镜》（1931）、《柉禁的考古学考察》（1933）、《战国式铜器的研究》（1936）、《汉以前古镜的研究》（1936）等研究以及《绍兴古镜聚英》（1930）、《洛阳金村古墓聚英》（1937）、《河南安阳遗宝》（1940）、《欧美搜储支那古铜精华》等资料图录。

② 徐坚：《暗流：1949 年之前安阳之外的中国考古学研究传统》，科学出版社，2012，第 57～58 页。

③ 这一部分主要参考穴沢咊光：《梅原末治論 - モノを究めようとした考古学者の偉大と悲惨 - 》，角田文衛编著《考古学京都学派》，雄山閣，1994，第 218～299 页。特别是指出梅原末治方法论是“严格经验主义”这一点，非常具有启发性。穴泽氏曾对蒙特柳斯类型学研究有较为深入的研究，提出“全盘收集资料、进行类型划分、根据器物组合进行编年”才是蒙氏类型学的精髓，而非由形态变化推测出相对年代序列的“进化的考古学”。参见该文注释（50）。

④ 《考古学六十年》，第 181 页。

⑤ 徐坚：《暗流：1949 年之前安阳之外的中国考古学研究传统》，科学出版社，2012，第 57～58 页。

⑥ 关于梅原末治《洛阳金村古墓聚英》在材料选取上的问题，徐坚从情境考古学的视角出发进行了详细论述，提出：“建立在怀履光和梅原末治著述基础之上的金村和金村器群存在两个显著的‘去情境化’（de - contextualization）特征。”首先是学术史意义上的去情境化。二人皆未参与金村发掘，因此写作都不是建立在第一手原始资料基础之上。资料可得性和作者对资料的取舍判断直接影响了他们的写作，并且应该（转下页注）

且未经实地考察的情况下，凭借经验判断遗物时空坐标，以此为基础的研究难免被诟病是沙上楼阁。不难想见，脱离出土环境和伴出关联去给器物排序是缘木求鱼。

第三是方法论，其型式学研究与其说是“实证主义”，不如说是“严格经验主义”。梅原末治是颇具观察记录才能的匠人型研究者，这一点与其“严格经验主义”的理念与实践互为因果。对他而言，考古学仅是究明墓葬形制、古镜形态或青铜器纹饰变化之类的“文化史”，这无疑十分狭隘且易于僵化，被“考古学的纯粹性”“实证主义”这类幌子所遮蔽。梅原末治倾向于以“退化模式”，即“早期器物在材料和技术方面更为优质，随着时间推移逐渐退化”的观点来解释器物演变，例如后来他认为郑州商城青铜器是对殷墟青铜礼器的粗糙模仿而用于随葬的明器，因而坚信其年代绝不早于后者。对单线进化模式毫无批判地加以使用并固守成说，这既是对西方类型学理论片面理解、“生吞活剥”的表现，也是长期埋首于青铜器研究、见多识广却陷于偏执的结果。

总之，梅原末治的研究策略适用面较窄，但见多识广的他一再将相同的“严格经验主义”策略套用在材质、性质各异的器类上，超出适用范围就会暴露出一些根本性问题，导致结论往往徘徊在臆测的边缘。在《古铜器形态之考古学研究》中，梅原末治试图用类型学的方法，就器形的原始形式和变化发展将青铜器分为十三类，但分类失于混乱和错误，分类特征的选择及实际归类都缺乏客观且固定的标准，丧失了分类的效用，且未能达到类型学研究目的。① 正如李济所察觉到的，梅原氏从形态上对青铜器的分类：

> 他最得意的两点为：（一）每类的器物在形制方面多少有些标准化了；（二）若是有些形制不同的器物放在同一类，那就表明它们有些在某方面的关系……对于器物的形制、名称及功能，并未分别清楚，又为那些古老的名称所诱惑，故有时竟先决定某两种形制不同的器有若干关系……形制演变本身的现象反被忽视了，故所提的计划充满了矛盾、重复及不合逻辑的事实。②

但不可否认的是，梅原末治在某些领域的研究上长时间保持着领先水平，特别是古镜的研究。③

（接上页注⑥）考虑其写作动机的影响。其次是物质文化研究上的去情境化。由于先入为主地将金村视作标杆，导致在很长时间内金村遗物被用于两周时期中原地区的器物断代，即便发生抵牾也常常以特殊原因加以解释，未从根本上对金村遗物加以甄别并对其年代有所质疑。参见徐坚《暗流：1949 年之前安阳之外的中国考古学研究传统》，科学出版社，2012，第 283～284 页。

① 张维持：《评中国青铜器外文著述》，《中山大学学报》（哲学社会科学版）1965 年第 3 期。

② 李济：《记小屯出土之青铜器（上篇）·容器的形制》，《中国考古学报》1948 年第 3 期。

③ 梅原末治在古镜研究方面的贡献可以归结为五点。一是全盘继承了富冈谦藏等前辈学人研究，继续收集并刊布古镜实物资料。二是对中国汉至六朝纪年镜进行资料集成，提供可资参照的标准，并指明了一个具有延展性的研究路径。三是对战国至六朝铜镜演变脉络形成基本认识，通过比较镜背与青铜器乃至其他器物图像、纹饰等得出比较可靠的年代认识。四是全盘把握古镜的观察点，特别是从镜体形制、制作技术、合金配比入手探讨镜的演变，是前人研究所不见的。基于精细观察得出的认识至今仍很有启发，如关于中国镜的来源，梅原氏提出尽管可以将圆钮素面镜的祖型追溯到斯基泰，但战国式镜上鲜明的“中国化”特征不可忽视，仍应将其视作本土文化的产物。五是注意到日本古坟出土镜中包含中国镜和仿制的同范镜，并以畿内地区为中心分布，从而推动了对日本古坟年代及其历史内涵的研究。

应该注意到的是，古镜这一研究对象，较好地规避了梅原末治的研究短板——研究基础好、纪年镜较多、单线演进模式相对适用，这无形中成就了梅原氏的古镜研究，但或许也助长了其不加甄别地使用相同的研究策略。

三 “争鸣”的梅原末治研究

> 昔日本梅原末治教授游历欧美，公私收储之府，莫不倾其所有以相示。君乃照其形制，量其修广，录其所睹闻，以成《杈禁之考古学的考察》及《欧美收储支那古铜器精华》。余于域外之文，一无所晓，乃从他人著作中昚辑而为此书。余甚惭于梅原。国中独无其人乎？此所为抚卷踌躇者也。①
>
> ——容庚

1919年，罗振玉归国前将所藏遗物捐赠给住友家和京大，内藤湖南遣梅原末治负责此事，由是多次往返大学和银阁寺附近的罗振玉故居。晚年的梅原末治清楚地记得当时“连‘宸瀚楼’的匾额都运走了”。② 从这段小插曲依稀可见20世纪初中国古物及知识外流的一些痕迹。20世纪前半期，梅原末治在世界各地接触到一些研究者，但没有与中国学者有过直接交流。据其学术师承和著述引用，梅原末治通过各种方式对中国和欧美研究有所了解，其研究著录成果也经由译介传至域外。各方关注的焦点自然是流散古物资料的高质量集成，而对其研究方法和具体结论则有不同看法。

20世纪30年代，中国学者对海外考古学进展的关注多集中在域外汉学或中国考古学研究，具有高度选择性的特点，特别关注“于吾国古代彝器之学有特殊之贡献”的滨田耕作和梅原末治。将蒙特柳斯《考古学研究法》译介到中国的郑师许，同时以“师法日本”的心态译介早期日本考古学研究成果。尽管他评述日本刊行的大型图录“与我国无二”“然其窠臼，仍是我国”，但也敏锐地看到梅原末治、水野清一、长广敏雄等人的论著“大多拈出一个小的问题，就其范围内将各种著录为分析综合的研究，以求彻底的整理。甚至有欲就这种研究以窥测我国古代文化的实际者”，对于中国青铜器的研究“确已出乎我们的款识考释、器型审定的老把戏之外”，提示出这是值得我国学者关注的新趋势。③

1935年，容庚《海外吉金图录·序》中提到日本住友氏藏品是当时域外中国重要古器物收藏之一，并曾在滨田耕作来访中国时请其代谋求购《泉屋清赏》一书，但事竟未成，后由北平图书馆斥千金购得。容庚喟叹“宗邦重器，希世遗文，欲求其印本而不可得。人方劫掠我文物，倾覆我国家。吾不学为耻耳”，遂采日本著录七种进行翻印。尽管

---

① 容庚编著《海外吉金图录》，中华书局，2012，第431～432页。

② 《考古学六十年》，第37页。

③ 徐坚：《暗流：1949年之前安阳之外的中国考古学研究传统》，科学出版社，2012，第155～156页。

容庚肯定滨田氏的著录刊印之功，但反观日人所定青铜器之时代则“更为茫昧”，如多将周器划归至汉，“彼于吾国人之著作尚未多窥”，深有不以为然之意。

1937 年，丁士选撰文介绍滨田耕作和梅原末治，文中给予梅原氏的研究以较高评价：

> 从来研究考古学者，非据片段之资料，轻率持论；即预定假说，物色利己之资料以附会之，是二者，均易陷入重大之错误。先生之治学，纯以客观之立场，广搜资料，于归纳得来之特质，以锐敏之观察力，究明其本质及变迁，洵可敬之矜慎态度也。①

而亦有译介者指出其中可商榷者颇多，如追溯古器物之发生，“一以陶器为归趋”；或以“合鼎、鬲为一属”、认为“鼎自鬲出”②；“所定古器名称，殊不一致”，不仅不通于金石学定名，还有自相抵牾的情况。③ 但大多数传统学者认为，梅原氏的著作在资料价值方面出类拔萃，牵强和疏漏之处瑕不掩瑜，而考古学者则有不同看法。

1938 年，瑞典汉学家高本汉发表了关于梅原末治《洛阳金村古墓聚英》的书评，文中严厉指出梅原末治在选择“金村遗宝”上的混乱标准——通篇都无法说明他依据什么将若干器物纳入金村遗物的范畴之中，并准确提出“在传言、二手甚至三手证据基础之上进行复原的危险是显而易见的”。正如徐坚所注意到的，梅原末治后来在《聚英》增订本中仅采纳了高本汉提出的资料方面的建议，但对方法论的批评避而不谈，众多器物以讹传讹，被视作东周时期中原地区考古学文化的标准器或艺术史意义上的代表作品。④

1948 年，李济在《记小屯出土之青铜器（上篇）·容器的形制》一文中对以往相关研究加以批判吸收，对于梅原末治的研究他这样评价道：

> 梅原末治教授在 1940 年出版的《古铜器形态的考古学研究》，专就题目说，总算极新颖可喜……这本研究最令人失解的为那分类的标准：这些标准的选择虽似完全在器物的形态上着眼，但所采用的，忽为全身，忽在口部，忽在底部，前后甚不一律；把那分类应有的效用，互相消失了。第一分类标准，既无固定性，又乏客观性，又如此繁多，故他所说的“类”，也就各具不同的含意，没有一种严整的界线。⑤

---

① 丁士选：《介绍日本考古学者滨田、梅原两先生》，《考古学社社刊》1937 年第 6 期，第 61～83 页。

② 刘厚兹：《日本梅原末治博士新著三种》，《燕京学报》1941 年第 29 期；收录于贾菁菁编校《近代中国学者论日本汉学》，上海古籍出版社，2018。

③ 青松：《欧美搜储：支那古铜精华》，《大公报·图书副刊》1934 年 3 月 31 日；收录于贾菁菁编校《近代中国学者论日本汉学》，上海古籍出版社，2018。

④ 徐坚首次注意到高本汉这篇评论的意义，述评具有启发性，故这里主要援引其看法。徐坚：《暗流：1949 年之前安阳之外的中国考古学研究传统》，科学出版社，2012，第 289～290 页。原文参见 Karlgren B.，*On Tsin-ts'un Album*，*Bulletin of the Museum of Far Eastern Antiquities* 第 10 册，1938，第 65～82 页。

⑤ 李济：《记小屯出土之青铜器（上篇）·容器的形制》，《中国考古学报》第三册，商务印书馆，1948。

李济一针见血地指出梅原末治在资料选取和分类标准上的缺陷，即器型变化及其特征形成很大程度上是出于实际用途，脱离用途进行分类难以阐明器物变化的原因及其过程。

1946年，安志敏对梅原末治论文选集《东亚考古学论考（第一）》评价颇高，从考古学角度提及其对青铜器及殷商文化研究做出三点重要贡献。一是对古铜器的研究，“不若中国学者之注重铭文，乃自器形、花纹及化学分析上，以决定其性质及年代”。二是对战国式铜器的命名，一扫此前诸如“楚式”“淮式”“秦式”等名称所造成的认识混乱。三是由考古学考察殷商文化，诸如根据商代铜器中多混以铅质，据此断定殷代缺乏锡矿，并根据“贝之使用、象之存在、锡之输入，证明殷代已与南方有极密切之关系”；认为殷商时期“青铜器之使用普及于各方面”，殷墟已进入青铜时代，至今仍是不刊之论。①

结　语

> 梅原先生的研究法给予周围人以巨大影响，由此固定为一个研究传统，即在“遗物中心主义”下强调技术的磨炼。只要看一眼实测图，就能够了解该实测者作为考古学者的力量，成为一般性的判定基准。②
>
> ——金关恕

进入20世纪后半期，与出土资料的隔绝一定程度上阻碍了梅原末治的中国考古学研究。在日本国内因其性格等原因，梅原末治一度陷入孤立。而在日本以外的东亚，梅原末治作为日本帝国主义时代的考古学者，因势乘便积累起学术成就的事实，也使各国刻意淡化其形象。但不可否认的是，活跃在一个世纪前的梅原末治，在东亚考古学史上是一个相当特别的存在：他是一位日本学者，却醉心于中国考古学研究；他是一位国际化的学者，却固守古器物研究之道；他终身勤勉、技艺超群、著作等身，留下的思想遗产却十分单薄。思想的独立性和引领性是学问成立和发展的内在动力，推动考古学理念的进步可谓是“成名捷径”，长年累月地从事遗物的观察记录便显得“效率低下”。然而，学问的推进，绝不仅仅在于理念的进步，更重要的是实践。可以想见，如果没有梅原末治，日本考古学乃至东亚考古学的水平将大幅下降。其对“物”的痴迷、对“规律”的执着、对勤勉的认可深刻烙印在后辈学人的心中，可以说已经内化在日本乃至整个东亚考古学大传统中。不具备大胆创新精神或天才式人文能力的人，通过专注于资料，在长期渐染中获得洞察亦

---

① 安志敏：《东亚考古学论考（第一）》，《燕京学报》1946年第31期；收录于贾菁菁编校《近代中国学者论日本汉学》，上海古籍出版社，2018。

② 金関恕：《遺物の考古学・遺跡の考古学》，《同朋》1985年第11期。

可做出重要的学术贡献，这些匠人式研究者构成了东亚考古学界的底色。其作业传统成为专业人才培养的必经之路，其研究策略亦左右着我们对于“考古学是什么”这一问题的回答。这是除却学术资料外，梅原末治留下的重要遗产。

编辑：郭卉

从东洋史到考古学

——原田淑人的“东洋考古学”

刘可维

（南京师范大学文博系）

［**摘要**］本文考察了日本近代考古学奠基人之一原田淑人的个人经历与学术成就。一直以来，学界普遍关注原田氏在服饰史方面的研究。实际上，原田淑人是东亚考古学史上第一位既精通汉文典籍，同时又掌握西方考古学理论方法的学者，并且首次在田野发掘中运用了“二重证据法”认识考古遗存。原田氏奠定了东亚历史时期考古学的基本方法，开创了日本所谓“东洋考古学”传统。其相关的研究方法也深远地影响了我国考古学的发展。与此同时，原田淑人结合考古资料对于服饰史的研究超越了传统名物学的视野，致力于探讨服饰制度的变迁，开启了服饰考古学研究的先河。

［**关键词**］原田淑人；东洋史；考古学；东洋考古学

日本原东京大学考古学者原田淑人（1885～1974，图一）曾在中国大陆、朝鲜半岛，以及日本列岛长期从事历史时期考古遗址的发掘工作。其学术研究涉及中国古代服饰、纹样，以及玻璃器、玉石器、铜镜等工艺品，古代东西文化交流，城市考古等众多领域。原田氏自身具备极高的东洋史学修养，善于融汇历史学的方法于考古学研究之中。以此为基础开创了日本近代以来所谓“东洋考古学”传统，甚至被誉为“日本近代东洋考古学之父”。一直以来，学界更为关注其在汉唐服饰史方面的研究。[①] 实际上，原田氏是东亚最早利用西方考古学原理对历史时期考古遗址进行系统发掘，并实践应用“二重证据法”展开研究的考古学者。可以说他奠定了东亚历史时期考古学的基本方法，开拓了东亚考古的研究视野，其成果与研究方法又深刻影响了中国考古学的发展。本文希望梳理原田氏的个人经历，论述其在东亚历史时期考古学方面取得的主要成就。

---

① 三上次男：《原田淑人先生とその学風》，《貝塚》16，1976。

一　无奈的考古学之路

1885 年，原田淑人出生于日本东京神田小川町一番地的一个传统士族家庭。其父原田由已曾在当地开设私塾，并热衷钻研汉学，广泛涉猎中国传统文学、史学、训诂之学等领域，曾撰有《標箋正文章軌範》《唐宋八家文読本砂解》《明治新選大増補広益玉篇》《日本外史読例》等众多的汉学著作，甚至创作有个人的汉诗诗集。原田由已共有四子，其中淑人的两位兄长早夭，仅淑人及其姊长大成人。原田由已思想开明，非常注重对于后代的教育，亲自传授淑人姊弟汉学，甚至淑人之姊最后代替其父成为当时为数不多的女性私塾先生。可以说正是出生在这样一个家庭之中，奠定了原田淑人非凡的汉学素养，以及开放的东洋史研究视野。

图一　原田淑人

图片来源：三上次男《原田淑人先生とその学風》，《貝塚》16，1976，摄于 1971 年 9 月。

1901 年，原田淑人步入私立开成中学，曾向桥健三、石田羊一郎、牧野谦次郎等当时知名的汉学者学习汉文。此后，升入东京帝国大学教养学部的前身，即具有东大预科性质的第一高等学校就读英法语专业。其间曾跟随夏目漱石学习英文，据称颇获心得。此时掌握的外语能力为原田淑人日后赴英国学习考古学奠定了基础。1905 年，原田淑人被东京帝国大学史学科录取，基于自幼接受的汉学教育，其最终选择中国史作为学习方向。[①]

在原田淑人步入东京帝大时，正当日本新旧史学体系交替，东洋史学如日方升之际。明治时代（1868～1912）中后期，日本有关中国的研究从传统“汉学”逐渐转变为既注重历史同时又关注现实的具有国别研究性质的“支那学”。而至明治时代末期，在以东京帝国大学白鸟库吉为首的一批近代学者的推动下，日本的中国学研究最终完成了从“支那学”到“东洋学”的蜕变。[②] 所谓东洋学涵盖有史学、哲学、文学三大学科。就其中的历史学而言，一方面，1887 年东京帝国大学开创史学科，聘请德国历史学家兰克（Leopold von Ranke）的高足路德维希·利斯（Ludwig Riess）执教，由此以兰克史学为代表的西方史学理论与方法流入日本，动摇了旧式汉学的研究体系。[③] 另一方面，受到江户时代国学、

① 有关原田淑人青少年时代的经历，参照原田正己《父の学業，その周辺》，《貝塚》16，1976；同氏《原田淑人》，江山波夫编著《東洋学の系譜》第 2 集，大修館書店，1994；李庆《日本汉学史》第二部《成熟和迷途（1919—1945）》，上海人民出版社，2010，第 311 页；等等。

② 王向远：《白鸟库吉与日本汉学向东洋学的转变》，《国际汉学》2020 年第 4 期。

③ 斯波義信：《日本における中国史研究》，《国際基督教大学学報》第 20 号，2015。

汉学、兰学学术传统的影响，明治时代初期编纂的小学教科书《史略》中将历史学划分为“皇国”（日本史）、“支那”（中国史）、西洋（西方史）三部分。[①] 作为《史略》编撰者之一那珂通高的养子，那珂通世于1894年正式提出将外国历史划分为以欧洲为中心的“西洋史”，以及以中国为中心兼及周边国家与民族的“东洋史”[②]，开辟了将历史学教育划分为国史（日本本国历史）、东洋史、西洋史三部分的体系。

白鸟库吉在中学时代曾作为那珂通世的学生，进入东京帝国大学后追随利斯学习西方史学理论，由此深受二者影响。在执教学习院大学之际，白鸟库吉就曾开设“东洋诸国之历史”的课程。[③] 在成为东京帝国大学教授后，于1911年推动该校史学专业分设国史、东洋史、西洋史三学科。与此同时，其还运用欧洲实证主义的研究方法发表了著名的《支那古伝説の研究》[④] 一文，掀起了关于儒家圣王真实性的论战，并最终在与汉学者的辩论中取胜，由此奠定了东洋史代替传统汉学的独立学科地位。[⑤] 由于白鸟库吉的研究重视文献的搜集，主张实证主义的考证，因此以其为代表的东大东洋史专业又被称为“文献学派”。

大学期间，原田淑人作为学生深受白鸟库吉史学研究的影响，这从其于1908年提交的学士学位论文《明代の蒙古》一文中可见一斑。白鸟库吉非常重视利用西方的史学理论研究那些被传统汉学忽视的古代中国王朝周边的民族与国家。而原田氏毕业论文的选题正是白鸟库吉极为重视的民族史领域。在研究方法上，其践行了文献学派重视梳理文献的方法，大量征引《皇明实录》《明史》等汉文文献，同时参考蒙古语史籍《蒙古源流》汉译本的记载，并利用西方蒙古史研究成果，探讨了明代塞外蒙古诸部的发展。原田氏的这篇毕业论文在当时引起了一定的反响，随后揭载于当年的《東亜同文会報告》中。取得学士学位后，原田氏升入东京帝国大学文学科大学院（相当于研究生院），在白鸟库吉、市村赞次郎的指导下继续深造，攻读东洋史学。[⑥]

如果一切顺利的话，原田氏无疑将成长为一名东大文献学派的代表性东洋史学家。不过，命运无常，正值初入东洋史学之门的原田淑人突患眼结核，伴随有视网膜出血，后经治疗虽避免了失明，但视力严重受损。如此一来，继续从事基于纯粹文献研究的东洋史学变得异常困难。在此背景下，原田氏不得已将研究方向转向中国风俗，特别是基于图像史料展开的服饰研究。实际上，除汉学外，淑人的父亲原田由已同样非常关注传统的风俗文物。原田氏研究取向的这一转变很可能也受到自幼家学的影响。[⑦] 虽然在当时以民族史、

---

① 葭森健介：《漢学から東洋史へ——日本近代史学における内藤湖南の位置》，《東アジア文化交渉研究》别册第3卷，2008。

② 李庆：《日本汉学史》第一部《起源和确立（1868—1918）》，上海人民出版社，2010，第225~226页。

③ 内野敦：《白鳥庫吉の歴史教育について》，《学習院大学教職課程年報》第3号，2017。

④ 《東洋時報》第133号，1909；后收入《白鳥庫吉全集》第8卷《アジア史論 上》，岩波書店，1970。

⑤ 刘俊文：《东洋史学的创立与发展（上）》，《文史知识》1992年第2期；石之瑜、叶纮麟：《东京学派的汉学脉络探略：白鸟库吉的科学主张及其思想基础》，（台北）《问题与研究》第45卷第5期，2006。

⑥ 原田正己：《原田淑人》，江山波夫编著《東洋学の系譜》第2集，大修館書店，1994，第129页。

⑦ 原田正己：《父の学業，その周辺》，《貝塚》16，1976。

法制史、经济史研究为主导的东大东洋史学科中，服饰研究显得有些“离经叛道”。不过原田氏还是得到了诸师的悉心指导，在研究生期间完成了第一篇有关服饰史研究的论文《唐代女子化粧考》，并刊载于日本著名的史学刊物《史学杂志》上[①]，奠定了此后其服饰史的研究方向。

1913年原田氏由大学院卒业后，曾担任东京帝国大学文科大学（即文学部）副手。似乎冥冥之中已有运命安排，1914年东京帝大开始设立考古学讲座，不过当时面临着缺少专业教师的现状。并未接受过系统考古学训练的原田氏由于具备图像研究的能力，被聘为东京帝国大学考古专业的讲师[②]，由此正式开启了其考古学之路。

二 “东洋考古学”

伴随着步入考古学领域，原田淑人开始获得了广泛接触考古学的机会，特别是参与考古遗址的调查与发掘。1915年，其跟随黑板胜美调查位于日本九州的西都原古坟群，并于次年开始参与朝鲜半岛遗址的调查发掘工作。甲午战争后，日本帝国主义势力不断向朝鲜半岛渗透，以关野贞为首的一批学者曾广泛调查汉城、开成、庆州、平壤等古城遗迹。1910年，日本通过《日韩合并条约》正式吞并大韩帝国（即朝鲜王朝改称），设立朝鲜总督府对朝鲜半岛施行全面的殖民统治。原田淑人与滨田耕作于1918年作为朝鲜总督府组织的古迹调查委员会委员对庆尚北道普门洞新罗时代的古坟进行调查。[③]

作为原田淑人在东京帝国大学时的学长，滨田耕作不仅较早地接触到考古学研究，并于1921年推荐原田淑人赴伦敦大学跟随著名考古学家皮特里（Flinders Petrie）学习考古学理论。以此为契机，原田淑人还考察了德、法诸国。至此，原田氏成为东亚国家中较早系统学习、掌握考古学理论与方法的学者。[④] 当原田氏从欧洲归国后，随即全面投身于田野考古工作之中。日本殖民统治朝鲜半岛时期，非常重视对于平壤汉代乐浪郡遗址的调查研究。由于当地盗掘现象横行，黑板胜美委托东京帝国大学文学部，由原田淑人带队于1925年对乐浪遗址展开考古工作。其中最主要的成果是汉代王盱墓的发掘。根据该墓出土木印，墓主人王盱曾担任东汉在朝鲜半岛所设乐浪郡的五官掾。因此，作为汉代墓葬的王盱墓也引起了同时期中国学界的广泛关注，以马衡为首的一批学者曾先后到访参观。凭借留学所获考古学训练，原田氏在进行调查、发掘、记录的过程中广泛

---

① 《史学雑誌》第21编第4号，1910。

② 大貫静夫：《原田淑人と東洋考古学》，東京大学120周年記念会编《学問の過去・現在・未来》第二部《精神のエクスペディシオン》，東京大学120周年記念会出版，1997。

③ 大貫静夫：《原田淑人と東洋考古学》，東京大学120周年記念会编《学問の過去・現在・未来》第二部《精神のエクスペディシオン》，東京大学120周年記念会出版，1997。

④ 原田正己：《原田淑人》，江山波夫编著《東洋学の系譜》第2集，大修館書店，1994，第131页。

运用现代考古学方法，给来访的中国学者留下了深刻的印象，客观上推动了近代考古学理论在中国的传播。① 原田淑人与田泽金吾共同执笔撰写了王盱墓的发掘报告，即著名的《樂浪——五官掾王盱の墳墓》（简称《樂浪》）。② 由于此时中国本土尚未出版系统的考古发掘资料，可以说该著作是第一部现代意义上的中国历史时期考古学报告，其学术价值不言而喻。

《樂浪》全书共分“序说”“乐浪郡的遗迹与王盱墓”“发掘经过”“墓葬结构”“遗物的存置状态”“遗物各说”“结语”七章。报告中结合大量的照片、线图详细记录了墓葬及出土品的样态。此外，原田氏还邀请京都帝国大学教授清野谦次、助教授金关丈夫对墓中出土骨骼、牙齿、头发等人体遗存进行鉴定，作为“附录”收载于报告最后。这种从遗迹概况→发掘经过→遗迹→遗物的记述方式奠定了此后历史时期考古报告的基本编纂体系。

特别值得关注的是原田氏在撰写《樂浪》报告之际，明确地意识到自身同时肩负着文献考察的责任。③ 与此相应，该报告广泛结合历史文献考证相关遗物的性质、制度。例如，王盱墓木椁中出土有四具木棺，各棺均采用蝴蝶榫固定组成棺的木板。对此，报告考察了《潜夫论》《释名》，以及江淹的《铜剑赞》等文献，论述汉代制造棺椁使用“小要”（即细腰）的技术传统。④ 又如，在墓葬北室中出土了由破损的一圆一方两块木板组合而成的器物，其中圆板上朱绘北斗七星，墨书天干、地支等文字；方盘墨书八卦、天干、地支、星宿文字（图二）。这是第一次在考古发掘中出土汉代的栻盘。原田氏不仅利用《史记・日者列传》及司马贞《索隐》考证了该文物的定名，并基于《唐六典・太常寺》“凡用式之法条”的记载判读了栻盘上的漆书文字。⑤ 通过上述事例不难看出，原田氏考古工作的一大特色在于结合历史文献的记载认识考古资料。

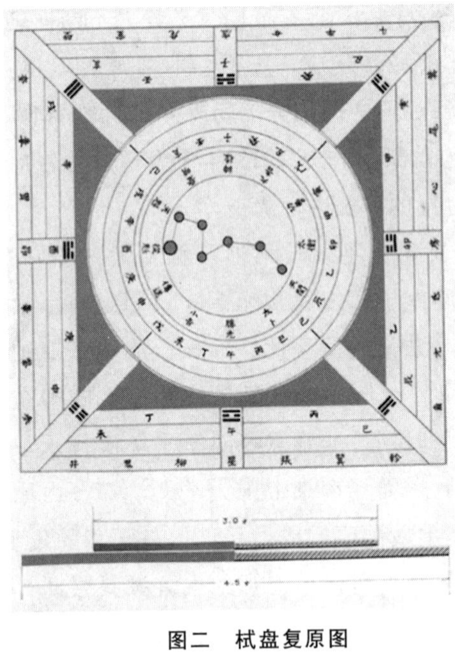

图二　栻盘复原图

图片来源：东京帝国大学文学部编《樂浪——五官掾王盱の墳墓》，刀江书院，1930，图版一一二。

众所周知，王国维所著《殷卜辞中所见先公先王考》利用甲骨卜辞探讨商王及

① 桑兵：《东方考古学协会述论》，《历史研究》2000 年第 5 期。
② 东京帝国大学文学部编《樂浪——五官掾王盱の墳墓》，刀江书院，1930。
③ 参照东京帝国大学文学部编《樂浪——五官掾王盱の墳墓》的“序言”部分，刀江书院，1930。
④ 东京帝国大学文学部编《樂浪——五官掾王盱の墳墓》，刀江书院，1930，第 21 ~ 25 页。
⑤ 东京帝国大学文学部编《樂浪——五官掾王盱の墳墓》，刀江书院，1930，第 60 ~ 62 页。

其先祖的世系，开创了“二重证据法”研究的先河。此后，其于1925年清华国学研究院讲授《古史新证》课程时，正式提出“二重证据法”的概念。① 不过，从王氏的学术实践来看，当时其所谓“地下之新材料”实际仅限于出土文献。乔治忠所著《中国史学史》就曾指出，以出土的文字史料结合传世史料并非真正的“二重证据”，批判了王氏“二重证据法”的局限性。② 与此相对，在管见所及的范围内，《樂浪》报告是首度结合传世文献与考古遗物展开综合研究，在实践层面运用“二重证据法”的著作。凭借发掘王盱墓的经历，原田氏还曾在“国史讲习会”上作了题为《文献と遺物との相互補助》的报告③，进一步阐释文献与考古资料相互间补证的作用。

由于原田淑人在考古学方面取得的大多为实践性成果，相对缺少系统性的理论研究，因此一直以来有关其对于东亚历史时期考古学的开创之功认识并不充分。也许从今日的眼光来看，结合文献记载认识考古资料的研究方法早已司空见惯，然而在西方考古学理论初传东亚的当时，原田氏无疑树立了全新的研究视角，由此奠定了日后所谓“东洋考古学”，乃至“原田考古学”④ 的基本特征。

谈到原田氏的“东洋考古学”，不得不言及日本近代史上另一位考古学巨匠滨田耕作。滨田氏为原田淑人在东京帝国大学时代的学长，与原田氏同属史学科攻读西洋史专业，此后其担任京都帝国大学文科讲师。出于当时日本国内对于考古学人才的迫切需要，滨田氏旅欧学习考古学，归国后在京都帝大开设了日本近代史上第一个考古学课程，并系统地将西方地层学、类型学理论引入日本，被后世誉为“日本近代考古学之父”。⑤ 不过，与原田淑人考古学研究大相径庭的是，出身于西洋史专业的滨田耕作更为注重运用西方的考古学理论与方法，不仅不善于汉文，甚至受当时文化优劣思潮的影响对汉文怀有蔑视的感情。⑥ 综观日本的考古学史，滨田耕作与原田淑人分别开创了京都、东京两帝大的考古学专业，并形成了迥然各异的考古学研究特色。

为发展壮大日本的考古学事业，原田淑人曾与滨田耕作等人以东京、京都两帝大教师为中心，于1925年组织建立东亚考古学会。原田氏借发掘乐浪遗址之机，同滨田耕作共赴北京，与北京大学考古学会的马衡、沈兼士、陈垣、朱希祖等人联络，于1926年共同联合组建了东方考古学协会。东方考古学协会致力于组织中日两国考古学者展开联合发掘、交流成果，并互派留学生。以滨田、原田为代表的东亚考古学会在发掘辽东半岛貔子

---

① 王国维的《古史新证——王国维最后的讲义》中言及：“吾辈生于今日，幸于纸上材料外，更得地下之新材料；由此种材料，我辈固得据以补正纸上之材料，亦得证明古书某部分全为实录，即百家不雅驯之言，亦不无表示一面之事实。此二重证据法，惟在今日始得为之。”清华大学出版社，1994，第2页。

② 乔治忠：《中国史学史》第2版，中国人民大学出版社，2021，第304页。

③ 《東洋史講座》第16号，国史講習会出版，1926。

④ 三上次男将原田淑人的考古学方法称为“原田考古学”，参照氏著《原田淑人先生とその学風》，《貝塚》16，1976。

⑤ 小野山節：《濱田耕作》，载江上波夫编《東洋学の系譜》第1集，大修館書店，1997；山中一郎：《濱田耕作》，礪波護、藤井譲治编《京大東洋学の百年》，京都大学学術出版会，2006。

⑥ 浜田敦：《〈先学を語る〉——浜田耕作博士》，《東方学》第67辑，1984。

窝遗址时，曾邀请马衡、陈垣等参观并参与发掘。[1] 1930年，原田氏赴北京大学、清华大学讲学，据称其所作“从考古学上所见中日古代文化的关系”（考古学上より観たる中日古文化の関係）的演讲影响极大，以致听众人数过多，不得不更换更大的教室。[2] 不过，由于中日双方的诉求不同，最终东方考古学协会在短暂的活跃之后走向了解体。随着日本帝国主义对我国侵略的不断加剧，在东亚考古学会的组织下，原田淑人先后主持了中国东北、华北等地的考古工作，包括发掘调查旅顺牧羊城（1928）、渤海上京龙泉府（1933～1934）、元上都（1937）、北魏平城（1939）、邯郸赵王城（1940）等一系列城址。[3] 客观而言，原田淑人非常重视科学发掘，特别是对考古资料的整理与公布，大多数调查发掘成果随后均以报告的形式出版，极大地丰富了早期的历史时期考古资料。[4]

三 原田氏的服饰史研究

原田淑人学术研究的一大特色是基于实物资料探讨中国古代的物质、风俗文化，可以说相关研究伴随其学术生涯的始终。在东京帝国大学大学院期间，除前述《唐代女子化粧考》外，原田氏还陆续发表了《昭陵の六駿石像に就いて》《新彊發掘壁畫に見えたる燈樹の風俗に就いて》《支那古代鉄刀剣考》《唐小説杜子春伝と祆教》[5] 等一系列论文。大学院结业后，原田淑人通过结合文献与实物资料，撰写了《支那唐代の服飾》[6] 一书。这是学术史上第一部系统研究唐代服饰制度的著作。旅欧期间，原田氏接触到由斯坦因、伯希和等人带回欧洲不久的西域遗珍，并对这批新资料所展现的服饰文化产生了浓厚兴趣。在此基础上，原田氏完成了《西域発見の絵画に見えたる服飾の研究》[7] 的撰著，成为早期西域考古研究的代表性著作。

随着主持发掘朝鲜乐浪遗址，原田氏第一次获得了有关汉代服饰的考古实物资料。并且，通过对我国东北地区营城子汉墓的调查发掘，又进一步丰富了相关的图像史料。以此

---

① 坂詰秀一：《日本考古学史拾遺：東亜考古学会・東方考古学協会と日本古代文化学会》，《立正大学文学部論叢》第99号，1994；桑兵：《东方考古学协会述论》，《历史研究》2000年第5期；徐坚：《暗流：1949年之前安阳之外的中国考古学传统》，科学出版社，2012，第393～394页。

② 原田淑人：《学問の思い出——原田淑人博士（座談会）》，《東方學》第25辑，1963。

③ 宮本一夫：《日本人研究者による遼東半島先史調査と現在——東亜考古学会調査と日本学術振興会調査》，《中国考古学》17，2017。

④ 相关报告参见原田淑人、駒井和愛编《牧羊城——南満洲老鉄山麓漢及漢以前遺蹟》，東亜考古学会，1931；原田淑人、駒井和愛编《東京城——渤海国上京龍泉府址の発掘調查》，東亜考古学会，1939；原田淑人、駒井和愛编《上都——蒙古ドロンノールに於ける元代都址の調查》，東亜考古学会，1941；駒井和愛、関野雄编《邯鄲——戦国時代趙都城址の発掘》，東亜考古学会，1954等。

⑤ 参见《東洋学報》第2卷第1号，1912；《人類學雜誌》第29卷第12号，1914；《東洋学報》第4卷第2号，1914；《東洋学報》第6卷第3号，1916。

⑥ 《東京帝国大学文学部紀要》第四册，1921。

⑦ 東洋文庫論叢第四册，東洋文庫，1925。

为契机，原田淑人将研究视线集中到唐代以前服饰制度的变迁上。最终在1937年完成了大作《漢六朝の服飾》①，并于1942年结合新出土的服饰材料，进一步完善该书，出版了《增補漢六朝の服飾》②。此外，原田氏还在《支那唐代の服飾》的基础上，于1945年完成《唐代の服飾》一书的撰著。③《增補漢六朝の服飾》《唐代の服飾》较为完整地展现了汉唐间服饰的面貌与变迁过程，成为服饰史研究的典范之作。

历史上，服饰史研究具有深厚的学术传统，可追溯至中国古代的训诂之学，《尔雅·释器》《释名·释衣服》《广雅·释器》等著作中均收录有大量解读、考释各类服饰的词条；此后成书的《三礼图》《三才图会》等著作继而还展开了有关服饰的图像研究；随着清代考据学的兴起，还涌现出一批如江永《深衣考误》、任大椿《冕服释例》等考证具体衣服、饰物的专著。而相关学术传统自古已远播东亚诸国，日本平安时代以降成书的《倭名类聚抄》《和汉三才图会》等均属于同类著作。

整体而言，古代对于物质资料的研究比较注重辨析器物的名实关系。近代以来日本学者又将上述学问作为博物学的一支即名物学。不过，名物学一直并不成熟，直至20世纪50年代才由青木正儿明确了相关的概念与研究体系。④ 早期原田淑人的研究就表现出明显的名物学取向，如《唐代女子化粧考》利用正仓院藏树下美人屏风、药师寺吉祥天画像等图像史料考察了段成式所著《髻鬟品》、白居易《时世妆》所录女性发型、发饰，以及化妆的方法。这种名物学式的研究着眼于具体事物的考察，论证文献所载器物的实际样态。不过，其并未超越古典训诂学的范畴，研究对象往往局限于一物一名。

随着从东洋史转向考古学，原田淑人开展的服饰史研究更为重视对于某一时代服制的系统性复原。例如其在《增补漢六朝の服飾》一书中首先考察了汉六朝服饰所用织物的种类、图案，并基于《后汉书》《晋书》《隋书》诸正史的《舆服志》《礼仪志》，以及考古实物与图像资料，全面展现了汉六朝之际祭服、朝服中的各类冠、服，以及巾帻、带、履舄。《唐代の服飾》亦基本采用相同的研究方法，并且受到东京帝大法制史研究传统的影响，在本书中原田氏还关注到相关制度与唐武德《衣服令》间的关系。虽然上述成果均出版于日本战败前，相关的考古资料仍极为有限。不过，其利用实物与图像系统整理汉唐间服制史料的研究方法，奠定了此后中国服饰史研究的基础，而且还在相当程度上影响了我国的服饰史研究。沈从文先生较早地关注到原田氏的成果，并认识到其蕴含的重要学术意义，并向孙机先生推荐上述的“原田三书”，即《西域発見の絵画に見えたる服飾の研究》《增补漢六朝の服飾》《唐代の服飾》。⑤

---

① 東洋文庫，1937。

② 東洋文庫，1967。

③ 東洋文庫，1970。

④ 青木正児：《名物学序説》，《中華名物考》，平凡社，1988；汉译本参照范建明译《中华名物考（外一种）》，中华书局，2005；另参照辜承堯《青木正児の名物学研究とその評価について》，《関西大学東西学術研究所紀要》第51卷，2018。

⑤ 常任侠先生曾将“原田三书”汇为一编汉译出版，参照原田淑人著，常任侠、郭淑芬、苏兆祥译《中国服装史研究》，黄山书社，1988。

“原田三书”也成为孙氏开展文物研究的启蒙读物之一。[①] 孙机先生此后的大作《两唐书舆（车）服志校释稿》可以说正是对原田氏《唐代の服飾》的继承与发展。

基于东洋史学的学术背景，原田淑人服饰史研究的一大特色在于以体系化的史料作为研究的主线，而辅之以考古实物与图像展开论述。不过，这种研究方法也在一定程度上限制了其研究视野。正如沈从文先生所指出过的那样，由于原田氏主要关注的是正史《舆服志》的记载，其研究对象集中于社会上层。客观上，未能展现某一时代各阶层服饰的样态。[②] 这可能正是沈氏最终选择由实物资料入手展开服饰史研究的原因。不过不能否认的是，在考古资料极为有限的当时，原田氏系统地展现了中国古代服饰的变迁，开创了服饰史研究这一学术领域。

结 语

当东亚诸国最初接触西方考古学理论之际，首要重视的是考古学在探究人种变迁、文明起源、早期国家等领域的作用。这一方面与西方考古学本身的学科定位相关，另一方面也受到当时东亚民族意识觉醒的影响。与此相对，东亚诸国对于历史时期考古学研究的起步相对较晚。纵观东亚考古学史，原田淑人是第一位既精通于汉文典籍，又掌握西方考古学理论方法，并将历史学研究融入田野考古的学者。可以说作为东亚历史时期考古学的开拓者，原田淑人奠定了适应于东亚汉字文明圈的发掘方法与理念，以及考古报告的编纂体例，深远地影响了包括我国在内东亚诸国考古学的发展。另外，原田氏在传统训诂学、名物学的基础上，开创了体系化的服饰史研究，成为今日考古学、文物学的重要分支。笔者认为时至今日，原田淑人在历史时期考古学、服饰史等方面的治学理念依然值得我们借鉴。

编辑：祁海宁

① 孙机：《增订本后记》，《中国古舆服论丛（增订本）》，文物出版社，2001，第507页。

② 王亚蓉编著《沈从文晚年口述（增订本）》，商务印书馆，2014，第7页。

博物馆与文化遗产保护

不可移动文物的数字化保护及应用

——以南朝陵墓神道石刻为例

殷　洁

（南京大学考古文物系）

［摘要］随着数字图像处理技术与建模技术的发展，考古信息和文物的三维数字化成为目前考古与文博工作中不可或缺的重要环节。本文以萧景墓神道石柱的三维数字化为例，详细介绍了基于 Agisoft Metashape 软件的多视角影像三维建模技术实施的步骤与过程，并进一步就利用模型导出正射影像和基于正射影像绘制二维线图进行了演示。实践表明，多视角影像三维建模技术不仅易操作、方便快捷，而且数据精准、误差小，对大型不可移动文物的数字化建模具有较高的适用性。随着计算机数字化的发展，该技术将会在考古遗迹、遗物的数字化，以及文物保护、虚拟修复、数字博物馆等领域发挥重要作用。

［关键词］不可移动文物；多视角影像三维建模；南朝陵墓神道石刻；Agisoft Metashape

引言：数字化趋势下的文物保护和利用

考古学以出土资料为基础，无论是田野考古还是对出土文物的研究，获取信息是最重要的环节。相较于以往文字描述、拍摄二维影像和手绘线图等传统的信息采集方式，随着数字图像处理技术与建模技术的发展，考古信息的三维数字化采集逐渐成为考古发掘、文物保护和博物馆工作中不可或缺的重要环节。习近平总书记指出，要运用科学技术提供的新手段新工具，提高考古工作发现和分析能力，以及历史文化遗产保护能力。文物数字化工作受到空前重视，近年来发展迅速。

早期的文物数字化实践主要局限于二维图像数据的采集和文字、档案资料的录入。随着科技的发展进步，摄影测量、三维建模等方面的新兴成果逐渐被应用到考古和博物馆领域，文物三维数字化工作方兴未艾。在实践应用方面，敦煌研究院对莫高窟的上百个洞窟进行了三维扫描和重建，除了基础性的高清图像资源外，还开发出“全景漫游”系统，观众在平台上可以自由浏览多个经典洞窟的高清数字化内容；秦始皇兵马俑博物馆利用三维激光扫描技术对一号坑陶俑和二号坑遗址建立了高密度的三维数字模型，还面向观众加工输出了三维视频，以便观赏到文物的三维动态；全国多家博物馆先后建立了三维藏品数据库；2020 年，浙江大学与云冈石窟研究院合作的全球首例可移动一比一 3D 打印洞窟，实现了对雕像与壁画的精确复制与还原。

作为地球上最容易获取的天然材料，石头制成的各类工具、建筑、雕塑、艺术品成为人类历史上数量最多、应用最广的物质遗存。虽然诸如石器时代的石质文物已经完好保存了上百万年，但很多露天不可移动石质文物的保护依然是学界长期以来都在探讨的问题。大型不可移动石质文物除了建筑和石窟造像外，造型优美、纹饰丰富的陵墓石刻也是极具特色的石质文化遗产之一。陵墓石刻始现于西汉，到了南朝时期，帝王陵前的神道上已形成石刻的基本阵容和组合形式。完整的神道石刻由石兽、石柱、石碑各一对，对称地列置于帝王贵族陵墓前。南朝石刻遗存分布在南京市栖霞区和江宁区、句容、丹阳三地，其中栖霞区 11 处，江宁区 10 处、句容 1 处、丹阳 11 处。虽然石刻依旧矗立在 1500 年间未曾移动过的土地上，但其间经历了朝代更迭和当代城市化进程，各种自然、人文因素导致不可移动石质文物以明显的速度老化，石刻周边环境也发生了很大的变化。比如萧景墓周边的林木变成了如今石化企业的建设工地，丹阳地区的石刻更是遭受到了周边鞋厂带来的巨大环境污染。加上人为偷盗、破坏，这些默然千载的石刻，受到空前尊崇的同时，实际境遇岌岌可危。如何保护这些曾经被遗忘于蔓芜之间的文化遗产，成为亟须关注的课题。近年来，当地政府及文物保护部门已经采取一系列措施来保护这些珍贵的石刻，如局部修补、加盖保护棚、树立围栏等。

然而由于石刻多是暴露在露天环境中，经过漫长的风吹日晒、热胀冷缩，以及空气污染、极端天气，长年累月的损害造成石刻表面风化、开裂、剥落的现象严重，很多纹饰细节已经模糊不清，甚至成块剥落。针对以上问题，利用新科技对南朝石刻进行数字化保护具有重要的意义，符合国家强调用科学技术提供的新手段新工具，提升文物数字化、信息化工作，加强历史文化遗产保护的政策。

一 文物三维数字化技术现状

根据原理不同，目前考古与文博领域使用的三维建模技术主要可分为三类，即传统几何体建模技术、三维激光扫描建模技术和基于数字摄影测量原理的多视角影像三维建模技术（Multi - View Stereo）。作为最早的建模技术，传统几何体建模是利用立方体、球体等基础几何元素，经过一系列运算和编辑处理而制作出三维场景的技术。此种技术适用于对较为规则的物体建模，但对于造型不规则或结构复杂的文物，建模的操作量大且效率低，因此在考古文博领域的应用较为有限。此后，随着三维激光扫描技术的推广，利用三维扫描仪全方位采集物体的空间坐标等数据，直接输出三维模型的技术取代了早期的几何体建模。此方式所采集的数据直接来自文物本身，因此所得模型具有准确、精度高的特点。国内外博物馆进行系统的文物三维建模工作时较多采用该技术。① 但其局限性在于设备昂贵，获取的数据点数目庞大，无法直接获取文物表面的纹理细节，且点云与影像纹理的拟合难度大，导致后期贴模处理复杂。昂贵的设备成本与复杂的技术难度，造成此技术难以普遍推广和广泛应用。

而多视角影像三维建模技术，以数字相机作为影像获取工具，从多角度围绕被拍摄物体拍摄多幅数字影像，然后使用三维重建软件根据数字摄影测量原理，对获取的全部数字影像进行相互匹配，生成被拍摄物体的表面三维点云，加载影像信息后实现对被拍摄物体三维建模的技术。② 其技术优势在于可以直接从影像中获取文物的表面纹理细节，直接加载至所建立的三维模型中，能够自动生成严密对应的点云和纹理，因此视觉效果好，精度误差在毫米之内。③ 所需硬件设备仅有相机、无人机、计算机，且软件本身可以实现自动化的工作流程，即使非专业人员也可以生成专业级别的三维模型和测量数据，因此近年来获得了考古文物工作者的认可和青睐。④

多视角影像三维建模技术不仅提高了数据采集和三维影像重建的灵活性和便捷性，而且能够满足考古三维影像重建的精度要求，因此这项技术在我国的考古和文博领域发展迅速。目前已经广泛应用考古遗迹、考古遗物的建模工作中，并对考古数字化绘图的发展起到了推动作用。2011 年，重庆大学乔杰等率先成功实现了通过二维照片重建三维模型，属于国内对三维技术的较早应用；此后，中国社会科学院考古研究所张蕾探索了该技术在动物骨骼和佛教造像两方面的应用；⑤ 中国社会科学院考古研究所刘建国，证明其在遗迹、可移动文物、砖塔等大型不可移动文物上均有不错表现⑥，其 2019 年出版的《考古现场多视角三维重建》更为详细全面地介绍了多视角影像三维模型重建的拍摄方法、建模步骤、参数设置、精度控制及注意事项等⑦。

二 南朝陵墓神道石刻的三维数字化重建

数字化工作的要求，体现在数字化采样的分辨率、数据精确度和数据处理的标准化

① 吴玉涵、周明全：《三维扫描技术在文物保护中的应用》，《计算机技术与发展》2009 年第 9 期；杜侃：《馆藏文物保护中数字建模技术应用研究》，《文物保护与考古科学》2011 年第 1 期。

② 刘建国：《考古现场多视角三维重建》，中国社会科学出版社，2019，第 3 页。

③ 缪盾、吴竞：《基于 Agisoft Photoscan 的图像三维重建及精度研究》，《测绘工程》2017 年第 8 期。

④ 杜侃：《馆藏文物保护中数字建模技术应用研究》，《文物保护与考古科学》2011 年第 1 期。

⑤ 张蕾：《动物骨骼三维重建的探索》，《四川文物》2014 年第 6 期；张蕾：《邺城佛教造像的三维重建探索》，《南方文物》2015 年第 4 期。

⑥ 刘建国：《辽宁建昌县东大杖子 M40 的三维建模与探索》，《考古》2014 年第 12 期；刘建国：《可移动文物的多视角影像三维重建》，《考古》2016 年第 12 期；刘建国：《山西省万荣县寿圣寺塔的多视角影像三维重建》，《文物保护与考古科学》2017 年第 5 期。

⑦ 刘建国：《考古现场多视角三维重建》，中国社会科学出版社，2019，第 3 页。

上，大规模数字化工作自然带来对技术方法和操作规范的需求。本文以萧景墓石柱的三维模型重建与线图绘制为例，着重就模型重建的步骤、过程、参数设置、数据导出和线图绘制介绍如下。

萧景墓位于南京市栖霞区甘家巷十月村，现存石兽、石柱各一个。从遗存的实物来看，梁代神道石柱的形式基本统一，自上而下可分为柱顶、柱身与柱础三部分，由榫卯衔接而成。萧景墓石柱是目前所有南朝陵墓神道石柱中保存最好的一个。柱顶为覆莲柱盖，上立一蹲兽。柱身以矩形榜额为界，分成上、下两段，上段为外凸直楞纹（瓜楞纹），下段为24 道内凹直楞纹（束竹纹）。矩形榜额上反刻“梁故侍中中抚将军开府仪同三司吴平忠侯萧公之神道”，柱额侧面线刻有披衣袒肩、手持花卉的人物图案，榜额与柱身下段的交接处雕有 3 个怒发冲冠、袒胸露腹的负重鬼怪神像，再往下依次饰有一圈绳辫纹和一圈交龙纹。石柱础分为两部分，上半部分圆形柱础刻有一对头带双角、张口衔珠、双尾盘交、相对环伏的螭龙。下半部分为方形的柱基，四侧刻有张口、吐舌的神怪纹饰。

（一）田野数据采集

数据采集是文物三维模型重建工作的基础。需要采集的数据包括文物各个角度的高质量影像、GPS 坐标值等辅助信息。鉴于萧景墓石柱复杂的造型结构，制作三维模型的关键是围绕石柱拍摄符合三维建模要求的多视角影像。而石柱个体较高，在地面很难完整获取柱体上部及柱头的清晰影像，且在野外搭设脚手架或梯子再利用相机获取影像的效率低，因此更适合采用相机、无人机、全站仪“三位一体”的组合数据采集方式。步骤依次为：布设地面控制点→数字相机照片采集→无人机照片采集。

1. 布设地面控制点

获取影像数据前，首先需要在石柱基座周围布设 4 个控制点，因石柱基座较为规整，便选取基座四角为控制点，使用电子全站仪在同一测站分别测量并记录四个控制点的相对坐标（一般情况下要在拍摄对象周围放置测绘标靶）。后期在软件中输入获取的真实三维坐标，对模型进行校正后就能得到石刻的真实尺寸信息。需要注意的是，控制点的数量应不少于三个，根据拍摄对象的大小可以适当增加，确保所构建的空间范围能完整覆盖建模对象，以建立起真实、准确的三维空间坐标系。

2. 数字相机照片采集

多视角影像三维建模技术对文物影像的数量、质量有较高的要求，影像数据采集过程主要受到天气、遗址环境两方面因素的影响。在阴天、柔光条件下拍摄的影像最有利于保证建模质量，这种天气条件可避免阳光直射被拍摄物体而产生阴影，以及拍摄过程中的逆光情况。①

---

① 实践中建议选择阴天拍摄。

在拍摄萧景墓石柱时，根据拍摄场地和环境，需要对相机[①]做如下设置：相机需要使用手动档（M）设置统一的光圈大小和曝光时间，并尽可能在短时间内完成拍摄，使每幅数字影像的亮度、反差、阴影等情况一致。光圈值一般为 8 或 10，以确保数字影像具有足够的景深；感光度小于 400，避免产生明显的噪点；曝光时间不大于 1/60 秒（视被拍摄具体情况而定），光线比较暗的时候需要适当增加感光度进行拍摄。

多视角影像三维建模技术要求尽可能获取多角度影像作为基础数据，且拍摄相邻两张照片需有较大重叠度，一般在 60% 至 80% 之间为宜，因此常采用正直摄影、交向摄影等方式获取目标建模影像。[②] 正直摄影指相机主光轴保持平行并与摄影基线正交的摄影，交向摄影指相机主光轴在物方相交成某一角度的摄影。理想情况下，相机机位应当以被拍摄文物为中心呈现穹隆状覆盖，形如一只倒扣的碗。而对于本身形状不规则、组成部件较多的文物，需要将每一个组成部分视作单体来拍摄。鉴于石柱体量高大、造型复杂、纹饰多样，要突出体现的细节较多，所以除了采用正直摄影与交向摄影的方式外，还需要结合整体拍摄与局部拍摄相结合的方法（图一），通过内圈拍摄来补充整体拍摄不能体现的部分，如柱顶立兽、柱额正面的文字和侧面的人物图案等。

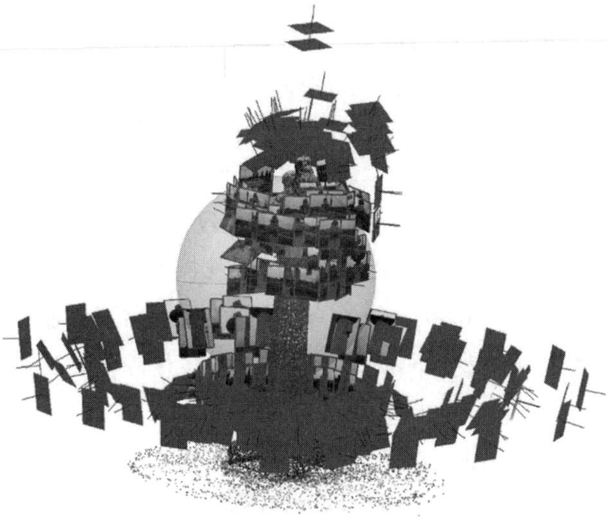

图一　萧景墓石柱拍摄作业示意图

3. 无人机照片采集

无人机[③]主要应用于石柱的整体拍摄和地面拍摄无法覆盖的部分，如柱额和柱顶等。

---

① 本次拍摄使用相机为尼康 D850，有效像素数 4575 万，照片最高分辨率 8256×5504，配置镜头为 24－70mm。

② 崔志祥、申亚鹏、马廷刚：《PhotoScan 近景影像数字三维建模中影像摄影方式的研究》，《测绘技术装备》2016 年第 4 期。

③ 本次拍摄选择的无人机为大疆 Mavic 2 专业版，悬停精度为垂直：+/－0.1m（视觉定位正常工作时），+/－0.5m；水平：+/－0.3m（视觉定位工作正常工作时），+/－1.5m，最大飞行时间约 30 分钟。搭载相机有效像素 2000 万，快门速度 8－1/8000s，支持单张拍摄和多张连拍模式。

首先将无人机镜头对着石柱正面，手动控制飞机绕石柱顺时针飞行。绕石柱飞行一周后，调整飞行高度和镜头角度，镜头垂直地面 90°拍摄石柱顶部，拍摄照片覆盖石柱主体且旁向重叠率大于 60%，同时注意与地面相机拍摄部分的重叠度，直到将石柱顶部拍摄完毕。

（二）多视角三维建模

目前基于多视角影像三维建模技术开发的建模软件或操作平台多达十几款，如 VisualSFM、Bundler、Context Capture、Python Photogrammetry Toolbox、123Dcatch 等，这些软件原理基本相同，具体的操作过程有所差别。① 相较于其他三维影像重建软件，Agisoft Metashape 软件无须设置初始值，无须相机检校，可以对任意照片进行处理，且对照片的拍摄位置没有要求，可自由选定是否使用控制点。其特点和优势是获取被拍摄对象特征点的数目较少，点云与照片纹理可以严格对应，能够自动贴附纹理。并且整个工作流程，无论是影像定向，还是三维模型重建过程都是完全自动化的，即使是非专业人员也可以进行操作，生成专业级别的摄影测量数据。因此建模速度快、效果好，也具有较高的可行性和较强的适用性。

现场数据采集结束后，在时间允许的前提下要当场检查影像是否清楚，对于模糊、过曝或太暗淡的照片最好能重新补拍。如果回到室内后发现所拍摄照片的亮差和色度差异较大，在利用 Agisoft Metashape 软件进行模型重建之前，需在 Photoshop 等软件中进行反差和亮度调整，提升影像质量，以便提高后续在 Agisoft Metashape 中建模的速度和精度。

基于 Agisoft Metashape 软件进行不可移动物体的三维模型重建，其步骤简明清晰，可操作性强，只要依次运行“工作流程”菜单栏下“添加照片/添加文件夹”→“对齐照片”→“建立密集点云”→“生成网格”→“生成纹理”。“对齐照片”的精度可以选择中，有时候也可以选用低；“建立密集点云”质量选择中等；“生成网格”面数选择中；一般情况下，纹理大小默认为 4096 ×1，在计算机配置允许的情况下可稍提高，以提高模型质量。在“生成纹理”这一步骤完成后，即可得到具有真实纹理色彩的三维模型。同时还可以根据需要生成所需的数字高程模型（DEM）。

此外，在建模过程中，有几方面需要注意。一是为了保证原始数据的安全性，建议在建模前先将照片进行备份。二是建模时可以选择两种工作方式。第一种是导入照片后，在“工作流程”菜单栏下首先选择“批量处理”，依次添加“对齐照片”→“建立密集点云”→“生成网格”→“生成纹理”等步骤，并选择“每步必须保存项目”，将模型保存在已建立好的文件夹下。这样做的好处是不必等待上一步运行好后，再去添加下一步任务，可以一次性得到模型。也可以避免在前一步骤处理过程中的突然中止而导致的数据丢失，并且有利于后续的优化操作，如在运行完“生成纹理”步骤后发现模型效果不理想，可在另存的“生成网格”步骤基础上继续运行“生成纹理”步骤，并适当调高纹理大小。第二种是逐步操作，即在上一步完成后再操作下一步。如运行完“对齐照片”步骤并得到

---

① 马欢欢、赵清坡：《Agisoft Photoscan 照片建模技术在考古中的应用》，《文物保护与考古科学》2016 年第 4 期。

疏点云后，先通过疏点云初步判断和评估模型的完整度和效果，如果此时疏点云存在较大破面、缺漏或形体扭曲，则无须继续进行后续处理步骤，而需对所拍摄照片进行处理，或补拍照片，或重新拍摄。若疏点云效果很好，可以先将石柱本体周围多余的疏点云删除，再运行“生成密集点云”。待“生成密集点云”步骤完成后，将多余的密集点云删除后再运行“生成网格”。这种方式的优点是可以减少运算负担，提高每一步的工作效率。

（三）数据导出与图形绘制

基于 Agisoft Metashape 软件的三维数字化建模，可以根据研究方向，通过“文件”下拉菜单导出包含三维模型、正射影像、轴测投影、数字高程模型等在内的各种通用格式文件。选择制作方案，通过导出点云或模型与其他软件进行图像处理，它支持的数据格式包括 OBJ、FBX、WRL、JPEG、TIFF、PNG、BMP 等多种，便于第三方软件处理制作各种立体图、平面图、剖面图、剖视图、正摄影像图、VR 等，也可以通过第三方软件渲染输出任意角度的图像，制作遗物的 3D 动画演示虚拟测量图像等。这些格式的文件可以在相应的软件中兼容使用。① 导出数字高程模型则可以与 Global Mapper、Arcgis 等软件结合，制作等值线图。本文基于南朝石刻的模型重建和后期处理，主要讨论正射影像的导出和基于正射影像的考古线图绘制。

在导出正射影像之前，首先需要对模型上的控制点作赋值处理，即基于模型环境建立三维空间坐标系。在萧景墓石柱周围设置 4 个控制点，后通过全站仪测量获得各点三维坐标，将各点坐标输入后点选控制面板设置按钮进行误差计算，得出相关参数（表一）。

表一　萧景墓石柱模型控制点坐标及错误率

标记	X（m）	Y（m）	Z（m）	精度（m）	ERROR（m）
Point1	0	0	0	0.005	0.015317
Point2	1.555	0	0	0.005	0.009721
Point3	1.52	1.526	0	0.005	0.008620
Point4	0	1.524	0.435	0.005	0.12447
控制点					0.011814

赋值结束且计算所得误差在可接受范围内，即可生成正射影像。其操作为执行菜单栏“工作流程”下“Build Orthomosaic”步骤，并在弹出的对话框中设置相关参数。执行完该步骤后继续执行“文件”菜单栏下的“导出”→“Export Orthomosaic”步骤，即可获得各个立面的高分辨率正射影像，并将它们按正确视图排列在一起，高、宽尺寸相同，视图对应准确。严格遵循正射影像概念，几乎无偏差。将此图作为底图制作线图，具有极大优势（图二～图六）。

① 刘方、王博涵、王泽湘等：《多视角影像三维重建技术与考古遗物绘图》，《南方文物》2019 年第 1 期。

图二 萧景墓石柱前视正射影像

图三 萧景墓石柱后视正射影像

图四 萧景墓石柱左视正射影像

图五 萧景墓石柱右视正射影像

不可移动大型石质文物线图的绘制，受限于石刻的体量与形态——体量较大且轮廓曲线较多，难以用传统的绘图方法绘制精确的线图。而利用多视角影像三维重建技术在设置控制点的前提下，可以导出顶部、前面、背面、右侧和左侧共5个方向的正射影像图，据此可以在绘图软件中绘制各个平面、立面、剖面的线图，在此基础上绘制的文物线图相较于传统的方法而言，具有更加精确、快速、便捷、直观等优点。

图六　萧景墓石柱俯视正射影像

绘制考古线图的工作可通过矢量绘图软件进行，如 CorelDRAW、Adobe Illustrator、Auto CAD 等，也可以使用 Photoshop 软件结合数位板工具绘制线图，它们都能达到很好的绘图效果。本次基于正射影像的二维线图绘制主要利用 Auto CAD 软件，其主要步骤为正射影像导入 CAD 软件→设置图层→绘制线图→配置比例尺→导出 EPS 格式图形→利用 Photoshop 等软件调整分辨率等，最终获得各个立面的二维线图（图七～图十一）。由于二维线图的绘制是以高分辨率的正射影像为底图的，据此绘制的线图细节更加丰富，形体更加真实，尺寸更加准确，并解决了传统绘图方法难以精确绘制石刻轮廓曲线的问题，较为理想地完成了绘图任务。

图七　萧景墓石柱前视图

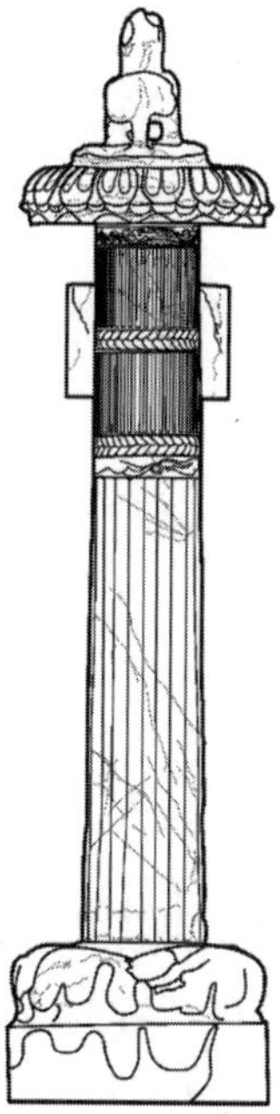

图八　萧景墓石柱后视图

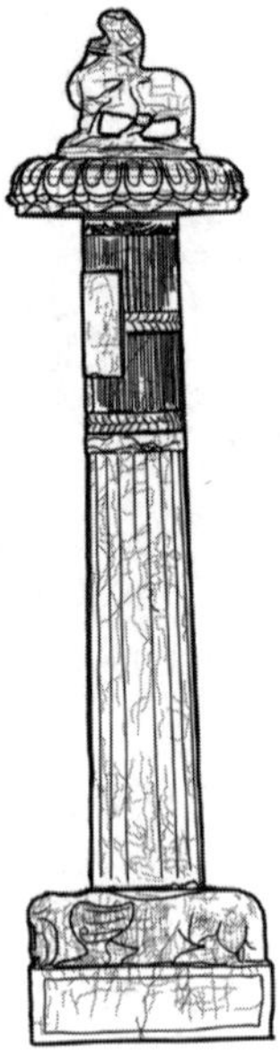

图九　萧景墓石柱左视图

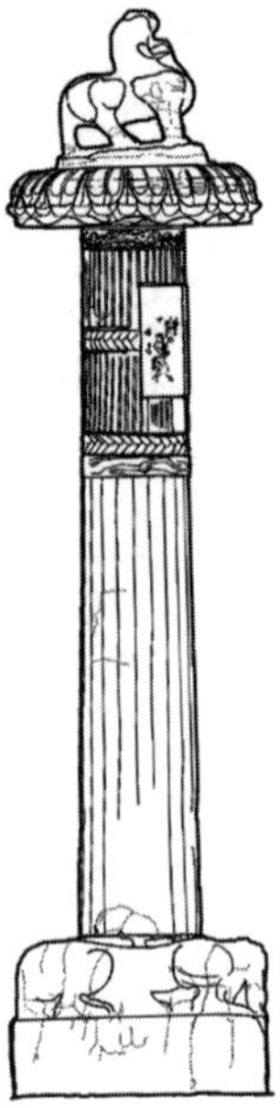

图十　萧景墓石柱右视图

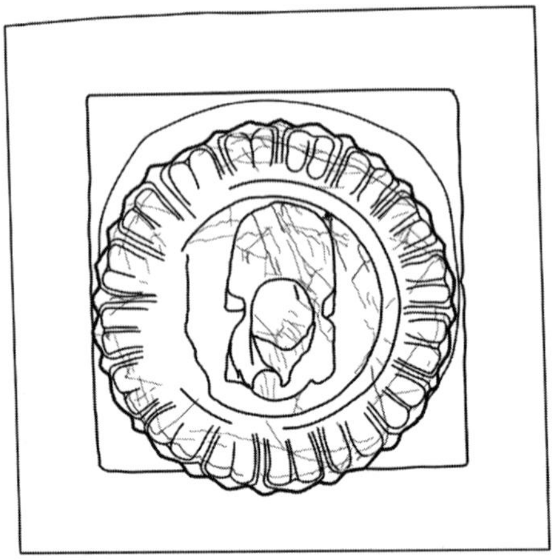

图十一　萧景墓石柱俯视图

三　利用与展望

我们将上述步骤应用到其他石刻单体的数字化建设中，目前已建立起全面而完善的南朝石刻信息数据库，包括石刻的地理信息（相对位置信息和绝对位置信息，即精确的经纬度）、石刻的本体信息（高精度测绘数据、全方位照片、三维立体附纹理模型、高清晰度正射影像图、考古线图）等。然而技术是研究手段，非终极目的。因此，如何将该技术应用到南朝石刻的历史与考古精细化研究中，让它成为考古教学、文物保护、研究、展示的有效手段，需要进一步努力探索。

第一，考古研究和文化遗产保护、展示工作中，尤其需要考察原境，而不是某件独立的个体，这需要把单个的个体放到它们相应的位置中考察，就像锅碗瓢盆要放在厨房中。面对千变万化的各种文物、遗迹、遗址及其周边环境，通过图形、影像等二维展示方式，很难使人们获得完整的空间关系信息。而对遗址的调查与发掘现场、出土文物及遗址周边环境进行三维重建，可使全方位空间信息的采集更加精准，展示更加全面，可为考古研究提供新的视角。

第二，以往的调查和研究只能获取石刻的二维影像，测绘的数据少且不够精确，给后续展示、研究造成了较大困难。与传统方法使用相机拍摄的照片相比，基于数字化三维模型逐件导出的正视、左视、右视、后视、俯视五个方位的正射影像图，避免了因透视而形成的失真和镜头造成的畸变，更为精确。而根据高分辨率正射影像绘制的细节丰富、形制准确的二维线图，可推动对南朝陵墓神道石刻相关学术研究的开展。

第三，三维模型及数据采集阶段拍摄的大量翔实的照片，如实、全面地记录了石刻当前的形态面貌、病害情况，可作为数字化档案保存，有效记录和安全储存文物的数据信息、纹理细节甚至病害情况，为后续的保护修缮和学术研究提供翔实可靠的数据，也可以防止自然灾害或人为损坏导致的信息丢失，以信息形态永久保存文物的当前状态。同时也能为建设数字化博物馆积累基础数据档案，为考古学、文化遗产保护与博物馆虚拟展示提供数据支撑。

第四，针对陵墓神道石刻这样的大规模不可移动文物群，普遍存在位置分散，受到交通、开放时间和相关设施限制的问题，不利于异地观众或非专业观众的参观。露天的现场环境不便于展陈，普通的说明牌能提供的信息十分有限。因此，即便偶有游客参观，也大多是走马观花、一瞥而过，未能真正认识到它们所承载的历史文化内涵。对于此类文化遗产，不仅需要关注管理和保护的问题，同时也需要考虑如何让文化遗产“活”起来。

通过文物数字化工作，这些局限性能够在很大程度上得以克服。例如，利用神道石刻的三维模型可以开发多媒体互动展示平台，搭载在已有的官方网站或公众号上。展示内容以神道石刻的三维模型为核心，辅之以地区全景图、航拍视频、老照片、学界研究和文物保护情况等图文资料，配合文字和语音讲解，制作成可以“云参观”的线上展览。如此能够突破地域的限制，将远在郊区的不可移动文物，以逼真的数字模型方式展示出来，达到“远在天边，近在眼前”的效果，使更多的公众不用亲临遗址便可获得身临其境的视觉体验。此外还可以结合增强现实（Augmented Reality）、虚拟现实（Virtual Reality）等技术制作互动性的虚拟漫游场景，为公众提供更清晰、更全面的平面与立体视觉信息，引导观众更好地进行“自我导向型”学习，并促进文博单位教育、文化传播功能的发挥。

编辑：郭卉

突出文物价值是古建筑保护的根基

——以南方地区古建筑文物为例

孟诚磊（南京师范大学文博系）

黄松松（慈溪市文物保护中心）

刘　骋（浙江大学文物与博物馆学系）

[摘要] 本文以南方地区古建筑文物为例，对文物价值进行了量化分析。文物价值是古建筑文物与一般建筑物的本质区别，是文物保护领域的核心对象。本文对文物价值进行分类，分析几种主要的文物价值相互之间的逻辑关系，得出了“历史价值为基础、科学文化价值为重要核心、社会文化和经济价值为重要表现”的价值结构关系。古建筑上的每一种材料都有自身独特的劣化规律，将这些规律结合对突发灾害的概率进行总结，可以得到古建筑文物价值的衰减曲线。

[关键词] 古建筑；文物价值；量化

2020年8月，习近平总书记在扎实推进长三角一体化发展座谈会上强调，长三角区域城市开发建设早、旧城区多，改造任务很重。不能一律大拆大建，要注意保护好历史文化和城市风貌，避免“千城一面、万楼一貌”。①

我们要避免盲目大拆大建，首先就需辨明古建筑文物的价值，应当充分利用和彰显古建筑文物的独特性和在地性。以长三角地区为例，白墙黑瓦的江南建筑，凝聚了古代工匠的智慧和辛劳，在小桥流水的村落环境或者婉转错落的园林格局的映衬下，具有独一无二、极难复制的艺术价值和历史价值。在这样优雅的生活环境中，历代文人雅士留下了大量诗书字画、佚事趣闻，更给古建筑增添了无尽的文化价值。

---

① 《习近平谈历史文化遗产保护》，新华网，2022年3月，http：//www. xinhuanet. com/politics/2022－03/23/c_1128495003. htm。

一　文物价值与价值种类

《中华人民共和国文物保护法》第一章第二条中明确指出："在中华人民共和国境内，下列文物受国家保护：（一）具有历史、艺术、科学价值的古文化遗址、古墓葬、古建筑、石窟寺和石刻、壁画……"因此我们可以将文物价值大致分为三类：历史价值、艺术价值和科学价值。实际上，长期深入的工作已经将文物价值研究拓展成了一个不小的领域。文物价值除了文物保护法提及的三大价值外，还有社会价值、文化价值和经济价值等。

传统三大价值以外，为了得到更实用的成果，研究者对价值体系也进行了更为细致全面的研究。敦煌研究院的刘洪丽等对文物价值进行了分类①，基本涵盖了文物价值的主要类别，本文就以历史、艺术、科学、社会文化和经济这五大价值类型展开讨论。

文物价值的种类虽多，但需注意的是，不是所有的文物都具有全部每一项价值的。而在评定文物的时候，每种价值提供的参考价值也不尽相同。通常，具备的价值种类多，且存在几项突出价值的对象，才能够被认定成为文物。

文物价值的高低因地域关系而存在差异。作为地域文化核心区域的代表性文物，在某些价值上往往格外突出；在地域文化边界或文化飞地的文物具备的某些价值往往存在独特性和稀缺性——二者都会被作为认定文物的重要依据。作为清代官式建筑最典型范例的故宫，肯定是北方皇家建筑文化核心区的代表；而在远离北方的浙江，目前仅存的皇家敕建的海神庙，就因为其原汁原味的官式作法和与宫廷同工同材而成为重要文物。

文物价值产生于历史价值出现并提升到一定高度后。历史价值是物之所以被称为文物的基础。文物在成为文物之前，可能只是一栋房子、一座坟茔，或者一套茶具、几幅书画，或许具有较高的科学价值或艺术价值，但只有在具备足够的历史价值后，才能被认定成文物。这和现代艺术品是有所区别的。

艺术价值和科学价值是文物作为历史遗存最闪耀的价值。凝聚了中华民族上千年智慧和汗水结晶的文物，往往通过艺术和科学价值来展示其蕴含着的人类的高超智力和杰出劳动力。级别越高的文物，其艺术价值和科学价值往往越大，尤其是回归到文物最初产生的时代背景中，即参考了文物的历史价值，其艺术价值和科学价值的伟大程度将愈加凸显。

需要指出的是，文物不一定具有显著的艺术价值或科学价值。一座土地庙，与其突出的宗教意义相比，科学价值往往并不大；一间水碓房，其所谓的艺术性也往往是后人根据文物的环境氛围联想附会上去的。但如果艺术价值和科学价值二者皆无，则很难成为不可移动文物。因为文物是人类活动的产物——人类的生产生活，往往不是为了实用，就是为

---

① 刘洪丽、张正模、郭青林：《文物价值定量评估方法研究——以榆林窟为例》，《敦煌研究》2011年第6期。

了美学和精神层面的追求。

社会文化价值和经济价值是文物“活”的价值。前文所述的历史价值、艺术价值和科学价值，不论在何年代，都是逐渐积累、逐步加深、极难发生大变更的。但是社会文化价值的认定，是随着社会主流意识形态的变化而改变的。经济价值也是如此。旅游开发得健康与否，市场运作得火热程度，都影响着同时身为旅游资源的文物的经济价值。

社会文化价值和经济价值虽然可以建立在艺术价值和科学价值基础之上，但也可以超越、忽视这两项价值而独立存在。比如某位革命烈士的故居，也许建筑本身价值不高，但是英雄人物的事迹使得该文物具有极高的精神价值。反映清代皇宫生活的文学艺术作品的热播，会使得故宫一处平时安静的院落忽然变得人潮涌动，相关文创产品和展览收入猛涨，一反常态，在短期内产生更大的经济价值。

综上所述，整理文物各类价值的关系，可以得到如下结论：历史价值是一切文物价值的基础，决定了该物质是否成为文物；文物的科学价值和艺术价值是文物价值的重要表现和主要组成部分，能够对文物的社会文化价值和经济价值产生一定的影响；文物的社会文化价值和经济价值是文物价值的重要组成部分，是文物价值中对人民生产生活影响最大的部分，也是最能够直接推动意识发展和思想进步的价值。

二 文物价值的量化计算

对于文物各类价值的定量评估，国内外学者进行了研究。常见的有采用 1 ~ 9 标度法[①]，得出判断矩阵，计算出权重；类似的还有采用 AHP 法[②]，利用 MATLAB 软件进行计算；也有采用 CVM 法[③]，利用问卷调查的方式获取信息，再统计出结果。

在此以 AHP 软件为例，阐述说明文物价值评估的定量过程。首先需要制定价值量化的评分标准，供评分人进行打分（表一）。

表一 价值量化评分标准

价值体系	评价指标	指标说明	指标判断结果 Ⅰ：100 ~ 80，Ⅱ：80 ~ 60，Ⅲ：60 ~ 40，Ⅳ：40 ~ 20			
1. 历史价值	1.1 年代特性	文物产生时间的久远程度	唐、宋	元、明	清代	民国
	1.2 影响程度	文物影响的深度和广度	国际	国内	省内	市县
	1.3 稀缺程度	文物在当地存在的稀有度	唯一	稀有	少有	普遍

① 吴美萍：《文化遗产的价值评估研究》，东南大学硕士学位论文，2006。

② 范小露、张新毅：《基于 AHP 的亳州市非物质文化遗产资源潜力评价研究》，《蚌埠学院学报》2018 年第 4 期。

③ 谭超：《应用 CVM 方法评估工业遗产的非使用价值——以北京焦化厂遗址为例》，《内蒙古师范大学学报》（自然科学汉文版）2009 年第 3 期。

续表

价值体系	评价指标	指标说明	指标判断结果 Ⅰ：100～80，Ⅱ：80～60，Ⅲ：60～40，Ⅳ：40～20			
2. 科学价值	2.1 工艺技巧	文物修建工艺的技术难度	精湛	优秀	良好	普通
	2.2 建筑结构	文物整体结构的工学价值	精湛	优秀	良好	普通
3. 社会文化和经济价值	3.1 文化特色	文物反映独特的地方文化	典型	重要	良好	一般
	3.2 教育意义	文物社会教育方面的价值	突出	重要	良好	一般
	3.3 本地认可	本地人对文物的重视程度	珍视	重视	了解	一般
	3.4 市场价值	开发相关文创、旅游等的价值	突出	重要	良好	一般

然后根据之前设置的价值体系和评价指标建立判断矩阵。经过问卷调查和专家论证，得出修订后的判断矩阵，如表二至表五所示。

表二　价值评定矩阵与权重

	1. 历史价值	2. 科学价值	3. 社会文化和经济价值	权重
1. 历史价值	1	n_1	n_2	λ_1
2. 科学价值	$1/n_1$	1	n_3	λ_2
3. 社会文化和经济价值	$1/n_2$	$1/n_3$	1	λ_3

表三　历史价值评定矩阵与权重

	1.1 年代特性	1.2 影响程度	1.3 稀缺程度	权重
1.1 年代特性	1	n_1	n_2	$\lambda_{1.1}$
1.2 影响程度	$1/n_1$	1	n_3	$\lambda_{1.2}$
1.3 稀缺程度	$1/n_2$	$1/n_3$	1	$\lambda_{1.3}$

表四　科学价值评定矩阵与权重

	2.1 工艺技巧	2.2 建筑结构	权重
2.1 工艺技巧	1	n	$\lambda_{2.1}$
2.2 建筑结构	$1/n$	1	$\lambda_{2.2}$

表五　社会文化和经济价值评定矩阵与权重

	3.1 文化特色	3.2 教育意义	3.3 本地认可	3.4 市场价值	权重
3.1 文化特色	1	n_1	n_2	n_3	$\lambda_{3.1}$
3.2 教育意义	$1/n_1$	1	n_4	n_5	$\lambda_{3.2}$
3.3 本地认可	$1/n_2$	$1/n_4$	1	n_6	$\lambda_{3.3}$
3.4 市场价值	$1/n_3$	$1/n_5$	$1/n_6$	1	$\lambda_{3.4}$

然后通过随机一致性比例的计算公式，算出每一项评价指标的权重系数，并进行排序。

$$CR = CI/RI$$

$$CI = (\lambda max - n) / (n - 1)$$

$$\lambda max = \sum (AW/Wi) / n = \sum [\sum (AijWj) / Wi] / n$$

其中 CR 是指随机一致性比例，CI 是指一致性指标，RI 是指平均随机一致性指标，n 是指矩阵阶数，λmax 是指最大特征值。

表六 定量评价指标及其权重

综合指标	权重	评价指标	权重	排序
1. 历史价值	λ_1	1.1 年代特性	$\lambda_{1.1}$	$Num_{1.1}$
		1.2 影响程度	$\lambda_{1.2}$	$Num_{1.2}$
		1.3 稀缺程度	$\lambda_{1.3}$	$Num_{1.3}$
2. 科学价值	λ_2	2.1 工艺技巧	$\lambda_{2.1}$	$Num_{2.1}$
		2.2 建筑结构	$\lambda_{2.2}$	$Num_{2.2}$
3. 社会文化和经济价值	λ_3	3.1 文化特色	$\lambda_{3.1}$	$Num_{3.1}$
		3.2 教育意义	$\lambda_{3.2}$	$Num_{3.2}$
		3.3 本地认可	$\lambda_{3.3}$	$Num_{3.3}$
		3.4 市场价值	$\lambda_{3.4}$	$Num_{3.4}$

在确定了指标权重后，对各项评价指标进行打分，最终得出文物评估价值得分表。

以全国重点文物保护单位浙江省兰溪市诸葛村为例。我们选取了村中带有堂号的 13 处古建筑，进行赋分后得到结果如下（表七）。

表七 浙江省兰溪市诸葛村古建筑文物价值评价结果

编号	名称	年代特性	影响程度	稀缺程度	工艺技巧	建筑结构	文化特色	教育意义	本地认可	市场价值	赋权重后合计	排名
1	诸葛保善堂	10	5	6	3	5	3	5	10	5	41.00	8
2	诸葛敦厚堂	5	5	8	3	8	5	5	10	7	41.50	7
3	诸葛敬如堂	10	5	5	5	3	5	5	10	5	42.40	5
4	诸葛宁志堂	5	5	8	8	10	6	5	10	10	46.50	2
5	诸葛敦复堂	5	5	3	3	5	5	5	10	4	34.70	12
6	诸葛文与堂	5	5	3	8	8	8	5	10	7	42.00	6
7	诸葛听彝堂	5	5	3	5	8	5	5	10	6	37.20	11
8	诸葛明德堂	10	5	5	3	8	2	5	10	6	40.20	9
9	诸葛承启堂	10	5	5	5	7	6	5	10	5	44.60	4
10	诸葛下仓房	10	5	5	3	6	8	5	10	5	45.30	3

续表

编号	名称	年代特性	影响程度	稀缺程度	工艺技巧	建筑结构	文化特色	教育意义	本地认可	市场价值	赋权重后合计	排名
11	诸葛积庆堂	10	5	5	5	7	9	5	10	6	47.90	1
12	诸葛贵八祀	5	5	2	3	1	1	5	10	4	28.50	13
13	诸葛谦复堂	8	5	4	8	6	2	5	10	6	39.10	10

通过这样的方法可以对大量聚集的古建筑进行较为快速、相对科学的价值判定。

三　文物价值的变化规律

以上都是在文物价值的产生和发现阶段进行的科学化研究工作。但是我们知道，万物存于世上，都有其由生到死的自然演变过程。自然环境中的有机体都会老化分解，无机物的原有形态在失去稳定的环境后也会发生改变。作为价值依附主体的文物本体材料消亡或变化了，文物价值也会消失或改变。文物价值的产生过程，相较于其变化直至衰亡，是比较短暂的，甚至可以在时间轴上缩减成一瞬间。因此，对于文物价值在漫长岁月中的消失规律的研究，是不可忽视的重要内容。

长期以来，文物工作者对文物价值的消失和改变的研究，基本集中在文物本体材料的老化或劣化过程上。本文试图考虑所有可能对文物价值造成影响的因素，以及这些因素会以怎样的方式改变文物价值。需要清醒认识到的是，即使是再科学谨慎的修缮，对于文物价值也是会有影响的，遑论那些不够严谨慎重的人为干预。

以南方地区古建筑的修缮过程为例，替换糟朽构件对于建筑的结构安全是必需的，但是随着被替换下来的老构件一起消退的，还有古建筑的历史价值。补配的构件，虽然尽可能做到接近原样，最大限度地保留了古建筑的科学价值和艺术价值，但历史的真实性价值肯定是失去了。因此随着古建筑文物的一次次按原样修缮，其文物价值总量是逐次减少的。减少到所有构件都不再是原物了，那么只能认定该建筑保留了某一历史时期的作法，而非当时的实物。根据国际古迹遗址理事会1994年发布的《奈良真实性宣言》，我们可以认为坚持了原材料、原工艺的替换修复，是可以被接受的、合理的古建筑保护方法。

历史上对古建筑的修缮还普遍存在一种现象，就是按照修缮年代的作法进行施工。于是保留至今的古建筑上，就会存在多个不同年代作法留下的实物证据。如果在现在的修缮设计时，选定了按新建时的作法修缮，那么后期修缮的文物价值就失去了；如果按照后期某一时代进行修缮，又会对新建时留下的文物价值造成破坏。因此在确保文物安全而不得不进行修缮的今天，围绕着价值取舍仍然有许多针锋相对的观点。但即便两“害”相权取其轻，对文物价值总量而言，修缮依然会对价值产生影响。长远看来，随着一次次的修缮，文物价值总量存在持续缓慢减少的趋势。

前文两次讨论到修缮会对价值产生影响，而非直接减少价值，是因为古建筑文物的修缮工作，不仅会减少古建筑直接损坏坍塌的风险，也是对于文物诸多价值的一次梳洗和再认识。随着修缮方案设计的开展，古建筑的历史信息和建筑方式被仔细收集、整理和归纳；随着修缮工程施工的开展，古建筑主体架构的细致和装饰艺术的精妙展露无遗——作为文物价值载体的各种信息被揭示出来，并记录成档案，成为文物工作者重新审视评估文物级别的重要依据。因此可以认为，文物修缮对于文物价值，往往是有较为快速的提升的。

因为坚持"修旧如旧""与整体风貌相一致"等修缮原则，古建筑文物的修缮一般会尽可能采用与历史时期所用材料一致或最接近的材料。这样的材料在如今的自然环境和人类生活条件下，很难具有较强的耐久性和抗风化能力。于是修缮材料与原材料一起，在现在的气候条件、现代人的生活方式影响下，较快地衰退老化。同时，随着经济水平的持续提升以及文物保护意识的不断增强，南方地区的许多古建筑文物往往能够在病害发生初期、整体状况尚佳的时候就得到工程干预，这一举措就提高了决定修缮时古建筑的文物价值。古建筑的修缮周期一再缩短。

综上所述，文物的价值演变过程遵循着"以物的形式存在→以文物的形式存在→文物经历病害、价值逐渐衰退→文物得到修缮、价值快速回升→再次经历病害、价值再次衰退→再次修缮……"的规律。这一规律如果用曲线表示应该是波浪形的，且存在着波峰逐次降低、振幅逐次减小、周期逐次缩短的特点。

明确了古建筑文物价值变化曲线大的规律后，还需要仔细研究价值起伏速率的情况。根据文献研究，古建筑文物的木①、石②、砖③、土、壁画④等不同材料和构成部分均具有自身独特的劣化规律。根据建筑组成的构件单元分，针对木构件⑤、砖墙体⑥、涂料⑦等也都有人对其劣化规律进行过研究。古建筑文物的价值变化规律并不是几种材料劣化过程单纯叠加而成的，因此单项材料的劣化规律仅可供参考，并不能完全决定古建筑文物价值的变化情况。综合来看，可以将古建筑的病害按照破坏速率分为两大类：急性病害和慢性病害。急性病害是指在极短的时间内发生的、直接将文物毁灭的病害。这种病害一般属于天灾人祸，比如火灾、地震、洪水和泥石流等，通常极难预测，因此也无法给人留下足够的抢救时间。慢性病害在发生初期往往较为隐蔽，对于文物本身的破坏也较小，但到了某一

① 李瑜：《古建筑木构件基于累积损伤模型的剩余寿命评估》，武汉理工大学硕士学位论文，2008。

② 李秋萍：《古桥结构体系及石拱桥的分析、监测评估与保护》，浙江大学硕士学位论文，2011。

③ 朱小丽：《汉化像砖的劣化机理及保护》，郑州大学硕士学位论文，2009。

④ 贺章：《不可移动文物劣化状况的定量评价方法研究——以故宫养心殿石质文物、燕喜堂金砖、金华侍王府壁画为例》，浙江大学硕士学位论文，2017。

⑤ 路鹏：《老化对古建筑木构件受力性能的影响分析》，西安建筑科技大学硕士学位论文，2017。

⑥ 焦杨：《基于劣化定量分析的遗产建筑砖墙外立面评估体系研究》，北京工业大学硕士学位论文，2016。

⑦ 李林玲：《模拟古建筑用木材表面涂层的耐候性》，南京理工大学硕士学位论文，2016。

临界阈时，会突然加剧，导致文物严重损坏甚至遭受灭顶之灾。

一旦发生急性病害，文物价值曲线会产生直接降至零点的直线。因此发生急性病害的概率，通常可以用价值曲线的斜率来表示，即求得该曲线在病害发生时间点上的导数。因为不论快慢，文物价值肯定每天都在改变，只有发生毁灭性病害导致文物价值为零时才会稳定不变，因此对于导数快速趋向于零的情况要格外引起重视。

慢性病害导致的文物价值演变一般和三角函数中的减函数区间较为相似。第一阶段的价值曲线呈缓慢下降趋势，此时古建筑文物存在的病害主要是轻微沉降或形变，装饰装修材料的老化缺损，局部的漏雨和泛潮，门窗的松动以及墙体细小裂缝的产生。到了拐点后称为第二阶段，此时文物价值开始加速下降。具体表现为门窗和装饰构件的缺失，油饰彩画的大面积剥落，屋面的大面积渗漏，地面石板开裂，房屋潮湿并滋生微生物，严重沉降或形变以及墙体严重开裂和梁架拔榫明显，产生虫害和霉菌——存在其中几种或全部，且到达威胁古建筑安全程度的，都可以归入第二阶段。在下降到另一拐点时进入第三阶段，此时由于大部分病害都已经发生，古建筑破败不堪，几近荒废，室内环境和外部自然环境较为接近，文物价值下降的速率会再次放缓。这一过程与热传导的规律相类似，因此基本符合热力学第零定律，可以大致认为是科学的。

处于第一阶段的古建筑文物，在经历急性病害时，若能侥幸免于被毁，也必然会遭受重大损坏，提前进入第二阶段。根据南方地区古建筑文物的实际情况，可以发现急性病害在慢性病害引起的文物价值曲线的第二阶段发生的概率最大。因为处于此阶段的古建筑开始出现大量结构安全隐患，为急性病害的发生和造成较大破坏提供了条件。到了第三阶段，如果没有保护工程干预，古建筑自然也会接近消亡，当然如果有急性病害发生，也更能加速其毁灭的进程。

综合急性和慢性病害的影响，古建筑文物价值曲线（图一）在衰退区间的规律总体与慢性病害单独影响产生的曲线一致，但在图像上会呈现得比后者更为陡峭，斜率更大。

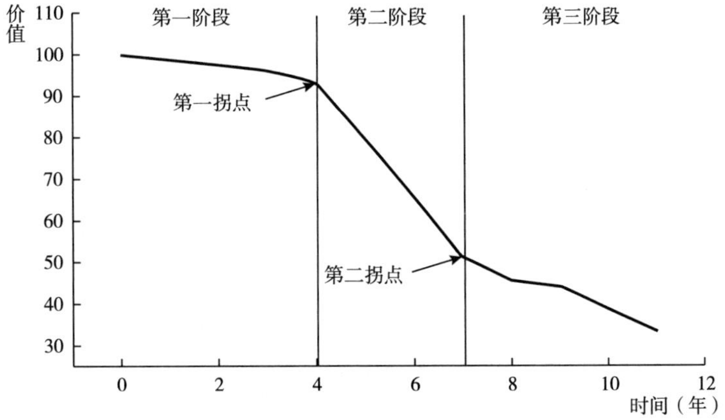

图一　古建筑文物遭遇病害后价值曲线衰退的三个阶段

资料来源：根据浙江省2006～2018年文物修缮工程项目有关统计数据绘制。

四 总结

古建筑由新而旧，其自身价值一直在发生变化。本文通过量化计算的研究方式，对南方地区古建筑的价值变化规律进行了研究。历史上多次修缮以及修缮时采用的新材料，会对文物的历史价值造成损害。但由于及时进行修缮，消除了古建筑文物短期内坍塌的危险，因此对文物价值整体而言，修缮行为是积极和必要的。古建筑上的每一种材料都有自身独特的劣化规律，将这些规律结合对突发灾害的概率进行总结，可以得到古建筑文物价值的衰减曲线。

在习近平总书记倡导不要大拆大建、避免千城一面的今天，探究文物价值变化规律，坚持预防在先，适当时进行小规模、定期的保养维护，保持古建筑价值的持续稳定，减缓其衰退速率，是我们保护好历史文化和城市风貌时可以采取的一种非常节约而有效的措施。

编辑：郭卉

田野考古报道

崇左江边新石器时代遗址2007年试掘简报

杨清平

（广西文物保护与考古研究所）

[摘要] 江边遗址是位于广西崇左市的一处距今6000～5000年的新石器时代贝丘遗址。2007年，广西文物保护与考古研究所在对其进行的试掘过程中，发现了多具人骨遗骸，出土了石器、蚌器及众多软体动物遗骸等一批文化遗物。人骨遗骸没有墓坑，葬式包括侧身屈肢葬、肢解葬等。遗物只见石制品，类型包括加工工具、打制石器、磨制石器，加工方法均为锤击法，器形较小，磨制石器也不精。该遗址的试掘对于研究左江流域史前文化的内涵、文化序列等问题具有较高的价值。

[关键词] 江边遗址；墓葬；石器；文化内涵；年代

一 地理位置与探方分布

江边遗址位于广西壮族自治区崇左市江州区濑湍镇仁良村江边屯东南50米左江西岸的台地上。遗址中心坐标为：北纬22°29′15.5″、东经107°29′29.5″。遗址海拔高程为110米，高出江面约20米，分布面积约800平方米。东面紧临左江，临江面部分地方为悬崖峭壁，距现在的水面高约10米；南面是一座石灰岩的高山，遗址位于山脚下的台地上；西北距江边屯最近的房子约50米；东面约300米隔左江与九岸村关刀角屯相邻；西北面约1000米隔左江与九岸村何村屯相望；西南3000米是仁良村村委所在地；西面是一片菜地。左江在遗址东面自北向南流过，在遗址下游不到百米的地方向东拐形成一个河湾（图一）。

该遗址是2007年广西壮族自治区文物保护与考古研究所与崇左市文物局对何村贝丘遗址抢救性发掘期间进行周边考古调查时新发现的。为进一步了解该遗址的文化性质和内涵，随后对遗址进行了试掘。试掘区位于遗址的中心位置，此处是遗址堆积最厚、地层最为完整的区域。试掘共布5×5米探方2个，面积50平方米。探方编号T1、T2。试掘发现了多具人骨遗骸，出土了石器、蚌器及众多动物遗骸等一批文化遗物，对了解左江流域史前文化特征具有重要意义（图二）。

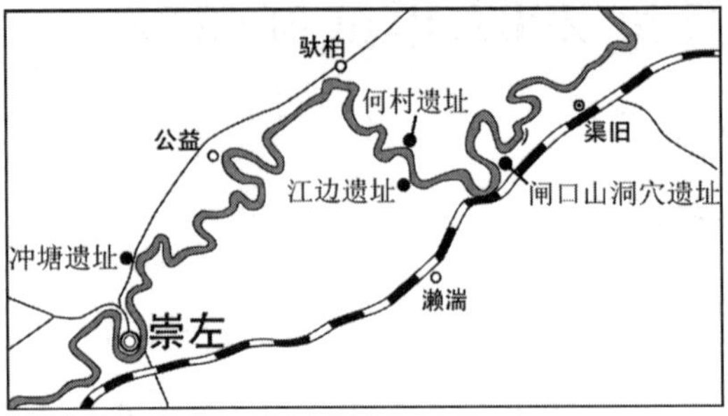

图一 江边遗址地理位置图

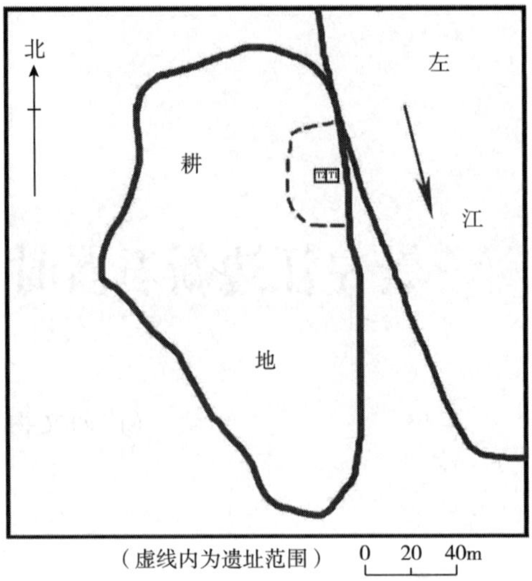

图二 江边遗址2007年试掘探方分布图

二 地层堆积

该遗址地层关系清楚，堆积较厚，部分地方由于农民耕种而遭到严重破坏。从发掘情况看，可分五个文化层，堆积的厚度超过150厘米。现以T2西壁地层剖面（图三）为例说明。

第①层：灰黑色沙质表土层。土质疏松，细腻，地层薄，厚10～15厘米不等，遍布全方。此层包含有少量的螺壳、石制品及现代杂物。

第②层：灰黄色螺壳层。仅分布于探方的西部，厚0～20厘米不等。被开口①层下的长条形沟打破，沟内填土为褐色沙土。该层含较多的螺壳，螺壳的分布不均匀，西南部密集，西北部稀疏。出土残碎青花瓷一片。

第③层：棕红色沙土层。仅分布于探方的西部，厚0～30厘米不等，为较纯净的沙土。被开口①层下的长条形沟打破。出土少量动物骨头。

第④层：灰褐色沙土层。此层是遗址的主要堆积，土质疏松，厚10～20厘米不等。被开口①层下的长条形沟打破。含大量的螺蚌壳，螺蚌壳的分布不均匀，西北部最密集，其余分布稀疏。出土少量的石制品，主要为断块、砾石、石片、石锤、刮削器、石斧等。

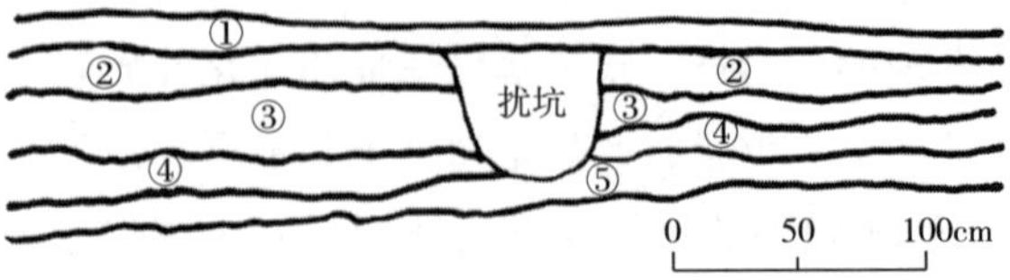

图三 江边遗址T2西壁地层剖面图

第⑤层：青灰色螺壳层。此层胶结较为严重，含螺壳较为稀少，沙土中多含硬的细小颗粒。遍布全方，厚7～20厘米不等。出土少量的石制品，主要为石器断块、砾石、石片。

三 遗迹

此次发掘，共清理 6 具新石器时代的人类遗骸，主要分布于遗址 T2 的东北部。这些遗骸没有墓坑，分布于⑤层内，葬式包括侧身屈肢葬、肢解葬等，其中又以侧身屈肢葬为主要葬式。除两具骨架保存较完整外，其余骨骼不全。遗骸摆放无一定规律，有两具遗骸直接摆放于基岩之上，有一具头部压有一石块。所有遗骸与土垢胶结紧密。

M1　位于 T2 东部偏中位置。整体骨骼保存较差（图四），仅存部分盆骨残片及部分残断的肢骨、锁骨、肩胛骨、椎骨、肋骨等。头骨不存。身躯置于 M1 的东南部，胸椎骨正面朝上，左右肋骨、锁骨、肩胛骨分列于颈椎胸椎两侧，左右肱骨分置于肩胛骨两侧，大致与躯干平行，略外撇，躯干当为仰身。盆骨置于胸部，在左上肢骨与右股骨之间。椎骨大部置于 M1 的东北部，往南与右下肢骨相挨。左尺、桡骨与肱骨大致成 130 度曲向右股骨；右上肢仅存半根肱骨。左下肢仅存一节股骨，置于左上肢骨的外侧；右下肢置于 M1 的东北部，且股骨压在胫、腓骨上。从盆骨、椎骨、下肢骨的摆放位置来看，与正常的解剖位置相差甚远，应为肢解所致。经初步鉴定为 1 成年女性。

M2　位于 T2 东部偏北位置，部分伸入东隔梁。整体骨骼保存较差（图五），仅存部分头骨残片及部分残断的肢骨、锁骨、肩胛骨、肋骨等。头骨置于 M2 的东南部，头朝东南、面向下，下颌骨左侧被左肱骨压住。右肋骨整齐排列且正面朝向东北，应为右侧身。右锁骨压在左下颌骨及部分右肋骨上，并被左肱骨压住，右锁骨往左约 3 厘米处为左锁骨。左肱骨与桡骨立于头骨两侧，肱骨在右，桡骨在左，桡骨往外与左肱骨头相接；右上肢位于右肋骨的右侧，尺、桡骨与肱骨成大致平行排列曲向右肱骨头。下肢仅存一股骨与胫骨，胫骨压在股骨上，股骨又压在右尺、桡骨上。从整体骨骼的摆放位置来看，应为右侧身屈肢葬。现在头骨、左上肢骨、左锁骨的摆放位置，与正常的解剖位置不符，应为移位所致。经初步鉴定为 1 成年男性个体。

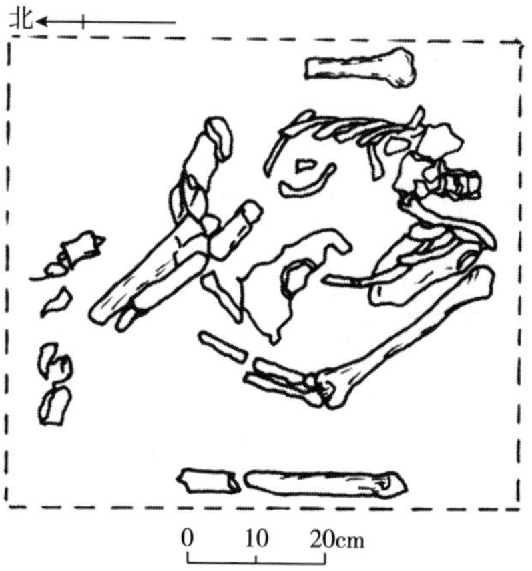

图四　M1 平面图

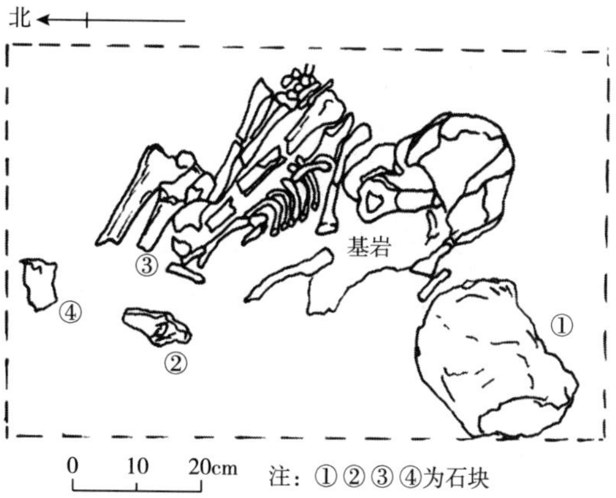

图五　M2 平面图

头骨的左侧有一不规则形灰岩石块，长 30、宽 25 厘米；西北部有三件砾石，一肋骨外侧的一件，为长条形，长 10、宽 4 厘米；肋骨内侧的一件为砾石断块，并被部分肋骨压住，为三角形，长 5、宽 3 厘米；最北的一件为长条形，长 8、宽 5 厘米；M2 的中部露出部分基岩，左锁骨压在其上。

M3　位于 T2 中部偏东位置。整体骨骼保存较差（图六），仅存部分头骨、盆骨残片及部分残断的上肢骨、锁骨、椎骨、肋骨等。头骨置于 M3 的东南部，头朝东南、面向北，下颌骨不存。椎体正面朝东北，右肋骨向右边散开，左肋骨往椎骨卷回，且部分被左肩胛骨及左肱骨压住，应为右侧身。右上肢仅存肱骨，位于右肋骨的外侧且与椎骨大致成平行排列；左肱骨也与椎骨大致成平行排列，左尺、桡骨仅各存一小节，压在腰椎骨上，与肱骨大致成 120 度曲向盆骨，一指骨散落于盆骨边上。从整体骨骼的摆放位置来看，应为右侧身，但由于下肢不存，葬式不明。经初步鉴定为 1 成年男性个体。

M4　位于 T2 北部偏东位置，靠近北壁，往西与 M5 紧紧相挨。整体骨骼保存基本完整（图七），除上腭骨不见外，其余骨骼保存完好，骨骼依地势摆放在基岩上。头骨置于 M4 的西南部，头朝西南、面向东南，下颌骨压在颈椎上。椎骨正面朝向东南，应为右侧身。肋骨分列于椎骨两侧，左右锁骨、肩胛骨分别压在左右胸肋骨上。左右肱骨自然下垂与椎骨平行排列，左尺、桡骨与肱骨大致成 90 度曲向两下肢之间，并压在尾椎骨及右股骨上，同时，被左肱骨与胫、腓骨压住；右尺、桡骨与肱骨大致成直线伸入两下肢之间，上被左尺、桡骨及左股骨压住，下则压在右股骨上。下肢并拢曲向胸部，左股骨与胫、腓骨压在右股骨与胫、腓骨上，胫骨正面朝向东南，膝盖骨朝向西南。从整体骨骼的摆放位置来看，应为右侧身屈肢葬。经初步鉴定为 1 男性个体，年龄大约 40～45 岁。

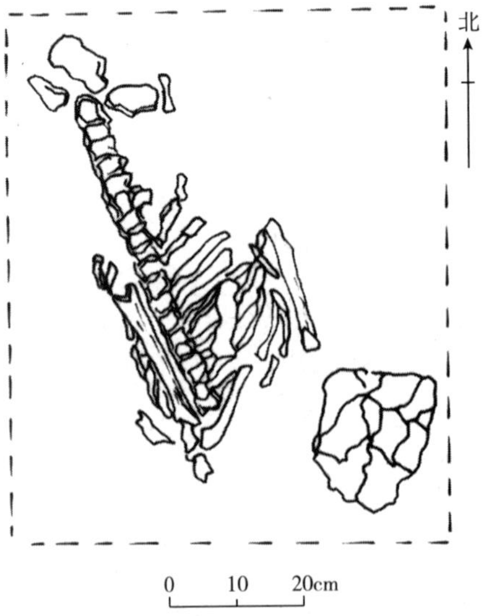

图六　M3 平面图

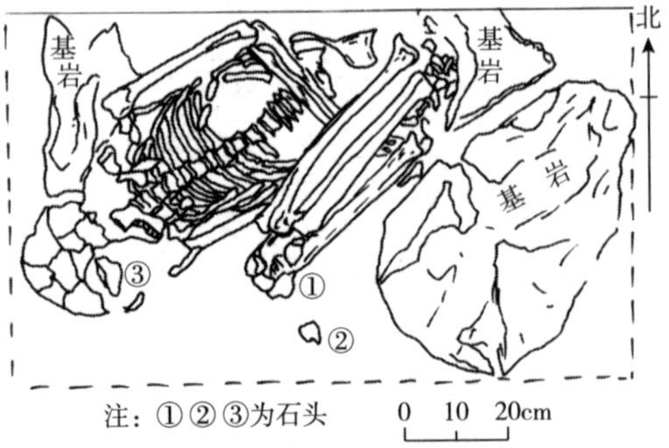

图七　M4 平面图

M4 的骨骼基本上摆放在基岩上。南部置有三块砾石。头骨的上腭骨位置有一不规则形石灰岩石块，长 8、宽 5 厘米；东南部有一半圆形砾石断块，直径约 7 厘米；该砾石断块往北约 10 厘米处还有一不规则形石砾，长 6、宽 3 厘米。

M5　位于 T2 北部偏东，往东与 M4 紧紧相挨，往西与 M6 相连。整体骨骼保存基本完整（图八）。头骨置于 M5 的东南部，头朝东南、面向西北，上下颌骨保存较好，下颌骨压在颈椎及右锁骨、肩胛骨上。椎骨正面朝向西南，应为左侧身。肋骨分列于椎骨两侧，左右锁骨、肩胛骨分别压在左右胸肋骨上。左右肱骨自然下垂与椎骨平行排列，左尺、桡骨微曲向腹部，并被右股骨压住，同时，压在右尺、桡骨上；右尺、桡骨与肱骨大致成 140 度曲向腹部，被右股骨与胫骨压住。下肢并拢曲向胸部，左股骨与胫、腓骨大致成平行排列，置于左上肢外侧，左胫骨压在股骨上，胫骨正面朝向西南；右股骨压在右肋骨、右上肢及右盆骨上，往左约 15 厘米处为右胫骨，右胫骨压在椎骨、右尺、桡骨、左桡骨、盆骨、部分肋骨上，股骨与胫骨也大致成平行排列，右腓骨与胫骨分离，置于胸腔位置，压在右肋骨、椎骨、右胫骨头上。从整体骨骼的摆放位置来看，应为左侧身屈肢葬。现在右胫、腓骨摆放的位置，与正常的解剖位置不符，应为移位所致。经初步鉴定为 1 男性个体，年龄 35 ~45 岁。

M6　位于 T2 的北部，往东与 M5 相连。整体骨骼保存极差（图九），仅存部分头骨残片及部分残断的肢骨、椎骨、肋骨。头骨置于 M6 的东部，头朝西北、面向东北，上下颌骨保存较差，基本没有移位。椎骨置于头骨的南部，椎骨两侧分置两肢骨。头骨西部为一堆杂乱的指骨、肋骨。由于骨骼残碎严重，葬式不明。经初步鉴定为 1 男性个体，年龄 35 ~ 45 岁。

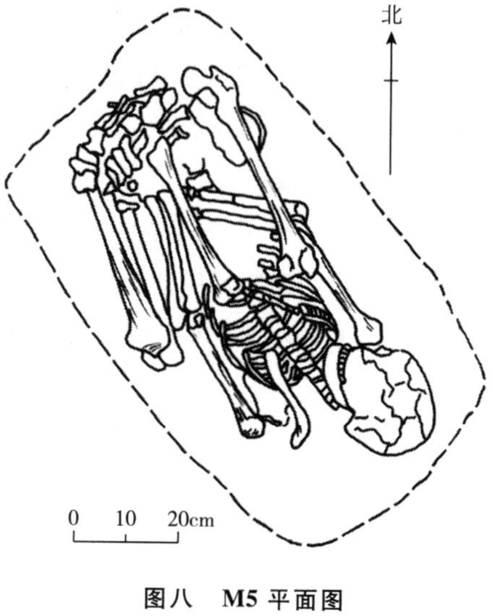

图八　M5 平面图

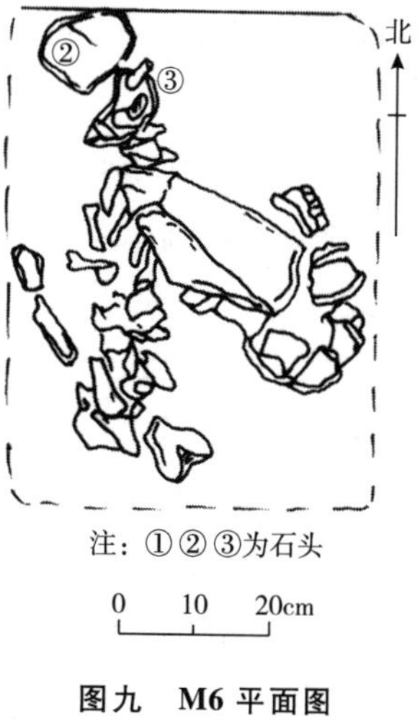

图九　M6 平面图

M6 头骨被一不规则形石灰岩石块压住，石块长 25、宽 20 厘米；西北部有两件相挨的不规则形砾石，最北的一件长 20、宽 13 厘米；另一件被部分指骨压住，长 15、宽 10 厘米。

四 文化遗物

此次发掘发现了少量的文化遗物，类型只见石制品。石制品包括加工工具、打制石器、磨制石器。石器中打制石器占多数，打制石器以一侧单面打制的砾石器为主，器形较小，制作简单。磨制石器主要为以砾石为原料制作的斧锛类毛坯，成品的斧、锛较少，即使是斧锛成品，磨制也不精细，仅仅在刃部稍加磨制。

共发现石器 22 件。可分为加工工具、打制石器、磨制石器三大类。

1. 加工工具

5 件。占全部石器总数的 22.73%。

石锤 4 件。占全部加工工具的 80%。原料均为砾石，岩性有辉绿岩和砂岩两种。按照器物形状可分为 A、B、C、D 四型。

A 型：1 件，形状为三角柱状。标本 2007GJJT1①:1，原料为灰色辉绿岩砾石。形状为三角柱状，横截面呈三角形，器体厚重。两端均有因砸击而形成的凹坑，一端凹坑浅小，另一端凹坑宽深。一面的中部亦有一个因砸击而形成的较浅的疤痕。器身大部分保留砾石面，砾面光滑。长 12.6、宽 6.9、厚 5.8 厘米，重 773 克（图十：1）。

B 型：1 件，形状为长方形柱状。标本 2007GJJ 采:4，原料为褐色辉绿岩砾石。平面形状近长方形，器体厚重。一端为平整的截断面，另一端为使用时砸击形成的坑疤，疤痕较大较深。器身大部分保留砾面。从平整的横截面观察，该器物原来应该是研磨器毛坯，后来用作石锤。长 12.5、宽 11.6、厚 8.9 厘米，重 738 克（图十：3）。

C 型：1 件，形状为不规则形。标本 2007GJJ 采:10，原料为灰色辉绿岩砾石。平面形状不规则，器体厚重。使用砾石的两端砸击或敲击，在两端形成一些较大的片疤和细小的崩疤，器身中部保留砾面。长 13.2、宽 10.2、厚 9.1 厘米，重 758 克（图十：4）。

D 型：1 件，形状为圆饼状。标本 2007GJJT1③:1，原料为灰黄色砂岩砾石。平面形状为圆形。正背面均有砸击形成的细小坑疤及麻点。器身大部分保留砾面，砾面粗糙。直径 11.6、厚 4.6 厘米，重 966 克（图十：2）。

砺石 1 件。占全部加工工具的 20%。标本 2007GJJ 采:9，原料为紫红色砂岩砾石。平面近梯形，横截面近长方形。器体扁薄。正面磨出浅宽的凹槽，背面较平。长 7.2、宽 5.2、厚 1.3 厘米，重 366 克（图十：5）。

2. 打制石器

11 件。占石制品总数的 50%。除 1 件石核外，器类包括砍砸器和刮削器两种。

石核 1 件。占打制石器总数的 9.09%。标本 2007GJJT2①:2，原料为浅灰色辉绿岩砾

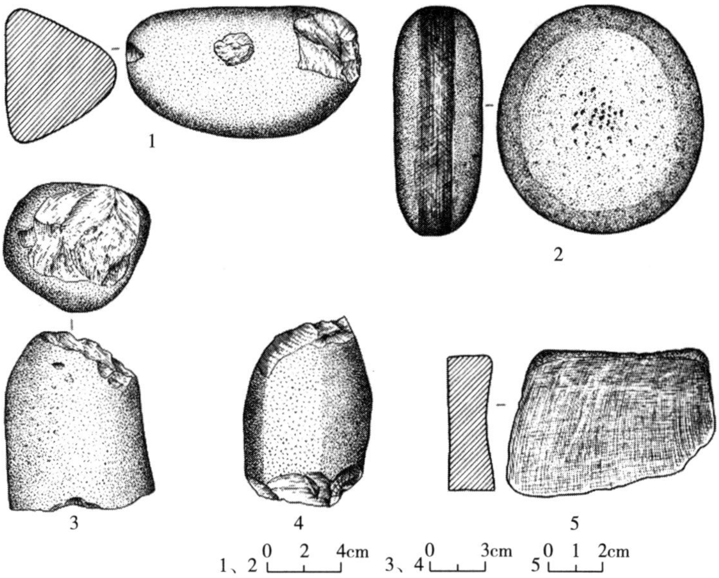

图十　江边遗址石器加工工具

1. A型石锤（2007GJJT1①：1）；2. D型石锤（2007GJJT1③：1）；3. B型石锤（2007GJJ采：4）；4. C型石锤（2007GJJ采：10）；5. 砺石（2007GJJ采：9）

石。平面形状不规则。两端经多次剥片。器身其余为自然砾石面。长9.8、宽5.3、厚6.5厘米，重584克（图十一：1）。

砍砸器4件。占全部打制石器总数的36.36%。原料均为辉绿岩砾石。平面形状有三角形、梯形、不规则形等。加工方法均为锤击法。加工较为简单，加工多由一层或两层片疤组成，片疤多宽大于长。均为单刃，部分刃缘有不同程度的修整。根据刃口形状的不同，分为A、B、C三型。

A型：1件，直刃。标本2007GJJT1①：4，原料为浅灰色辉绿岩砾石。平面形状不规则，器体厚重。沿砾石的一侧单面打片，仅作一次加工。片疤小，片疤面狭长。刃缘较直，刃口锋利，有较多细小的崩口。器身大部分保留砾石面。刃角度，长12.3、宽7、厚2.7厘米，重280克（图十一：2）。

B型：2件，弧刃。根据平面形状不同又可分为两个亚型。

Ba型：1件，平面形状为三角形。标本2007GJJT2①：1，原料为浅灰色辉绿岩砾石。平面形状近三角形，一侧较厚，另一侧稍薄。器体厚重。沿砾石的一侧单面打片，片疤宽大深凹。刃面较陡，刃缘凸出形成弧刃，刃口锋利。器身大部分保留砾石面。长8.2、宽5.2、厚4厘米，重700克（图十一：3）。

Bb型：1件，平面形状为不规则形。标本2007GJJT2①：3，原料为紫色砂岩砾石，平面形状不规则。一侧较厚，另一侧稍薄。器体厚重。沿砾石的一侧单面打片，且经二次加工。除有的片疤宽大，有的片疤较小。刃面陡直，刃缘凸出形成弧刃，刃口锋利。器身大部分保留砾石面。长8、宽4.2、厚3.2厘米，重535克（图十一：4）。

C型：1件，凹刃。标本2007GJJT1①:3，原料为浅灰色辉绿岩砾石。平面形状近梯形，器体扁薄。沿砾石的一侧单面打片，片疤浅小。刃面较宽，刃缘略内凹，刃口锋利。器身大部分保留砾石面。长10.3、宽6.4、厚2.5厘米，重232克（图十一：5）。

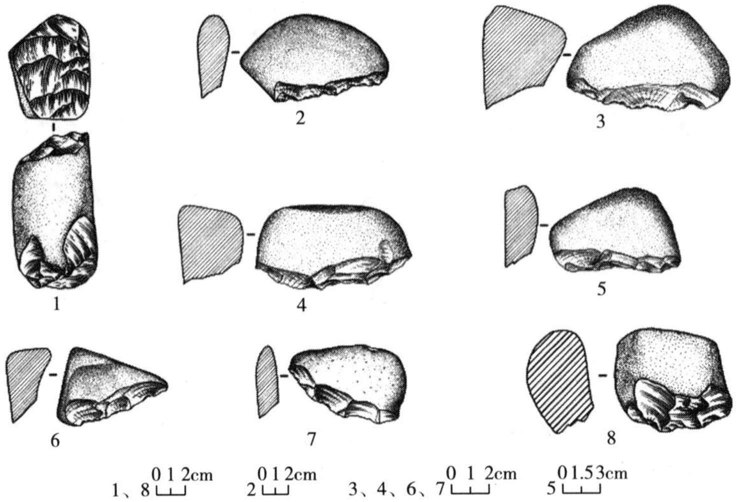

图十一　江边遗址打制石器

1. 石核（2007GJJT2①:2）；2. A型砍砸器（2007GJJT1①:4）；3. Ba型砍砸器（2007GJJT2①:1）；4. Bb型砍砸器（2007GJJT2①:3）；5. C型砍砸器（2007GJJT1①:3）；6. Aa型刮削器（2007GJJ采:7）；7. Ab1型刮削器（2007GJJ采:8）；8. Ab2型刮削器（2007GJJ采:3）

刮削器6件。占全部打制石器总数的54.55%。原料均为辉绿岩。平面形状有三角形、四方形、梯形、不规则形等。加工方法均为锤击法。加工较为简单，加工多由一层或两层片疤组成，片疤多宽大于长。部分刃缘有不同程度的修整。根据刃口的多少，分为单刃和双刃两个类型。

A型：5件，单刃。根据刃口形状的不同，分为Aa、Ab两个亚型。

Aa型：1件，直刃。标本2007GJJ采:7，原料灰色辉绿岩砾石。平面呈三角形。一端较厚，另一端稍薄。沿砾石的长边单面连续打片，片疤深凹且大，片疤面光滑。刃缘较直且锋利。器身大部分保留砾面。长5.8、宽3.8、厚2.4厘米，重150克（图十一：6）。

Ab型：4件，弧刃。根据平面形状的不同，可分为Ab1、Ab2、Ab3三个次亚型。

Ab1型：1件，平面形状为三角形。标本2007GJJ采:8，原料灰色辉绿岩砾石。平面形状近三角形。器身较扁薄。加工简单，沿砾石的一侧单面连续打片，片疤浅宽，打击点较深。刃缘凸出形成弧刃，刃口锋利。刃缘背面有个别的崩疤。器身大部分保留砾面。长6、宽4、厚1厘米，重121克（图十一：7）。

Ab2型：1件，平面形状为四方形。标本2007GJJ采:3，原料为灰色辉绿岩砾石。平面形状近四方形。加工简单，沿砾石的一端单面多次打片，形成一道弧刃。片疤较大，刃面较陡，刃口比较锋利。器身大部分保留砾石面。长7.3、宽6.3、厚4厘米，重252克（图十一：8）。

Ab3型：2件，平面形状为不规则形。标本2007GJJ采∶6，原料灰色辉绿岩砾石。平面形状不规则。一侧较厚，另一侧稍薄。沿砾石的一侧单面连续打片，片疤小而浅，片疤面窄。刃缘凸出形成弧刃，刃口锋利。右上角有一片疤。器身大部分保留砾面。长9.6、宽5.4、厚2.5厘米，重138克（图十二：1）。标本2007GJJ采∶1，原料灰色辉绿岩砾石。平面形状不规则。沿砾石的一侧单面连续打片，左侧片疤浅，较完整，右侧片疤多破碎。刃面窄，刃缘凸出形成弧刃，刃口厚钝，见少量使用痕迹。器身右侧断裂形成一平整的截断面。器身大部分保留砾面。长9、宽6.3、厚5厘米，重334克（图十二：2）。

B型：1件，双刃。标本2007GJJT2①∶4，原料为青灰色辉绿岩砾石。平面形状近梯形。一端较厚，另一端稍薄。沿砾石的一侧和一端单面打片，形成两个刃面。加工简单，片疤较大。一侧刃缘较直，另外一侧刃缘稍内凹。两刃口均比较锋利。器身大部分保留砾石面。长9.2、宽7.2、厚3.5厘米，重330克（图十二：3）。

3. **磨制石器**

6件。占全部石制品总数的27.3%。原料均为砾石，岩性有辉绿岩、砂岩、硅质岩等。器类有石斧、石锛和斧锛类毛坯三种。

石斧1件。占全部磨制石器总数的16.67%。标本2007GJJT1③∶3，原料为青灰色辉绿岩砾石。平面形状近梯形。器身较扁薄。两侧均有加工形成的细小坑疤，正面顶端及器身中部保留着大量的片疤。在较宽端加工形成刃面，刃面正背两面均略微磨制，弧刃，刃缘较锋利。背面刃部有细小的崩疤。器身其余部分保留砾面。长13.8、宽6.6、厚3.3厘米，重390克（图十二：4）。

石锛1件。占全部磨制石器总数的16.67%。标本2007GJJT1①∶5，原料为灰色辉绿岩砾石。平面呈梯形，器体扁薄。背面是打制时留下的片疤，仅在正面刃部略作磨制。直刃，刃缘锋利，刃部有较多细小的崩口。上端残断。长5.3、宽3.0、厚0.6厘米，重17克（图十二：5）。

斧锛类毛坯4件。占全部磨制石器总数的66.67%。

标本2007GJJ采∶2，原料为灰色辉绿岩砾石。平面呈梯形，器体扁平，横截面呈长方形，下端单面打片，片疤小而浅，片疤面陡，顶端有砸击形成的细小坑疤，刃缘略凸出、锋利，器身大部分保留砾面。长9.6、宽4.1、厚2.4厘米，重144克（图十二：6）。

标本2007GJJT1③∶2，原料为青灰色硅质岩砾石。平面形状近梯形。一面保留砾石面，另一面为多次剥片留下的疤痕。刃部成弧形，未经磨制。长8、宽6、厚2.4厘米，重123克（图十二：7）。

标本2007GJJ采∶5，原料为黄褐色细砂岩砾石。平面形状近梯形，器体扁平。一面保留砾石面，另一面在稍宽段简单剥片形成刃面。片疤较大。刃缘内凹，未经磨制。长10.6、宽3.6、厚2.0厘米，重111克（图十二：8）。

标本2007GJJT1①:2，原料为黄褐色硅质岩砾石。平面形状近梯形。一面较凸，另一面较平。双面均有较多的打制痕迹。一面在稍宽端加工成出一个内凹刃面，刃缘近弧形，未经磨制。长11.5、宽6、厚2.8厘米，重322克（图十二：9）。

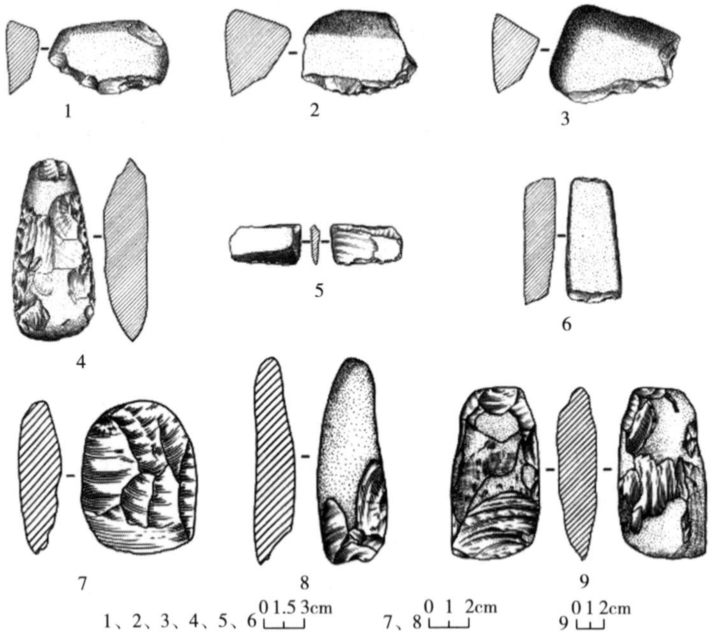

图十二　江边遗址石器

1、2. Ab3型刮削器（2007GJJ采:6、2007GJJ采:1）；3. B型刮削器（2007GJJT2①:4）；4. 石斧（2007GJJT1③:3）；5. 石锛（2007GJJT1①:5）；6～9. 斧锛类毛坯（2007GJJ采:2、2007GJJT1③:2、2007GJJ采:5、2007GJJT1①:2）

五　自然遗物

（一）软体动物

本次试掘，江边遗址共采集软体动物标本932件，鉴定出12个物种，包括腹足纲9种和瓣鳃纲3种（图十三）。这些类群多数是左江流域及附近地区的现生种类。从数量看，以水生的螺类为主，田螺类最多，沟蜷类其次；陆生的蜗牛类较少，其中主要是环口螺；蚌类零星（表一）。从加工方式看，螺类多数敲壳食用，蜗牛类的壳体相对完整，有些有火烤的痕迹。江边遗址的软体动物种类如下：

软体动物门　Mollusca

　腹足纲　Gastropoda

前鳃亚纲 Prosobranchia

中腹足目 Mesogastropoda

田螺科 Viviparidae

圆田螺属 Cipangopaludina

1. 圆田螺未定种 Cipangopaludina sp.（图十三：A、B）

石田螺属 Sinotaia

2. 石田螺未定种 Sinotaia sp.（图十三：C）

角螺属 Angulyagra

3. 角螺未定种 Angulyagra sp.（图十三：D）

厚唇螺科 Pachychilidae

沟蜷属 Sulcospira

4. 越南沟蜷 Sulcospira tonkiniana（图十三：E、F、G）

5. 沟蜷未定种 Sulcospira sp.（图十三：H、I）

环口螺科 Cyclophoridae

环口螺属 Cyclophorus

6. 焰纹环口螺 Cyclophorus ignilabris（图十三：J1、J2、J3）

7. 环口螺未定种 Cyclophorus sp.（图十三：K1、K2、K3）

肺螺亚纲 Pulmonata

柄眼目 Stylommatophora

蛹螺科 Pupinidae

拇指螺属 Pollicaria

8. 克氏拇指螺 Pollicaria crossei（图十三：L1、L2）

坚齿螺科 Camaenidae

坚螺属 Camaena

9. 坚螺未定种 Camaena sp.（图十三：M）

瓣鳃纲 Lamellibranchia

真瓣鳃目 Eulamellibranchia

蚌科 Unionidae

珠蚌属 Unio

10. 圆顶珠蚌 Unio douglasiae（图十三：N1、N2）

丽蚌属 Lamprotula

11. 洞穴丽蚌 Lamprotula caveata（图十三：O1、O2）

尖丽蚌属 Aculamprotula

12. 铆钮尖丽蚌 Aculamprotula nodulosa（图十三：P1、P2）

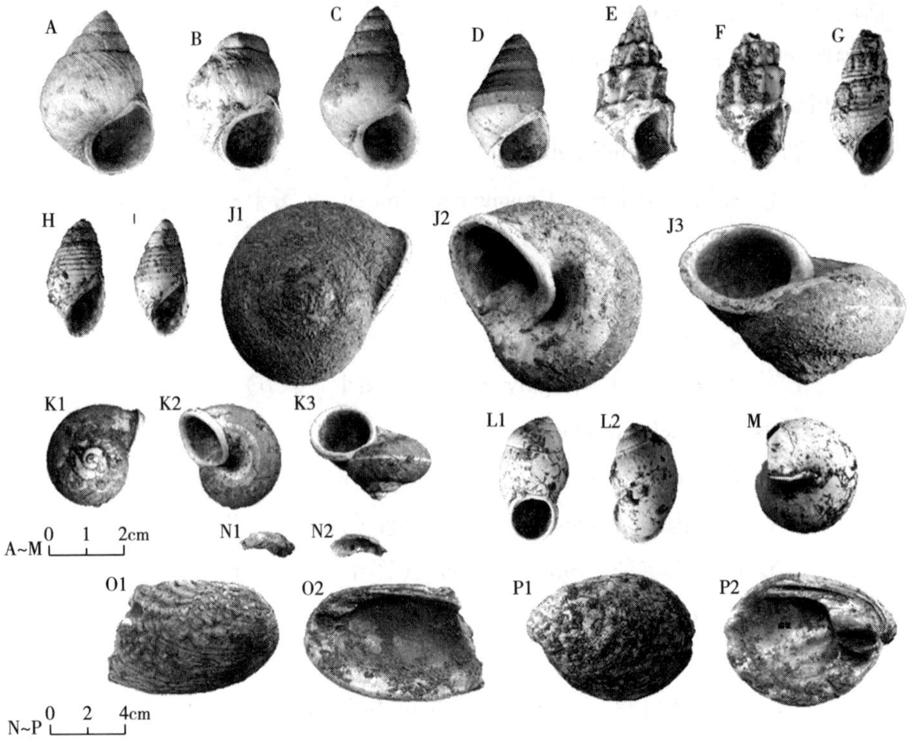

图十三 江边遗址软体动物遗存

A、B：圆田螺未定种；C：石田螺未定种；D：角螺未定种；E、F、G：越南沟蜷；H、I：沟蜷未定种；J1、J2、J3：焰纹环口螺；K1、K2、K3：环口螺未定种；L1、L2：克氏拇指螺；M：坚螺未定种；N1、N2：圆顶珠蚌；O1、O2：洞穴丽蚌；P1、P2：铆钮尖丽蚌

表一 江边遗址软体动物分类统计

单位：件

	T1③	T1④	T2④	总计
田螺类	46	159	379	584
沟蜷类	34	126	159	319
蜗牛类	5	8	11	24
蚌类	0	0	5	5
总 计	85	293	554	932

注：本表格中的田螺类包括圆田螺未定种、石田螺未定种、角螺未定种；沟蜷类包括越南沟蜷、沟蜷未定种；蜗牛类包括焰纹环口螺、环口螺未定种、克氏拇指螺、坚螺未定种；蚌类包括圆顶珠蚌、洞穴丽蚌、铆钮尖丽蚌。

（二）脊椎动物

江边遗址出土了包括鳡鱼、鲇鱼、鳖类、龟类、猕猴、食肉目、猪，以及鹿科动物共计 11 种脊椎动物。可鉴定标本数（NISP）为 114，最小个体数（MNI）为 14（表二）。

表二　江边遗址的可鉴定脊椎动物标本数（NISP）和最小个体数（MNI）

种属	NISP	MNI
鳡鱼	1	1
鲇鱼	3	1
辐鳍鱼纲未定种	6	—
鳖类	8	—
龟类	37	—
爬行纲未定种	15	2
猕猴	1	1
食肉目	1	1
猪	2	1
小型鹿科	2	2
中小型鹿科	11	1
中型鹿科	15	3
大型鹿科	6	1
鹿科	6	—
合计	114	14

六　生业模式

江边遗址属于河岸贝丘遗址，文化层由含大量螺贝壳的泥土堆积而成，同时出土了较多的软体动物和鱼类骨骼标本，显示捕捞经济占有很大的比例。

出土的脊椎动物种属至少有 11 种，全部是野生动物，未发现家畜。虽然在辐鳍鱼纲、爬行纲、哺乳纲三类脊椎动物骨骼标本中，爬行纲与哺乳纲可鉴定标本数的绝对数量和相对比例都占大宗，但由于爬行类动物在解剖学、分类学等方面与哺乳动物有较大区别，它们在破碎度、可鉴定特征等方面也有别于哺乳动物，具体表现为破碎度高，可鉴定特征明显，因而往往显得数量较多。结合单个动物的最小个体数和平均肉量，哺乳动物在肉食资源的贡献量中依然占有重要的地位。在哺乳纲动物中，鹿科动物无疑是江边遗址先民最主要的动物性蛋白质提供者。

结合动物群构成及各类动物的相对比例等信息，推断江边遗址的生业模式主要是渔猎经济，即主要依靠狩猎和捕捞水生动物为生。肉食贡献中以鹿类为主，暂未发现远距离的食物交换等行为，这一特征与新石器时代广西地区其他遗址出土动物骨骼研究的基本认识一致。

七 文化内涵及年代

因为仅仅是试掘，发掘面积有限，这在一定程度上影响了我们对遗址的认识。

通过对目前发现的遗迹和遗物观察，我们认为江边遗址具有以下文化特征。遗迹只见墓葬。墓葬不见墓坑，所有遗骸与含螺壳的土垢胶结紧密，多数骨骸保存不全。葬式包括侧身屈肢葬、肢解葬，侧身屈肢葬占多数。有的遗骸头部压有天然石块。遗物只见石制品。石制品包括加工工具、打制石器、磨制石器。原料均为砾石，岩性有辉绿岩、硅质岩、砂岩，以辉绿岩为主。加工工具有石锤和砺石。打制石器在石制品中占多数，类型包括石核、砍砸器、刮削器，器形较小。砍砸器和刮削器加工方法均为锤击法，多以一侧单面打制，加工简单，加工多由一层或两层片疤组成，片疤较大且多宽大于长。多为单刃，有直刃、弧刃、凹刃等，刃口多锋利。磨制石器主要为以砾石为原料制作的斧锛类毛坯，成品的斧、锛较少，即使是斧、锛成品，磨制也不精细，仅仅在刃部稍加磨制。

中国地质科学院岩溶地质研究所实验室曾对江边遗址的三个样品进行了碳 14 年代测定。其中 M4 人骨标本年代为距今 5297 ± 90 年，校正后的年代为距今 6190 ~ 5991 年；T1 第 3 层兽骨年代为距今 4700 ± 120 年，校正后的年代为距今 5492 ~ 5315 年；T1 第 4 层螺壳年代为 10041 ± 135 年，校正后的年代为距今 11756 ~ 11386 年。三个数据中，螺壳的年代显然太早，不可信。结合所发现的遗迹和遗物分析，并参照附近其他遗址的年代判断，江边遗址当为新石器时代的中期遗址，绝对年代当在距今 6000 ~ 5000 年。

附记：本次发掘领队为广西文物保护与考古研究所的杨清平。除领队外，参加发掘的人员还有资源县文物管理所的宁永勤和技师蒋新荣。

发掘现场绘图和照相由蒋新荣完成，室内整理绘图由技师李锋完成。

人骨鉴定主要由中山大学社会学与人类学学院李法军教授和武汉大学博士生韦璇完成。软体动物鉴定由南京师范大学陈曦博士和中国科学技术大学人文与社会科学学院王娟副研究员完成。脊椎动物鉴定由中山大学社会学与人类学学院余翀副教授完成。

测年由中国地质科学院岩溶地质研究所实验室完成。

编辑：陈曦

江苏泗阳凌城遗址调查试掘与文化性质再认识

王宣波（宿迁市博物馆）

马永强（南京博物院）

［**摘要**］2017 年 4 月至 9 月，南京博物院、宿迁市博物馆和泗阳县博物馆组成联合考古队，对泗阳凌城遗址进行了初步的调查和试掘，确认该遗址是汉代城址，结合文献和考古资料判断为泗水国的都邑。

［**关键词**］泗阳；凌城遗址；汉代；泗水国；城址

一　遗址概况

泗阳县地处淮河流域下游，江苏省中北部，南滨洪泽湖，大运河横穿全县。全境属黄淮冲积平原，有零星陇岗隐卧于平原之上，地面高程 12 ~ 17 米，总地势是西高东低。凌城遗址位于泗阳县史集街道凌城村东部，南距县城 8 公里，北距六塘河 1 公里，中心地理坐标：东经 118°39′12″、北纬 33°46′13″（图一）。该遗址在 1962 年由南京博物院尹焕章、张正祥、钱金全、陈尔俊等在田野考古调查时发现①，2011 年被公布为第七批省级文物保护单位。

二　工作经过

为进一步明确凌城遗址的堆积层次、分布范围、文化内涵、功能分区等，经国家文物局批准，南京博物院、宿迁市博物馆和泗阳县博物馆组成联合考古队于 2017 年 4 ~ 9 月对

① 尹焕章、张正祥：《洪泽湖周围的考古调查》，《考古》1964 年第 5 期。

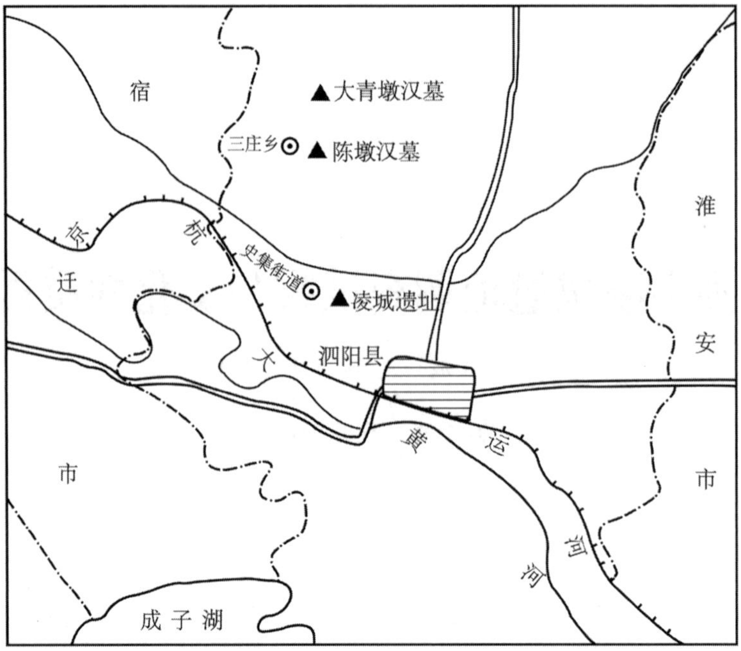

图一 凌城遗址位置示意图

该遗址进行了初步的考古调查与试掘。

遗址位于吴庄村东的平地上，中间一条水泥路贯穿南北，内有多条灌溉水渠和养殖水塘对遗址造成破坏，表面多种植水稻、小麦、花生等农作物。由于废黄河泛滥，地表有较厚的沙层，地下水位高，给考古勘探发掘工作带来了很大的困难。我们采取广泛钻探和重点发掘相结合的方法，了解遗址的地层、年代和结构等。勘探的重点选择在遗址四周城垣处，其中北城垣最高点，原始地貌保存较好。通过勘探基本弄清城垣的分布范围。为揭示城垣结构，在南城垣中部开挖了 1 条探沟。另外在遗址西北部进行重点钻探，开挖了 1 条探沟。通过上述工作，我们对凌城遗址的原有面积、建造年代及文化性质有了新的认识。

三 城垣总体平面布局

经调查钻探，凌城四周城墙近似呈南北向长方形，大部分城墙埋于地下 1 米左右，只有西北和东北两处的城墙高出地面约 2 米，成漫坡状土墩。部分城墙被现代灌溉水沟和鱼塘破坏。南、北、东三面城墙较直，西面城墙有弯曲。以中轴线为准测得：城墙南北长 505 米，南段东西长 350 米，北段东西长 200 米，周长 1650 米，面积 162000 平方米，城址方向为北偏西 7°。护城壕环绕城墙一周，宽度在 8 米左右，深度约 4 米。城垣底部最大宽度约 22 米，高度约 6 米。在北墙中段发现城门一座（图二），门道宽度为 15 米。城内地层堆积上部为 4 米左右的沙土淤积层；下部为青褐色文化层，土质较致密，夹杂着绳纹陶片等，判断为汉代。

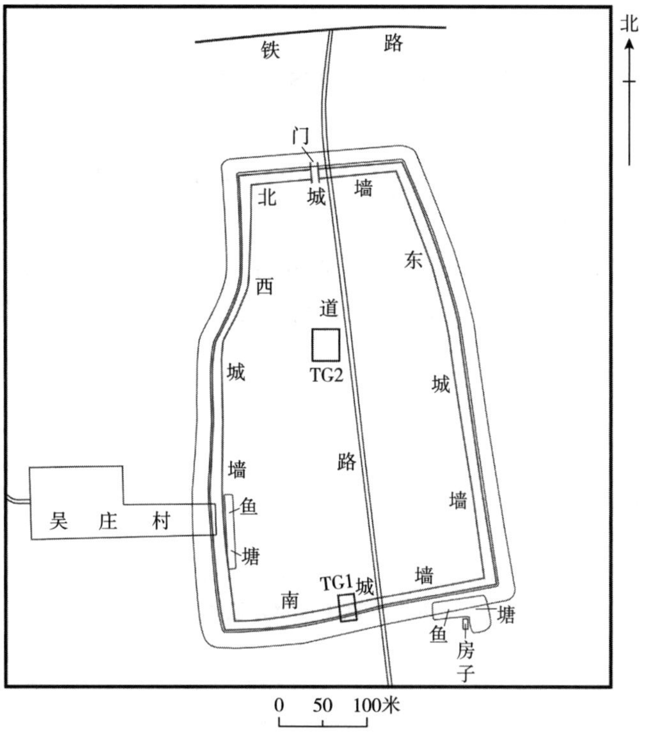

图二　凌城遗址城址平面图

四　试掘情况

为进一步了解城墙的堆筑情况及年代，在城墙和城内各开 1 条探沟。探沟编号为 2017SLTG1、2017SLTG2。TG1、TG2 因积水严重未能发掘见底，故结合探铲来探测地层堆积。

（一）TG1

位于南城墙中西部，方向 355°，平面呈长方形，南北 35 米，东西 20 米，发掘面积 700 平方米。因地下水位较高，未能发掘到生土。为防止坍塌，探沟四壁呈斜坡状，坡度 45°～50°。根据土质土色和包含物划分为 6 层（图三）。

第①层：耕土层。灰褐色，质地松软，厚 10～30 厘米。

第②层：沙土层。黄色，质地疏松，深 10～30 厘米、厚 100～115 厘米。较纯净，未发现包含物。

第③层：青灰色土，土质较硬致密，深 105～125 厘米、厚 15～35 厘米。包含物有绳纹板瓦、韩瓶残片、青瓷碗残片等。

第④层：红色土，土质较硬致密，深 110～150 厘米、厚 25～45 厘米。包含物有绳纹板瓦、青瓷片等。

第⑤层：青褐色土，土质较硬致密，深 135～165 厘米、厚 15～25 厘米。包含物有陶瓦片、青瓷片等。

第⑥层：红褐色土，土质较硬致密，深 110～180 厘米、厚 20～105 厘米。包含物有陶瓦片、砖块、酱釉瓷碗等。

①层是耕土层，②～⑥是淤积层，叠压在城墙上。由于地下水位高，未向下发掘，发掘露出城墙上部宽 8～10 米，下部宽 18～20 米。城墙顶部向下勘探 6 米见底部，城墙南部为护城壕。

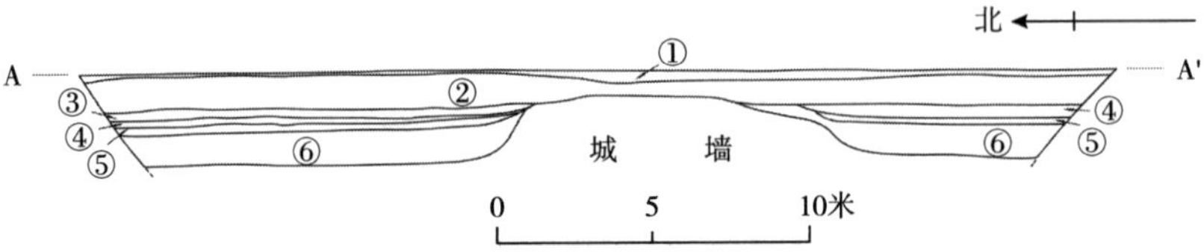

图三　TG1 东壁剖面图

（二）TG2

位于城内中北部，方向 0°，平面呈长方形。南北 35 米，东西 30 米，发掘面积 1050 平方米。因地下水位较高，为防止坍塌，探沟四壁呈斜坡状，坡度 45°～50°。根据土质土色和包含物划分为 8 层。

第①层：耕土层。灰褐色，质地松软，厚 10～30 厘米。包含物有植物根茎、砖瓦残块等。

第②层：沙土层。黄色，质地疏松，深 10～30 厘米、厚 90～120 厘米。较纯净，未发现包含物。

第③层：红色土，土质较硬致密，深 100～125 厘米、厚 15～35 厘米。包含物有绳纹板瓦、青瓷片等。

第④层：黄褐色土，土质较疏松，深 110～150 厘米、厚 25～50 厘米。包含物有绳纹板瓦、青瓷片等。

第⑤层：青褐色土，土质较硬致密，深 185～200 厘米、厚 15～30 厘米。包含物有陶瓦片、青瓷片等。

第⑥层：红褐色土，土质较硬致密，深 220～230 厘米、厚 20～45 厘米。包含物有陶瓦片、砖块、青瓷碗等。

第⑦层：青灰色土，土质较硬致密，深 245～280 厘米、厚 50～65 厘米。包含物有陶瓦片、砖块等。

第⑧层：黑褐色土，土质坚硬致密，深340～350厘米、厚30～45厘米。包含物有大量泥质灰陶、少量泥质红陶、青砖等，可辨器型有罐、盆、板瓦、筒瓦等。

①层是耕土层，②～⑦层是淤积层，⑧层是汉代文化层，⑧层下为生土层。

五　出土遗物

凌城遗址2条探沟出土陶瓷碎片和砖块瓦砾及其他标本共计1180件。陶瓷标本的年代最早为汉代，最晚为明清时期。大部分为建筑材料，另有少量陶器、瓷器等。

（一）建筑材料

建筑材料是发掘中出土最多的遗物，有大量的板瓦、筒瓦和少量瓦当、地砖等。瓦类多为泥质陶，由于烧造火候的高低不同，陶色驳杂，以青灰陶为主，红陶次之。大多质地坚硬，制法是泥条盘筑，瓦体多厚薄不均，内壁上可见一道道盘捏痕迹，有的瓦边缘很平整，可能是将整个瓦胎割透，且切割方式是从外向里切。

板瓦　瓦胎以青灰色为主，少量红陶，色泽表里如一。形状基本相同，平面近梯形，后端较前端宽厚，断面呈弧形。大部分板瓦正反两面施纹饰，正面主要为斜线或直线粗绳纹，有的抹光后饰弦纹；反面主要饰弦纹，部分饰网格纹，少量饰乳钉纹。TG2⑧：1，长49.5、宽34～37、厚1～1.5厘米（图四：1）。

筒瓦　陶质均为泥质陶，陶色大部分以青灰色为主，部分为黑色。扣尾较长而宽，往上翘，扣尾和瓦背高差较大，交接处向内突起。瓦背前窄后宽，后端微上翘。外表饰直线粗绳纹，反面饰布纹。TG2⑧：5，长41、宽15～16、厚1～1.4厘米（图四：2）。

瓦当　出土数量不多，TG2⑧：9，残，半圆形，中心饰网格纹，外圈饰卷云纹，双线界格穿过内外圈。半径7、缘厚1.2厘米。

地砖　出土数量不多，部分饰有三角菱形纹、十字桃形花瓣纹、云雷纹、斜线纹等。TG2⑧：2，较完整，素面。长25、宽12、厚3.6厘米。TG2⑧：10，饰菱形纹，残，厚4厘米。

（二）陶器

陶器出土不多，均已破碎，不能复原。陶质以泥质陶为主，有少量夹细砂陶。陶色主要为灰陶，有少量红陶。可辨器型有罐、盆等。

罐　TG2⑧：11，残，泥质灰陶。广口外侈，短颈，广肩，下部缺失。口径36厘米（图四：3）。

盆　TG2⑧：12，残，泥质灰陶。敞口，微卷沿，弧腹，下腹及底缺失。外口径42厘米（图四：4）。

（三）瓷器

瓷器 发现少量的瓷片，有白瓷、青瓷、青花瓷、酱釉瓷等。可修复的瓷器有碗 2 个。

碗 2 件，残。敞口，圆唇，弧腹，圈足。内部施满酱釉，外部施釉至下腹。TG1⑥：1，口径 15.4、底径 6、高 6.2 厘米（图四：5）。

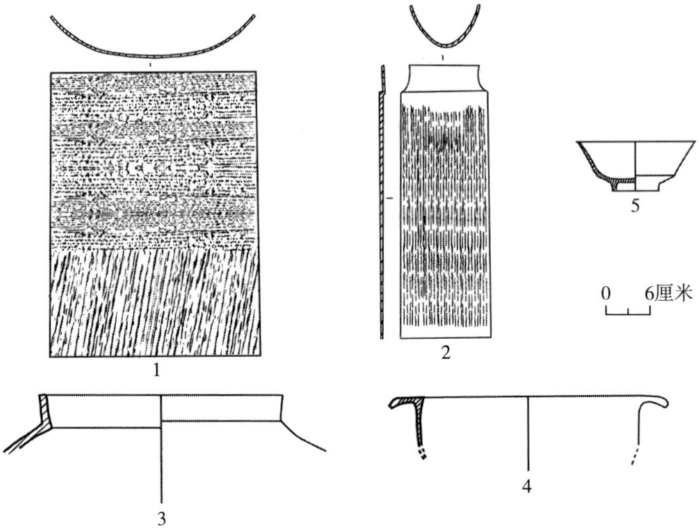

图四 凌城遗址出土器物

1. 板瓦（TG2⑧：1）；2. 筒瓦（TG2⑧：5）；3. 陶罐口沿（TG2⑧：11）；4. 陶盆口沿（TG2⑧：12）；5. 瓷碗（TG1⑥：1）

六 文化性质再认识

关于凌城，1926 年编写的《泗阳县志》对这里记载是：“城方里许，旧有高阜可辨”，“高约五、六尺，长约五、六丈，土内多砖石圆瓦，金碧色，人珍藏之”。[①] 因俗传该城为春秋时期的楚灵王所筑，故泗阳旧地方志均把“凌城”写作“灵城”。

在 20 世纪 60 年代初，南京博物院的尹焕章先生等已对凌城遗址做过调查，判断该遗址是一处汉代遗址。[②] 本次调查和试掘出土的大量陶瓦具有典型的汉代特征，发现的城墙和大量的建筑材料说明这是一处重要的汉代城址。

城址的建设规模，与城中所居之人的身份地位直接相关。等级制度是我国古代统治阶级加强社会控制的重要手段，汉代城之规模亦遵守之。《周礼·考工记·匠人》曰：“门

① 《中国地方志集成·江苏府县志辑 56》，江苏古籍出版社，1991，第 265 页。

② 尹焕章、张正祥：《洪泽湖周围的考古调查》，《考古》1964 年第 5 期。

阿之制，以为都城之制；宫隅之制，以为诸侯之城制。环涂以为诸侯经涂，野涂以为都经涂”①。秦汉中央王朝完成对国家的“大一统”后，这种城址面积大小与所居贵族身份地位挂钩的现象，则转变为城址面积大小与行政等级的高低相关。周长山先生曾做过对汉代城址大小与级别的归纳：“一般来说，普通县城的周长为1000～3000米，郡治所在的县城规模要稍大一些，为3000～5000米。”② 凌城遗址周长约1800米，虽较小，但符合汉代的城市规划制度。

史料记载泗水国都邑于凌。据《史记·五宗世家》记载，武帝元鼎四年（公元前113年）立常山宪王“子商三万户，为泗水王”，“泗水思王商……十一年卒，子哀王安世立。十一年卒，无子。于是上怜泗水王绝，乃立安世弟贺为泗水王”③。戴王贺传勤王综（《汉书·景十三王传》亦作“煖”）、戾王骏，至刘靖，王莽时绝。泗水国弱小，仅有凌、泗阳、于三县，都首邑凌。《汉书·地理志》中关于泗水国都凌的应劭注释为：“凌水所出。”北魏郦道元著《水经注》载凌水“东流经其县故城东而东南流注于淮，是曰凌口也”④。所以，凌城的得名盖缘于水。

泗水王陵分布于古泗水的东岸，在今泗阳县三庄乡，位于凌城遗址北部。在东西宽约500米、南北长约7000米的长方形范围内，以大墓为中心，5组40余座封土墓有规律地分布在南北向的轴线上。据勘测，大墓应为泗水王陵，周围的封土墓为贵族和官员的陪葬墓。⑤ 2002～2003年，南京博物院等对汉墓群中的大青墩汉墓和陈墩汉墓进行了抢救性考古发掘。大青墩汉墓封土高约8.5、底径约90米。墓道宽4.2、长10余米，墓坑长、宽均为18.5米。从墓内出土器物的风格、特征考察，大青墩汉墓的时代应为西汉中晚期。发掘者从椁木刻划的“王宅”“泗水王冢”等文字推测，墓主应为某代泗水王。学者们倾向于认为墓主为第四代勤王刘综或第五代戾王刘骏。⑥ 陈墩汉墓是一处夫妻合葬墓，出土了青铜器、漆器、玉器、乐器、钱币、龟纽印章等文物10件（套），应是泗水王国的高级贵族墓。⑦

凌城遗址和三庄墓群同处子午轴线，与墓群中心位置距离8500米，最近距离为5000米，笔者初步判断该城址就是《汉书·地理志》所说的泗水国首邑凌城。

试掘中，凌城遗址叠压于厚厚的淤泥层下，其上没有晚期的文化堆积，其下亦无早期堆积，说明该城址的建城年代为汉代，并随着泗水国的消亡而逐渐废弃。宋熙宁年间，因黄河夺泗水入淮河，后长期泛滥，城址被泥沙掩埋于下。

由于本次考古工作主要为调查和验证性的试掘，发掘的面积较小，获得的实物资料相

---

① 《十三经注疏（上）》，上海古籍出版社，1997，第928～929页。

② 周长山：《汉代城市研究》，人民出版社，2001，第36～37页。

③ （西汉）司马迁：《史记》，中华书局，2014，第2103～2104页。

④ （北魏）郦道元著，（清）王先谦校《合校水经注》，中华书局，2009，第454页。

⑤ 江苏省大青墩汉墓联合考古队：《泗阳大青墩泗水王陵》，《东南文化》2003年第4期。

⑥ 《泗阳大青墩汉墓论证会纪要》，《东南文化》2003年第4期。

⑦ 江苏泗阳三庄联合考古队：《江苏泗阳陈墩汉墓》，《文物》2007年第7期。

对较少，对凌城遗址的功能布局认识不足，但为研究汉代城邑和泗水国的政治、经济、文化提供了宝贵的实物资料。

附记： 本次考古发掘领队为马永强，现场负责为王宣波，先后参与发掘的有应映、刘正西、魏胜云、魏剑、吕真理、潘明月等，现场摄影和测绘由潘明月和王宣波完成，拓片由王平和王宣波完成，器物由司程文修复，线图由王宣波、潘明月和伍苏明绘制。

编辑：陈曦

南京栖霞区官窑村六朝墓葬发掘简报

马　涛　王富国　王　滨

（南京市考古研究院）

［摘要］ 2016 年 11 月 ~2019 年 1 月，南京市考古研究院在南京市栖霞区栖霞街道官窑村发掘清理 5 座六朝墓葬，形制结构和出土遗物具有一定的典型性和代表性，为研究南京地区六朝墓葬制度演变和葬俗提供了新的实物资料。

［关键词］ 南京；东晋；南朝；砖室墓

官窑山位于南京市栖霞区栖霞街道欢乐大道官窑村的南部，西临栖霞山，北靠长江。此次发掘的六朝墓葬分布于官窑山及其南部的老坟山上（图一）。2016 年 11 月 ~2019 年 1 月，为配合“华侨城文旅项目”的实施，南京市考古研究院在此开展系统的考古工作，勘探发现六朝、宋、明清三个时期的窑址、墓葬各百余座。其中编号为 M39 ~ M43 的 5 座墓葬皆属六朝时期，相距较近、排列有一定规律（图二）。墓葬结构和出土器物具有一定的典型性和代表性，现将其发掘情况简报如下。

一　M39

（一）墓葬形制

M39 为竖穴土坑砖室墓，方向 175°，由墓坑、墓道、排水沟和砖室等组成（图三）。

墓坑平面呈“凸”字形，长 7.48、宽 0.92 ~1.7、残深 1.64 米。墓道位于墓坑南侧，平面呈长方形，坡度为 15°，封门前留有一处长 0.6 米的空间，残长 1.84、宽 0.92、最深 0.78 米。排水沟起自封门墙内的底部，打破墓道向南延伸。排水沟由 3 层砖组成，底部先以长方形砖纵向平铺，其上两侧以砖平砌，上部封顶，内部形成一个宽 6、高 4 厘米的泄水孔。排水沟的上部不规则地摆放一些碎砖。

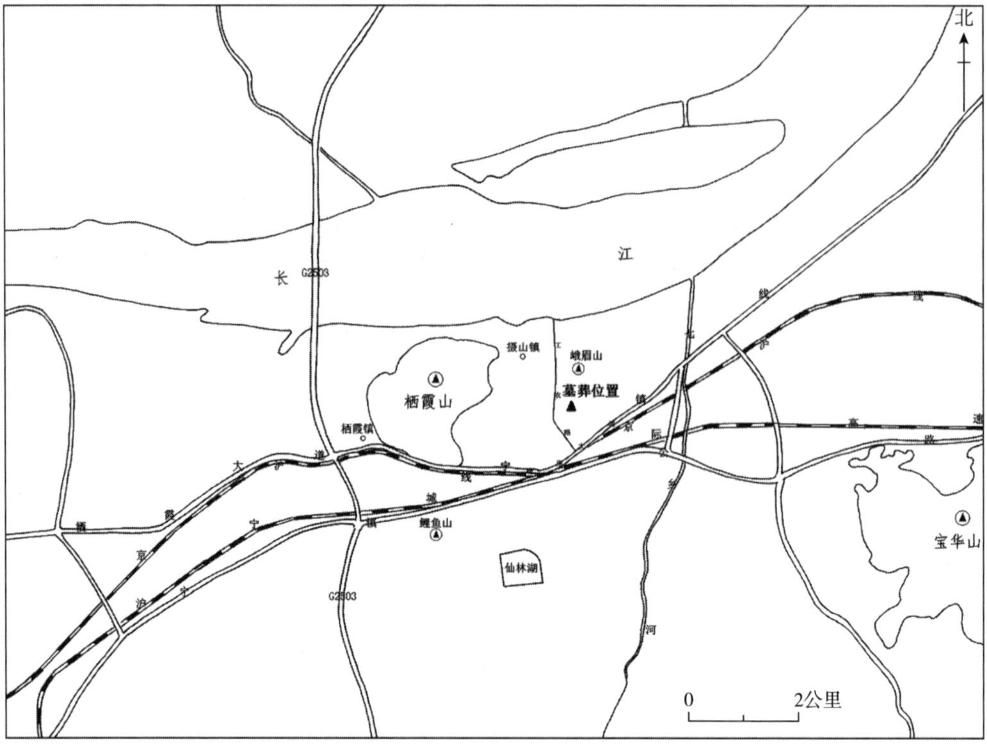

图一 南京栖霞区官窑村六朝墓葬位置图

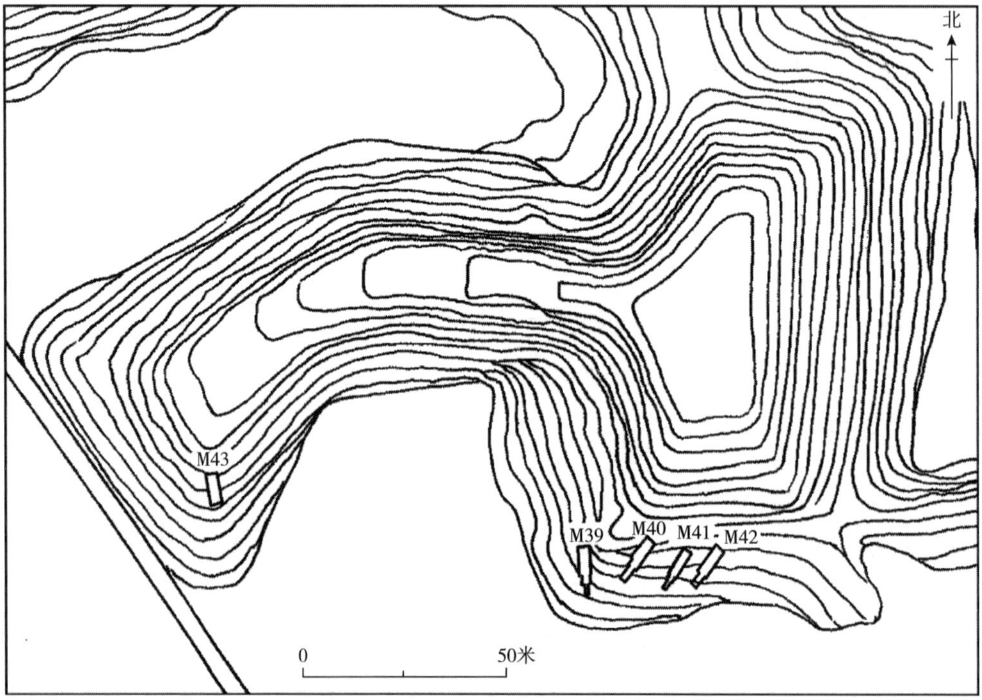

图二 墓葬分布图

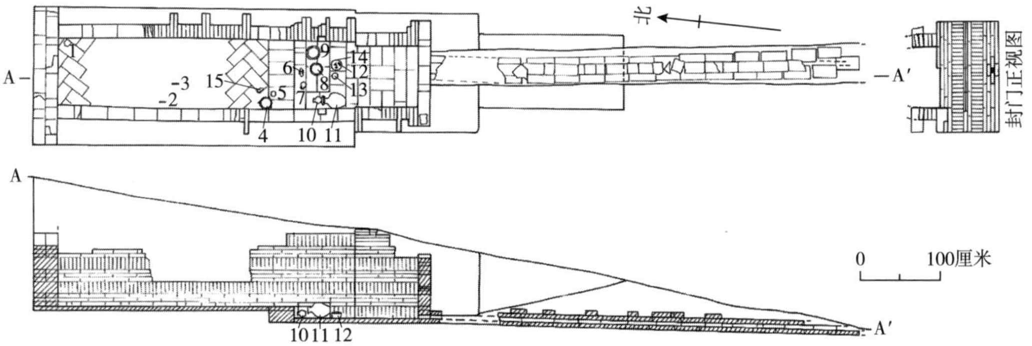

图三　M39 平、剖面图

1、5、13、16～18. 青瓷盏　2、3. 滑石猪　4. 青瓷三足砚　6. 陶耳杯　7、10、11. 青瓷盘口壶　8. 陶盘　9. 陶果盒　12. 陶魁　14. 陶勺　15. 铁器（注：16～18 位于 11 下部）

砖室平面呈“凸”字形，长 5.64 米，由封门墙、甬道和墓室三部分组成。封门墙砌于甬道口外，先以二组“三顺一丁”组砖上砌，后平砌至顶，宽 1.36、厚 0.32、残高 0.76～1.13 米。甬道平面呈长方形，内长 0.8、宽 0.76、残高 0.76～1.1 米。两侧壁先以三组“一丁三顺”组砖上砌，再用长方形砖平砌至顶。墓室平面呈长方形。两壁微弧，内长 3.76、宽 0.82～0.88、残高 0.32～1.06 米。墓室东、西两壁用长方形砖单砖“一丁三顺”砌筑，共三组，以上残见一组丁砖。东、西两壁距墓底高 0.9 米处，各对称设有一长方形壁龛，宽 0.1、高 0.15、内深 0.05 米。后壁残存三组“三顺一丁”结构。甬道与墓室顶部皆已不存，推测为券顶。

墓室地面用长方形砖斜铺成“人”字形。前部设有砖砌祭台，长 0.62、宽 0.3、高 0.21 米。台面为东西向平放长方形砖，下部用长方形砖南北向侧立间隔砌筑。

墓砖有长方形砖和楔形砖两种规格，长方形砖长 30～31、宽 15～16、厚 4.5～5 厘米，用于砖室四壁和地面；楔形砖长 30、宽 16、厚 3.4～5 厘米，用于券顶。

（二）出土器物

随葬品 18 件套，散置于墓室、祭台周边。其中青瓷器 10 件，陶器 5 件，铁器 1 件，滑石猪 2 件。

1. 青瓷器

盏　6 件。敞口，圆唇，弧腹。青灰胎，内外施青灰釉，腹下部及底未施釉。釉层部分剥落。M39∶16，残存口沿，无法修复。另外 5 件根据器物底部，可分两型。

A 型　M39∶1，假圈足，内底有三个支烧痕，外底有轮制线切痕。口径 8.8、底径 4.9、高 3.9 厘米（图五：1）。M39∶18，假圈足，内底有凹旋纹痕。口径 7.8、底径 4.6、高 3.8 厘米。

B 型　平底微凹，内底微凸。口沿下饰一周凹弦纹。M39∶5，口径 7.8、底径 4.4、高 4.2 厘米（图四：3）。M39∶13，口径 8、底径 5、高 4 厘米（图四：8）。M39∶17，口径

7.9、底径4.6、高4厘米（图五：3）。

三足砚　1件（M39∶4）。子母口，圆唇，浅砚盘，直壁，砚面微凸，平底内凹，下附三角形三足。口沿下部饰凹弦纹一周，外底有7个支烧痕。灰胎，内外饰青绿釉，口沿及内底未施釉。口径13.6、底径13.6、高3.6厘米（图四：2；图五：4）。

盘口壶　3件。灰胎，内外施青灰釉，底部未施釉，釉层部分剥落。肩部粘贴两个对称泥条竖系，外底有轮制线切痕。根据腹部的不同，分为两型。

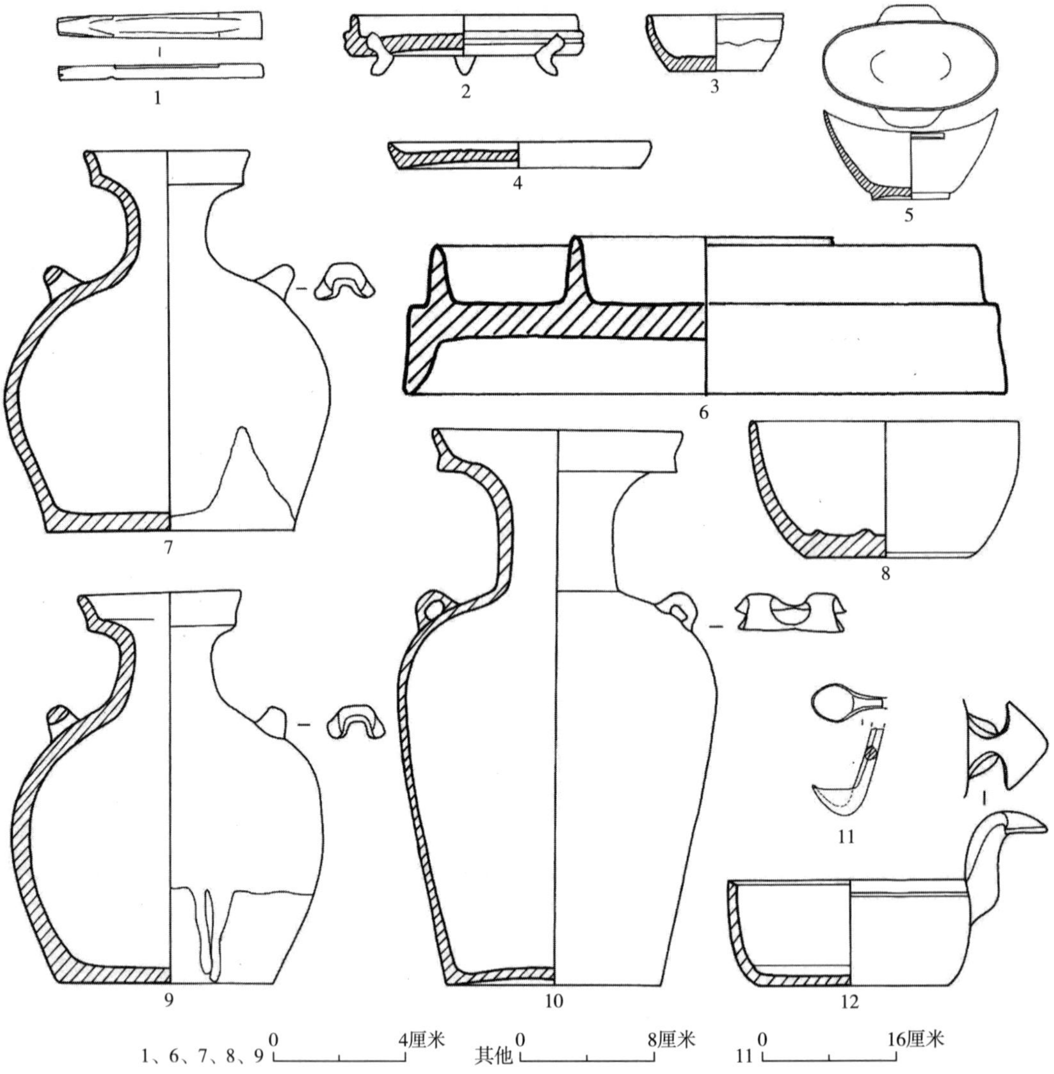

图四　M39出土遗物

1. 滑石猪（M39∶2）　2. 青瓷三足砚（M39∶4）　3、8. B型青瓷盏（M39∶5、13）　4. 陶盘（M39∶8）　5. 陶耳杯（M39∶6）　6. 陶果盒（M39∶9）　7、9. A型青瓷盘口壶（M39∶7、10）　10. B型青瓷盘口壶（M39∶11）　11. 陶勺（M39∶14）　12. 陶魁（M39∶12）

1.青瓷盏（M39：1）

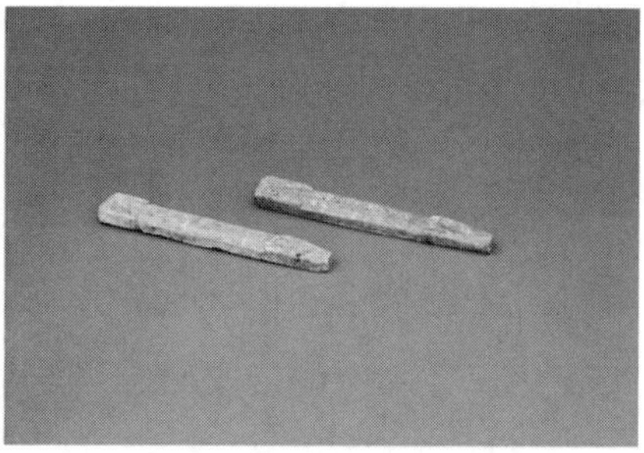
2.滑石猪（M39：2、3）

3.青瓷盏（M39：17）

4.青瓷三足砚（M39：4）

5.陶耳杯（M39：6）

6.A型青瓷盘口壶（M39：7）

7.陶果盒（M39：9）

8.B型青瓷盘口壶（M39：11）

图五　南京栖霞区官窑村 **M39** 出土遗物

A型，2件。小盘口微侈，圆唇，束颈，鼓腹，平底。M39∶7，口径长5、底径7.6、高11.3厘米（图四：7；图五：6）。M39∶10，口径长5.2、底径6.6、高12.1厘米（图四：9）。

B型，1件（M39∶11）。大盘口，束颈，溜肩，斜弧腹，平底内凹。口径长14.8、底径12.8、高32.4厘米（图四：10；图五：8）。

2. 陶器　5件。均为泥质灰陶。

耳杯　1件（M39∶6）。敞口，尖圆唇，弧腹，两端高翘，假圈足，平底内凹。口部两侧附半月形耳。口径10.3、底径4.6、高5.3厘米（图四：5；图五：5）。

盘　1件（M39∶8）。浅盘，敞口，圆唇，斜直壁，平底微凹，内底中部微凹。口径15.6、底径14.2、高1.5厘米（图四：4）。

果盒　1件（M39∶9）。圆形，子母口，平底，圈足外撇。内有一道同心圆凸棱，将果盒分为内外两格。口径长17、底径18.6、高4.9厘米（图四：6；图五：7）。

魁　1件（M39∶12）。直口微敛，方唇，直腹微弧，平底。口沿一侧有弯曲的短柄，柄首呈菱形。口沿下饰一周弦纹。口径14.4、底径11.6、高10.6厘米（图四：12）。

勺　1件（M39∶14）。敞口，方唇，壁薄底厚，斜弧腹。一侧有弯曲的长柄，首残，断面五边形。灰褐胎。长5.6、宽4.4、残高9.4厘米（图四：11）。

3. 其他

滑石猪　2件。体型瘦长，四肢曲伏，五官、四肢仅具轮廓，细部未刻画。M39∶2，长6、宽0.8、高0.4厘米（图四：1；图五：2）；M39∶3，长6.1、宽0.7、高0.4厘米（图五：2）。

铁器　1件（M39∶15）。锈蚀严重，器形无法辨认。

二　M40

（一）墓葬形制

M40为竖穴土坑砖室墓，方向220°，由墓坑、排水沟、墓道和砖室等组成（图六）。

墓坑平面呈“凸”字形，长8.74、宽1.16～2.02、残深1.94～2.98米。墓道位于墓坑南侧，平面呈长方形，坡度为30°，封门前留有一处长0.54米的空间，残长2.98、宽1.18、最深1.94米。排水沟平面呈长条形，起自甬道底部，下穿封门墙和墓道，宽0.64米，揭露长度有3.54米。先在底部平铺一层砖，两侧各砌筑一层砖，其上再覆盖一层砖，中部有一个方形的泄水孔，宽8、高6厘米。

砖室平面呈“凸”字形，长5.76米，由封门墙、甬道和墓室三部分组成。封门墙砌于甬道口，底部向上先以“一顺二丁”组砖上砌，共二组，往上为三组侧立砖，再往上为四层单砖平铺，长1.22、宽0.32、残高1.66米。甬道平面呈长方形，内长0.74、宽0.9、

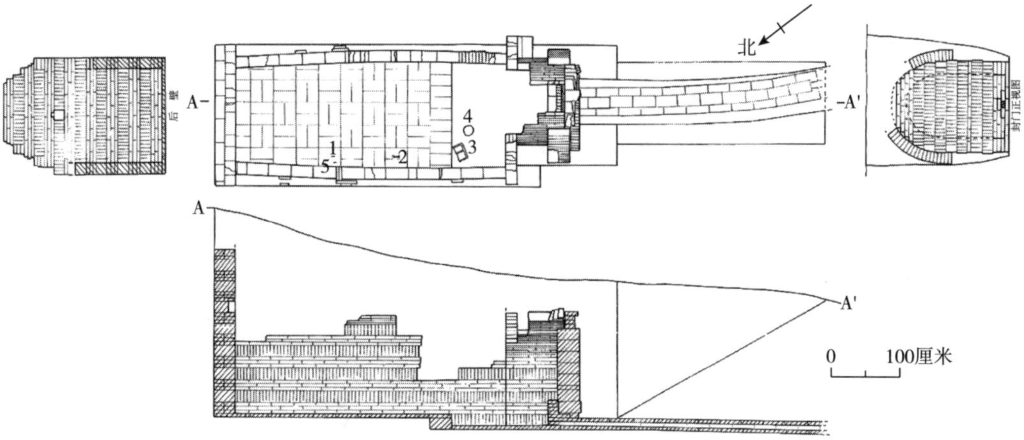

图六　M40 平、剖面图

1、5. 滑石猪　2. 铜钗形器　3. 石砚　4. 青瓷盘

残高 1.46 米。两侧壁先以三组“三顺一丁”组砖上砌，其上用长方形砖平砌。甬道与墓室顶部皆已不存，推测皆为券顶。

墓室平面呈长方形。两壁微弧，内长 3.86、宽 1.32～1.5、残高 2.3 米。墓室两侧壁及后壁以“三顺一丁”砌筑而成，两侧壁可见四组，后壁可见七组。墓室后壁距墓底 1.42 米处设有一壁龛，宽 0.14、高 0.16、内深 0.1 米。墓室中后部有长方形棺床，高于前部 0.16 米，南北长 3.1、宽 1.36～1.5 米，前部南北向平铺锁边，后部铺法为交错平砌。墓底以一层长方形砖交错平砌。墓砖皆为长方形，长 32、宽 16、厚 5 厘米。

（二）出土器物

随葬品 5 件。散置于墓室内，器形有青瓷盘、铜钗形器、滑石猪、石砚等。

青瓷盘　1 件。M40∶4，敞口，圆唇，斜直壁，平底微凹。内底有一周凹弦纹。内底有九个支烧痕。外底有轮制痕。灰白胎，内外釉青灰釉，腹下部及底未施釉，釉层部分剥落。口径 16.1、底径 14.4、高 2.3 厘米（图七：5；图八：4）。

铜钗形器　1 件（M40∶2）。长条形，器身呈“工”字形，上下端为“山”字形，“山”字形的两侧外边呈螭龙首状，中间上端呈半圆形。长 12.8、宽 4.5、厚 0.4 厘米（图七：2；图八：2）。

滑石猪　2 件。形制大小基本相同。青灰色，长条形。嘴、耳、眼和后足刻划清晰，背部正中刻有两条脊线，两侧刻出鬃毛。M40∶1，长 6.1、宽 0.9、高 0.9 厘米（图七：1；图八：1）；M40∶5，长 6.2、宽 0.9、高 0.8 厘米（图八：1）。

石砚　1 件（M40∶3）。石质，青灰色。残存一半，复原后平面近长方形，端部呈弧状。正面有一道凸字形棱线。正面打磨光滑，背面未打磨。残长 15、宽 24.9、厚 1.4 厘米（图七：3；图八：3）。

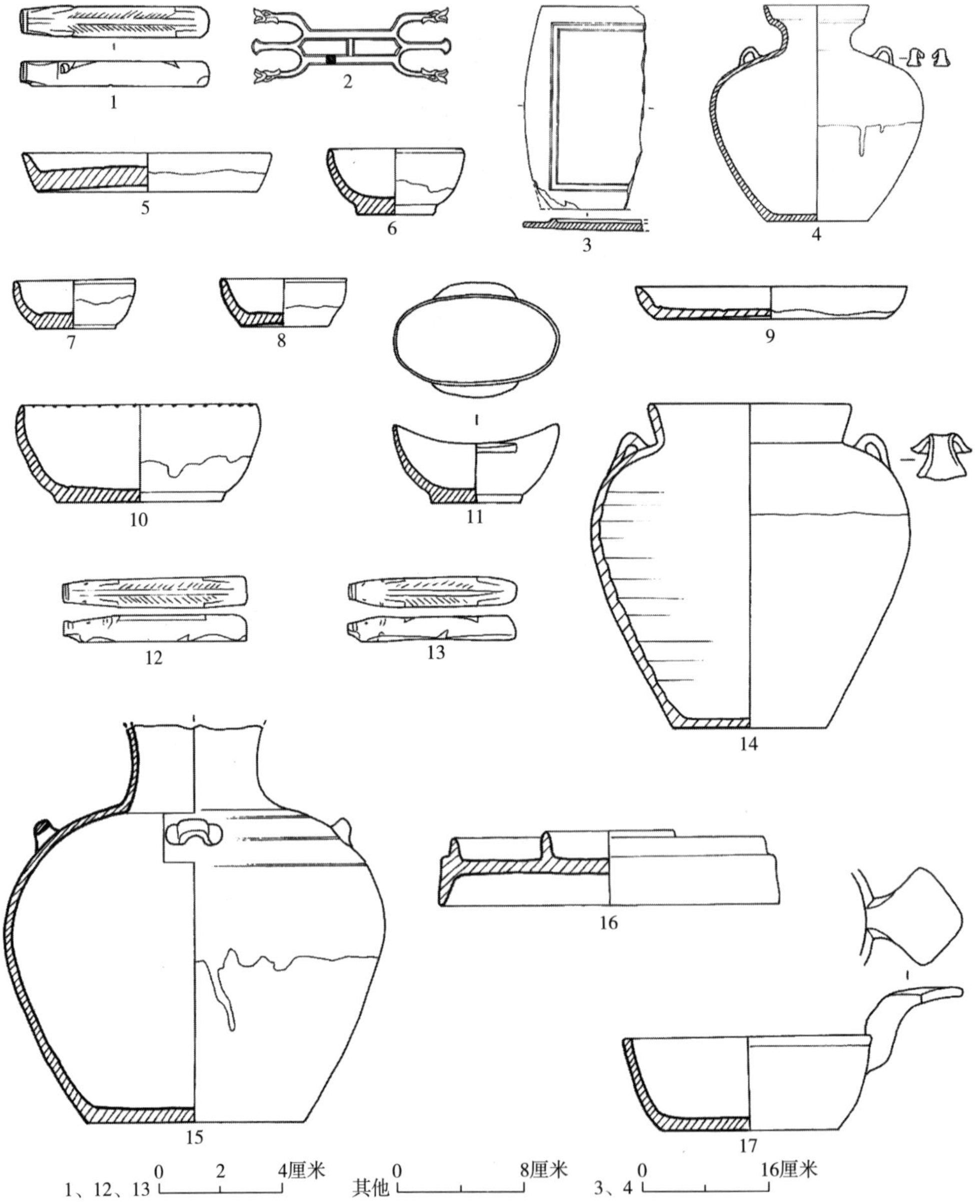

图七 M40、M42、M43 出土遗物

1、12、13. 滑石猪（M40:1、M43:1、5） 2. 铜钗形器（M40:2） 3. 石砚（M40:3） 4、15. 青瓷盘口壶（M42:1、M43:2） 5、9. 青瓷盘（M40:4、M42:7） 6. A 型青瓷盏（M42:2） 7、8. B 型青瓷盏（M42:3、5） 10. 青瓷碗（M42:4） 11. 陶耳杯（M42:6） 14. 陶罐（M42:8） 16. 陶果盒（M43:3） 17. 陶魁（M43:4）

三 M41

M41 为竖穴土坑砖室墓，方向 214°，由墓坑、排水沟、墓道和砖室等组成（图九）。

1.滑石猪（M40：1、5）

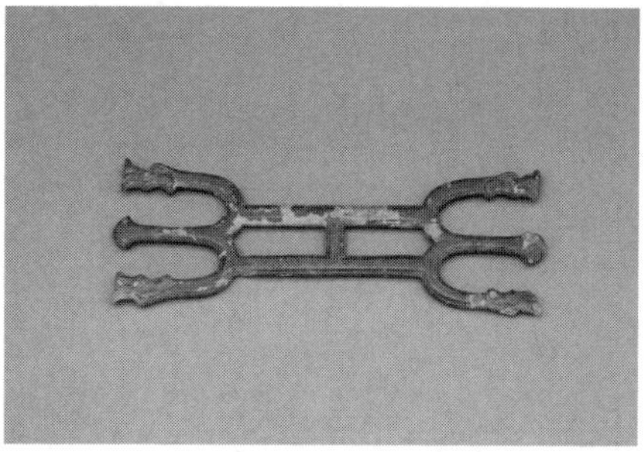

2.铜钗形器（M40：2）

3.石砚（M40：3）

4.青瓷盘（M40：4）

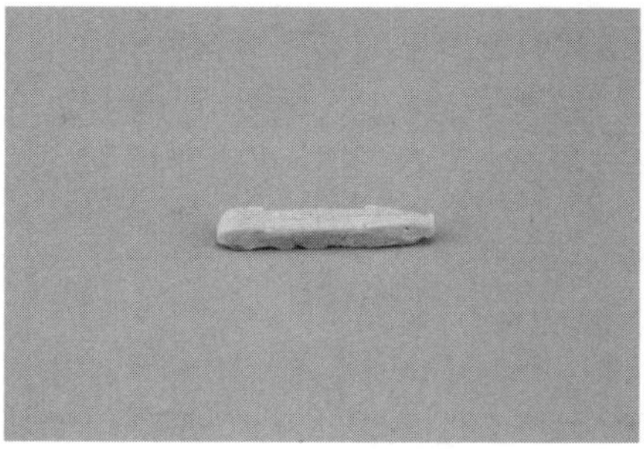

5.滑石猪（M43：1）

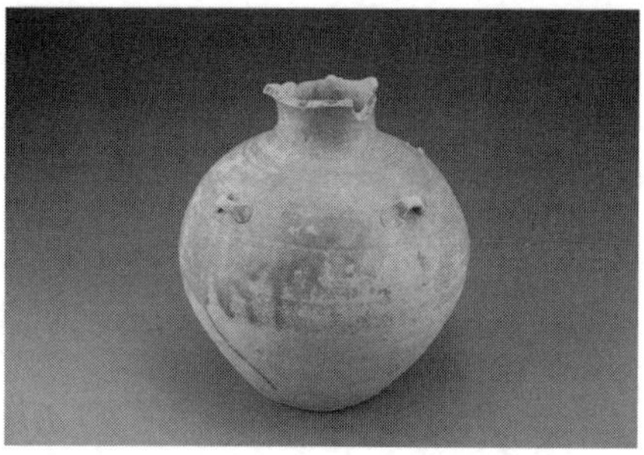

6.青瓷盘口壶（M43：2）

7.陶果盒（M43：3）

8.陶魁（M43：4）

图八　南京栖霞区官窑村 **M40** 和 **M43** 出土遗物

墓坑长 6.46、宽 1.4、残高 1.20～2.25 米。排水沟为砖砌结构，与 M39 排水沟结构一致，残长 2.84 米，泄水孔宽 6、高 6 厘米。

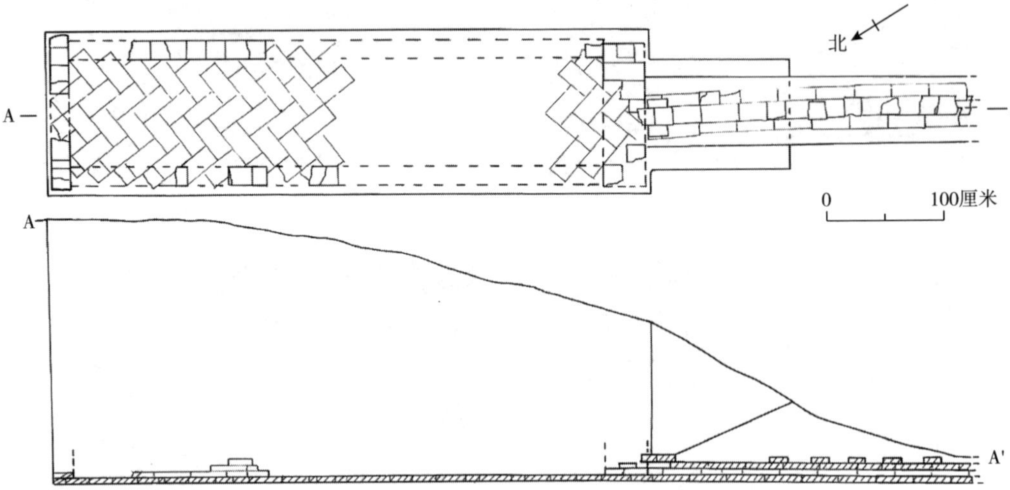

图九 M41 平、剖面图

砖室平面呈长方形，长 5.26 米，由封门墙、墓道和墓室三部分组成。封门墙砌于墓道口前，破坏严重，长 1.2、宽 0.36、残高 0.05 米。墓道起自封门，为平面呈长方形的斜坡，残长 1.2、宽 0.92 米，残深 1.3 米，坡度 25°。墓室平面呈长方形。内长 4.66、宽 0.82、残高 0.15 米。墓室东、西两壁面现存为长方形单砖顺砌，墓室底部为一层“人”字形平铺地砖。墓砖为长方形，砖长 32、宽 16、厚 5 厘米。

由于盗扰严重，未发现随葬品。

四 M42

（一）墓葬形制

M42 为竖穴土坑砖室墓，方向 220°，由墓坑、排水沟、墓道和砖室等组成（图十）。

墓坑平面呈长方形，长 8.32、宽 1.32～2.1、残深 1.74～2.94 米。墓道位于墓坑南侧，平面呈长方形，坡度为 30°，封门前留有一处长 0.4 米的空间，残长 2.5、宽 1.32～1.4、最深 1.75 米。排水沟平面呈长条形，与 M39 排水沟砌筑方式和结构一致，泄水孔宽 8、高 5 厘米，揭露长度有 2.9 米。

砖室平面呈“凸”字形，通长 5.82 米，由封门墙、甬道和墓室三部分组成。封门墙自底部平砌三层，其上以侧立砖上砌 6 组后，再以平砖砌筑，长 1.6、宽 0.38、残高 1.67 米。甬道平面呈长方形，内长 0.94、宽 0.88、残高 1.6 米。两侧壁先以三组“三顺一丁”组砖上砌，其上用长方形砖平铺砌筑至顶。

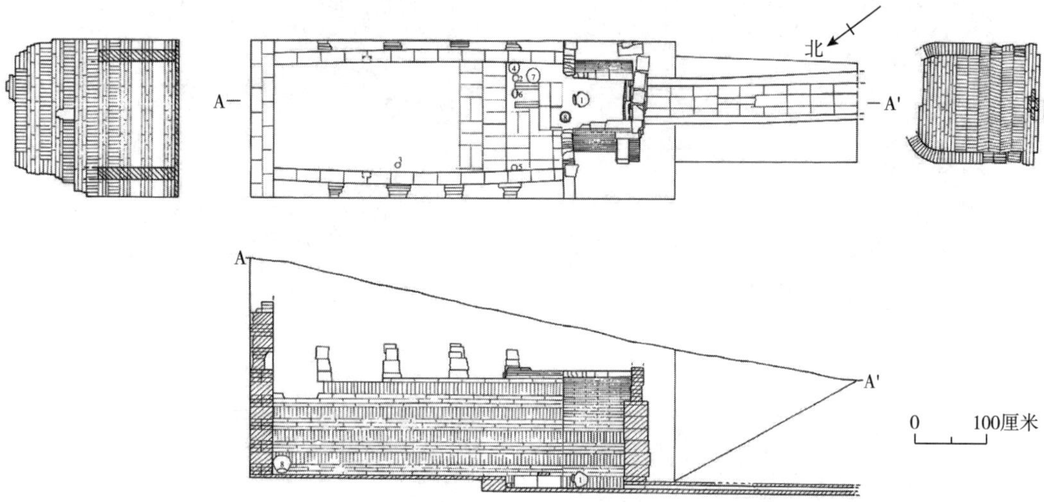

图十　M42 平、剖面图

1. 青瓷盘口壶　2、3、5. 青瓷盏　4. 青瓷碗　6. 陶耳杯　7. 青瓷盘　8. 陶罐

墓室平面呈长方形，两壁微弧，内长 3.96、宽 1.4 ~1.48、残高 1 ~2.3 米。墓室两侧壁先用四组“三顺一丁”组砖上砌，其上错缝平铺砌筑。后壁砌法为八组“三顺一丁”。墓室两侧壁后部距底高 1.22 米处，对称分布长方形壁龛，宽 0.1、高 0.16、内深 0.08 米。后壁距墓底 1.4 米处有一“凸”字形壁龛，宽 0.15、高 0.25、内深 0.1 米。墓室中后部高于前部 0.16 米，有一长方形棺床，长 3.18、宽 1.46 米。棺床前部有一长方形的祭台，长 0.64、高 0.19 米。台面下部为双砖侧立南北向顺砌，东西三排，其上用砖平铺而成。墓底错缝平铺呈席纹地砖一层。甬道与墓室顶部皆已不存，推测皆为券顶。

墓砖为长方形，砖长 32、宽 16、厚 5 厘米，用于砖室四壁和铺地砖等部位。楔形砖长 32、宽 16、厚 3.5 ~4.5 厘米，用于砖室券顶。

（二）出土器物

随葬品 8 件，散置于墓室。分为瓷、陶两种，器型有盏、壶、盘、杯、罐、碗等。

1. 青瓷器

盘口壶　1 件（M42∶1）。盘口，束颈，溜肩，鼓腹，平底。口沿下饰一周凹弦纹。肩部粘贴 2 个对称泥条双竖系。青灰胎，内外施青釉，腹下部及底部未施釉，釉层已脱落。口径 13.2、底径 14.2、高 27.2 厘米（图七：4；图十一：1）。

盏　3 件。

A 型　1 件（M42∶2）。敛口，圆唇，弧腹，假圈足。青灰胎，内外施青釉，腹下部及底未施釉，釉层局部剥落。口径 8.6、底径 4.8、高 4.3 厘米（图七：6；图十一：2）。

B 型　2 件。侈口，圆唇，弧腹，平底，内底微凸。内外施青釉，腹下部及底未施釉，釉层全部剥落。外底有轮制线切痕。M42∶3，外壁一侧腹部有一烧结痕。口径 7.8、底径

1.青瓷盘口壶（M42：1）

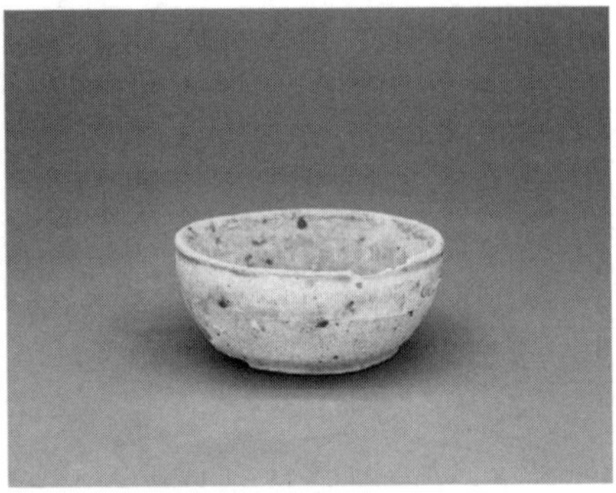

2.青瓷盏（M42：2）

3.青瓷盏（M42：3）

4.青瓷碗（M42：4）

5.青瓷盏（M42：5）

6.陶耳杯（M42：6）

7.青瓷盘（M42：7）

8.陶罐（M42：8）

图十一 南京栖霞区官窑村 **M42** 出土遗物

5.3、高3.2厘米（图七：7；图十一：3）。M42:5，口径8、底径5.5、高3.1厘米（图七：8；图十一：5）。

碗 1件（M42:4）。敛口，尖圆唇，弧腹斜收至底，假圈足。口部饰有一圈褐色圈点，口沿下有一周凹弦纹。灰白胎，内外施青灰釉，腹部下未施釉，釉层大部分剥落。外底有轮制线切痕。口径15.5、底径10.7、高6.5厘米（图七：10；图十一：4）。

盘 1件（M42:7）。敞口，尖唇，弧壁，平底微凹。内底有两周凹弦纹。内底有五个支烧痕，外底有轮制线切痕。灰白胎，内外饰青灰釉，腹下部及底未施釉。口径16.8、底径14.4、高2厘米（图七：9；图十一：7）。

2. 陶器 2件。

耳杯 1件（M42:6）。泥质灰陶。敞口，尖圆唇，弧腹，两端高翘，假圈足，口部两侧附半月形耳。口径10.4、底径5.5、高4.7厘米（图七：11；图十一：6）。

罐 1件（M42:8）。泥质红陶。敞口，圆唇，斜直领，溜肩，鼓腹下收，平底。肩部粘贴2个对称泥条竖系。口径12.6、底径9.6、高20厘米（图七：14；图十一：8）。

五 M43

（一）墓葬形制

M43为竖穴土坑砖室墓，方向170°，墓道及封门墙已破坏殆尽，现存墓坑、排水沟和砖室三部分（图十二）。

墓坑平面呈长方形，残长7.2、宽2.38~2.64、残深0~1.56米。排水沟砖砌结构，起自甬道底部，下穿封门墙，砌法与M37相同，泄水孔边长0.08米。

砖室平面呈“凸”字形，长6.4米，由封门墙、甬道和墓室三部分组成。甬道平面呈长方形，内长1.2、宽0.97、残高1.14米。墓室平面呈长方形。两壁微弧，内长4.2、宽1.66~1.7、残高0.16~1.56米。砖室砌法均“一丁三顺”，甬道及墓室两侧壁残存四组，墓室后壁残存五组。

墓室后部设有长方形棺床，长3、宽1.66米。棺床前部设有砖砌长方形祭台，破坏严重，残长0.6、高0.2米。祭台下部为八块侧立砖南北向砌筑，台面以长方形砖东西向平铺而成。西壁距墓底0.94米处设有一壁龛，宽0.1、高0.16、内深0.06米，东壁龛已破坏殆尽。墓底有一层错缝平铺的地砖。甬道与墓室顶部皆已不存，推测为券顶。

（二）出土器物

随葬品5件，散置于墓室。器形有青瓷盘口壶、陶果盘、陶魁、滑石猪等。

青瓷盘口壶 1件（M43:2）。口残，束颈，弧肩，圆鼓腹，平底。肩部粘贴4个对称

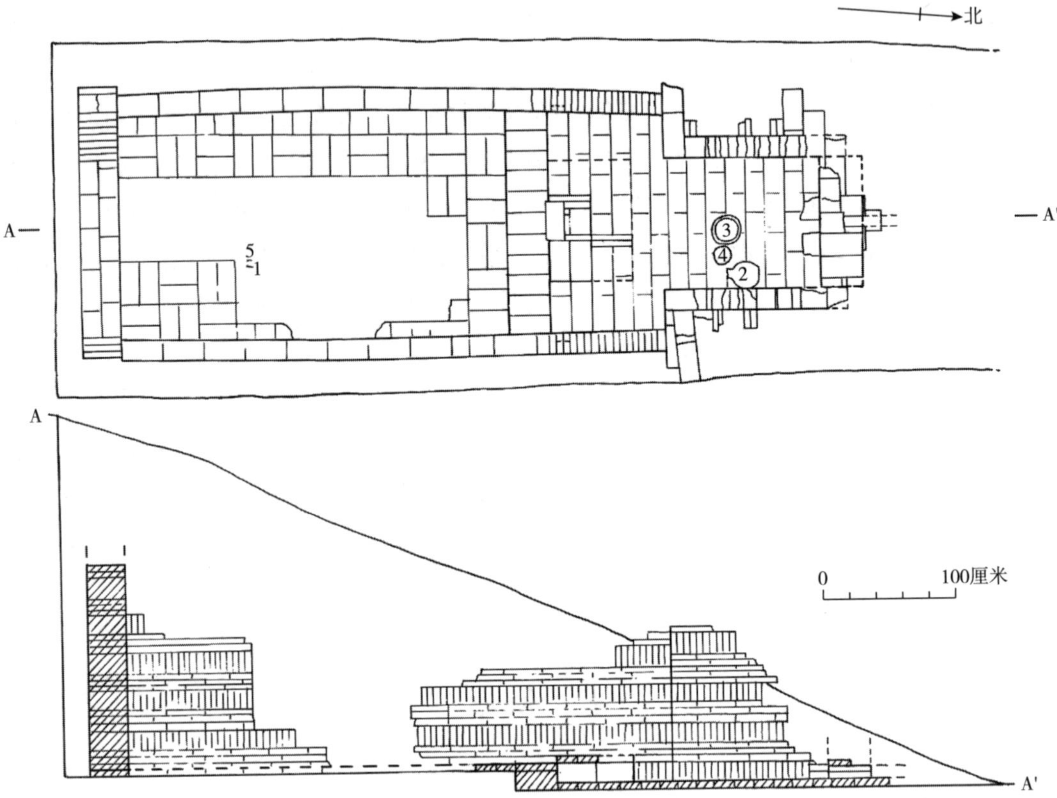

图十二 M43 平、剖面图

1、5. 滑石猪 2. 青瓷盘口壶 3. 陶果盒 4. 陶魁

分布的泥条横系，其中两系残，肩部饰三道凹弦纹。灰白胎，外壁施青灰釉，腹下部及底未施釉，釉层部分剥落。底径 14.2、残高 24.6 厘米（图七：15；图八：6）。

陶果盒 1 件（M43∶3）。泥质灰陶。子母口，尖圆唇，近直壁。圈足外撇。内有一周同心圆凸棱，将果盒分为内外两格。口径 19、底径 21.3、高 4.4 厘米（图七：16；图八：7）。

陶魁 1 件（M43∶4）。泥质灰陶。敞口，方唇，直腹微弧，平底。腹一侧附短而弯曲的把手，把手末端呈菱形，外壁口沿下有一周凹弦纹。口径 15.5、高 8.8、底径 11.2 厘米（图七：17；图八：8）。

滑石猪 2 件。灰白色。长条形，匍匐状，嘴、耳、眼和后足刻划清晰，背部正中刻有两条脊线，两侧刻出鬃毛。M43∶1，长 6、宽 0.9、高 0.8 厘米（图七：12；图八：5）。M43∶5，长 5.4、宽 0.9、高 0.8 厘米（图七：13）。

结 语

本次发掘的 5 座六朝墓葬虽未发现任何纪年材料，但据墓葬形制和出土器物仍可确定其大致年代。

5座墓葬皆为平面为“凸”字形带甬道的单室券顶砖室墓，封门前有砖砌排水系统，墓壁砌法为“三顺一丁”，墓室后部设有砖砌棺床，或棺床前部有祭台，或两侧壁安置方形壁龛等。从南京地区六朝墓葬考古发掘资料看，这些形制特征主要流行于东晋中期至南朝时期。此外，5座墓葬的墓壁平直或略向外凸出，不似南京地区南朝中期后墓壁向外弧凸严重的现象；墓葬用砖均为素面，未见有南朝中后期普遍流行的莲花、钱文、网格等纹饰。据上分析，从形制结构大致可将5座墓葬时代框定在东晋中期至南朝早期之间。

5座墓葬中出土器物有盘口壶、罐、盏、碗、果盒、勺、盘、滑石猪等，均与东晋晚期至南朝早期南京地区墓葬中出土的随葬品时代风格相类似。M42出土的一件青瓷碗口沿饰有褐色点彩，为南京东晋中期后较为流行，南朝早期仍有零星发现的装饰手法。M39出土一件假圈足、杯角上翘的陶耳杯，极具东晋晚期至南朝早期的时代风格，与南京隐龙山南朝墓（M3：7）出土器物类似①。M39、M42出土的青瓷盏，腹部较浅，平底或假圈足，不具有南朝中晚期深弧腹、高圈足的特征。M39出土B型青瓷盘口壶（M39：11），丰肩、器身修长的造型，具有典型东晋晚期至南朝的时代风格。此外，M39出土的A型青瓷盘口壶，最大径在腹中部，肩部饰泥条系，在M42、M43两墓中也有出土，同类器形在南京雨花台尹家巷东晋画像砖墓②、南京江宁高盖村东晋晚期墓③、南京栖霞刘宋升明二年墓④中均有发现。

综上所述，这5座墓葬的时代应为东晋晚期至南朝早期。

附记：本次发掘项目负责人马涛；发掘人员杨平平、祝乃军、周平战；修复蒋艳华；绘图董补顺、王富国；拍照祝乃军、周平战。

编辑：陈声波

① 南京市博物馆、江宁区博物馆：《南京隐龙山南朝墓》，《文物》2002年第7期。

② 南京市博物馆：《南京雨花台区尹家巷东晋画像砖墓》，载南京市博物馆编著《南京文物考古新发现（第三辑）》，文物出版社，2014，第104～107页。

③ 南京市博物馆、南京市江宁区博物馆：《南京江宁高盖村东晋墓发掘简报》，载南京市博物馆编著《南京文物考古新发现（第三辑）》，文物出版社，2014，第85～93页。

④ 南京市博物馆、南京市栖霞区文化局：《南京栖霞刘宋升明二年墓发掘简报》，载南京市博物馆编著《南京文物考古新发现（第三辑）》，文物出版社，2014，第125～130页。

江苏溧阳大山下唐代窑址发掘的主要收获及初步认识

史　骏（扬州中国大运河博物馆）

董珊珊（溧阳市博物馆）

杭　涛（南京博物院）

［摘要］大山下窑址位于溧阳市城区南部南京航空航天大学天目湖校区选址范围内。2018 年 7 月开始，南京博物院联合溧阳市博物馆对该窑址进行了抢救性考古发掘。发掘表明，其窑业兴盛于中晚唐，衰落于晚唐五代。其产品与宜兴涧众窑、浙江德清窑相近，应属同一窑系。

［关键词］溧阳；大山下村；唐代；宜兴涧众窑；德清窑

大山下窑址位于江苏省溧阳市区南部古县街道南京航空航天大学溧阳校区内（原天目湖镇大山下村西侧的大山南坡上），中心地理坐标为北纬 31°22′31.80″，东经 119°28′31.50″，最高处海拔高程 5.1 米。窑址北倚周家山、乌龟山，西靠丁家山、屏峰山，其东南有小河蜿蜒，周围则为宜溧山地环绕。窑址东西长 70、南北宽 60 米，总面积约 4200 平方米（图一）。

一　大山下窑址发掘概况

2018 年春，大山下窑址因南京航空航天大学溧阳校区建设被溧阳文物部门发现。同年 7 月，南京博物院与溧阳市博物馆联合开展抢救性发掘。由于破坏严重，按窑址残存部分布 10×10 米探方 15 个，发掘面积 1500 平方米。至 12 月底，发掘残存唐代龙窑 1 座、明代馒头窑 1 座、汉代墓葬 3 座，出土碗、钵、罐、壶等各类青瓷器残片以及垫饼等窑具约 20 吨。

唐代窑址分布在大山下南麓的山坡上，山坡南侧为河塘。由于建设施工，窑址北部已被破坏，现场散落了大量的盆、碗、钵、瓶等青瓷器残片及垫饼等窑具。窑址大致可分为

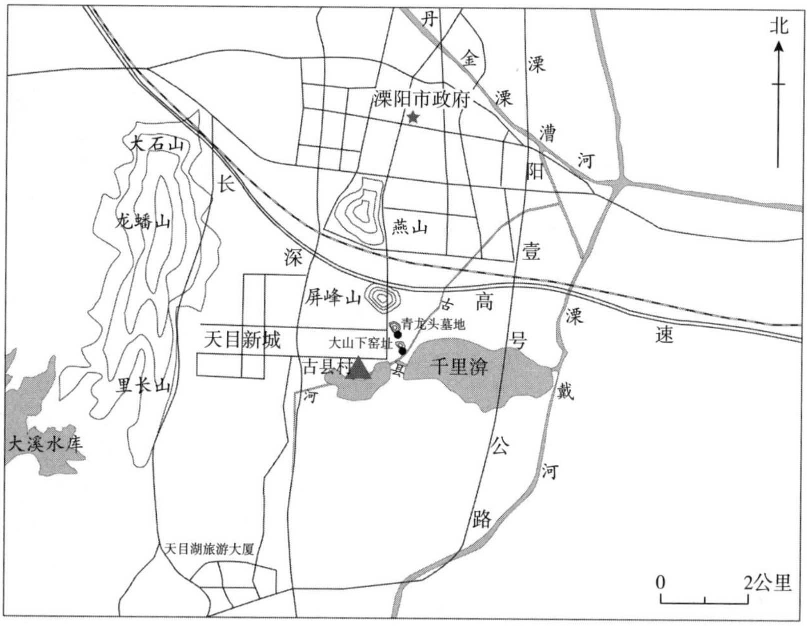

图一　大山下窑址位置图

废弃产品堆积区和生产区两部分。前者面积 1042 平方米，由于前期施工建设，其原始地层已经遭到严重破坏，地表即为裸露的废弃瓷片堆积层，厚 0.3～0.5 米不等。瓷片堆积层下为生土。除了叠烧的瓷器残片及支座、垫饼等窑具外，发现的瓷器中有较为完整的青瓷双复系短颈直唇广口罐、青瓷四系短颈侈口罐、青瓷直口盆及青瓷钵、碗等。不少瓷器残片上有刻画的文字，如“乾元”“進口”“長口”“更与口”等，多位于器物内底，以碗、钵居多，盆、壶、罐较少（图二、图三）。

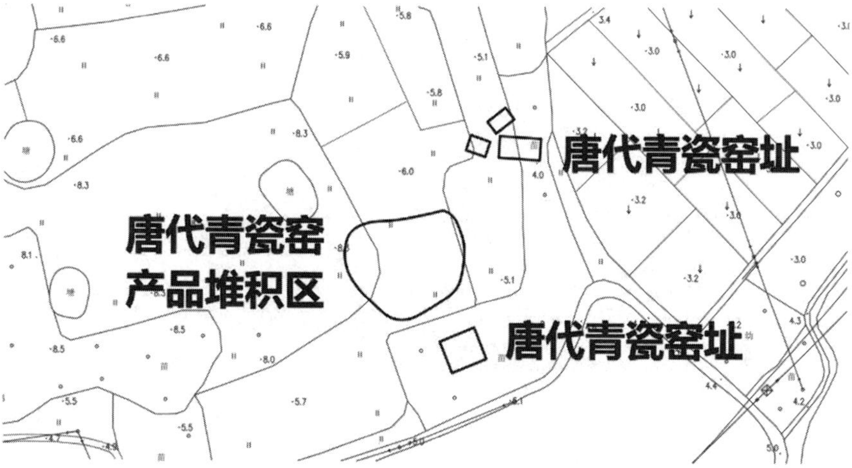

图二　大山下窑址分布图

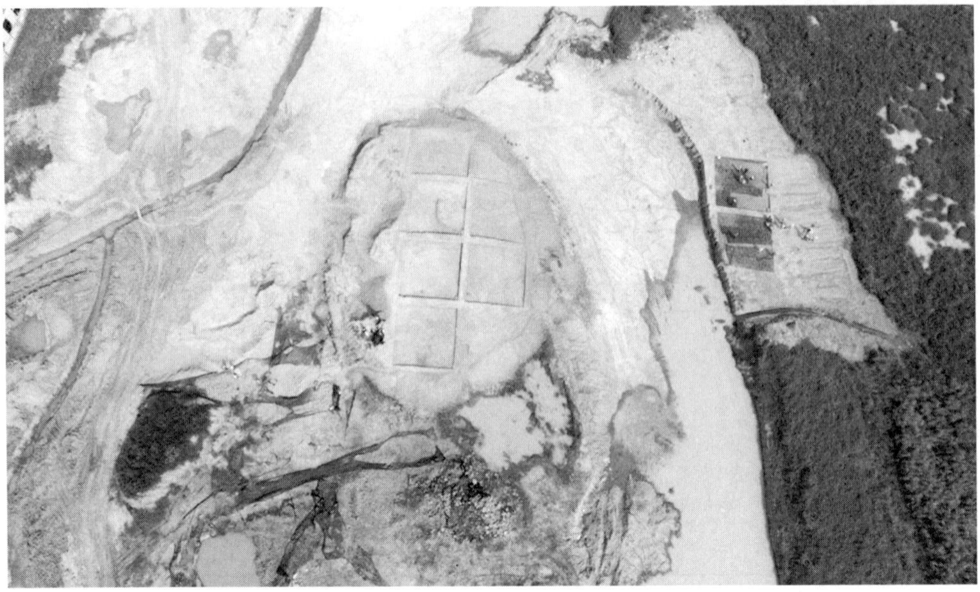

图三 大山下窑址全景

生产区位于发掘区东部，发现的一处窑床为长条形龙窑，呈南北方向，地势北高南低。窑床两壁用长方形砖垒砌而成，现存3层，中间有大量的红烧土块和瓷片。窑壁的红烧土明显。窑底呈斜坡状，铺沙。窑床南北向，残长7.9米，东西宽3.2米。东侧发现一处窑门痕迹。窑头部位发现有圆形烟囱痕迹（图四、图五）。

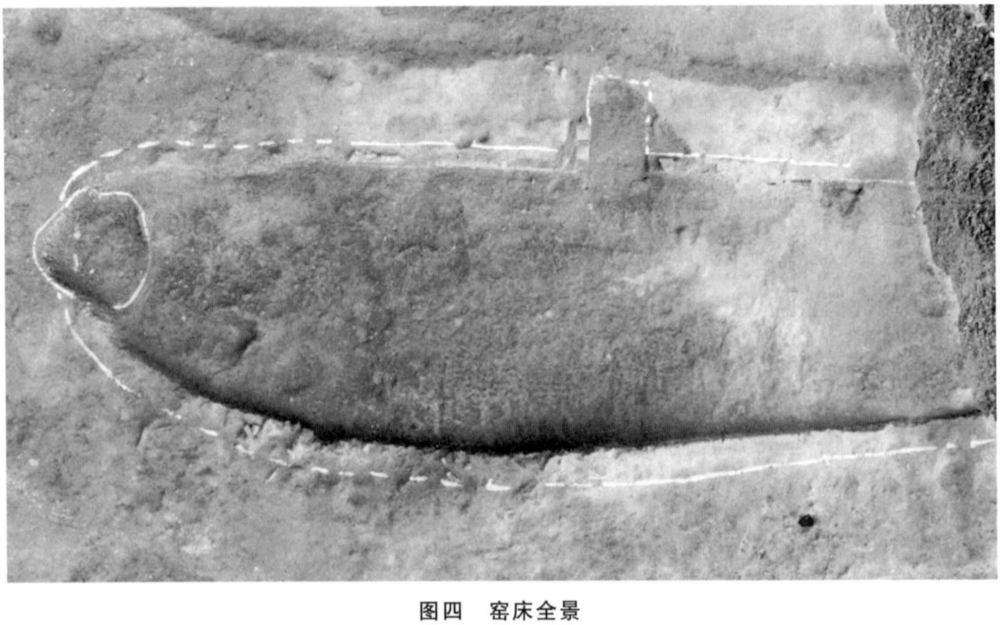

图四 窑床全景

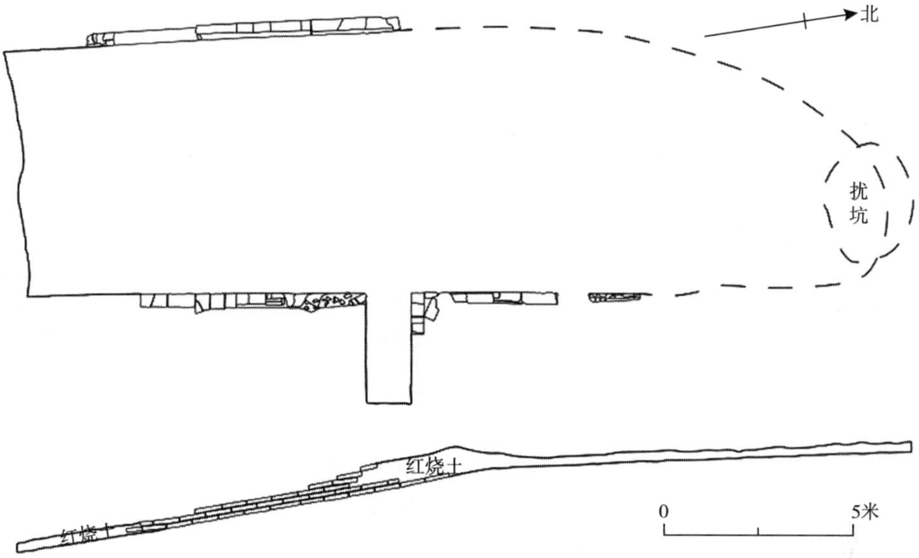

图五　窑床平、剖面图

二　出土遗物

本次发掘所获遗物，器型以碗、钵、盆为主，亦见罐、瓶、壶等，多为平底。胎土多灰白色，少量红褐色，较为致密，部分为紫砂胎，胎体含铁量较高，推测为大山下村附近所产原料，胎质耐火性强。釉色主要为青黄色，少量黑釉和窑变釉，有开片现象。多数器物施半釉，精品则为全釉，主要采用浸釉、荡釉法。碗钵类大宗器皿均用浸釉法，且多数施半釉，荡釉一般用于罐、瓶、壶等。装饰方法主要有模印、刻画，模印的图案有鹳、兔、祥云等动物和花卉，刻画的内容以文字为主（图六、图七、图八）。装烧工艺以叠烧为主，其间以小的泥条间隔，器底和器内常见叠烧的痕迹，主要使用夹粗砂的桶形支座和垫饼等窑具。

大山下窑址出土的青瓷钵多为平底或饼足，浅腹，器腹丰腴；青瓷双系罐为短颈，直唇，广口（图九）；四系罐为短颈，侈口（图十）；青瓷盆为平底直口，口部微侈；青瓷盘口壶为短颈。这些器物以叠烧为主，器物间以小垫饼间隔。窑具的胎土和青瓷器基本相同，素胚，未见施釉者。少部分带有文字，推测为工匠自刻名号（图十一、图十二）。匣钵仅考古调查时发现一例，呈粗砂桶形，内装单件瓷钵，釉色翠绿，施满釉。窑托形似小钵，底足较高（图十三）。垫饼上见有刻画“颙”字者（图十四），支钉或支座呈圆柱形（图十五）。

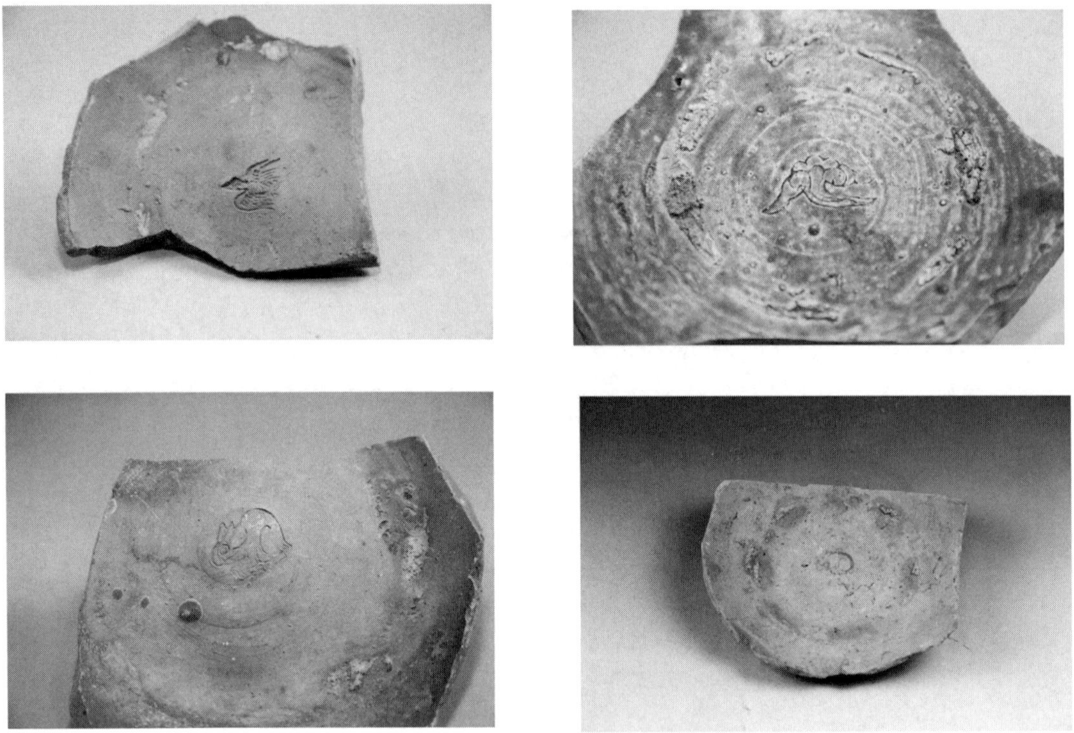

图六　带有鹤、兔、祥云等图案的瓷片

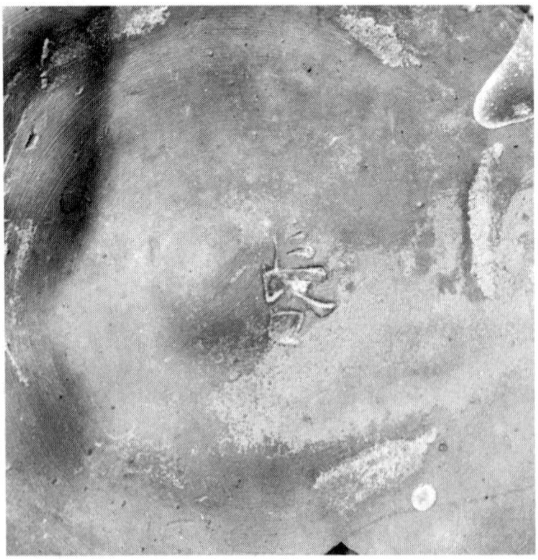

图七　青瓷碗内底“長口”款

图八　青瓷碗内底“進口”款

图九　双系罐

图十　四系罐

图十一　叠烧在一起的瓷器

图十二　刻划有文字的窑具残片

图十三　窑托

图十四 垫饼

图十五 支座

三 初步认识

1. **烧造年代**

首先，大山下窑出土瓷器的造型、釉色颇具时代特点，多为平底或饼足底，少量璧形底，与六朝时期颇不相同，具有比较典型的唐代中晚期至五代时期风格。其次，出土的多件瓷片上刻画有“乾元”年款（图十六），“乾元”是唐肃宗的年号，共计使用三年，说明该窑至少在公元758～760年间仍在生产。

2. **烧制工艺**

大山下窑烧造的产品主要为日用青瓷器，产品式样较多。其器形十分规整，应为拉坯成型。胎质致密，呈灰白或深褐色，显见原料经过了淘洗处理。一些器物内底模印各式图案，实用且美观。部分黑釉罐、黑釉执壶制作精良，施满釉。这些精品的出现，证

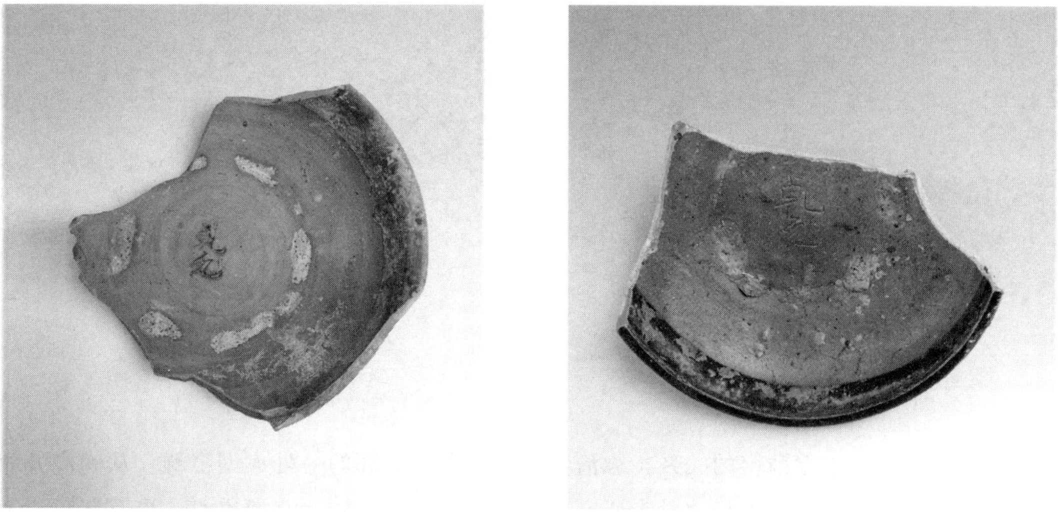

图十六　刻画“乾元”底款的瓷片

明当时的窑匠在满足人们日常生活所需的同时，在产品器形、釉色装饰技术上也不断改进。

从出土大量叠烧瓷器的情况（图十七）看，当时已普遍采用叠烧法烧制产品。入窑烧制时，瓷器之间多使用矮柱形支座、饼状垫圈或支钉间隔，证明当时装烧量较大。此外，在窑址上还采集了一件桶形匣钵，为灰白色夹砂陶，可装烧单件瓷钵。匣钵烧制较叠烧吸水率有所降低，釉面光泽度则有提高，其产品多呈翠绿色，施釉均匀，釉面光润。仔细观察发现，部分双系罐具有匣钵装烧的特点，推测采用了匣钵装烧技术。

3. **与宜兴涧众窑、德清窑关系**

大山下窑多采用明火烧造，少量高档产品采用匣钵套烧，其制瓷技术较高，烧造水平成熟，生产的瓷器数量众多，实用且美观。从窑具的品种数量以及叠烧产量方面看，大山下窑部分技术已走在同时期窑场的前列。

大山下窑紧邻江苏宜兴，与同时期的宜兴涧众窑关系密切。从窑炉结构、产品种类及装烧工艺看，两者颇多共性：地理位置相近，且均属唐代中晚期窑址；产品素雅实用，器型有双系罐、碗、钵、盘等。其中双系罐具有越窑风格，胎色呈浅灰、青灰或灰白色。大部分是青釉，多青绿泛黄，亦有少量褐色或酱色釉（图十八）。施釉方法采用浸釉和荡釉，浸釉一般仅施于碗、钵、盘的口部内外，釉线里外一致。窑具为黏土夹杂大量砂粒制成，胎质较厚，耐火度较高。[①] 概言之，溧阳大山下窑、宜兴涧众窑存在较多的一致性，应同属一个窑系。需要指出的是，与宜兴涧众窑产品相比，大山下窑产品器壁较薄，釉色变化大，有青灰至茶绿色等多种。

---

① 黄兴南：《宜兴窑唐宋青瓷初探》，《江苏陶瓷》2017 年增刊第 1 期。

图十七 瓷器叠烧情况

图十八 酱釉器盖

再看大山下窑与德清窑的关系。德清窑是位于浙江北部的一处大型窑群，从晚商开始一直延烧至中晚唐时期。据相关学者研究，德清窑系的产品瓷胎有黑褐色，也有灰色与灰白色。釉有黑釉和青釉两种，青釉有青绿色、青黄色、青灰色；黑釉多为黑褐色和黄褐色两种。器表大多素面，有点彩，一般饰在器盖上。施釉多不匀，其技术没有越瓷成熟。使用圜底多足形的窑具，其大小高低可根据器形需要专门定制。① 结合上文分析，可知大山下窑产品有不少与德清窑相近。需要说明的是，有唐一代，德清窑系窑场数量多，且分布较广，溧阳大山下窑距离德清不远，很可能即属德清窑系（图十九）。

图十九 出土的青瓷钵一组

4. **大山下窑的兴衰背景**

据目前所知，大山下窑在文献中未有记载，推测与2019年发现的溧阳古县遗址有诸多关联。发掘证明，古县遗址为三国两晋南北朝时期“永平”“永世”县治所在，存续年

① 郑建明：《德清窑略论》，《文物》2011年第7期。

代至唐代，在唐代地层中发现大量的青瓷器。① 大山下窑紧邻古县遗址，紧靠茶亭河，与古中江水道相连。这里不仅陶土资源丰富，而且水运交通便利，其周边重峦叠嶂，有着丰富的燃料来源，为大山下窑业发展创造了必要前提。大概因为晚唐五代以后，随着江西景德镇青白瓷的异军突起，以及龙泉青瓷的大胆创新，临近的宜兴青瓷烧造水平不断提高，再加上南唐以降溧阳县治所迁移，大山下窑青瓷烧制逐步衰落。

结　语

大山下窑址是近十五年来江苏考古发掘的为数不多的龙窑遗址，也是溧阳历史上首次发现的古代窑址。据出土瓷片的年代特征，特别是“乾元”年号款瓷钵的发现，可以推测其窑业兴盛于中晚唐，衰落于晚唐五代，距今有1200多年的历史。其产品与宜兴涧众窑、浙江德清窑相近，应属同一窑系。大山下窑址的发现与发掘，不仅填补了溧阳地区唐代瓷窑遗存的空白，丰富了溧阳地区陶瓷文化的内涵，乃至为江苏地区古代陶瓷以及唐代瓷业发展的研究提供了重要的实物资料。

编辑：徐良

① 高伟、董珊珊：《溧阳古县遗址考古揭示“永平”“永世”县治——全国首度发现三国南朝时期相对完整的县城遗址》，《文化月刊》2021年第5期。

征稿启事

《东亚文明》是由南京师范大学社会发展学院文博系主办的学术集刊，旨在加强国内学者与东亚学界同仁的交流，促进东亚考古与文博事业不断发展。

《东亚文明》立足国内，面向东亚，所涉领域包括考古学、文物学、博物馆学、历史学、文化遗产保护展示等方向，常设栏目有“先秦考古”“历史时期文物考古研究”“区域历史文化”“域外遗珍”“科技考古”“考古学史”“博物馆与文化遗产保护”“田野考古报道”等。现面向国内外专家、学者及相关人士征集优秀稿件，期望不吝赐稿。

为保证集刊编辑工作的顺利进行，现将有关事宜说明如下：

一、论文主题明确，具有原创性，论据充分、有力。来稿以 12000 字左右为宜，原则上不超过 18000 字，考古发掘报告篇幅可适当增加。

二、论文所用插图须清晰，图片像素要求在 300dpi 以上；图、表应有编号、说明文字；线图、拓片应统一排列，并附有线段比例尺。

三、论文注释详尽、准确。著作类包括作者、著作名称、出版社、出版时间、页码；历史文献类可在作者前加时代；译著类可在作者前加国别。期刊类论文包括作者、论文名称、期刊名、出版年与期数；集刊或文集类论文，包括作者、论文名称、集刊或文集主编、集刊或文集名称及卷数、出版社、出版时间、页码。来稿一律采用脚注。具体格式请参照本刊揭载论文。

四、译文须得到原作者或相关责任者的许可。

五、来稿请附 200 字左右的内容摘要、3～5 个关键词。

六、来稿请另附作者姓名、单位全称、职称、通信地址、邮政编码、联系电话、电子信箱等详细信息，以便联系。属于课题基金项目的论文，请在论文最后注明基金项目类别、课题项目名称及编号。

七、来稿可通过 E－mail 提交电子文本，请勿一稿多投。稿件收到后，编委会即请相关专家审阅。本刊将优先采用符合本刊格式规范的稿件。来稿一律不退，请作者自留底稿。

八、遵循学术争鸣原则，尊重作者学术观点，文责自负；但编委会有权对文字内容进行适当修改或提出修改意见，如不同意，投稿时请予声明。

九、本刊第四辑征稿时间为2023年1月1日~2023年4月30日。

十、集刊一经出版，将向作者寄赠样书两册，并酌付薄酬。

如有不尽事宜，请随时与本刊编辑部联系，热烈欢迎各位方家的建议与批评！

联系人：南京师范大学社会发展学院文博系　刘可维

地　址：南京市鼓楼区宁海路122号南京师范大学随园校区社会发展学院

邮　编：210097

E-mail：njudongyawenming@163.com

《东亚文明》编委会

2022年10月

图书在版编目（CIP）数据

东亚文明．第3辑／南京师范大学文物与博物馆学系主编．--北京：社会科学文献出版社，2022.12
ISBN 978-7-5228-0871-0

Ⅰ．①东…　Ⅱ．①南…　Ⅲ．①考古-研究-东亚
Ⅳ．①K883.1

中国版本图书馆CIP数据核字（2022）第186030号

东亚文明　第3辑

主　　编／南京师范大学文物与博物馆学系

出 版 人／王利民
责任编辑／李　淼
责任印制／王京美

出　　版／社会科学文献出版社
地址：北京市北三环中路甲29号院华龙大厦　邮编：100029
网址：www.ssap.com.cn
发　　行／社会科学文献出版社（010）59367028
印　　装／三河市东方印刷有限公司

规　　格／开　本：787mm×1092mm　1/16
印　张：23　字　数：505千字
版　　次／2022年12月第1版　2022年12月第1次印刷
书　　号／ISBN 978-7-5228-0871-0
定　　价／98.00元

读者服务电话：4008918866